Josef Tal
Der Sohn des Rabbiners

s. 54 Kafka
57 Döblin

?

218 Else Lasker-Schüler
276 Prof. Takahashi

Josef Tal

Der Sohn des Rabbiners

Ein Weg von Berlin
nach Jerusalem

Quadriga Verlag
J. Severin

Meinen Enkeln und Urenkeln,
die den Faden der Erinnerungen
weiterspinnen mögen.

Inhalt

Berlin

Jerusalem

Berlin

Imago

Wie das Publikum reagieren wird, ist schwerlich voraussehbar. Dieses kurze ablehnende oder akzeptierende Ereignis, das dem letzten Ton des Werkes folgt, bietet immer wieder neue Überraschungen. Ich habe mir oft die Frage gestellt – bewußt und auch weniger bewußt –, für wen ich schreibe, und warum das Komponieren für mich notwendig ist. Ist es eine rein egoistische Motivation, oder muß ich mich mit einem unbekannten Partner über etwas auseinandersetzen? Ist das Komponieren nur die Übertragung eigener Erlebnisse in eine musikalische Form, oder mischt diese sich nicht vielmehr mit den Erfahrungen des Hörers? Und läßt das Zusammentreffen beider Erfahrungen dann ein zusätzliches Konzept entstehen? Diese Frage scheint mir von entscheidender Bedeutung für den kompositorischen Prozeß. Ist sie es nicht auch für die Erfahrungen von Schreiber und Leser?

Der Aufenthalt in New York ist den Proben zu meinem neuen Kammerorchesterwerk »Imago« gewidmet, das nächste Woche in der Library of Congress, Washington D. C., uraufgeführt werden soll. Wie schon so oft, genieße ich auch diesmal wieder die kompetente Professionalität amerikanischer Musiker. Ihre Wachheit, Konzentrationsfähigkeit und natürliche Neugier auf alles, das nicht dem déjà-vu zum x-ten Male folgt, bringt schon bei der ersten Prima-Vista-Probe ein klares Profil der Interpretation heraus. Ich sehe also der Uraufführung in Ruhe und Sicherheit entgegen. Während einer der Proben unter dem Dirigenten Arthur Weissberg fragt einer der Orchestermusiker, was der Titel des Werkes wohl bedeute, denn der Sinn von »Imagination« könne doch auf jede Komposition bezogen werden. Dieses Werk ist für das Programm der Brahms-Festspiele in Washington von der Library of Congress bestellt worden. Mein Entschluß, eine Hommage à Brahms zu schreiben, solch programmatischer Ausgangspunkt, kann immer gefährlich sein und leicht in einen Gemeinplatz ausarten. So suchte und fand ich das Gespräch mit Brahms in der Mitte der Komposition durch Zitieren eines thematischen Motivs aus seinem Horn-Trio, um es dann im Stile meines eigenen Werkes weiterzuentwickeln.

In der Naturwissenschaft bezeichnet »Imago« die letzte und

endgültige Zustandsform eines Insekts nach seiner Metamorphose. Die Metamorphose ist also die Verwandlung der Vergangenheit in die Gegenwart, und beide bilden ein unzertrennliches Ganzes, ein »Imago«. Dabei stellt sich die Frage, ob »Metamorphose« überhaupt der richtige Begriff für einen solchen Vorgang ist, denn die künftigen Verwandlungen sind ja alle schon im Keim enthalten. Mit der vergehenden Zeit kommen sie alle einmal ans Licht des Tages.

Das mitteilungsbedürftige Element in meinem Leben zeigte seine Spuren schon sehr früh. Gleich zu Beginn gab es deutliche Zeichen. Mit ihrem wenige Monate alten Säugling fuhr die junge Familie in einer Droschke vom Bahnhof Charlottenburg in die nahegelegene neue Wohnung. Auf dem Schoße seiner Mutter soll das Baby so furchtbar geschrien haben, daß die Straßenpassanten stehengeblieben sind und besorgt der Droschke nachgeschaut haben. Meinen völlig weltfremden Eltern war dieser dramatische Einzug in Berlin sehr peinlich. An die Gründe für das aggressive Verhalten konnte sich zwar niemand mehr erinnern, doch meinte Mutter später, ich sei von Anfang an ein Dickkopf gewesen, der sie doch gleich nach dem ersten Anlegen hautnah spüren ließ, daß er gewickelt werden wollte. Dies erinnert wiederum an eine Karikatur im *New Yorker* über das Markenzeichen von *His Master's Voice:* der Hund, der ein Hinterbein zum Lautsprecher hebt. Ich bin aber sicher, daß weder ein Witz gemacht noch ein dickköpfiger Charakter demonstriert werden sollte. Weder das Schreien in der Droschke noch das schlechte Benehmen an Mutters Brust erlauben Rückschlüsse auf ideologische Widerstände, viel eher auf Unzufriedenheit mit der näheren Umgebung, wofür ich später allerdings neben defensiven auch offensive Maßnahmen einzusetzen wußte, sehr zur Besorgnis meiner liebevollen Eltern.

Jener Einzug in Berlin ging darauf zurück, daß Vater, nachdem er in Lauenburg in Pommern amtierte, zunächst in Pinne bei Posen, meinem Geburtsort, als Rabbiner tätig war. Vater war ein vollkommen in seine Arbeit und Gedanken versponnener Mensch. Obgleich im Einhalten der religiösen Gesetze, einem orthodoxen Glaubensbekenntnis streng folgend, basierte für ihn Frömmigkeit auf Gottesglaube, auf Liebe zu Gott und nicht auf Furcht vor Gott. Liebe zu Menschen war die natürliche Folge dieser Anschauung der Welt, und so erhielt Vater den Ruf als Direktor eines Waisenhauses in Berlin-Charlottenburg, Roscherstraße Nummer 5.

10

Vater und Mutter waren sehr verschiedene Lehrmeister. Vater personifizierte Geduld und Toleranz, Mutter Aktion und schnelle Einschätzung der Realitäten des täglichen Lebens. Vater haßte es zu telefonieren, und wenn dieser scheußliche Kasten an der Wand zu klingeln begann, mußte Mutter den Hörer bedienen, was sie mit resoluter Intonation vollzog, sehr zur Bewunderung meines Vaters. In Pinne klingelte wohl das Telefon sehr selten, wenn es überhaupt eines gab. Aber aus Pinne stammt eine Erzählung meiner Mutter, die, wie keine andere, den Vater wieder lebendig vor Augen erscheinen läßt.

Der Amtsantritt in Pinne war verbunden mit einem offiziellen Abendessen in der elterlichen Wohnung für die Vorsteher der jüdischen Gemeinde und ihre Ehefrauen. Den Tag über arbeitete Vater am Schreibtisch seine Antrittspredigt aus, und Mutter war bis über die Ohren in der Küche beschäftigt. Plötzlich kam sie in großer Panik in Vaters Arbeitszimmer und sagte voller Verzweiflung:»Vatelchen, etwas Schreckliches ist passiert. Die Zitronencreme ist angebrannt.« Den Vater konnten solche Dinge nicht aus der Ruhe bringen, er hatte tröstende und heilsame Worte für die unglückliche Mutter. Wenig später saßen die ehrenwerten Gäste alle um den feierlich gedeckten Tisch herum; das Gespräch während des Essens wurde lebhaft und voll anregender Gedanken, zumal Vater ein vortrefflicher Erzähler war, und schließlich wurde die Zitronencreme gebracht, fein serviert in hohen Kristallgläsern, jedes mit einer hochroten Erdbeere auf der zitronengelben Creme; und wie nun diese delikate Speise auf allen Zungen zerging, verstummte das Gespräch völlig. Mitten in diese lukullische Ruhe ertönte meines Vaters Stimme:»Muttelchen, was willst du eigentlich? Die Creme ist doch gar nicht angebrannt.« Mit hochrotem Kopf verstand Mutter, das Gespräch auf ein anderes Thema zu lenken.

Aus viel späterer Zeit eine nicht weniger charakteristische Episode: Freitagabend, dem feierlichen Vorabend des Sabbatfestes, hatten wir fast immer Gäste im Hause. Oft war es ein Familientreffen, denn Mutter hatte drei verheiratete und eine unverheiratete Schwester in Berlin, außer zusätzlicher Familie in Holland, England und Belgien. Die Familie hing eng zusammen, und das Haus meiner Eltern war ihr geistiges Zentrum. Oft kamen auch Studenten, denn Vater erhielt eine Berufung als Dozent an die Hochschule für die Wissenschaft des Judentums in Berlin. Dort lehrte er altphilologische Fächer. So erstreckten sich die Unterhaltungen auf einer Skala, von Familientratsch bis zu Gelehrten-Diskussionen, je nach Art der Gäste. Die Familienangelegenheiten interessierten Vater natürlich weit weniger, und so geschah während eines dieser Tanten-Onkel-Nichten-Geplauder, daß Vater völlig verstummte, sich auf seine eigenen Gedanken zurückzog und quasi abwesend ins Weite blickte. Als dann Kaffee serviert wurde und für einen Moment die Unterhaltung stockte, erhob sich Vater von seinem Stuhl, bemerkte vermutlich nur die Mutter im Zimmer und sagte:»Muttelchen, ich geh jetzt schlafen« – und verschwand durch die Korridortür ins Schlafzimmer. Wenn später offizielle Gäste eingeladen waren, mußten wir alle wachsam sein, daß sich so etwas nicht wiederholte.

Vaters wunderbare Geduld und Bereitschaft zu verzeihen, wenn er durch ein Ereignis direkt oder indirekt angegriffen wurde, stellte die Mutter oft auf eine harte Probe. Da er es bei seinem Sohn mit einem notorisch schlechten Schüler zu tun hatte, geschah es einmal, daß eine Klassenarbeit in Mathematik so schlecht zensiert wurde, daß der Mathematiklehrer unter einer Arbeit die väterliche Unterschrift verlangte. Schweren Herzens legte ich meinem Vater diese schändliche Arbeit vor. Im selben Moment kam unglücklicherweise Mutter ins Zimmer und sah die ganze Bescherung mit an. Vater unterschrieb sofort stillschweigend, sogar mit einem gewissen Mitleid; Mutter dagegen schimpfte gewaltig und verlangte sofort das gleiche vom Vater, worauf Vater gelassen sagte:»Muttelchen, man kann nie wissen, wozu auch das gut ist.« Die Folge war, daß Mutter irgendwie ihren Zorn abreagieren mußte, und ehe ich mich versah, landeten rechts und links zwei Backpfeifen. Mutters Liebe war also weit realer auf die wirklichen zukünftigen Anforderungen gerichtet. Diese äußerlich starke Gegensätzlichkeit war aber im Grunde nur eine Vervollständigung der großen Liebe der Eltern zu ihren Kindern, wobei meine Schwester Grete ein viel besseres Kind war als ihr von früh an ungeratener einziger Bruder.

Diese pädagogische Beziehung zu seinen eigenen Kindern übertrug Vater auch auf die Erziehung der Waisenkinder. Er war kein *gelernter* Pädagoge, sondern ein *geborener* Pädagoge. Jedes Voll- oder Halbwaisenkind, meist aus zerrüttetem Familienhaus, war für ihn Teil der alles umfassenden Gottesliebe. So machte er auch keinen Unterschied zwischen seinen eigenen und den Waisenkindern, woraus sich ganz natürlich ergab, daß seine beiden eigenen Kinder ihre ganze Jugend mit dreißig Brüdern und Schwestern gemeinsam verlebten. Vater war für alle diese Kinder mehr der wirkliche Vater als der Direktor des Waisenhauses, selbst in Fällen, wo ein existierender Vater sein eigenes Kind hie und da am Sonntag besuchen kam. Manchen zweifelhaften Eltern gegenüber zeigte er weit weniger Geduld, konnte harte Worte für sie haben und nahm solche Kinder, die oft psychopathische Symptome zeigten, in seinen besonderen Schutz. Ganz ohne methodisches Wissen – jedenfalls habe ich später nie pädagogische Lehrbücher in seiner großen in der Nazizeit vollkommen verlorengegangenen Bibliothek gefunden –, nur durch die absolut beständige Liebe zu jedem Gotteskind erlangte er das volle Vertrauen und Gefühl der Geborgenheit bei allen Zöglingen, selbst in Fällen, die minimale Strafen unerläßlich machten. Wurde dann ein Kind zur Aussprache in sein Arbeitszimmer gerufen, so kam es nicht etwa voller Wut weinend wieder heraus, es war eher um ein neues Erlebnis bereichert.

Während der Hungerjahre des ersten Weltkrieges waren dreißig hungrige Mäuler zu stopfen – eine äußerst schwierige Aufgabe für meine Mutter, die die Wirtschaft des Waisenhauses verwaltete. Unter den Kindern war ein kleiner, sehr kräftiger Bursche, schon in den Pubertätsjahren. Wir saßen alle um den langgestreckten Eßtisch herum und bekamen, von drei Dienstmädchen ausgeteilt, den ersten Gang des Mittagessens, eine warme Suppe. Sie war schwer definierbar und bestand aus einer Substanz, die das Waisenhaus offiziell zugeteilt bekam. Mutter war glücklich, daß sie überhaupt etwas zum Magenfüllen hatte, aber dem kleinen Burschen schmeckte es gar nicht. Plötzlich zog er mit aller Kraft an der Tischdecke, so daß alle Teller seiner Nachbarschaft auf den Boden fielen und die Suppe sich auf ihn ergoß. Wir saßen wie versteinert. Selbst Mutter, die sonst immer schnell und praktisch reagierte, blieb still und tatenlos auf ihrem Platz. Alle Augen waren auf Vater gerichtet, der an der Stirnseite der Tafel saß. Dieser schickte den Jungen in aller Ruhe in das Spielzimmer der Kinder, ordnete an, daß von allen Tellern, die auf dem Tisch blieben, etwas Suppe abgefüllt wurde in die neuen Teller der betroffenen Nachbarkinder. Das alles vollzog sich völlig reibungslos und ohne furchterregende Strenge. Der Junge bekam bis zum nächsten Morgen nichts zu essen, was er auch stoisch hinnahm. Seine kluge Maßnahme, an der wir alle gleichermaßen teilnahmen, hat jeden von uns zum Nachdenken gebracht und seinen tiefen Eindruck hinterlassen; noch heute bekomme ich Herzklopfen, wenn ich an den Schreck denke, den diese aufrührerische Tat auslöste.

Wie weit man ohne Schläge kommen kann, bekam ich viele

Jahre später noch einmal bestätigt. In Israel hatte ich einen nächststehenden Freund, der noch Student meines Vaters in Berlin war. Er hatte Pädagogik in Dresden studiert, war also gewissermaßen ein Fachmann auf diesem Gebiet. David Kaelter, Sohn des früheren Oberrabbiners Kaelter in Danzig, spielte in Israel eine führende Rolle auf dem Gebiet der Erziehung krimineller Kinder. In Haifa, wo es wie in allen Hafenstädten viel kriminelles Unwesen gibt, organisierte er eine Schule nur für solche Kinder, die vom Elternhaus statt in die Schule auf die Straße zum Stehlen geschickt wurden; die Familie konnte dann von dem Diebesgut leben, während der Vater meist trank und sich anderweitig herumtummelte. Prügel waren für diese Kinder das tägliche Brot, und alle hatten schon mit der Polizei ihre Erfahrungen gemacht. Die Stadtverwaltung stellte meinem Freund Kaelter ein Schulhaus zur Verfügung. Seine Arbeit begann mit einem persönlichen Besuch in den Höhlen dieser Eltern. Mit seiner Überredungskunst erreichte er, daß bald viele Kinder probeweise von ihren Eltern in die Schule geschickt wurden. Im Falle krimineller Rückfälle, die sich natürlich oft ereigneten, hatten die Schüler einen eigenen Gerichtshof, dessen Urteil von den Lehrern anerkannt werden mußte. Die schwerste Strafe war der Entzug des Unterrichts für eine bestimmte Zeit und das absolute Verbot des Betretens der Schulräume. Oft haben die Verurteilten tagelang um den Zaun entlang der Schule herumgelungert, um auf den Moment zu warten, daß sie wieder hereingelassen wurden.

Was hat das nun mit meines Vaters Pädagogik zu tun? Während einer meiner vielen Besuche dieser Schule kam einmal eine Touristengruppe von Lehrern, die sich speziell für dieses Erziehungsgebiet interessierten. Kaelter ließ solche Gruppen prinzipiell von einem der Schüler der oberen Klassen führen. Der Junge war etwa 14 Jahre alt, ein wilder Messerstecher, im Jähzorn alles zertrümmernd, aber intelligent, wach und schnell. Er wußte ganz genau, warum er in dieser und keiner Normalschule war, liebte seinen Direktor abgöttisch, obgleich er nach verheerenden Wutausbrüchen seine Prügel spontan zurückbekommen hatte, ja sogar darauf wartete, denn er wußte genau, daß das Ende ein versöhnender Kuß seines über alles geliebten »Vaters« war. Weil er natürlich nur hebräisch sprechen konnte, fungierte Kaelter als Übersetzer. Der Junge führte uns in die Klassenräume während des Unterrichts, stellte den Lehrer oder die Lehrerin der Klasse vor, erklärte den Lehrstoff der Stunde, machte auf die besten Schülerarbeiten aufmerksam – jeder von uns erfaßte schnell, was diese Schule für diesen Jungen bedeutete. Nun war dort auch eine Psychiaterin beschäftigt, die ihr eigenes Sprechzimmer hatte; sie war vom Erziehungsministerium offiziell eingesetzt, nicht unbedingt zur Begeisterung von Kaelter, der seine eigene, jeder Buchweisheit widersprechende Methode hatte. Während der Führung erreichten wir dann das Zimmer dieser Psychiaterin, und bevor der Junge anklopfte, wollte er auf seine Art erklären, was hinter dieser Türe gelehrt wird. Das Wort »Psychiater« kannte er natürlich nicht, auch wußte er nicht recht, dieses Unterrichtsfach zu definieren. Er stockte, stotterte ein wenig und sagte schließlich: »Hier unterrichtet die Lehrerin für Geduld.« Kaelter übersetzte alles ganz getreu.

Warum berührte mich diese Episode so tief? Wenn auch Vater niemals richtig geprügelt hätte – der eigene Schmerz wäre so sichtbar gewesen, daß der Verprügelte unweigerlich den Sieg über den Erzieher empfunden hätte –, so kam doch das versöhnende Ende wie der Durchbruch der Sonne aus dem stürmischen Wolkenhimmel, was Vater genauso meisterte wie mein Freund Kaelter. Mitten in meinen eigenen späteren Kämpfen mit den Eltern, die meine Musikleidenschaft nicht akzeptieren wollten, teilweise aus Bescheidenheit, weil ja eine künstlerische Begabung in der Familie völlig unmotiviert erschien, und weil diese Passion für das normale Fortkommen in der Schule schlechte Folgen hatte, in dieser Situation erschien Kaelter auf der Bildfläche – sowohl als Student meines Vaters als auch als Sohn des befreundeten Rabbinerkollegen aus Danzig. Und dieser junge Mann ergriff sofort meine Partei, argumentierte mit den Eltern, sie sollten meine Begabung doch eher unterstützen als sich ihr in den Weg stellen, und so wurde Kaelter ein Freund des Hauses mit zweifelhaften Eigenschaften. Heute, aus der zeitlichen Entfernung, sehe ich auch hier wieder diesen merkwürdigen, keinesfalls aber zufälligen Widerspruch, denn Vater und Kaelter hatten eben so viel Gemeinsames, wie sie wiederum – um meinetwegen – in starker Opposition standen. Dies war natürlich ein Kontrast anderer Art als der zwischen Vater und Mutter. Aber von früh an brachte ich mich in das Gegenspiel solcher Kräfte. Heute glaube ich, wohl war ich es, der solch spannungsgeladene Situationen initiierte.

Das aufgeschlagene Gebetbuch

Die früheste Kindheitserinnerung geht zurück auf den Ausbruch des ersten Weltkriegs, also das vierte Lebensjahr. Vater wurde eingezogen und zum Meldebüro bestellt. Er war zwar alles andere als ein begeisterter Soldat, aber in einem deutschen Juden dieser Tage war das vaterländische Pflichtgefühl ebenso stark wie in jedem anderen Deutschen. Die Abschiedsszene: Nach dem Frühstück verabschiedete sich Vater von uns allen. Mutter nahm ihm die Brille ab und küßte ihn auf beide Augen. Sie sagte kein Wort, Vater setzte die Brille wieder auf und ging. Dieser wortlose Abschied zwischen Vater und Mutter war das Ergreifendste, das in meine junge Kinderseele drang. Doch am Abend kam Vater wieder zurück, denn als Waisenhausdirektor wurde er für unabkömmlich erklärt.

Wenige Wochen danach wurde der vierte Geburtstag gefeiert. Mutter rief mich zum Fenster von Vaters Arbeitszimmer, das zur Straße hin lag. Unten stand ein großer Lieferwagen des Warenhauses »Wertheim« in der Leipziger Straße; man brachte das Geschenk der Eltern. Es war eine Offiziersuniform aus zwei Teilen, einem Brust- und einem Rückenstück aus Hartpappe, die mit schwarzen Bändern zusammengeschnürt wurden. Auf dem gewellten Bruststück waren herrliche goldene Knöpfe, rechts und links zwei funkelnde Orden. Dazu gab es einen schwarz lackierten Kunstledergürtel, in dem ein veritabler Säbel hing, den man ungefährdet aus der Scheide ziehen konnte, da er stumpf war. Zu allem noch ein silber- und goldumrandeter Pickelhelm. Mir gingen die Augen über. Ich habe bald in dieser Uniform schwere Schlachten siegreich gefochten, während die Eltern in ihrem Schlafzimmer wohlverdienten Mittagsschlaf hielten. Aber der Geburtstag endete beinahe tragisch: als ich abends ins Bett mußte, wollte ich um keinen Preis die Uniform ausziehen. Es gab großes Geheule, bis Mutter ihre volle Energie entfaltete, um den jungen Offizier mit Gewalt aus der Uniform herauszukriegen. Aber sie hatte die Rechnung ohne den Wirt gemacht. Mein mörderisches Geschrei ließ Vater zu Hilfe rennen und ein salomonisches Urteil fällen: »Laß ihn doch in der Uniform schlafen. Wenn es ihn drücken wird, wird er von alleine alles abnehmen.« Und tatsächlich schlief ich selig ein in der Pappgarnitur inklusive Pickelhelm und träumte wahrscheinlich von großen Siegen.

Die Episode sollte sich wiederholen. Als meine drei Enkelsöhne viele Jahre später nach Jerusalem zum Passahfest kamen, das ich alljährlich in der Tradition meines Vaters abhalte, bekam der Jüngste, Adi, zuvor ein Paar neue Schuhe geschenkt. Adi war sieben Jahre alt. Während des Festes übermannte ihn die Müdigkeit, so daß seine Mutter Irit ihn im Nebenzimmer schlafen legte. Doch erhob sich bald ein großes Geheule, so daß der Gang des Festes unterbrochen werden mußte. So sehr auch seine Mutter ihn beschwichtigen wollte, in aller Güte auf ihn einredete, ihn fragte, ob ihm etwas weh tue – es half alles nichts, er weinte jämmerlich. Schließlich kam seine Mutter auf den genialen Gedanken, ihn zu fragen, ob er die Schuhe wieder anziehen wolle. Da klärte sich das Gesicht auf, sie zog ihm die Schuhe an, und Adi fiel in tiefen Schlaf. Man sagt zwar, daß die Natur verschwenderisch sei, aber man lernt auch, wie die Natur sorgfältig aufbewahrt, was ihr wichtig erscheint. Sie ist großzügig, aber nicht verschwenderisch.

Ostern 1915 war Einschulung. Meine Schwester besuchte das Fürstin Bismarck-Lyzeum, ich begann diese neue und einschneidende Periode meines Lebens am Kaiser-Friedrich-Real-Gymnasium, das auch eine humanistische Abteilung hatte. Beide waren wir also im Hohenzollernschoß wohl geborgen, charakteristisch für das Ideal eines deutschen Juden dieser Zeit. Aber es sollten sich aus diesem Ideal auch Komplikationen ergeben: zum Beispiel der Schulbesuch am Sonnabend der Woche, der gleichzeitig Sabbat des religiösen Juden ist. Kaiser Friedrichs Schuldirektor war, aus welchen Gründen auch immer, nicht einverstanden, den Sohn des Rabbiners prinzipiell am Sonnabend vom Schulbesuch zu beurlauben. Dagegen erlaubte er, daß ich nicht zu schreiben brauchte und erließ mir andere Tätigkeiten, die mit den orthodoxen Glaubensregeln im Konflikt standen. Auf diese Weise blieb ich während der ganzen Schulzeit eine Art exotischer Außenseiter, was später in den Gymnasialjahren oft zu peinlichen Situationen führte.

In einem Falle kam es beim Klassenlehrer, der Griechisch unterrichtete, zu einer offenen antisemitischen Attacke, der ich natürlich in keiner Weise gewachsen war. Ganz verstört berichtete ich zu Hause über diesen Vorfall. Dann schickte Vater die Mutter zum Klassenlehrer, der sie fragte, welcher Sekte wir denn angehörten, denn in derselben Klasse befinde sich ein anderer Schüler, Sohn eines liberalen Rabbiners, und dieser dürfe am Sonnabend schreiben. Natürlich erledigte Mutter diesen Zwischenfall brillant, indem sie des Lehrers humanistischen Hintergrund für sein Verständnis provozierte. Ihr Bericht während des Mittagessens trug ihr einen Kuß vom Vater ein.

Daß Mutter diese Fähigkeiten noch oft während meiner Schulzeit unter Beweis stellte, kam nicht von ungefähr. Sie war eine der sieben Töchter des Oberrabbiners Bloch in Jarotschin, der ein intimer Freund und offizieller Berater des Fürsten Radolin war. Kostbare Silbergeschenke des Fürsten sind wohl zum großen Teil verlorengegangen, aber ein seltenes Stück kunstvoller Silberschmiedearbeit, ein mit Gold verbrämter Suppenschöpflöffel, gelangte noch im Jahre 1976 nach der New Yorker Erstaufführung meiner Oper »Ashmedai« als Geschenk in meinen Besitz. Dieser Rabbiner Bloch muß ein außergewöhnlicher Mensch mit starker Suggestivkraft gewesen sein. Seine zweite Frau, die meine Mutter Ottilie geboren hat, war ein gerader Abkömmling des Rabbi Akiba Eger, einem der bedeutendsten Schriftgelehrten des 18. Jahrhunderts. Von ihm sagt man, daß sein Ahnenstamm auf König David zurückginge. Man mag also auf das königliche Blut in meinen Adern spekulieren.

Die Hohenzollernlehrer der Kaiser-Friedrich-Schule haben jedoch davon keine Notiz genommen, wofür ich vollstes Verständnis habe. Aber die religiösen Regelungen des täglichen Lebens haben dem Sohn des Rabbiners schon viel früher Schwierigkeiten bereitet, bedeuteten sie doch in der allgemeinen gesellschaftlichen Umgebung etwas Fremdes. Das muß das junge Kind wohl empfunden haben, und daher geschah ihm gleich während des ersten Schuljahrs ein schwerer Lapsus: Irgend etwas hatte ihn eines Sonnabends während der zweiten Stunde von den besonderen religiösen Bedingungen dieses Tages abgelenkt und ihn mit allen anderen Klassenkameraden mitschreiben lassen. Plötzlich kam mir diese Tat zu Bewußtsein und versetzte mir einen Schock, denn das Geschehene konnte ja nicht rückgängig gemacht werden. In der Ausweglosigkeit reagierte zunächst der Magen, und ich erbrach mich über Tisch und Anzug. Der Lehrer unterbrach sofort die Stunde, kam eiligst zu mir und wollte den Fall ergründen. Aber außer Tränen und Mageninhalt kam nichts heraus. Ich wurde sofort nach Hause geschickt. Wegen des Sabbats durfte ich auch nicht fahren, sondern mußte den langen Schulweg zu Fuß gehen. Völlig verstört erreichte ich die Haustür, klingelte, eines der Dienstmädchen öffnete und hat sich wohl über mein Aussehen zu Tode erschrocken. »Frau Dr.« (unsere Dienstmädchen durften niemals »Gnä' Frau« sagen), rief sie, »kommen Sie schnell, dem Junge ist etwas passiert.« Mutter stürzte herbei, sah die Bescherung über Jacke und Hose und bestürmte mich mit Fragen. Aber nichts kam aus mir heraus. Schnell wurde der Hausarzt geholt, der trotz sorgfältiger Untersuchung, die ich mit viel Interesse duldete, nichts finden konnte. So verordnete er sicherheitshalber zwei Tage Bettruhe und dreimal täglich Fiebermessen.

Aber meine eigene Besorgnis war ganz anderer Natur: die Furcht vor der Bestrafung Gottes. Mit Vater würde ich bestimmt ins reine kommen, aber mit Gott hatte ich bisher solche Erfahrungen noch nicht gemacht, und Gott war ein schwer zu berechnender Faktor. Also war es ganz angenehm, ins Bett zu gehen, zumal es das Bett der Eltern war, wo unter dem Schutz der warmen Daunendecke das Donnerwetter Gottes abgewartet werden konnte. Aber es kam nichts. Außer den sich abwechselnden besorgten Blicken von Vater und Mutter ereignete sich absolut nichts. Doch ich traute dieser Ruhe nicht. Ich begann nach Hohlräumen zu suchen, unter dem Bett, zwischen zwei Schränken, in einer altmodischen Waschkommode, wohin ich mich im Notfalle hätte retten können. Bis heute bewahre ich in meinem Gedächtnis einen genauen Plan der Innenarchitektur meiner Eltern Schlafzimmer. Dem großen Doppelbett gegenüber hing das Standbild eines jungen englischen Lords an der Wand. Einer meiner Onkel erzählte kurz vor meiner Auswanderung aus Deutschland, daß Mutter während ihrer Schwangerschaft in Pinne sich dieses Bild vor das Bett gehängt habe in der Hoffnung, die Schönheit des jungen Lords würde sich auf den erwarteten Sohn übertragen. Genützt hat es ja wohl sehr wenig, doch sei dieses ästhetische Training meiner Mutter als eine beachtenswerte Leistung anerkannt.

Die beiden Tage der Inkubationszeit meiner Sünde gingen vorbei. Gott scheint das Verbrechen nicht wichtig genug gewesen zu sein, aber wir werden bald sehen, daß sich aus diesem Gotteserlebnis eine Gottesversuchung entwickeln wird. Nichts geht verloren in dieser Natur. So blieb ich ein gottesfürchtiges Kind und machte – zumindest in dieser Beziehung – den Eltern zunächst keine Sorgen.

Zu den Feiertagen, am Sabbat und auch wenn Ferien waren, gingen Vater und Sohn Hand in Hand in die Synagoge. In der Pestalozzistraße, in einem Hinterhof, gab und gibt es noch heute eine Synagoge, in welcher nach orthodoxem Ritus gebetet wurde. Dies bedeutet, daß es keine Orgel gab, weil in der Diaspora das

Instrumentalspiel im Gotteshaus verboten war. Später, mit der Aufklärung und Liberalisierung, entwickelten sich Reformgedanken und mit ihnen auch der Einzug der Orgel in die Synagoge. Der Pestalozzistraßen-Tempel hatte aber nur strikten A-cappella-Chorgesang. Allerdings war es ein vorzüglicher Chor unter dem Dirigenten Winawer, dem ich später als Musikerkollege in Israel wiederbegegnen sollte. In dieser Synagoge war Vater eine Art Würdenträger mit einem Ehrenplatz, und sein Erscheinen war immer mit einer gewissen offiziellen Aura um ihn verbunden. Ich saß neben ihm und bemühte mich, durch inbrünstiges Beten keine Schande zu machen. Oben auf der Empore saß die Mutter, denn nach orthodoxem Ritus müssen Frauen und Männer getrennt in der Synagoge beten. Sie schaute dann mit Stolz und Behagen auf die beiden männlichen Vertreter ihrer Familie herunter.

Vater war jedoch kein großer Freund von diesem Beten, eingerahmt in menschliche Respekt- und Ehrenbezeugungen. Deshalb drückte er sich oft vor dem Beten in diesem Tempel und bevorzugte eine kleine Privatsynagoge in der Clausewitzstraße, einer Seitenstraße des Kurfürstendamms. Auch diese Synagoge lag im Hinterhof eines Hauses und war nicht größer als eine Privatwohnung, in der die Trennwände zwischen den Zimmern durchbrochen waren. Alles war sehr einfach und bescheiden, kein Chor und selbstverständlich weder Orgel noch Harmonium als Orgelersatz. Hier blieb Vater mehr oder weniger anonym und fühlte sich in dieser Umgebung viel wohler. Aber Mutter hat ihn niemals in diese Synagoge begleitet, ich dagegen bin auch viel lieber dorthin gegangen.

Hier nun geschah an einem Sabbat ein Ereignis, das mein religiöses Gleichgewicht störte. In der kleinen Clausewitz-Synagoge, wo sich Vater zu Hause fühlte und sein Verhältnis zu Gott am intimsten war, da folgten wir wieder einmal im traditionellen Singsang der Führung des Vorbeters. Vor uns beiden lagen unsere Gebetbücher geöffnet; Hebräisch konnte ich sehr bald fließend lesen, konnte große Abschnitte auswendig hersagen, verstand allerdings kein Wort, außer den ständig wiederkehrenden Wortsymbolen für »Gott« oder der »Ewige« und noch einige andere, was aber ganz üblich war, denn Hebräisch war ja eine heilige Sprache und nicht für die tägliche Kommunikation bestimmt. Vater jedoch verstand jedes Wort, konnte fließend hebräisch sprechen, wie übrigens auch aramäisch und Latein, und benötigte eigentlich kein Gebetbuch, weil er alles im Traume beten konnte. Und so bemerkte ich plötzlich, daß auf seinem aufgeschlagenen

Gebetbuch noch ein anderes Buch lag. Es war eine alt-syrische Grammatik in deutscher Sprache. Da Vater ohnehin alle Gebettexte automatisch mitsprechen konnte, blieb der nichtautomatisierte Teil seines Denkapparates frei für neue Studien, und so betete und lernte er zugleich, wenn auch das, was er lernte, nichts mit der heiligen Lehre zu tun hatte. Das war aber wohl sein eigenes Abkommen mit Gott, und so nutzte er jeden Moment, um sein Wissen zu erweitern. Während er im Tempel Pestalozzistraße sich so etwas nicht leisten konnte, weil er beobachtet wurde, war in der Clausewitzstraße jeder mit seinem Gott allein. Ich konnte das jedoch nicht so einfach hinnehmen. Natürlich wagte ich nicht, Fragen zu stellen. Ich mußte alleine mit meinen geweckten Zweifeln fertig werden.

Es plagte mich lange Zeit und gipfelte schließlich in einer veritablen Versuchung Gottes. Wie gewöhnlich am Sabbat folgte dem Synagogenbesuch das Mittagsmahl und danach der obligatorische Mittagsschlaf, die Stunde wahrhaft heiliger Ruhe. Statt zu schlafen, drehte sich in meinem Kopf ein teuflischer Plan. Das Sabbatruhe-Gesetz bezieht sich auf alles, was einer durchschnittlichen wochentäglichen Arbeitsleistung gleichkommt. Dazu gehört auch das Anzünden von Feuer oder das Einschalten von elektrischem Licht. Die Eltern schliefen bereits tief, was bei vorsichtig geöffneter Türspalte an Vaters Schnarchen festgestellt werden konnte, und nun war der Weg frei für mein kühnes Unternehmen. Es juckte in den Fingern, das elektrische Licht anzuknipsen und den Weltuntergang heraufzubeschwören. Schon das Berühren des Lichtschalters war der Anfang der Sünde, und ohne viel Überlegung knipste ich das Licht an. Schon einmal ins Bett geschickt wegen eines ähnlichen Verbrechens, legte ich mich sofort ins Bett und wartete. Nun, es geschah gar nichts – nur mein Gewissen wurde gemartert. An Schlafen war nicht zu denken, und bis zum Abend hat niemand bemerkt, daß im Kinderzimmer das Licht brannte. Zum abendlichen Schlafengehen kam dann Vater ans Bett, wir sprachen zusammen das Nachtgebet und Segenssprüche auf Gott, ein Gute-Nacht-Kuß, und ich entschlief normalerweise in meine Traumwelt. Diesmal aber wartete ich, bis Vater die Tür hinter sich schloß, und dann begann eine Unterhaltung mit Gott, nicht in der offiziellen Gebetssprache, sondern der täglichen Umgangssprache. Zur großen Verwunderung und hellen Freude stellte sich bald heraus, daß Gott keineswegs furchtbar war, sondern gütig, liebevoll, mit großem Verständnis für all die kleinen Kümmernisse eines Buben, der ihm alle die kleinen Sünden ganz offen und ungehemmt anvertrauen konnte. In vielem glich Gott eigentlich dem Vater, der ja auch immer ein Trostwort in schwerer Lage zur Hand hatte. Aber über dies hinaus war er nicht der väterliche Vormund, an dessen Ideale ich mich doch anpassen mußte, sondern ein Freund mit vollstem Verständnis für alles, was bedrückte. Er wurde so der erste Freund in meinem jungen Leben und ist es geblieben bis heute. Es sind später schlimme Dinge geschehen, er war immer zur Seite und gab neue Kraft. Ähnlich muß auch Vaters Gottesglaube gewesen sein, der ihm erlaubte, während des Betens Grammatik zu studieren. Was konnte schöner sein, als mit Gott sich lernend zu unterhalten?

Indessen ist der zweite Weltkrieg über uns alle hinweggezogen. Vater war noch vor Kriegsausbruch nach Holland ausgewandert, wo die Familie meiner Schwester lebte. Alleine mußte er auswandern, weil Mutter bereits verstorben war.

Als die Nazis nach Holland kamen, wurde die Familie sofort inhaftiert und in die Lager gebracht. Jeder wußte, was dies bedeutete. Zuletzt sagte mein Vater zu meiner Schwester, daß es keinen Gott gäbe, wenn so etwas wirklich in der Welt geschehen könne. Er hat zum Ende den Glauben an seinen Gott verloren. Für Vater war das viel schlimmer als ein physischer Mord. Es war ein langsamer geistiger Mord, bis, auf welche Art auch immer, der Geist nicht mehr denken konnte. Ein großer Bogen spannt sich von meinem frühen Gotteserlebnis bis zu diesem nicht begreifbaren Ende meines Vaters. In jener Nacht in San Francisco, als ich einige Jahrzehnte später zum ersten Male wieder meine Schwester sah, die lebend aus dem Konzentrationslager herauskam und nach Amerika emigrierte, in jener Nacht, als sie mir von dieser Verzweiflung des Vaters erzählte, da mußte ich mich mit demselben Gott wieder auseinandersetzen. Was verlangst du, Gott? Weitermachen!

Da erinnerte ich mich an eine Episode, die mir als Student an der Hochschule für Musik in Berlin widerfuhr. Ich mußte in einem öffentlichen Konzert als Solist in einem Klavierkonzert von Mozart auftreten. Es war der erste öffentliche Auftritt mit Orchester, die Erregung entsprechend groß. Der erste Satz beginnt mit Klavier solo, dann setzt das Orchester ein. Der Dirigent hob die Hände, um gleich nach meinem Einsatz das Orchester anzuschließen. Der überfüllte Saal der Hochschule atmete gespannte Erwartung. Ich hatte einen vollkommenen Blackout und nicht die geringste Ahnung, wie das Stück anfängt. Aufstehen und einen Blick in die Partitur des Dirigenten werfen, war ein Ding der Unmöglichkeit. Weglaufen war ebenso mörderisch. Instinktiv setzte das Körpergedächtnis der Finger ein und ließ die Hände auf die Klaviatur fallen, vom vielen Üben bis ins Unterbewußtsein trainiert. Der erste Ton weckte die ganze Matrize wieder auf, und das Konzert verlief ohne jeden störenden Zwischenfall.

Noch während des Beifalls stürzte mein Lehrer ins Künstlerzimmer und sagte, er wisse genau, was mir passiert sei. In der Nacht wird sich daraus ein schrecklicher Angsttraum entwickeln. Das einzige Mittel dagegen ist ein neuer Auftritt, und zwar so schnell wie möglich. Dafür hatte er auch gesorgt, und die Wunde heilte wieder zu. Und doch ist bis heute eine Narbe zurückgeblieben. Gleich, ob ich spielen oder auf dem Podium einen Vortrag halten muß, nur den Anfang des Stückes oder den ersten Satz des Vortrages memoriere ich bis zum aktuellen Beginn. Dann läuft alles weiter ohne Anstrengung. Daran habe ich mich in dieser Nacht in San Francisco erinnert. Weitermachen ist die Pflicht. Nur so kann das Schlimme überwunden werden.

Im Hin und Zurück webt sich dieser Zeitteppich aus vielen Motiven. So sagt das tiefgreifende Wort des Rabbi Nachman von Bratzlaw in der Buberschen Übersetzung: »Denn Zeit wird aus Melodie geboren und Melodie aus Gnade.«

In der Kürze liegt die Würze

Es kam die Zeit des frischgebackenen Sextaners mit seiner traditionellen Kopfbedeckung, der roten Mütze mit schwarzlackiertem Schirm und schwarzem Lederband. Ein Blick in den Spiegel, einige erläuternde Worte des Vaters zur Bedeutung der Mütze, und es war klar, daß mit dieser Kopfbedeckung eine ganz andere Verpflichtung verbunden war, als seinerzeit mit der Offizierspappuniform vom Kaufhaus »Wertheim«. Die Gymnasiastenmütze der Kaiser-Friedrich-Schule war kein Spielzeug mehr; sie war Symbol für Methode, Disziplin und Treue zu einem unbekannten Ideal. Damit ließen sich während des Mittagsschlafes der Eltern keine imaginären Siege erfechten.

Meine schlechten Zeugnisse schon während des Sexta-Jahres trafen auf eine empfindsame Stelle im Status der Juden zu dieser Zeit. Der Primus der Klasse und auch der Zweitbeste waren Söhne jüdischer Ärzte. Sie saßen hinten, auf der letzten Schulbank. Der Sohn des Rabbiners jedoch rückte immer weiter nach vorne. Mit diesen beiden Klassenkameraden verband mich eine enge Freundschaft bis weit über die Schulzeit hinaus. Mit den politischen Wirren der dreißiger Jahre verloren wir dann jeden Kontakt. Vater schämte sich, daß gerade sein Sohn nicht die gleiche Position des Primus inter pares einnahm. Für die Juden war intellektuelle Auszeichnung wichtigstes Mittel zur Selbstbehauptung. Vom Sohn eines Rabbiners und Dozenten wissenschaftlicher Fächer erwartete man entsprechendes Niveau. Manche Einflüsse von außen hatten vielleicht ihren Anteil an dieser bedauerlichen Entwicklung meiner Schulkarriere.

Der schwächliche, sicher hoffnungslos unterernährte Knabe konnte oft nur unter viel Schluchzen und Weinen die von der Mutter rührend und mit viel Phantasie zubereiteten Speisen herunterwürgen, wobei dann auch ein bißchen Haue nachhelfen mußte, was den Appetit nicht steigerte. Der schreckliche Apothekengeschmack der Margarine, mit der alles gekocht und alle Brote bestrichen wurden, ist noch heute in meiner Geschmacks- und Geruchserinnerung lebendig. Dann gab es einen widerlich süßlichen Kunsthonig, der im Nachgeschmack gallig bitter wurde. Beim Hauptgetränk Tee, der unter dem Namen »Deutscher Kaisertee« in schwarzlackierten Tüten mit aufgedruckter goldener Kaiserkrone verkauft wurde, war der Geschmack das Phantasieergebnis eines Parfümingenieurs. Aber der Tee wurde kochendheiß serviert, und das war die Rettung während der kalten Wintermonate ohne Heizung und mit schlechter Nahrung. Nur eine Lieblingsspeise gab es: Dörrgemüse. Mutter verstand es, daraus delikate »Fleischklopse« zu zaubern. Zwar war der Mund immer voll mit Zellulosefusseln, aber es gab auch knusprige Körnchen dabei, und würzige Zutaten bewirkten das Ihrige. Davon konnte ich zu jeder Tages- und Nachtzeit essen. Aber es machte Mutter unglücklich, weil sie wohl wußte, wie wenig Nährwert dieses Zeug hatte. So klagte sie ihr Leid dem Hausarzt und machte ihn auf die Spindeldürre ihres Sohnes aufmerksam. Doch der Herr Sanitätsrat meinte, der Knabe sei kerngesund, und solche Typen könnten sehr alt werden. So blieb es denn bei meiner einzigen Leidenschaft für Dörrgemüse.

Nach Beendigung des ersten Weltkriegs kamen Hilfspakete aus Amerika, speziell für Waisenhäuser und ähnliche Institute. Das waren Leckerbissen, bei deren Anblick sogleich die Augen übergingen. Große Glaskübel in Strohbehältern enthielten Malzextrakt. Unvorstellbar die Begeisterung, die dieses in dicken Fäden sich um den Löffel schlingende Produkt auslöste. Dann gab es große Blechdosen, auf denen in Gold und Silber die Worte »Nectar and Ambrosia« aufgedruckt waren. Das war ein eidottergelber Puder, aus dem Eierfladen, Rührei, gebackene Ritter mit Eierauflauf und vieles mehr gezaubert wurden. Und dann die größte Sensation in Holztonnen: eingesalzene Pökelbrust. Da waren oft die Maden drin, was man aber erst beim Kochen bemerkte, weil das Gewürm dann oben schwamm. Solche Sendungen hat Vater sofort beim Gesundheitsamt gemeldet, die das schädliche Zeug abholten, wobei die Mieter der anderen Stockwerke entsetzt aus ihren Fenstern zusahen, wie man pures Gold einfach zum Vernichten wegschickte. Die Maden hatten schließlich auch ihren Nährwert.

Das war ungefähr der Nahrungsmittelrahmen der frühen Schulzeit. Vom Krieg hat man sonst nicht viel zu spüren bekommen. Das Schießen kannte man in Berlin nur aus Erzählungen. Meine fachmännische Kriegsinformation erhielt ich durch das Kino. Von den Dienstmädchen hatten zwei am Sonntag Ausgang, während die dritte zuhause bleiben mußte. Diese erhielt oft die Aufgabe, nach dem Mittagessen mit dem Jungen an die frische Luft zu gehen. Sie bekam auch etwas Taschengeld, um ein Kinobillett zu kaufen, was sie natürlich nie versäumte. So sah ich den Ersten Weltkrieg im Kino. Es fiel mir auf, daß sich die Soldaten sehr schnell und zackig bewegten; sie flogen nur so über die Felder, wenn sie liefen. Meine Begleiterin erteilte bei dieser Gelegenheit ersten Physikunterricht: sie erklärte, daß die modernen Kugeln so ungeheuer schnell fliegen würden, daß man sich nur durch schnelles Laufen vor ihnen retten könnte. Von Filmtechnik wußte sie natürlich gar nichts.

Wir gingen aber auch spazieren. Ein Lieblingsziel war der Flughafen Eichkamp. Das war ein kleiner Reparaturflugplatz für die einmotorigen Doppeldecker. Der Platz war an drei Seiten von den Kieferbäumen des Grunewalds eingezäunt und hatte eine offene Seite, die über die Eisenbahngleise der Stadt- und Fernbahn des Grunewaldgebietes führte. Wegen dieser Bäume gab es dort sehr oft Landungs- oder Startunglücke. Im Gedächtnis blieben drei miterlebte Abstürze. Es war immer grausig mitanzusehen, und doch, oder grade deshalb, zog es magnetisch zu diesem Platz.

Manchmal allerdings – besonders während der ersten Kriegsjahre, wenn das *Berliner Tageblatt* in fetter Überschrift die Nachricht von 200 000 gefangenen Russen brachte – spendierte auch Vater einen Sonntagnachmittag und machte mit seiner kleinen Familie einen Ausflug »ins Freie«. Da fuhr man mit der Straßenbahn 176 den Kurfürstendamm entlang in die Hubertusallee, die damals Ausflugsziel war mit dem berühmten »Café Grunewald«, wo Familien ihren eigenen Kaffee mitbringen und kochen lassen konnten. Mutter schmierte Stullen mit der scheußlichen Margarine und Kohlrübenmarmelade, womit das festliche Ereignis auch gastronomisch aus dem Alltag herausragte. Im Nachbarlokal gab es ein Karussell und Schießbuden mit unwiderstehlicher Anziehungskraft. Meinen Wunsch, auf einem hölzernen Pferd Karussell zu fahren, fand Mutter höchst überflüssig, würde mir davon doch nur schwindlig werden. Aber Vater vermittelte wieder.

In späteren Jahren entwickelte sich daraus der Drang zur Berg- und Talbahn, die während der zwanziger Inflationsjahre im großen Luna-Park in Halensee gebaut wurde. Mutter durfte von solchen Selbstmordabenteuern nichts wissen. Glücklicherweise hatten wir auch nicht genug Geld, um die Phantasiepreise für die Eintrittskarten zu bezahlen. Aber ich hatte einen viel älteren Vetter aus Belgien, dessen Vater Präsident der Diamantenbörse in Antwerpen war. Leo studierte an der Universität Berlin deutsche Literatur. Mit seiner Valuta konnte er halb Berlin aufkaufen. Mit Leo war ich ein Herz und eine Seele, und zu zweit fuhren wir sogar

einmal insgeheim in einem Landauer-Zweispänner von der Roscherstraße in den Luna-Park.

An einem Sonntag brachte uns Vater in den Zoologischen Garten. Gleich vorne waren die Elefanten. Mehr wollte ich gar nicht
sehen. Die Familie aber drängte weiter, und bald saßen wir in
einem großen Gartenlokal unter freiem Himmel. Da allerdings
geschah etwas Faszinierendes ganz anderer Art: eine große Mili-
tärkapelle spielte, was immer sie auch spielte. Ein sehr elegant
uniformierter Mann stand vorn in der Mitte der Bühne, das Gesicht den Spielern und ihren spiegelblank geputzten Messingin-
strumenten zugewandt. Er hatte in der rechten Hand einen Stock,
mit dem er aus der Luft heraus die unglaublichsten Klänge zauberte. Die Tiere interessierten überhaupt nicht mehr. Als das Programm der Kapelle beendet war, wollte ich nur nach Hause. Ein
Platzregen kam zu Hilfe, und man floh schnell zum Bahnhof Zoo.
Zu Hause suchte ich sofort in der Rumpelkammer nach einem
Stock und versuchte, in der Badestube den Zaubertrick zu wiederholen. Vergeblich, nichts ertönte aus dem Stock; ich war todunglücklich. Keiner konnte mir helfen, nur ein dummes Lächeln lag
auf allen Gesichtern.

Die Welt war voller Geheimnisse, die mit irgendwelchen Mitteln erforscht werden mußten. Dagegen nun war die Schulzeit in
der Sexta tief enttäuschend. Jeden Morgen in Dunkelheit und
Kälte raus aus dem Bett war ein schlechtes Vorspiel zum Lernen.
Die neuen Lehrer waren rigoros, systematisch und nur auf ihr
umgrenztes Gebiet bedacht. Dauernde Klassenarbeiten mit Zensuren entwickelten sich zu einem Moloch, einem kinderfressen-
den Riesen. Der einzige Lichtblick war der Deutschlehrer. Seine
Methode war es, kleine Geschichten aus dem Lesebuch vorzule-
sen, die dann aus dem Gedächtnis schriftlich nachzuerzählen waren. Er ließ auch gerne die Geschichten von Schülern vorlesen,
was ich ganz besonders gut konnte und mich unumstritten zum
besten Vorleser der Klasse machte. Aber es unterlief mir ein
charakteristischer Fehler: wenn beim Nacherzählen eine Einzelheit der Geschichte dem Gedächtnis entschwand, saß ich niemals
kauend am Federhalter, wie es so viele andere taten, sondern
hatte statt dessen kurzerhand etwas anderes erfunden. Irgendwie
brachte mich das Erfundene wieder auf den Hauptgang der Handlung zurück. Das erboste den Lehrer ungemein. Er nannte das
»Schwindel« und machte entsprechende Bemerkungen unter die
Zensuren. Natürlich konnte man im Rechenunterricht oder bei
der Grammatik oder in der Pflanzenkunde nicht schwindeln. So

blieb das Geschichtenerzählen im Fach Deutsch der einzige interessante Teil.

Dies war wohl der wunde Punkt, der mich in eine tiefe Aversion gegen die Schule brachte. Schließlich verleidete es mir auch den Deutschunterricht, und am Ende meiner Laufbahn in der Sexta bin ich sitzengeblieben. Da ich schon mit fünfeinhalb eingeschult wurde, erklärte man mich für zu jung. So mußte das ganze Zeug über ein volles Jahr wiederholt werden – vollkommen reizlos.

Sehr angenehm war es, daß ich vom Chorsingen befreit wurde als sogenannter »Brummer«; das ist einer, der nie den richtigen Ton treffen kann und deshalb beim Singen die ganze Umgebung durcheinanderbringt, also völlig unmusikalisch ist. Am Donnerstag durfte ich eine Stunde früher nach Hause gehen, zum blassen Neid der chorsingenden Kameraden.

In Berlin brach indessen die Revolution aus. Die Roscherstraße grenzte an einer Seite an ein großes Schulgebäude mit hohem Turm in der Sybelstraße und auf der anderen Seite an den Lehniner Platz, Ecke Kurfürstendamm. Dort war das »Café des Westens«. Auf dem Turm der Schule saßen die Spartakisten und im »Café des Westens« die Reichswehr; beide Gruppen beschossen sich heftig entlang der Roscherstraße. Wir durften natürlich nicht aus der Wohnung, und nachts schliefen alle Kinder unter den Betten aus Furcht vor Querschlägern. Die Schießerei war ungeheuer aufregend, und ich lauschte gespannt. An Schlafen war nicht zu denken. Ich dachte an die sonntäglichen Erklärungen unseres Dienstmädchens über verschiedene Kugelarten und versuchte, alle diese Kugelvarianten zu identifizieren. Ein Tag und eine Nacht dauerte das Schießen an und endete mit dem Sieg der Reichswehr. Als die Schule wieder begann, kam der Deutschlehrer mit einem neuen pädagogischen Einfall. Wir sollten nicht eine vorgelesene Geschichte nacherzählen, sondern einen freien Aufsatz über die Spartakistenkämpfe in Berlin schreiben. Da war ich nun mit meinen Kino-Kriegserfahrungen in meinem Element und schrieb und schrieb und benannte sogar die Kaliber der Geschosse. Die Arbeit kam einige Tage später zensuriert zurück mit dem Vermerk, daß sie eigentlich ein »Sehr gut« verdient hätte, aber die erwähnten Kaliber der Geschosse seien in diesen Kämpfen nicht eingesetzt worden, und wegen dieses Fehlers könne der Aufsatz nur mit »Gut« zensuriert werden. Vater lächelte darüber, und Mutter meinte, sie habe mich in Verdacht, wieder geschwindelt zu haben, aber das »Gut« sei doch ein Stück Kuchen wert.

Später erhielt ich einmal eine Vorlese-Rolle der »Frau Wulfen«

aus Hauptmanns »Biberpelz«. Der Erfolg war durchschlagend, die Wellen der Begeisterung schlugen hoch, und sogar die Versetzung des Ober-Tertianers war damit gerettet.

In diesen Jahren begannen nun erste ernsthafte musikalische Erlebnisse. Die ältere Schwester bekam – wie es sich geziemt – Klavierstunden und übte oft nach dem Abendbrot, während der Bruder schon schlafengehen mußte. Durch die Wand des Kinderzimmers lauschte er dann ihren Übungen, imitierte auch den Dirigenten aus dem Zoologischen Garten und tat so, als käme die Musik aus seinen fuchtelnden Händen. Bald aber genügte ihm das nicht mehr. Wenn seine Schwester am Tage übte, setzte er sich neben sie und versuchte, eine Verbindung zwischen den schwarzen Notenköpfen und der Klaviatur zu entdecken. Manchmal, wenn sie guter Stimmung war, erklärte sie auch ein paar Dinge. So konnte ich in langsamer und verbohrter Arbeit Zusammenhänge finden, die es mir ermöglichten, am Sonntagnachmittag, wenn alles ausflog, am Klavier Schwesters Bisping'sche Klavierschule vorzunehmen und mit ein bißchen Gedächtnishilfe einige Phasen ganz gut nachzuspielen. Bald kam mir die Idee, so wie beim Nacherzählen der Geschichten im Deutschunterricht, das aus den Noten nicht mehr Entzifferbare selber auszudenken, und es dauerte nicht lange, da saß ich stundenlang am Klavier und improvisierte und baute Akkorde zusammen. Es waren tiefbeglückende Stunden, die aber leider auf Kosten der Schularbeiten gingen. Natürlich beschränkte sich die Leidenschaft nicht nur auf den Sonntagnachmittag – jede Gelegenheit wurde genutzt, wann immer das Klavier frei war.

Nun entstand der erste wirklich ernste Konflikt mit den Eltern. Es wurde mir verboten, ans Klavier zu gehen. In diesem Punkt waren sich Vater und Mutter völlig einig. Der Junge war aber kein kleines Kind mehr, mußte lernen, Verantwortung zu tragen und hörte zum ersten Male, daß man ihn mit böser Miene einen »schlechten Lümmel« nannte. Das traf sehr tief. Es ging auf die turbulenten Inflationsjahre zu, und niemand hatte Geduld, sich mit pädagogischen Problemen zu beschäftigen. Wenn Vater für eine Winterschulmütze anderthalb Billionen Mark bezahlen mußte, konnte er der musikalischen Exzentrik seines Elfjährigen kein Verständnis entgegenbringen.

Eine verheiratete Schwester der Mutter lebte mit ihrer Familie in Schroda, einem kleinen Nest bei Posen. Die Tochter namens Hertha lernte Klavierspielen am Konservatorium in Posen und machte dort sogar ihr Klavierlehrerdiplom. Der Sohn, Friedel, war zeichnerisch sehr begabt und wurde später einer der Mode-designer bei Peek und Cloppenburg in Berlin. Im Gefolge des Versailler Friedensvertrages konnte die Bevölkerung der Provinz Posen für Deutschland oder Posen optieren. Wie die meisten aus der jüdischen Bevölkerung optierte auch meine Familie für Deutschland. Der Onkel löste sein kleines Galanteriewarenge-schäft auf und zog nach Berlin, wo er mit seiner Familie am Olivaer Platz wohnte. Bald gab es Nahrungssorgen, ihnen mußte geholfen werden. Mit zusammengeliehenen Geldern eröffnete der Onkel einen kleinen Zigarettenladen, Vetter Friedel fand schnell Arbeit, und auf der Suche nach Schülern für Hertha lag es nahe, mich als Versuchskaninchen Klavierspielen lernen zu lassen.

Ich hatte inzwischen schon meine eigenen Erfahrungen auf diesem Gebiet gemacht und freute mich riesig auf die erste Unter-richtsstunde. Hertha, eine dickliche junge Dame, war die Gutmü-tigkeit in Person, kinderlieb und permanent gefühlsschwanger. Bei Hertha begann meine musikalische Laufbahn mit dem Noten-Abc, was ich mir aber schon selbst erarbeitet hatte, dann kamen erste Fünffingerübungen mit präziser Fingerhaltung usw. usw. Von Musik war keine Rede. Gegen die Fingerhaltung hatte ich Einwände, die starre Methode überzeugte mich nicht, denn auf meine Weise war ich schneller. Ich stellte also Fragen, auf die Hertha keine Antworten wußte, da sie am Posener Konservato-rium nicht gelehrt wurden. Kurz, es verging keine halbe Stunde, und Hertha brach in herzzerbrechendes Schluchzen aus. Ich wuß-te weder, was ich verbrochen hatte, noch wie ich sie trösten sollte und ging schließlich mit ihren Tränen auf meinem Rücken nach Hause. An der Haustür erwartete mich schon der entsprechende Empfang, denn übers Telefon war inzwischen mein ganzes Beneh-men unter Weinen und Schluchzen berichtet worden, und damit war auch schon das Ende des Klavierunterrichts besiegelt. Als Folge wurde das Klavier abgeschlossen; nur die Schwester hatte einen Schlüssel. Mutter meinte, sie habe mit ihrem »unverschäm-ten Lümmel« ganz recht gehabt. Wem ist er nur nachgeraten? Es war ein schlimmer Tag, alles wurde düsterer und düsterer.

Mit der guten Hertha gab es erst 1958 in New York, wohin sie mit ihrem Mann emigriert war, ein herzzerbrechendes Wiederse-hen. Sie war inzwischen eine überaus beliebte Klavierlehrerin in Queens und begegnete nun in mir einem Universitätsprofessor und UNESCO-Fellow. Für ihren Ehrengast aus Jerusalem arran-gierte sie ein Konzert ihrer Schüler. Da sie selbst keine Kinder hatte, ergoß sich die ganze verdrängte Mutterliebe auf die Klavierschüler, deren Eltern sich meist wenig um ihre Kinder kümmerten. In einem Radiointerview erwähnte ich Hertha als meine erste Klavierlehrerin, was wiederum viel Weinen und Schluchzen auslöste. Sie war es auch, die mir den Silberlöffel des Fürsten Radolin als Erbstück schenkte.

Zu diesem doch bemerkenswerten Tag führten lange Zickzacklinien, deren Spitzen schwerlich voraussehbar waren: es war das verschlossene Klavier, das zur Offensive zwang. Das war für diese Zeiten und in solchem Milieu einfach unerhört. An einem der stillen Sonntagnachmittage, scheinheilig getarnt mit Schularbeiten, brach ich das Schloß des Klavierdeckels auf. Doch das Spielen bereitete nicht viel Vergnügen, denn die Folgen waren unausweichlich; sie waren schrecklich. Zum ersten Mal gab es Prügel vom Vater. Wer von uns beiden mehr gelitten hat, läßt sich nicht sagen. Ich war erschüttert und kroch unters Bett, von wo ich auch nachts nicht hervorkam; die Eltern begannen zu verzweifeln.

Glücklicherweise gab es im Waisenhaus die pädagogische Hilfskraft, Fräulein Rahel Goldschmidt aus Hamburg, die mich sehr liebte, mich oft in ihr Zimmer nahm und abenteuerliche Geschichten erzählte. Sie, die ziemlich ungenant war und sich in einer Waschvorrichtung in ihrem Zimmer wusch, wobei ich erstmalig mit der überraschenden Anatomie des weiblichen Körpers bekannt wurde, diese Rahel bewog mich, aus meinem Loch unter dem Bett wieder hervorzukriechen. Danach waren die Eltern wohl sehr erleichtert. Der ganze kriminelle Vorfall wurde überhaupt nicht mehr erwähnt. Was nun, kleiner Mann?

Anfang der zwanziger Jahre wurden alle Nebenfachlehrer der Kaiser-Friedrich-Schule zu einem Fortbildungskurs abberufen. Für Herrn Müller, den Chordirigenten, kam zur Vertretung ein junger Mann ohne Bart, sportlich gekleidet, und ganz ohne Formalitäten. Wir wußten nicht recht, was das nun bedeuten sollte, aber beobachteten ihn mit wohlwollender Neugier. Als erstes nahm er sich der »Brummer« in der Schule an. Wir waren eine kleine Gruppe verschiedener Altersstufen und wurden zweimal wöchentlich nachmittags zur Behandlung bestellt. Das bedeutete, daß die »Brummer« zwar von der wöchentlichen Chorstunde befreit waren, statt dessen aber zweimal nachmittags speziell in die Schule mußten. Das »Brummen« wurde jetzt aus Wut zum Sport. Der Lehrer machte nun eine lange Versuchsreihe mit Gehörübungen, ganz ohne Singen. Es waren interessante, völlig ungewöhnliche Klangkombinationen, verbunden mit einfachen und komplexen Rhythmen. Besonderen Spaß machte, daß er etwa nach zehn

Minuten frühere Übungen aus der Erinnerung wiederholen ließ. Bei alldem stellte sich heraus, daß der Brummer Josef sehr genau hörte und ein recht präzises Erinnerungsvermögen hatte, allerdings beim Singen nach wie vor daneben sang. Später, am pädagogischen Seminar der Hochschule für Musik, lernte ich dies als motorisch-sensoriale Störungen der Stimmbänder kennen, und heute würde man es wohl als psychosomatisches Symptom erkennen, was es wahrscheinlich auch war. Der Lehrer führte Entspannungsübungen für die Stimmbänder durch, die im wesentlichen auf Atemübungen beruhten. Das war alles sehr lebendig, unmittelbar mit musikalischen Abläufen zusammenhängend. Der Erfolg kam sehr schnell. Es gab auch Brummer, die wirklich nicht hören konnten. Für diese hatte er hauptsächlich Gedächtnisübungen, die lustig und dazu noch Gesellschaftsspiele waren. Alle gingen sehr gerne zu dieser »Behandlung«. Für mich war sie sehr kurz. Und als Müller nach wenigen Wochen wieder zurückkam, saß ich bereits als Sopran im Chor.

Nicht lange danach wurde eine große Chorkompositon für ein öffentliches Schulkonzert vorbereitet: »Die Glocke« von Schiller, komponiert von Romberg. Darin gab es ein Solo-Quartett, in welchem mir die Sopranpartie zufiel. Müller hatte also ein erstes Auge auf mich geworfen, und bald sollte er Gelegenheit haben, auch das zweite Auge auf mich zu werfen. Das aber geschah unter dramatischeren Umständen.

Dr. Barsch war der Mathematiklehrer, der mir noch heute hin und wieder als Alptraum erscheint. In einer seiner Mathematikstunden ging mir irgendwelche Musik durch den Kopf, wofür ich immer Notenpapier bei mir hatte. So versuchte ich, im Schutz der Bank meine Musik zu notieren. Ich war vollkommen abgelenkt und merkte überhaupt nicht, daß Barsch durch die Bankreihen ging, neben mir stehenblieb und beobachtete, was ich da auf meinen Knien kritzelte. Die vollkommene Stille brachte mich in die Realität zurück, und da stand er neben mir, wie ein drohendes Ungeheuer. Es war zwecklos, das Notenblatt irgendwohin zu verstecken, er faßte mich an beiden Ohrläppchen, kniff auch kräftig herein, was an dem kalten Wintertag besonders schmerzte, und zog mich so aus der Bank heraus. Schlagen durfte man nicht mehr, sonst hätte er vielleicht seinen gerechten Zorn abreagiert. Statt dessen brachte er diesen unerhörten Vorfall vor die Lehrerkonferenz.

Nach wenigen Tagen kam ein Brief vom Direktor, und die Eltern wurden in die Schule bestellt. Das war wieder Mutters

Aufgabe. Geharnischt trat sie ihren Weg an. Und siehe da, statt von Barsch wurde sie von Müller empfangen, dem ja wohl im Fortbildungskurs die Glocken moderner Methoden etwas geläutet hatten. Mutter bekam einen genauen Bericht des ganzen Vorfalls. Das Herz blieb ihr fast stehen, doch die Folgerungen, die Müller daraus zog, waren höchst überraschend. Er bat um die Einwilligung der Eltern, dem Sohn zweimal wöchentlich Nachhilfeunterricht in Harmonielehre zu geben, gratis und franco. Da konnte man ja schlecht nein sagen, obgleich die Situation verwirrend war. Statt harter Strafe wurde der »Lümmel« noch belohnt.

Mutter berichtete beim Mittagessen das ganze Gespräch mit Müller samt den Komplimenten, die er ihrem Sohn gemacht hatte. Auf dem Weg von der Schule nach Hause muß sich da etwas in ihr gerührt haben; ein »second thought«, wie der Engländer sagt, denn ihr Bericht war eher stolz als abweisend und für mich von einschneidender Bedeutung. Und so entspann sich eine Freundschaft zu Herrn Müller, diesem kleinen und dünnen Mann mit seinem unproportional großen Kopf mit gezwirbeltem Schnauzbart und großer Brille. So saugte ich seine Lehre auf wie ein trockener Schwamm. Zum Höhepunkt unserer Freundschaft kam es, als Müller, der auch komponierte, mir ein gedrucktes Exemplar seines »Spreewellen-Walzers« mit handgeschriebener Widmung schenkte. Die grünliche Nymphe in Spreewellen auf dem Titelblatt verglich ich oft mit Rahel Goldschmidts Physis. Oben war sie zwar ähnlich, aber einen Fischleib konnte man an Fräulein Goldschmidt denn doch nicht entdecken.

Nun schrieb ich unter Aufsicht des Meisters Märsche für die Schule und anderes mehr. Das kam alles bald in Gebrauch als Hintergrundmusik für Schulaufführungen und festliche Gelegenheiten. Solche Erfolge brachten jedoch das pädagogische Konzept der Schulleitung in Verwirrung. Die Schule hatte einen Direktor, dessen markante Persönlichkeit unvergeßlich in mir eingraviert ist. Von Geheimrat Zernik sagte man, daß er im Krieg ein hoher Offizier gewesen sei. Das paßte vollkommen zu seiner Art zu sprechen: Befehlston, kurze, abgerissene Satzteile, scharf artikuliert, selbst in seinen Ansprachen herrschte dieser Stil. Selbst wenn er gefallene Schüler der Kaiser-Friedrich-Schule betrauerte, klagte er im Befehlston. Ich habe einmal in einer Radiosendung in den sechziger Jahren Aufnahmen von Hitler-, Mussolini- und Churchill-Reden auf ihren musikalischen Ausdruck analysiert. Leider gab es keine Aufnahme von Zerniks Reden. Sie hätten noch weitere wertvolle Beispiele für die Interpretation des Satzinhaltes durch den Sprechvortrag abgegeben.

Zernik war außerordentlich gefürchtet wegen seiner unbeugsamen Strenge. Aber er war gerecht und zollte jeder Leistung die ihr gebührende Achtung. Nur einmal sprach er mich an, am Ende seiner pädagogischen Laufbahn. Zernik wurde pensioniert. Ein außerordentlich feierliches Abschiedsszenarium wurde in der großen Aula der Schule abgehalten. Nicht nur alle Lehrer und die vielen hundert Schüler des Gymnasiums, auch viele offizielle Gäste waren anwesend, die teils auf der Bühne, teils auf besonderen Stuhlreihen vorne saßen. Müller saß am Flügel und umrahmte die Feier mit dem Nationalhymnus und am Ende mit einem Choral, den wir alle von unseren Plätzen aus mitsangen. Es wurden natürlich viele Reden gehalten; keiner der Anwesenden wagte, sich zu räuspern. Als Letzter sprach Prof. Zernik in seiner bekannten Art. Aber man konnte erstickte Tränen in seiner Stimme hören. Diese nie zuvor an ihm wahrgenommene Mischung von Gefühlen, die ihn übermannten, und eiserner Disziplin, mit der er dagegen ankämpfte, war atemberaubend. Er stand dicht an einem riesigen Ehrenfries, auf dem ein kriegerischer Engel mit weit ausgebreiteten Flügeln gemalt war, unter denen die Namen der gefallenen Schüler in goldumränderten Buchstaben eingemeißelt waren. Alle waren von dieser Feierlichkeit des Augenblicks benommen. Nach seiner Rede mußten wir uns erheben, und nun geschah das Außergewöhnliche. Der alte Herr ging durch sämtliche Reihen der Aula, drückte jedem Schüler die Hand zum Abschied, blieb auch hie und da stehen und fügte noch eine persönliche Bemerkung hinzu. Als er zu mir kam, erwartete ich das stereotype »Auf Wiedersehen«. Doch blieb er stehen, schaute mich eine kurze Weile an und sagte dann: »Schade um dich, Junge.« Worauf ich schneidig antwortete: »Jawohl, Herr Professor«, und er ging weiter, ohne »Auf Wiedersehen«.

Es kam ein neuer Direktor, der einen neuen Ton in die Schule brachte, eine, wie man heute sagen würde, betont demokratische Linie. An meiner pauschalen Schulleistung konnte das schon nicht mehr viel ändern.

Der Knabe kommt nun langsam in die Pubertätsjahre. Innerlich stark aufgewühlt, ohne schützenden Panzer von außen, stürmt er vorwärts wie ein schnelles, blindes Raupentier. Die Ereignisse um ihn herum türmen sich, denn er ist ja begierig, alles zu sehen und alles zu hören, und nur mit seiner Antenne bezeichnet er sich selbst seinen eigenen Weg.

Eine andere Schwester meiner Mutter lebte mit ihrer Familie in Danzig. Der Onkel hatte ein En-gros-Geschäft für Damenstrümpfe. Er war unendlich gutmütig und stand vollständig unter dem Pantoffel seiner Frau Gemahlin. Er war von einer rührenden kaufmännischen Untüchtigkeit, die durch meiner Tantes maßlosem Ehrgeiz für intellektuelle Tätigkeit und vielseitige Bildung ausgeglichen wurde. Dorthin wurde ich nun jeden Sommer während der großen Ferien eingeladen. Die Wohnung in einem alten Haus in der Frauengasse, mit den verschachtelten inneren Stockwerken, war schon ein abenteuerliches Erlebnis für sich. Hier konnte ich nicht nur nach Herzenslust Klavier spielen, ich wurde mit viel lobender Bewunderung gar noch dazu ermutigt. Vetter Friedel, der spätere Modedesigner, war auch eingeladen. Er spielte recht gut Violine, und ich begann, für uns beide zu komponieren. In Friedel hatte ich dann eine starke Stütze, was bald dazu führte, daß ich schließlich doch Klavierunterricht bekam.

Mit Vetter Friedel, der sehr gut zeichnen und malen konnte, bauten wir in den Ferien in Danzig ein herrliches Puppentheater. In einem Antiquariat in der Pfefferstadt fanden wir uralte, halbzerfledderte Sagenbücher, die wir für wenige Groschen kaufen konnten. Ich dramatisierte Rittergeschichten, Ungeheuerüberfälle, Liebesabenteuer, von deren hintergründiger Realität ich weniger als eine halbe Ahnung hatte, und sorgte auch für musikalische Untermalung. Zusammen mit der gleichaltrigen Cousine Hilde lernte ich mit den Puppen umzugehen, die Friedel mit rührender Sorgfalt genäht, geklebt, bemalt hatte. Die Technik der leicht auswechselbaren Kulissen war natürlich Friedels Erfindung. Im oberen Teil der Wohnung, dem Dachgeschoß, gab es eine große, weitläufige Kammer für abgestellte Dinge und anschließend ein Mansardenzimmer mit schräg abfallender Decke und einem Fenster voller Blumen. Hier wohnte ich und lebte Tag und Nacht sozusagen hinter der Bühne zwischen allen Requisiten.

Wir fuhren auch nach Oliva oder Glettkau oder Zoppot zum Baden im Meer, was ich aber für verlorene Zeit hielt. Blaubeeren sammeln im Olivaer Wald hatte ich viel lieber. Immerhin beteiligte ich mich auch einmal an einem Wettbewerb für Sandburgenbauen. Am Strand gab es furchtbar viel Algenzeug, das ich benutzte, um die Geschichte des Rattenfängers von Hameln darzustellen. Weil die Burgen alle einfielen, mußte das Problem von einer anderen Seite angepackt werden. Der Rattenfänger war eine Art hochaufgerichteter Don-Quixote-Figur, alles Reale daran nur angedeutet mit den nassen Sandklumpen. Wo der Mund sein mußte, steckte quer ein kleines Holzrohr, auf dem er seine Flötenmusik machte. Die große Menge von Ratten wurde durch das Algenzeug angedeutet, das er an seinem Fuße mit sich schleppte. Manchmal umherblickend, was die anderen Kinder so bauten, sah ich nun herrliche Burgen mit allen Schikanen und schämte mich sehr, daß ich mich auf diesen Wettbewerb eingelassen hatte. Nachmittags machten nun die Preisrichter der Stadtverwaltung von Zoppot ihren Rundgang, jeder mit viel Schreibzeug bewaffnet und emsig Notizen schreibend. Bei mir wußten sie natürlich nicht, was das alles zu bedeuten hatte. Aber da war eine wohlbeleibte Dame im Komitee, die wollte von mir Erklärungen haben. Da habe ich ihr den von Musik besessenen Rattenfänger beschrieben und die vielen, vielen armen Algenratten, die nicht anders konnten, als sich an des Rattenfängers Füße zu hängen. Es war wohl der Reiz der Neuheit, der mir schließlich das Zoppoter Wappen mit meinem aufgedruckten Namen und Schokoladenkonfekt mit Danziger Goldwasserfüllung einbrachte.

Ich freute mich aber schon auf mein Mansardenzimmer, und wenige Tage später erfolgte die Premiere des Puppenspiels. Alles wurde im großen Salon aufgebaut, Tante Ida mobilisierte die Danziger jüdische Kaufmannsgilde, es war ein riesiger Zustrom von Publikum, die Wohnung war völlig ausverkauft. Vor dem Theaterstück gab es Kaffee und Kuchen, so daß alle in guter Stimmung waren, denn Tante Ida war eine Tortenbäckerin großen Formats. Der kolossale Erfolg des Theaterstücks führte dazu, daß wir ambitiös wurden und richtig Theater machen wollten. Noch vor der Rückreise nach Berlin wurde das »Danziger Künstlertheater« gegründet und weitere Pläne dafür in Berlin ausgeheckt – noch ein Störfaktor für die Anforderungen der Schule.

Inzwischen wurde ich 12 Jahre alt, ein Jahr vor der großen Einsegnungsfeier, die bei den Juden am Sabbat nach der Erreichung des dreizehnten Lebensjahres stattfindet. Dann sollte ich mannbar werden mit all der Verantwortung, die ein Junge zu tragen habe. Die Einsegnung des Rabbinersohnes von Dr. Julius Gruenthal (dies war mein ursprünglicher Familienname) war in den jüdisch-intellektuellen Kreisen Berlins ein Ereignis, das sorgfältig vorbereitet werden mußte. Mein Privatlehrer für die Erfüllung des religiösen Ritus war kein Geringerer als mein Vater selbst. Das Jahr der Vorbereitung bezog sich auch auf Mannbarkeit und Verantwortungsbewußtsein. Also wurde für mich Klavierunterricht beschlossen, damit ich die schulische Verantwortung unter Beweis stellen könnte. So kam ich zu derselben Lehrerin, die meine Schwester unterrichtet hatte, die inzwischen zu einem Fräulein herangewachsen war und in einem Bankhaus Berlins schon ihr eigenes Geld verdiente; für ihr Klavierspielen war da kaum noch Zeit. Die Lehrerin, Susanne Fischer, war die älteste Tochter des großen Berliner Domorganisten Walter Fischer, einem der überragenden Musiker seiner Zeit. Er war ein Riese an Körpergestalt, konnte mit seinen Händen eine Quinte über eine Oktave greifen, und wenn er am Flügel saß, verschwand das Instrument vor seinem Körper wie ein kleines Spielzeug. Nur die Majestät einer Domorgel konnte da äquivalent sein.

Bei Susanne Fischer konnte man ungehemmt Musik machen, und Fingersätze oder Fingerübungen waren bestenfalls ein Mittel zum Zweck, aber niemals selber ein Zweck. Sie war allerliebst anzusehen, ihr Gesicht war das eines Weihnachtsengels mit rosa Pausbacken und himmelblauen, klaren Augen. Oft durfte ich auch zuhören, wenn sie selber übte. Sie war eine Schülerin von Edwin Fischer, aber da waren keine familiären Zusammenhänge. Rückblickend waren die Stücke, die sie mir zu spielen gab, viel zu schwer für mich. Doch habe ich mir mit Wonne alle Zähne daran ausgebrochen. Die Literatur, die ich so kennenlernte, war ein Meer ohne Ufer: Ich übte ständig für die Klavierstunde und gab das ganze Taschengeld für die billigen Einzelausgaben von Schott mit Klavierbearbeitungen von Orchesterwerken aus. Daher wurde das Blattspielen schon früh mein Steckenpferd. Musikalischen Ausdruck unterrichtete sie äußerst sparsam; den müsse man allein verstehen und nicht jemanden nachäffen. Nur einmal hatte sie Einwände gegen meine Interpretation der »Träumerei« von Schumann. Das sei doch ein gesangvolles und ruhiges Stück und kein wilder Traum. Worauf ihr Schüler nur ganz zurückhaltend fragte: »Warum nicht?« Da lachte sie aus vollem Herzen, ich hätte ganz recht. Der Weg zweimal wöchentlich zu ihrer Wohnung in der Wittelsbacherstraße wurde für mich zur lieblichsten Landschaft. So blieb es nicht nur beim Klavierspielen, Passion mußte sich auch im Komponieren entladen. Erst war es eine »Rosen-Sonate« in D-Dur, noch ganz schwelgend und um Liebe werbend, dann wurde es bald eine »Sturm-Sonate« in a-Moll. Da brachen die Fluten in hoher Brandung. Ich habe ihr diese Stücke niemals vorgespielt, sie blieben mein ureigenstes Privatissimum. Susanne Fischer wurde zu einem Organ in meinem Leibe, das mich mit Sauerstoff und Lebenselixier versorgte. Ob sie eine Ahnung von alldem hatte?

Klang vor der Erschaffung der Welt

Rosen-Sonate, Sturm-Sonate – die Erinnerung brennt noch immer lichterloh. Kann man dabei Schularbeiten machen? Seine Zeit auf so trockenes Lederzeug verschwenden? Zum Teufel mit dem ganzen Verantwortungsbewußtsein! Aber dem Vater weh tun, das geht auch nicht.

Früher mußte ich mich von Dörrgemüse ernähren, jetzt ist es Sturm und Drang! Also habe ich die Vorbereitungen zur Einsegnung sehr ernst genommen und mit Vater judaistische Thematik bis in die Nächte hinein studiert. Eine ganz neue Welt eröffnete sich mir. Den Religionsunterricht in der Schule konnte ich nur noch mitleidig belächeln. Vater meinte über diesen Lehrer, Gott hätte eben nicht alle Menschen gleichermaßen ausgestattet, jeder täte sein Bestes, und ich solle allemal ganz still sein. Absolut unwiderlegbar. Ich versuchte tatsächlich, meinen Schülerstatus zu verbessern. In manchen Fächern gelang mir das auch. In Zoologie habe ich es zu etwas gebracht. Botanik mit seiner statistischen Aufzählung der Blüteneingeweide hat gelangweilt. Dagegen war Chemie faszinierend. Aber Mathematik blieb nach wie vor der große Kummer. Vielleicht war das nicht wieder aufholbar.

Eines Abends besuchte uns ein älterer Herr, ein Rechtsanwalt, Spezialist für die Finanztransaktionen, die die Inflationsjahre mit sich brachten. Beim Abendbrot stellte er alle möglichen Fragen, hörte auch von Vater und Mutter über meine Probleme mit der Mathematik, worauf er spontan sagte: »Was, dieser Junge kann nicht Mathematik? Das ist ja einfach lachhaft. Ich übernehme es, ihn in zwei bis drei Monaten auf die Fahrbahn zu bringen. Dann sollen Sie mal sehen, wie er davonrollt.« Wenige Tage später erlag der Rechtsanwalt einer Herzattacke, und in meiner Erinnerung blieb nur noch der Titel eines Buches dieser Zeit: »Äpfelchen, wohin rollst Du?«. Doch ich rollte – nicht gerade auf der Fahrbahn, dafür auf vielen Seitenwegen und mit großer Vehemenz.

Wir bekamen einen neuen Mathematiklehrer, Dr. Westphal. Er trug einen hohen, schneeweißen Stehkragen mit glänzender schwarzseidener Krawatte und auf der Nase einen Pincenez. Aus irgendeinem Grunde hatte er Sympathien für mich. Ich stieg auf von »ungenügend« zu »nicht genügend«. Immerhin ein Lichtblick.

Westphal war unser Klassenlehrer, weshalb er auch Programm und Durchführung der Klassenausflüge unter sich hatte. Diese organisierte er mit großer Sorgfalt und genauer Planung. Zum Ausflug brachte er immer eine große topographische Aufzeichnung der Gegend, in die wir fuhren, mit, und es war schon sehr aufregend, mit Hilfe des Kompasses alle die kleinen Waldpfade, markanten Bäume, einzelnen Häuser und Hütten mit Sicherheit zu finden – alles, wie es auf der Landkarte aufgezeichnet war. Auf diesen Ausflügen trug Westphal Knickerbocker, eine hochgeschlossene Lederjacke, grüne Jagdstrümpfe und kompliziert verschnürte, hohe braune Lederstiefel. Wir brauchten nicht im Gänsemarsch zu marschieren und hielten trotzdem gute Disziplin. Beim Rasten am Waldrand ließ er sich mit Zuckergebäck von uns bewirten, war lieb und nett, auch zu den schlechten Schülern. Auf einem dieser Ausflüge erfuhr Westphal von meinen Kameraden, daß ich Lehrer nachahmen könnte. Westphal ließ sich das nicht zweimal sagen, wir zogen in die nächste Waldschenke, ich mußte auf die kleine Bühne steigen, wo wahrscheinlich sonst zum Tanze aufgespielt wurde, und ließ meine Nummern abrollen. Westphal wischte sich immerzu die Lachtränen ab, die Kameraden schüttelten sich vor Gelächter; es war der Höhepunkt des Ausflugs. Seitdem rissen sich die Lehrer um die Führung von Ausflügen, und ich konnte es mir einfach nicht leisten, mal wegen Erkältung zu Hause zu bleiben.

Allerdings waren die Vorstellungen nicht immer nur komisch. Wir hatten einen Lateinlehrer, der eine Vorliebe für Schüler hatte, die beim Übersetzen von Ovids Metamorphosen mit Hilfe einer Kladde auf den Knien mogelten. Als Jäger pirschte er sich an sie heran und schlug dann zu wie mit einer Fliegenklappe. Diese Szene habe ich einmal pantomimisch in seiner Gegenwart vorgespielt. Die Kameraden trauten sich nicht, offen zu lachen, um so gespannter war das unterdrückte Gelächter. Kohl, der Lateinlehrer, der sonst herzlich lachte, saß steif und ernst, aber er wiederholte niemals seine Jagdunternehmungen. Der Erfolg des Theaters hatte also auch seine Gefahren in sich.

Um diese Zeit ging ich das erste Mal in ein richtiges Theater. Es war eine Nachmittagsvorstellung für Schulen im Schiller-Theater. Gespielt wurde »Wilhelm Tell«, was wir zuvor im Deutschunterricht durchgenommen hatten. Das Schiller-Theater war als überdachtes Amphitheater gebaut. Von mittlerer Höhe schaute ich auf die Bühnenarena hinunter. War schon allein diese Umgebung aufregend, so existierte keine Außenwelt mehr, als der Vorhang aufging. Den Gessler hätte ich ermorden können, mit eigenen Händen; so gefährlich auch der Apfel für den Jungen war, der Vater tat mir noch mehr leid. Wie gut, daß ich beten konnte.

Das Theater hatte mich aufgewühlt. Zu Hause habe ich dann alle möglichen Rollen nachgespielt. Das war ganz anders, als in der Schule mit verteilten Rollen zu lesen. Das war schon auf einer imaginären Bühne, mit einem Publikum im Dunkel der Vorstellung, mit vorgestellten Kostümen und phantastischer Landschaft. Das Theater wurde transportabel und nach Wunsch gegenwärtig. So begann ich, für mich selbst Dramen aufzuführen, die in Vaters Bibliothek standen.

Die Schule ermöglichte es auch, hier und da billige Karten für Schülerkonzerte zu erhalten. Schließlich gab es damals noch kein Radio, und die Grammophonplatte war erst an ihrem Beginn – als Privileg weniger reicher Leute. Für ein Orchesterkonzert – ich hatte noch nie eines gehört – bekam ich ein Billett geschenkt und erwartete den großen Tag. Das Berliner Symphonieorchester spielte im großen Blüthnersaal in der Potsdamer Straße ein Nachmittagsprogramm klassischer Musik. Es war ein schneidend kalter Wintertag mit hohem Schnee, und ich fuhr den langen Weg mit der Straßenbahn. Im Saal war es mollig warm. Schon das Stimmen der Instrumente war für den Geist verwirrend: wohin sollte man zuerst hören? Wer erfindet all diese Klänge? Dann wurde es plötzlich ganz ruhig, und ein weißhaariger Herr kam aus einer Seitentür auf die Bühne, der Dirigent, dessen Funktion ich bereits gelernt hatte. Das Publikum applaudierte, der Dirigent verbeugte sich, wandte sich dem Orchester zu, und die Musik begann. Es war Beethovens Egmont-Ouvertüre. Mit dem Schiller-Theater war das nun nicht zu vergleichen. Da gab es keine guten und keine bösen Menschen, niemanden, mit dem man sich identifizieren konnte; man wurde entrückt in eine Klangwelt, die sich mit nichts vergleichen ließ. Der ganze Körper vibrierte mit diesen Tönen, man war in sie verstrickt und taumelte mit ihnen in einen unfaßbaren, endlosen Raum. Es war himmlisch und schwer erträglich zugleich. Am Ende brach das Publikum in großen Jubel aus. Zwar wußte ich, daß dies der Anfang des Programms war, doch war ich außerstande, länger sitzenzubleiben und noch mehr zu hören. Ich stürzte hinaus aus dem Saal, lief durch den hohen Schnee des Tiergartens stapfend, atmend und keuchend und völlig außer mir bis nach Charlottenburg. Der Weg zu Fuß hatte etwa die Länge des Konzerts, so daß zu Hause niemand bemerkte, daß ich das Konzert früher verlassen hatte. Ich legte mich zu Bett und schlief tief erschöpft ein.

40

»Im Atemholen sind zwei Gnaden, die Luft einziehen, sich ihrer entladen« – wie Goethe sagte.

Weiterhin galt der meiste Spaß dem selbstgemachten Spielzeug. Im Zimmer entstand ein Luna-Park aus alten, kaputten Spielsachen, jeder Art Schrauben, alten Kartons, die ich mit ausgeschnittener Zeitungsreklame beklebte, alles war brauchbar, um auf Bett, Tisch, Stühlen, Schrank den Luna-Park einschließlich seiner fesselnden Maschinenräume aufzubauen. Stundenlang konnte ich in diesem Park spazierengehen und alle Attraktionen in Ruhe genießen. Ich erlebte sie in vollen Zügen, und am echten Luna-Park war mir gar nicht mehr so viel gelegen.

Am anderen Ende der Roscherstraße wohnte ein mir gut befreundeter Klassenkamerad – ob christlich oder jüdisch, daß weiß ich nicht mehr genau, ich hatte viele wirkliche Freunde in der Schule. Sein Vater besaß eine Fabrik zur Herstellung elektrischer Glühbirnen. Diese Blochs, obwohl eine kleine Familie, bewohnten eine ganze Flucht von Zimmern, darunter einige der sprichwörtlich großen Berliner Wohnräume. Gleich vorne trat man vom Foyer in den Hauptsalon, der selbst aus zwei durch eine riesige Glasschiebetür getrennten Salons bestand. Daran schlossen sich große Arbeitsräume an, in denen allerhand technische Apparaturen standen. Solche Wohnflächen konnten in den schweren Nachkriegswintern kaum beheizt werden, außer bei festlichen Anlässen. Dann brannte im großen Salon ein riesiges, helloderndes Kaminfeuer, das merkwürdigerweise keine Hitze abgab. Bei näherer Betrachtung entdeckte man viele große, rote Glühbirnen, deren Purpurlicht in einem kunstvoll gebogenen Reflektor gebrochen wurde. Bei aller Suggestivkraft blieb es trotzdem kalt im Salon. Aber auch bei eisiger Kälte liebte ich diesen Salon, denn in ihm stand ein veritabler Blüthner-Konzertflügel, den niemand anrührte. Verglichen mit dem Klimperkasten, den ich zu Hause hatte, verführte dieser Blüthner zu sinnlicher Lust. Susanne Fischer hatte einen Bechstein, der zwar härter, aber präziser war. Ich fand heraus, daß bestimmte Stücke besser auf diesem oder jenem gespielt werden konnten. Keines aber war gut auf meinem Klavier, das ewig repariert werden mußte, weil einige Hämmer immer auf Nachbarsaiten flogen. Daran habe ich mich mit der Zeit gewöhnt, und wenn Cis klingen sollte, habe ich eben C gespielt. In der Klavierstunde blieb es dann eine Frage der Konzentration und schnellen Umstellung. So entdeckte ich auch mit dem Flügel Neuland.

Vater Bloch hörte mir beim Spielen gerne zu. Der hohe, stattliche Mann unterhielt sich auch gern über Künste und hatte ein großes Wissen ebenso in Physik und Chemie, das er jährlich bei Geburtstagsfeiern seines Sohnes mit Experimenten demonstrierte. Sein Sohn muß ihm wohl von meinen Lehrerimitationen erzählt haben, jedenfalls schlug Vater Bloch eines Tages vor, eine Gruppe von Klassenkameraden zu organisieren, die Lust am Theaterspielen hätten. Er wollte für alle Unkosten aufkommen, für Dekorationen, Kostüme, Beleuchtung, für alles, was so eine Aufführung mit sich bringt. Er wollte Regie führen, und ich sollte die Doppelrolle bekommen, sowohl Klavier als auch Theater spielen. Ich war natürlich Feuer und Flamme. Die Gruppe war bald zusammengebracht, und wir trafen uns zur ersten Besprechung mit Vater Bloch. Sein Vorschlag für die Wahl des Stückes: »Philotas« von Lessing, weil es kurz war, keinen Aufwand für das Bühnenbild und nur wenige Mitwirkende benötigte. Für den Fall von Krankheit wurden die Rollen doppelt besetzt. Die Einnahmen für die verkauften Billetts sollten ohne alle Abzüge an das Winterhilfswerk des *Berliner Tageblatts* gehen. Alle waren einverstanden, und die Arbeit begann. Zuerst Leseproben, dann erste Spielproben noch mit Text, dann aber bald alles auswendig. Einen Souffleur gab es nicht. Wir gewöhnten uns schnell an eigene Sicherheit. An den Kostümen half Mutter Bloch eifrig mit, war auch bei den Proben dabei und spielte die Rolle des Lob spendenden Publikums.

Für die Generalprobe wurde ein leibhaftiger Theaterfriseur engagiert, der Schminke und Bärte fachmännisch montierte und wieder abnahm mit Hilfe von Salben und Wässern. Das war unerhört aufregend, weil wir uns nicht wiedererkannten. Ich beobachtete den Friseur auch bei der Maskerade der Kollegen, seine raffinierte Technik, den Ausdruck eines Gesichtes nach Belieben zu variieren. Er wußte, welche Rolle wir darzustellen hatten, welche Charaktere dabei zum Ausdruck kommen mußten und arbeitete sorgfältig an unseren Gesichtern, ohne uns zu quälen. Die Aufführung war ein Riesenerfolg, mußte mehrmals wiederholt werden und wurde dabei immer besser. Meine Eltern waren natürlich auch eingeladen und sahen das Spiel mit Interesse, aber auch großer Besorgnis. Jetzt ist der »Lümmel« – was inzwischen ein Kosewort geworden war – nicht nur ein Musiker, sondern auch noch ein Schauspieler. Was soll nur daraus werden? Schließlich muß er doch einmal einen Beruf ergreifen und eine Familie ernähren können. Was er da macht, sind doch alles Beschäftigungen der Halbwelt!

Andererseits waren die Elogen, die sie von Vater Bloch bekamen, auch von betörender Wirkung. Der Nachhauseweg von der Roscherstraße 1 zur Roscherstraße 5 muß wohl voll grüblerischer Gespräche gewesen sein. Auf mich hatte dieses Philotas-Erlebnis einen unmittelbaren Effekt. Ich spürte, was Regie, was Theatertechnik sein kann und ließ die Pläne für das »Danziger Künstlertheater« erst einmal ruhen. In Danzig hatte ich keinen Vater Bloch, keinen Literaturberater, keinen Finanzier, auch Puppen-Theater kann man so nicht weitermachen. Ich hatte Blut geleckt.

Die nächsten Danziger Ferien waren überdies nicht angenehm. Der Onkel mietete ein kleines Ferienhaus in Glettkau, das ewige Baden war langweilig, ich mißte das herrliche Danzig mit seinen Gassen und Gäßchen und wunderbaren alten Häuserfassaden. Vetter Friedel konnte auch nicht kommen, ein Klavier gab es auch nicht – es war zum Sterben öde. Nur eine lustige Episode heiterte mich für einige Tage auf. Der Onkel kam auf die »Schnapsidee«, nach Warschau zu fliegen, um dann bei einer Textilfirma in Lodz Strümpfe einzukaufen. Fliegen war damals noch ein großes und riskantes Abenteuer, die Geschäftsunkosten verteuerten sich durch diese Aktion völlig unnötigerweise, aber der überaus gutmütige Onkel mußte wohl mal seine Männlichkeit beweisen. Im Grunde hatte er eine Heidenangst vor dem Flug. Das Wetter wurde immer schlechter, es regnete in Strömen. Dem Onkel wurden die Ferien völlig verleidet, er stand den ganzen Tag am Fenster und schaute in die jagenden Wolken und auf die Bäume, die sich im Sturm bogen. Die Tante lachte höhnisch und dachte wohl: geschieht ihm ganz recht, wozu dieser Unsinn! Der Tag rückte heran, am nächsten Morgen um zehn Uhr sollte die Maschine aufsteigen. Ich beschloß, meinen Onkel zum Flugplatz Langfuhr zu begleiten und dann mit der Eisenbahn zurückzufahren. Schließlich besaß ich ja tiefschürfende Kenntnisse vom Flugplatz Eichkamp, aber von den Abstürzen dort habe ich ihm nichts erzählt. Wir standen sehr früh auf, frühstückten alleine und fuhren nach Langfuhr. Der Himmel war heiter, aber starke Winde brachten wieder Wolken herüber. Das Flugfeld in Langfuhr war um ein Vielfaches größer als das in Eichkamp. Auch wurde es nicht von nahen, dichten Wäldern umgrenzt. Das beruhigte schon sehr. Auf dem Feld stand eine einmotorige Eindecker-Junkersmaschine. Es gab vier oder fünf Fluggäste. Ich gab meinem Onkel einen herzlichen Kuß, und er stieg über die kleine Leiter ins Flugzeug. Der Propellermotor wurde vom Bodenpersonal mit der Hand angelassen, ähnlich wie ehedem die Autos mit einer Kurbel am Motor, und schließlich erzitterte die Maschine am ganzen Leib. Die

Klötze vor den Rädern wurden weggezogen, und es ging los. Ich schaute dem aufsteigenden Flugzeug nach, bis es in den Wolken verschwand. Meine Tante war doch ganz froh, als ich wieder an der Haustür klingelte.

Der Onkel kam drei Tage später mit der Eisenbahn wieder zurück. Vom Flug hatte er sehr wenig erzählt, nur daß es plötzlich runter und wieder rauf ging. Ich nehme an, er hat intensiv Kotzebues Werke studiert.

Diese Ferien, die scheinbar so ereignislos vorübergingen, waren der Beginn einer neuen Lebenserfahrung. An der Oberfläche schien die Zeit im Leerlauf zu verstreichen. Kaum wieder im Elternhaus angelangt, spürte ich eine doppelte und dreifache Lust, an die auf mich zukommenden Aufgaben heranzugehen, die Schule eingeschlossen. Im Rückblick waren diese »öden« Ferien das, was die Biologie eine schöpferische Pause nennt. Eines der im wahrsten Sinne des Wortes »wundervollsten« Beispiele dafür durfte ich später noch einmal, zu Beginn der sechziger Jahre, auf einer Japanreise kennenlernen. Der Wert der Zeit, auch wenn die geformte Melodie verstummt, kam mir zu vollem Bewußtsein. Durch die Vermittlung eines meiner früheren Studenten lernte ich den Hohepriester einer shintoistischen Glaubensgemeinschaft in Kyoto kennen. Es war gerade die Zeit eines hohen Feiertages. Der Priester erlaubte, einer Gebetszeremonie im Gebetsraum beizuwohnen unter der Bedingung, daß ich mich in einer nachtdunklen Ecke während der langen Stunden unbemerkbar verhielte. Etwa fünf Mönche saßen im Kreuzsitz vor einer zur Seite geschobenen Gartentür. Im Garten war kein einziges pflanzliches Gewächs. Seine Blumen waren Steine verschiedenster Art und Größe, im feinsten gartenarchitektonischen Sinn angeordnet. Die Mönche murmelten fast unhörbar Gebete aus einem Buch, das in ihrem Schoß lag. Von irgendwoher war ein Ton eines Streichinstrumentes zu hören, ohne jedes Vibrato, nur vom Bogenstrich über die Saite belebt. Die Tonhöhe blieb konstant, die Lautstärke blieb konstant, keine noch so kleine Pause trennte zwischen zwei Tönen. Mein Wissen um die verstrichene Zeit war bald erloschen. Eine andere Zeit trat an ihre Stelle, die Zeit völliger Hingabe ohne jede Aufgabe. Es gab keinen Anfang und kein Ende, es gab kein Meditieren in außerirdischen Gedankenwelten, der Zustand befand sich in reiner Abstraktion von jeder Realität. Selbst das fleischgewordene Sein war bald dem Bewußtsein entschwunden. Ich kann nicht sagen, wieviele Stunden ich dort verbracht habe, es sei denn, daß ich die Zahl mit Hilfe einer Uhr rekonstruieren würde. Damit aber wäre die Zeit des Gebetes zerstört. Behutsam wurde ich irgendwann wieder auf die Straße geführt. Da stand ich im Gewimmel des japanischen Millionenverkehrs und glaubte mich auf einem anderen Planeten. Der wilde Betrieb berührte mich aber gar nicht. Er war wie Schmutz, von dem ich mich soeben abgewaschen hatte. Der Schlaf des Nachts im Hotel war traumlos, wenn es so etwas überhaupt gibt.

Ein bis zum letzten Atemzug bewahrtes Erlebnis wird auch zu einem »Rückerlebnis«, weil man seine Spuren in den einstmals »öden« Kinderferien erkennen kann. Sie waren ja nur öde, weil der Drang zum Tun nicht genügend Nahrung bekam. Im Grunde hat man ausgeatmet, um für den nächsten tiefen Atemzug voll bereit zu sein. Der große Einfluß dieser japanischen Episode – gleich, ob im Rückblick oder auf Zukünftiges gerichtet, bleibt Teil eines Ganzen.

Jahre danach flog ich von Toronto in Kanada nach New York. Von einem Fensterplatz aus schaute ich auf den unendlichen Variationsreichtum der Wolkenbildungen. Sicherlich führten sie in eine ferne Gedankenwelt, träumen mit offenen Augen. Plötzlich schreckte ich auf. Die Stewardeß berührte mich leise am Arm, denn sie wollte mir etwas geben. Sie erkannte meinen Schreck und entschuldigte sich: »Oh, I am so sorry, Sir. (Atempause) Must'nt that be wonderful, to be so deep in thoughts.« Sie hatte also wohl bemerkt, daß ich nicht schlief, sondern mit wachen Augen weit weg lebte. Und warum war denn das Gebet der japanischen Mönche von einem gleichbleibenden, unaufhörlichen Ton begleitet? Es war der dünne, akustische Faden, gespannt gleich einem Regenbogen von einem Himmel zum anderen Himmel, an dem entlang die trunkene Hingabe zum befreiten Denken volle Zeugungskraft erreichen konnte. Es ist der Urzustand jeder kreativen Tätigkeit, der durch Selbsterziehung erreichbar ist. Kein künstliches »Zu-Bewußtsein-Bringen«, kein nervenaufpeitschendes Animiermittel kann auch nur in die Nähe solchen Urzustandes bringen, denn es ist die Lehre von der Trunkenheit, die ihr Bewußtsein nie verliert. Die »öden« Ferien in Glettkau waren nicht mehr als eine in äußerem Schutt versteckte Andeutung, das in Akustik gehüllte Gebet der japanischen Mönche dagegen ein zielbewußtes Training zur Erreichung eines gleichsam kreativen Nirwana-Zustandes. Würde heute jemand fragen, bei wem ich Komposition studiert habe, so würde ich antworten: »Bei fünf japanischen Mönchen während einer Stunde, die auf keiner Uhr notiert ist.«

Unterdessen kam der Sabbat meiner Einsegnung – Barmizwah. Sie fand in der Synagoge der Pestalozzistraße statt. Mir oblag die Ausführung dreier Kernstücke in der Gebetsordnung des Gottesdienstes, nebst einigen anderen Gebeten. Zuerst erfolgte die Aushebung der Thorarolle, auf welcher die Heilige Lehre geschrieben ist, aus der festlich illuminierten Bundeslade. Im feierlichen Umzug wird sie zu einem Platz getragen, wo ein sitzender Betender sie in Empfang nimmt und auf seinen Knien hält, damit ein anderer sie ihres Festschmuckes entkleiden kann. Erst die silberne Krone, dann die reich bestickte Sammethülle. Sie wird auf den Altartisch gelegt und bis zu dem Abschnitt, der an diesem Sabbat vorgelesen wird, aufgerollt. Der Vorleser, der in einem traditionellen Akzentsystem liest, steht zwischen einem Betenden, der mit einer kunstvoll silbergeschmiedeten Hand mit ausgestrecktem Zeigefinger den Vorleser entlang der Zeilen führt, und einem anderen Betenden, der entsprechend der Länge der Abschnitte die Rolle weiter öffnet. Das Vorlesen aus der Thora wird von besonders geschulten Vorbetenden vollzogen, denn ein Irrtum beim Lesen kommt einer unentschuldbaren Ehrverletzung gleich. Nach dem Verlesen des Abschnittes wird die Thora wieder zusammengerollt, bekleidet und im festlichen Gesang zur Bundeslade zurückgebracht. Der Vorbeter bleibt nun allein auf dem Altar zurück und singt noch einen Abschnitt aus der Gebetsordnung dieses Sabbat. Der melismatische Singvortrag dieses Gebetes kommt fast der Wortbedeutung gleich, da die Melismen symbolischen Inhalt haben. Wenn ein Betender der Gemeinde mit besonderer Ehre ausgezeichnet werden soll, so wird er zum Vortrag dieses Gebetes aufgefordert.

Vater hatte mich sehr gründlich für diesen Tag vorbereitet. Ich hatte nun alle drei Funktionen zu erfüllen, die meist von drei verschiedenen Vorbetern ausgeführt werden. Glücklicherweise zeigten sich bei mir noch keine Anzeichen von Stimmbruch, so daß die Sopran-Knabenstimme wie jubilierender Vogelgesang über der andächtigen Gemeinde schwebte. Ich war meiner Sache durchaus sicher. Die Aufgabe war ja nicht leicht. Es besteht aber kein Zweifel, daß die Sicherheit zu einem guten Teil auf der Theatererfahrung beruhte.

Es erfolgte dann die Einsegnungspredigt des Rabbiners des Tempels Pestalozzistraße, Emil Levy – eine unvergeßliche und inhaltsreiche Predigt von nahezu einer dreiviertel Stunde. Ich stand am Altar, und er sprach von einer erhobenen Kanzel zu mir herunter. Er hatte wunderbare, sprühende Augen, das Gesicht von einem dichten, schwarz-grauen Bart eingerahmt. Im vollen Ornat des Rabbiners stand er da wie ein König. Mächtig der deutschen Sprache und mächtig der hebräischen Sprache entwikkelte er ohne jede Spur von salbungsvollem Pathos kräftige und ermunternde Gedanken, bis er schließlich seine Hände über meinem Kopf ausbreitete und mich segnete. Während des Segens erhob sich die ganze Gemeinde. Tränen standen mir nahe, ich blieb dennoch fest.

Nach dem Gottesdienst gab es ein feierliches Mittagsmahl, zu dem auch der Rabbiner eingeladen war. Als besonderes Lob fragte er mich bei Tische, wie es denn sein könne, daß ich so gar nicht aufgeregt gewesen sei und alles mit solcher Sicherheit vollzogen hätte. Der feine Unterschied zwischen Aufregung und Erregung muß ihm entgangen sein, obwohl er selbst ein Poet war.

Der Zustrom der Gäste dauerte bis in die späten Abendstunden. Nachmittags mußte ich programmgemäß eine Rede halten. Es war meine Pflicht, sie selber zu schreiben und auswendig vorzutragen. Vater mußte sie bestätigen, was er tat, ohne etwas zu verbessern. So endete der Tag meiner Einsegnung – die Eltern voller Hoffnung, daß ihr Sohn nun doch ein erwachsener und verantwortungsbewußter junger Mann geworden sei und damit am nächsten Morgen ein neuer Lebensabschnitt für alle beginnen werde. Doch es sollte kommen, wie es kommen mußte. Von meinen Wegen und Umwegen war ich nicht mehr abzubringen.

Graduell verwandelte sich die brave Religiosität in eine Gleichgültigkeit gegenüber den Geboten, mehr und mehr verloren sie an Glaubwürdigkeit. Ich bemühte mich, dies zu verbergen, aber Vater bemerkte es wohl. Seine Toleranz erstreckte sich auch auf seines Sohnes allmähliche Abtrünnigkeit. Mutter sah das mit weit mehr Unbehagen. Hier aber überließ sie Vater die Führung. Auch weiterhin begleitete ich Vater zum Sabbatgottesdienst in den Tempel, nur beobachtete ich mehr, als ich betete.

Nach Berlin kamen zu jener Zeit viele Juden aus den östlichen Ländern Europas, die Ostjuden. Die deutschen Juden sahen auf sie herab als eine minder kultivierte, primitivere Spezie des jüdischen Volkes. Die Aufklärung hatte die meisten von ihnen noch nicht erreicht. Einerseits war Deutschland für die Ostjuden eine Durchgangsstation auf dem Wege ins Gelobte Land. Oberrabbiner Kaelter in Danzig war in dieser Hinsicht besonders aktiv und hilfreich, wobei möglicherweise der politische Status des Freistaats Danzig gute Gelegenheit bot. Andererseits war Deutschland noch ein Hafen der Sicherheit und Gleichberechtigung aller

Religionen und Völker und ermöglichte besseres Fortkommen für die Kinder. Es war also natürlich, daß die Juden den Pogromen des Ostens in Richtung Westen entflohen. Zum ersten Mal in meinem jungen Leben wurde ich im Elternhaus gewahr, daß es Juden und Juden gab. Vater hatte große Sympathien für die Ostjuden, Mutter dagegen war ihnen gegenüber reserviert, sie waren sozusagen nicht hoffähig. Das Wort »Zionismus« fiel öfter in Tischgesprächen, aber eher in einem ideellen Zusammenhang, ohne praktische Konsequenzen, zumal Vater Mitglied des »Centralvereins deutscher Staatsbürger jüdischen Glaubens« war, womit die unverbrüchliche Treue zum Deutschtum besiegelt wurde.

Jahre später, kurz vor der Machtergreifung Hitlers, geriet ich auf dem Wege zum »Kaufhaus des Westens« in der Tauentzienstraße in ein Spalier der Nazis. Zu beiden Seiten des Bürgersteiges standen sie in ihren braunen Uniformen, jeder eine Sparbüchse in der Hand und sammelten Spenden für die Fahrkarten der Juden nach Palästina. Nach außen hin sah das recht friedlich aus, der Sinn war unmißverständlich. Bis dahin waren Palästina oder Zionismus kein wirkliches Gesprächsthema in unserem Hause. Nur die wöchentlichen Sabbatpredigten des Rabbiners Levy, der mich eingesegnet hatte, waren voll glühender Begeisterung für die zionistische Idee, was ihm viele Gegner in der Gemeinde schuf.

Merkwürdig genug verband sich das Ostjudenproblem in Berlin mit einem Musikerlebnis. In der Dragoner- und Grenadierstraße konzentrierten sich die ostjüdischen Einwanderer in großer Zahl. Natürlich hatten sie dort auch ihre Bethäuser. Ihre Betweise war völlig verschieden von der der aufgeklärten Westjuden, auch wenn sie nach orthodoxen Riten beteten wie wir im Tempel Pestalozzistraße. Sie hatten keinen Kantor, der ähnlich dem cantus responsorius die Liturgie in Vorbeter und antwortende Gemeinde ordnete, wobei dann oft der Chor den einfachen Gemeindegesang im westlich-klassischen Chorsatz, etwa im Mendelssohnstil, vertrat. Der vorzügliche Chor im Tempel Pestalozzistraße beeindruckte mich immer tief und legte die Wurzeln für das Verständnis der klassisch-romantischen Musiksprache. Was ich nun in der Grenadierstraße zu hören bekam, war im ersten Moment ein völliges Chaos. In der kleinen Synagoge, die einfach ein Zimmer war, in dem sich an die hundert Menschen gedrängt aufhielten, betete jeder mit seinem Gott in seinem traditionellen Singsang, aus reiner persönlicher Emotion und mit seinen ihm eigenen Rhythmen in schnellen oder langsamen sich verbeugenden und wieder aufrichtenden Körperbewegungen, begleitet von dynami-

48

schen Rufen zu Gott. Niemand hörte, und niemand sah, was um ihn herum geschah. Wenn nun hundert Menschen in dieser Weise inbrünstig und tief bewegt ihr leidenschaftliches Gespräch mit Gott führen, ist das akustische Resultat für ein westlich erzogenes Ohr völlig verwirrend. Zugleich war der Klang als solcher von magnetischer Kraft. Man mußte sich ihm überlassen und wurde von ihm in die höchsten Höhen des göttlichen Olympus getragen. Es war eine Naturgewalt, deren innere Ordnung unerforschlich war – die Musik vor der Erschaffung der Welt. Vater, der eigentlich in westlicher Musik dachte, war offen und frei genug, um ein Ohr für diese Musik zu haben.

Denke ich zurück, daß Vater durchaus nicht begreifen wollte, wie die musikalische Passion seines Sohnes in die Familie kam, gibt mir Vaters Zug zu den Synagogen in der Grenadierstraße Antwort auf diese genetische Erscheinung. Und auch sie kann weiter zurückverfolgt werden. In Vaters Zimmer hing eine Daguerreotype seines Vaters, eines bärtigen, gutmütig blickenden Mannes. Vater erzählte, daß er ein hervorragender Pelzmacher gewesen sei. Aber berühmt wurde er für sein Vorbeten an den hohen Feiertagen, dem Neujahrs- und Versöhnungsfest. Er hatte eine volltönende, baritonale Stimme und improvisierte seine eigenen Melodien, die auf traditionellen Motiven beruhten, so daß die Gemeinde dem Bekannten folgen konnte, doch waren sie zugleich so abgewandelt, daß sie als etwas ganz Neues erschienen. Sie konnten all das zu Gott senden, was jeder betende Jude auf dem Herzen hatte, ohne es sagen zu können. So war Großvater der natürliche Sprecher der Gemeinde, stand Gott am nächsten, und jeder wußte, daß durch ihn eines jeden Gebet von Gott erhört würde. Der Großvater väterlicherseits war mithin schon damals, was wir heute einen Met-Star nennen würden. Nur erlangte er seine Berühmtheit in den jüdischen Gemeinden der Provinz Posen nicht als Schmettertenor, sondern als Musiker, der eine Botschaft zu Gott senden konnte. So ist es auch gar nicht verwunderlich, daß, wenn ich später als Korrepetitor Sänger der damaligen Deutschen Oper in Berlin für ihre Wagner-Rollen vorbereitete, Vater im Nebenzimmer an seinem Schreibtisch schwelgte, denn zur Realisierung eines Opernbilletts konnte er sich nicht aufschwingen.

Mein Musikerlebnis bei den Mönchen in Japan, mein Musikerlebnis in der Grenadierstraße in Berlin, Großvaters eigene Musiksprache mit Gott, Vaters Schwelgen in Wagner – wie innig hängt das alles miteinander zusammen, auch wenn meine Eltern eine

Beziehung zur Musik nur sehr zurückhaltend eingestehen wollten. Es kämpften wohl in ihnen Mißverständnis und Bescheidenheit und Angst vor dem schwer Faßbaren. Vielleicht erhielt sich auch ganz tief in ihrem Inneren ein Tropfen Bewunderung für diese Welt.

5. Kreis

Mißverstandene Psychoanalyse

Mit dem Erwachsenwerden regte sich immer mehr der Wunsch nach Selbständigkeit. Die Mischung von Lausbubenhaftem und beginnender Reife produzierte recht eigenartige Handlungen. Meine Kompositionen, die ich auf dem häuslichen Klimperkasten spielte, wurden, außer von Vetter Friedel, nicht ernst genommen. Schwester Grete brachte mich gar in Wut, als sie einmal sagte, daß das alles gestohlenes Zeug sei und wenn schon Offenbach, dann sei der echte doch besser. Ich glaube nicht, daß ich zu dieser Zeit Offenbach wirklich kannte. Jahre später habe ich erst durch Karl Kraus zu meiner Bewunderung für Offenbach gefunden. Aber es ist schon gut möglich, daß sich Orpheus aus seiner Unterwelt in meine eigenen Melodien geschmuggelt hat. Ich war jedenfalls tief verletzt, aber ich wußte auch, in welcher Schublade Schwester ihre Puderdosen aufbewahrte, nahm eine große Dose heraus, entleerte sie im WC und spülte den Inhalt runter. Die leere Dose habe ich wieder zurückgestellt, die Tat blieb irgendwie ungeklärt – bis heute ein ungelüftetes Geheimnis. Als Entgelt mag sie heute meinen Tabaksbeutel leeren, doch wie ich sie kenne, wird sie mir noch frischen Tabak dazuschütten.

Es war auch die Zeit, für die kleinen Leidenschaften etwas Taschengeld selbst zu verdienen, um nicht immer wegen jedes Groschens zum Vater laufen zu müssen oder vielmehr zur Mutter, denn sie war es, die die Finanzen der Familie verwaltete. Vater führte nur Buch über Auslagen des Waisenhauses. In den späten Abendstunden konnte man dann auf seinem Schreibtisch einen großen Talmudfolianten aufgeschlagen sehen, in den er am Rande mit fein angespitztem langem Bleistift – denn er war sehr kurzsichtig – seine Kommentare schrieb. Daneben lag ein altmodisches, dickes Kontobuch, in welches er ebenso säuberlich Rechnungen und Quittungen des Waisenhauses eintrug. Nur wenn ich bei Mutter keinen Erfolg hatte, ging ich zu Vater, um Geld zu betteln. Das war etwa zum Zweck der Befriedigung meiner ungeheuren Naschlust. Vetter Leo aus Antwerpen hatte mich auf die Spur von Windbeuteln mit Schlagsahne gebracht. Dagegen bekam ich relativ leicht Extrazuwendungen für Autobusauslagen. Ganz herrlich waren die großen Fahrten mit dem Autobus 1 oder 2 vom Bahnhof

Halensee bis »Unter den Linden«, erste Reihe auf dem Oberdeck, den Trubel der ganzen Stadt genießend. Die elektrische Straßenbahn war dagegen ein altmodisches Fahrzeug.

Es entwickelten sich noch andere Gelüste, je mehr dieses champagner-gleich sprudelnde Berlin die bereiten Sinne erregte. Eine unverhoffte Einnahme spielte sich mir in die Hände: Ein etwa elfjähriges Mädchen im Waisenhaus schrieb ihrer Freundin zum Geburtstag ins Poesiealbum folgenden Spruch: »Lügen haben kurze Beine. Dies wünscht Dir Deine Elsbeth.« Ich witterte die Gelegenheit für ein Geschäftsunternehmen, schickte diese Poesiealbum-Widmung an den *Ulk,* die Freitagsbeilage des *Berliner Tageblatts,* und siehe da, in der folgenden Woche brachte der Geldbriefträger (ein guter Freund des Hauses, der immer mit Schnaps und guten Trinkgeldern versorgt wurde) die fürstliche Summe von fünf Mark als Honorar. Es war meine erste Veröffentlichung, nicht sehr ehrenvoll, denn ich habe mich ja mit fremden Federn geschmückt.

In diesen Jahren beschränkte sich Vaters Rabbinertätigkeit lediglich auf die hohen Feiertage. Das Waisenhaus, die Hochschule für die Wissenschaft des Judentums und sonstige Lehrtätigkeit innerhalb der jüdischen Gemeinde erlaubten ihm nicht, ein volles Rabbineramt in Berlin zu bekleiden. Es ergab sich nun, daß jene Juden, die im Laufe des Jahres kaum eine Synagoge besuchten, an den hohen Feiertagen ausnahmslos zum Gottesdienst strömten. Daher mußte die Jüdische Gemeinde Hilfssäle mieten, die oft nichts anderes waren als große Bierlokale, die sich für ihre sporadische Funktion in frommer Ausstattung präsentierten. Im Grunde widerspricht das nicht der jüdischen Auffassung, denn der Jude ist für sein Gebet an keine rituelle Stelle gebunden. Nur war der Wechsel von Bierlokal zu Gotteshaus und wieder zurück doch nicht ganz zu übersehen. Für diese Hilfssynagogen brauchte man entsprechend auch Hilfsrabbiner. Vater empfand das Amtieren als Rabbiner in solchen Lokalen als besondere Pflicht, weil er ja zu einem Publikum sprechen mußte, das sonst im Laufe des Jahres von seinem Gott wenig wissen wollte. Aus Liebe zu diesen verlorenen Schäfchen opferte er auch das Gebot der untersagten Instrumentalmusik im Gotteshaus. Alle diese Hilfssynagogen benutzten ein Harmonium als Orgelersatz. Doch Vater wußte das Wesentliche vom Unwesentlichen zu trennen. Auf diese Predigten zu den hohen Feiertagen bereitete er sich sehr gründlich vor. Monate vorher schrieb er die Predigten Wort für Wort auf und lernte sie dann auswendig. Während des Auswendiglernens mußte in seiner Umgebung absolute Ruhe herrschen. Die Atmosphäre war gespannt. Irgendwie lastete auf uns allen die Mühe des Lernens solch langer Reden. Auch wenn Vater bei festlichen Gelegenheiten eine Ansprache halten mußte, bereitete er sich darauf genau vor.

Zu diesen Gottesdiensten an den hohen Feiertagen nahm Vater seinen Sohn immer gerne mit. Ich trug dann die Tasche mit dem Talar und anderem Ornat. Mein Platz war auf der Altarempore neben Vater, und so wurde ich ungewollt zu einer, wenn auch dezenten, Schaustellung. Dann nahte das Gebet, welches die Predigt mit festlichem Gesang einleitete, Vater stieg feierlich auf die Predigerkanzel, und sofort bekam ich heftiges Lampenfieber aus Angst, Vater könnte steckenbleiben – was aber nie passierte. Er hatte immer sehr originelle Ausgangspunkte für seine Predigten, die, ähnlich den Reden von Emil Levy, auf die Hörer starke Suggestivkraft ausübten. Mutter kam niemals mit zu diesen Hilfsgottesdiensten, sie betete in der Pestalozzistraße. So hat sie, jedenfalls in Berlin, nie die Predigten meines Vaters gehört. Da muß wohl etwas dahinter gesteckt haben: Als die Eltern sich kennenlernten und erste Liebesbande knüpften, führte Vater seiner wohl baldigen Braut seine Künste im Violinspiel vor. Mutter soll nicht hell begeistert darüber gewesen sein, wonach die Geige in ihrem Kasten verschwand und nie wieder angerührt wurde. Vielleicht blieb durch diesen Mißerfolg etwas zurück, was Vater in dieser Hinsicht keinen Unterschied mehr zwischen Violine und Predigt machen ließ. Vom Inhalt der Predigten erfuhr aber Mutter immer durch ihren Sohn, manchmal auch in Vaters Gegenwart, was ihm sichtlich wohlgetan hat. Dann konnte Mutter meine hochblonde Lockenmähne nicht genug streicheln und küßte mich, wofür ich aber sogleich Schokoladenpralinen einkassierte, denn das war die beste Gelegenheit, an die sonst schwer erreichbaren Kostbarkeiten heranzukommen.

Wenn Vetter Leo, der um die Zeit der Feiertage immer bei uns zu Gast war, solchen Szenen beiwohnte, grinste er in seinen Mundwinkeln und freute sich über meine Manöver. Leo war bei Vater und Mutter Respektsperson, sowohl als Intimus von Alfred Kerr als auch wegen irgendwelcher literarischer Auszeichnungen während seiner Studien an der Berliner Universität. Eines Abends erzählte Vater bei Tische von seinen Studenten an der Hochschule. Da war einer, der immer auf der letzten Bank im Unterrichtsraum saß und der durch seine ungewöhnlich klugen Fragen auffiel. Vater bestellte ihn nach dem Kolleg zu sich und fragte ihn, was er denn täte und studiere, worauf er antwortete, er sei ein Journalist. Und sein Name? Franz Kafka. Wie Leo das hörte, fiel er fast vom Stuhl. Vater hatte von moderner deutscher Literatur nicht viel Ahnung, hatte diesen Namen nie gehört und wurde nun von Leo aufgeklärt. Es verging noch geraume Zeit, dann besuchte uns Franz Kafka mit seiner Freundin, mit der er zusammen nach Palästina auswandern wollte. Sie kamen nachmittags zum Kaffee. Kafkas weißes Gesicht mit den tiefschwarzen Augen und sein leises und zartes Sprechen während der wenigen Minuten, die ich ihn sah, sind unvergeßlich geblieben. Nicht lange danach starb er.

Mit den nächsten großen Ferien kam auch wieder die Einladung nach Danzig. Am Hauptbahnhof abgeholt, wurde ich schon auf dem Weg in die Frauengasse damit überrascht, daß dieses Mal kein Ferienhaus gemietet würde, da man bemerkt habe, daß ich in den kleinen Badevororten nicht sehr glücklich war. Mit großer Genugtuung zog ich in mein Mansardenzimmer unter dem Dach ein. Das geplante »Danziger Künstlertheater« bekam neuen Aufschwung auf zweierlei Weise. Ich lernte damals David Kaelter kennen. David war ungefähr fünf Jahre älter, also eine prädestinierte Respektsfigur in meinen wirren, jungen Jahren. Er war damals die Hauptfigur im »Gabriel Riesser Verein«, einer jüdischen Organisation, der er sich mit seiner ganzen Seele widmete. Sehr schnell entwickelte sich eine innige Freundschaft, obgleich er mich nicht überreden konnte, zu den wöchentlichen Veranstaltungen seiner Organisation zu kommen. Unsere Freundschaft litt nicht unter meiner tiefen Abneigung gegen Vereinsmeierei. In David fand ich unbegrenzte Unterstützung meiner künstlerischen Leidenschaften. Nach seiner pädagogischen Ausbildung in Dresden kam er später nach Berlin zum judaistischen Studium bei meinem Vater. Aus dieser Freundschaft mit David erwuchs ein wahlverwandter Bruder, der mir in Stunden der Not eine verläßliche Stütze war.

In den gleichen Tagen lernte ich eine junge Dame kennen, die Frau eines Buchhändlers in Danzig. Sie waren gute Freunde meiner Familie, und so besuchten wir ihren neu eröffneten Buchladen schräg gegenüber dem Hauptbahnhof. Das Schaufenster war sehr ungewöhnlich dekoriert. Nur ganz wenige Bücher, aber man konnte nicht vorbeigehen, ohne einen interessierten Blick hineinzuwerfen. Ebenso lud das Innere des Geschäfts mehr zum Lesen als zum Kaufen ein. Man erhielt dort statt der gangbaren Ware ausgesuchte Neuerscheinungen, alles nach sehr persönlichem Geschmack ausgewählt. Der Buchladen blieb nicht sehr lange am

Leben; das hohe Niveau der Inhaber vertrug sich nicht mit den geschäftlichen Normen. Die junge Dame entdeckte bald mein Klavierspiel, und da sie selbst vorzüglich spielte, wurden wir nach kurzer Zeit ein vierhändiges Team. Was der Buchladen in diesen Tagen einnahm, wurde sofort im Kauf vierhändiger Klavierliteratur angelegt.

Sie hieß Rosie, und wie sich bald im Gespräch herausstellte, war sie eigentlich Schauspielerin. Sie spielte unter Max Reinhardt in Berlin kleinere Rollen. Rosie war beträchtlich älter als ich, aber von zeitlos beschwingter Jugendlichkeit. In der Begeisterung für eine Idee gab es nicht Tag und Nacht, bis das Kind des Gedankens geboren wurde. Sie war gebürtige Engländerin, sprach mit leichtem Akzent, den ich besonders anziehend fand. Unser Plan des »Danziger Künstlertheaters« erhielt durch sie den entscheidenden Anstoß. So begabt, wie sie Klavier spielte (wir haben später in Berlin vierhändige Konzerte für das Winterhilfswerk gegeben), so begabt war sie auf der Theaterbühne, so begabt war sie auch als Schriftstellerin in Prosa und Lyrik. Wir hatten nun unseren Bühnenschriftsteller, Dramaturgen, Regisseur, Hauptdarsteller und, wie sich schnell zeigte, auch Bühnenmaler, Kostümentwerfer – und alles ohne Geld, ohne Mittel, aber mit unbegrenzter Phantasie und Begeisterung, allerdings auch abhängig von Stimmungen und etlichen Kapricen. Aber Rosie blieb ein Erlebnis von elementarer Gewalt. Sie konnte unbändig lachen und ebenso in Trübsinn verfallen. Alles hatte großen Stil. Zum Ende dieser Ferien brachten wir unsere erste Vorstellung heraus. Rosie dichtete ein Bühnenmärchen, die Rollen waren allen vorhandenen Schauspielern aus Familie und Freundeskreis auf den Leib zugeschnitten. Mein Mansardenzimmer wurde zur Bühnenwerkstatt, der große Dachboden zur Bühne umgearbeitet. Der Erfolg blieb nicht aus, doch mit ihm gingen die Ferien zu Ende. Eine Traurigkeit stieg auf über das kommende Vakuum. Ich fuhr zurück nach Berlin, angefüllt mit einem Ereignis, dessen Folgen für mein Leben noch nicht zu ahnen waren.

Wieder in der Roscherstraße eingetrudelt mit einem geschenkten neuen Anzug, der zumindest halberwachsen machte und auch entsprechend vom Dienstpersonal bewundert wurde, fand ich Vater mit einer mysteriösen Krankheit vor. Kein Fieber, es tat ihm auch nichts weh, aber wenn man mit ihm sprechen wollte, so blieb er bei jedem zusammengesetzten Wort stecken und analysierte seine Teile. Entsprechend der Fülle der zusammengesetzten Wörter in der deutschen Sprache konnte man kein fließendes Gespräch mit ihm führen. Ebenso war er außerstande, ein Buch oder die Zeitung fließend zu lesen, mußte jeden Unterricht aufgeben und landete aus Verzweiflung im Bett. Man genierte sich, den Arzt kommen zu lassen, denn Vater war ja nicht im herkömmlichen Sinne krank; er hätte genausogut spazierengehen können, statt im Bett zu liegen. Also sah das einer Geisteskrankheit teuflisch ähnlich, und so etwas mußte um jeden Preis geheimgehalten werden. Nicht einmal der Hausarzt durfte davon wissen.

Der Tag nach meiner Ankunft war kaum zu ertragen. Mutter, immer mit Tränen in den Augen, arbeitete in der Wirtschaft mit doppeltem Eifer, wohl um sich selbst ein wenig zu betäuben. In der großen Verzweiflung wandte sich Mutter an Vetter Leo. Schließlich gehörte er zur engsten Familie und war ein eminent intelligenter und absolut vertrauenswürdiger Mensch. Also kam Leo und stellte bald die Diagnose. Die Erscheinungen bei Vater seien heutzutage gar kein Problem mehr, sie seien absolut ausheilbar, und zwar durch eine psychoanalytische Behandlung. Was das ist, wußte natürlich niemand. Vetter Leo erklärte also, daß die Ursache solcher Störungen in den frühesten Kindheitserlebnissen gefunden werden könnten, und einmal ans Tageslicht gebracht, blieben sie für das ganze Leben unwirksam. Diese Heilmethode sei von dem Wiener Arzt Sigmund Freud entwickelt worden, und Berlin habe einige vorzügliche Spezialisten auf diesem Gebiet. Er nannte einen Arzt in der Tauentzienstraße. Nach kurzer Beratung wurde also beschlossen, daß Vater diesen konsultieren müsse. Die Visite bei dem Arzt wurde telefonisch verabredet, Leo selbst führte das Gespräch. Am Tage der ersten Behandlung kam Vater kurz vor dem Mittagessen nach Hause, und wie auch sonst bei anderen Gelegenheiten üblich gab er einen ganz offenen, naiven Bericht, der überaus kurz war. Vater wandte sich an die Mutter und sagte:»Muttelchen, keine zehn Pferde kriegen mich wieder zu diesem Mann hin. Ein ganz ordinärer Kerl, der mich nur Schweinereien gefragt hat. Was das nun mit den zusammengesetzten Wörtern zu tun hat, kann ich nicht begreifen.« Mir blieb völlig unerfindlich, was das für Schweinereien sein konnten. Vater hat nicht weiter spezifiziert. Leo dagegen kicherte, was ich auch nicht verstehen konnte. Mutter nahm die Haltung einer Sphinx an.

Da waren wir also wieder am Ausgangspunkt angelangt. Leo aber fand einen Ausweg. Er meinte, so eine Behandlung beruhe auf beiderseitigem vollen Vertrauen zueinander, so weit, daß auch die intimsten Regungen nicht ungesagt blieben, denn nur so werde das Krankhafte greifbar und behandelbar. Das gelänge natürlich nicht bei jedem Arzt-Patienten-Paar, und deshalb müsse man den Versuch mit einer anderen Kapazität auf diesem Gebiet wiederholen. Die erste Visite hatte schon ein Vermögen gekostet, aber Leos Erklärung war einleuchtend.

Als nächster Arzt wurde der berühmte Analytiker und Schriftsteller Alfred Döblin, wohnhaft am Alexanderplatz, gewählt. Diesmal bestand Mutter darauf, den Vater zu begleiten, so daß ich das Resultat dieser kostspieligen Visite nur von Mutter erfuhr. Sie berichtete lakonisch: »Dieselbe Geschichte.« Nun war guter Rat teuer. Leo gab es auf, legte mir ans Herz, den Versuch zu machen, Vater von seinem Widerstand abzubringen. Dazu war ich aber gar nicht in der Lage, denn von dem Stein des Anstoßes, den Schweinereien, hatte ich keinerlei Begriff. Ich versuchte, aus Mutter etwas darüber herauszubekommen, aber sie unterbrach sofort mit der Bemerkung, dafür sei ich noch zu jung. So ging Vater zurück ins Bett und versuchte mit Gewalt, den Defekt durch angestrengtes Lesen zu überwinden. Der Erfolg war, daß es immer schlimmer wurde. Ich konnte diesen Zustand einfach nicht ertragen, er lähmte mich. Ein anderer Ausweg mußte erdacht werden.

Seit einigen Monaten war ich Freund im Hause unseres Sanitätsrats Marcuse. Seine Wohnung und Klinik waren in der Carmerstraße, Ecke Savignyplatz. Frau Sanitätsrat war die Schwester des eminenten Musikwissenschaftlers Curt Sachs, der später mein Lehrer an der Hochschule für Musik werden sollte. In dieser Familie wurde Hausmusik sehr gepflegt, die jüngste der drei Töchter, Ulla, spielte sehr gut Violoncello, die beiden anderen Geige. Ein Pianist, der gut Blatt spielen konnte, war erwünscht. Er bot sich fast von selbst in meiner Person an. Bald verdiente ich mir auch erste Kavalierssporen bei Ulla. Wir bekamen zwei Billette geschenkt für eine Sonntagsmatinee im Großen Schauspielhaus. Auf dem Programm stand die Operette »Der Mikado« von Arthur Sullivan in der Reinhardtschen Inszenierung mit Max Pallenberg in der Hauptrolle. Bei den formellen Handlungen an der Garderobe des Theaters und beim Vortritt zu den Sitzen in der Reihe war ich wohl ziemlich unbeholfen. Dennoch haben wir die Vorstellung sehr genossen. Seit diesem Tage habe ich nie eine Aufführung mit Max Pallenberg versäumt.

Also im Hause des Sanitätsrats Marcuse fühlte ich mich durchaus heimisch. Daher lag nichts näher, als sich mit Marcuse zu beraten, und zu diesem Schritt konnte ich Vater und Mutter überzeugen. So erzählte ich Marcuse den Ablauf der ganzen Geschichte. Er hatte einen wunderbar gütigen Ausdruck auf seinem

Gesicht, das eingerahmt war von einem langen Backenbart. Er hörte sehr aufmerksam zu, verzog die Miene nicht, aber seine Augen ermunterten mich, mit nichts hinter dem Berg zu halten. So verwies ich auch auf die mir unverständlichen »Schweinereien«, was ihn doch für eine flüchtige Sekunde schmunzeln ließ. Dann sagte er: »Komm morgen nachmittag mit deinem Vater in die Sprechstunde.«

Wir erschienen pünktlich, und Marcuse nahm Vater in sein großes Bibliothekszimmer, ich blieb im Wartezimmer. Es verging eine halbe Stunde, es verging eine ganze Stunde, ich wartete zwei Stunden – nichts rührte sich. Endlich öffnete Marcuse die Tür zum Wartezimmer und lud mich in sein Bibliothekszimmer ein mit den Worten: »Komm, Josef, dein Vater ist gesund.« In dem Riesenzimmer sah ich nun auf allen Tischen, Stühlen, den beiden großen Sofas geöffnete Bücher liegen, anatomische Atlanten, medizinische Tafeln, etc. etc. Inmitten dieses Festspieles bewegten sich der Arzt und der Vater in bester Stimmung. Die Diagnose: eine Art Muskelkrampf in den Erinnerungszentren des Gehirns, ähnlich einem überbelastenden sportlichen Training. Das hat Marcuse dem Vater anhand der Aufsätze und Abbildungen in allen Einzelheiten gezeigt und erklärt. Die Therapie: völlige Ruhe für ein ganzes Jahr; keine Predigten, kein Unterricht, kein Lesen – weder Buch noch Zeitung, aber Besuch von guten Freunden, nicht zu lange Unterhaltungen und Ferien in einem Luftkurort.

Rahel Goldschmidt übernahm im Waisenhaus viel zusätzliche Arbeit, wir alle halfen nach besten Kräften, der Betrieb lief am Schnürchen. Als die Eltern aus Pyrmont zurückkamen, war Vater völlig kuriert. Marcuse überwachte sorgsam die kommenden Monate, die Störungen kamen nicht wieder zurück. Darüber hinaus freute sich Vater seit dieser Zeit, Reden zu halten, bei allen festlichen Gelegenheiten einen humorvollen Toast zu spenden, das Predigen wieder aufzunehmen, all das ohne Vorbereitungen, ohne Auswendiglernen, frei der momentanen Inspiration überlassen, ging es ihm von den Lippen. Hinter uns lag eine schwere Prüfung, aber es blieb eine herrliche Lehrstunde fürs ganze Leben.

6. Kreis

Hagadah

Noch bevor der volle Stimmbruch die Chorknabenkarriere beendete, schenkte mir der Schulchor die sozusagen erste Konzertreise meines Lebens. Die Leitung der Schule organisierte ein öffentliches Chorkonzert unter freiem Himmel auf dem Marktplatz des kleinen Städtchens Bernau, unweit Berlins. Chorleiter Müller war in seinem Element, das Publikum spendete spontanen Beifall, wir mußten unser gesamtes Repertoire bis auf das letzte Lied zum Besten geben. Wir wurden dann auch bewirtet, und dabei haben wohl Müller und die Herren Primaner, animiert vom großen Erfolg, etwas zu tief ins Glas geguckt, was eine publikumsanrempelnde Heimfahrt verursachte. Es folgten Skandalgerüchte in der Schule, die aber schnell vertuscht wurden. Vom Städtchen Bernau blieben mir nur der Marktplatz und das Kloster in Erinnerung. Dieses massive Bauwerk mit seinen festungsartigen Mauern machte mich staunen. Was hinter diesen Mauern wohl vor sich geht? Die Phantasie arbeitete lebhaft, und irgendwie blieb das Klostergebäude für mich der Fokus der Weltreise nach Bernau.

Wenige Jahre später studierte ich am Seminar für Musikpädagogik der Hochschule für Musik, dessen Leiterin Frau Frieda Loebenstein war, eine außerordentlich ideenreiche Persönlichkeit als Lehrerin, weit über den rein fachlichen Stoff hinaus. Auf mein musikalisches Denken hatte sie einen entscheidenden Einfluß. Sie war eine Jüdin, wie schon der Name besagt, und von prononciert jüdisch-östlichem Aussehen. Nach dem Kriege erfuhr ich, daß sie noch vor den Nazis zum Katholizismus übertrat und als Nonne ins Kloster Bernau eintrat, wo sie musikologische Forschung über den Cantus Gregorianus betrieb. Für mich gehören diese beiden Bernauer Berührungspunkte zu jenen Querverbindungen, die anfangs scheinbar unzusammenhängende Erscheinungen letztlich doch in einen Zusammenhang bringen, auch wenn Jahre und Jahrzehnte darüber vergingen.

Bald nach dieser Bernauer Episode brach im Waisenhaus in der Roscherstraße eine Scharlachepidemie aus. Jedes kranke Kind mußte ins Krankenhaus überführt werden. Auch mich hatte es heftig erwischt. Man verteilte uns in verschiedene Krankenhäuser, ich sollte ins Virchow-Krankenhaus. Zwei Sanitäter in Uniform kamen in mein Kinderzimmer, legten mich auf eine Bahre und bedeckten mich einschließlich Gesicht mit einem weißen Leinentuch. Mutter stand entgeistert daneben, es sah fast aus wie der Abtransport einer Leiche. Auf der Straße standen schon Leute, die neugierig beobachteten, wie meine Bahre in den offenen Krankenwagen hineingeschoben wurde. Ich hörte Stimmen und Fragen.

Im Krankenzimmer lagen sechs Patienten, jung und alt. Zuerst wurde Fieber gemessen, hohes Fieber, wie sich bei mir herausstellte. Dann kam das Mittagessen auf einer Trolle angefahren, Bockwurst mit Linsen. Ob das nun die richtige Fieberdiät war, steht mir nicht an zu beurteilen, jedenfalls rührte ich nichts an. Statt dessen schlief ich pausenlos bis zum nächsten Morgen, ein Verhalten, das ich mir bei Erkrankungen bis zum heutigen Tage erhalten habe, den Körper im Schlaf gesunden zu lassen.

Neben mir lag ein Junge ungefähr gleichen Alters. Er rührte sich nicht, schlug kaum die Augen auf, und die Schwestern kamen oft, um nach ihm zu sehen. Am Tage darauf wurde er herausgefahren und starb in der Nacht. Zum ersten Mal sah ich ein dem Tode nahes Gesicht. Es machte mir weder Angst noch Furcht, aber es machte mich nachdenklich. Sehr bald kam ein anderer Patient in das nachbarliche Bett, und der Tod des Jungen war bald vergessen. Die Eltern versorgten mich mit Lesestoff, und bald fühlte ich mich wie in den Ferien. In den Nachbarzimmern lagen noch mehr Jugendliche, und als ich schon richtig aufstehen durfte, machte ich tägliche Runde bei den Anfängern dieser Krankheit. Oft las ich ihnen Geschichten aus meinen Büchern vor. Eines Nachts weckte mich die Nachtschwester und bat, ich solle doch einem Jungen, der nicht schlafen könne und immerfort nach ihr rufe, etwas vorlesen. Das habe ich gerne getan, zumal ich den verlorenen Schlaf zu jeder beliebigen Stunde am Tage nachholen konnte. Diese private Nachtbehandlung wiederholte sich aber öfters, und ich fand bald heraus, daß die Nachtschwester sich tödlich langweilte und mit den Geschichten sich selbst die Zeit vertreiben wollte. Mich hat das nicht gestört, denn sie war eine aufmerksame und ganz hingegebene Zuhörerin. Warum sollte ich nicht auch gesunden Menschen etwas vorlesen?

Besuch im Zimmer war verboten, denn wir lagen ja in der Infektionsabteilung. Diese bestand aus mehreren Pavillons, die in einer großen, sehr gepflegten Gartenanlage angeordnet waren. Der Besuch mußte hinter einem ziemlich weit entfernten Gartenzaun stehen, und die Patienten durften am Fenster ihres Zimmers stehen, mit Ausnahme derer, die noch nicht das Bett verlassen konnten. Eine Unterhaltung war auf diese Distanz nicht möglich, alles ging in Zeichensprache vor sich. Roh und rücksichtslos als Junge meines Alters nutzte ich das Szenarium, um meiner Mutter einen entsetzlichen Schreck einzujagen. Zu einem dieser Besuchstage verband ich meinen Kopf mit allen habhaften Bandagen, so daß nur Augen und Nase freiblieben, legte beide Arme in eine Schlinge von Bett- und Handtüchern und erschien in diesem Aufzug als schwerverletzter Krieger am Fenster. Der Schreck der Mutter erschrak mich nicht weniger. Schnell riß ich alles herunter, aber Mutter konnte sich nicht erholen. Man brachte ihr einen Stuhl und Vater bedeutete mit Zeichen, daß das doch ein sehr schlechter Witz gewesen sei. Von solchem Spaß war ich damit gründlich geheilt.

Nach sechs langen Wochen wurde ich schließlich als geheilt entlassen. Mutter kam mich abholen. Sie brachte den Schulanzug, aus dem ich inzwischen so herausgewachsen war, daß ich mich auf dem Heimweg richtig genierte. Auch der Hefekuchen mit Rosinen – bis heute mein Leibgericht – konnte mich darüber nicht hinwegtrösten. Mutter sah ein, daß ich einen neuen Anzug bekommen müsse. Der Tag wurde festgelegt, an dem man in das Spezialkonfektionsgeschäft für Jugendliche Arnold Müller in die Tauentzienstraße pilgerte. Die Anzüge für meine Altersgruppe befanden sich im zweiten Stockwerk. Nach langem Hin und Her, Aus- und wieder Anziehen, wurde schließlich die letzte Wahl getroffen. Beim Abendessen wurde dann allerdings beschlossen, daß dieses teure und elegant verpackte Kleidungsstück »für gut« aufgehoben werden müsse, also nur bei feierlichen Gelegenheiten getragen werden dürfe. Statt dessen ging man mit zwei alten Anzügen zu einem Flickschneider, der am Stuttgarter Platz in einem Hinterhaus wohnte. Er saß im Kreuzsitz auf seiner großen Tischplatte und prüfte durch eine halbe Lesebrille den Zustand der schon reichlich abgetragenen Anzüge. Ärmel und Hosenbeine konnten noch verlängert werden, und durch Auftrennen und wieder Zusammennähen anderer Teile waren die Anzüge schließlich passend gemacht. Der neue Anzug von Arnold Müller mußte noch lange warten, bis er aus dem Schrank kam, und dann war ich auch bald wieder aus ihm herausgewachsen. So erging es mir auch mit neuen Schuhen und anderen Kleidungsstücken. Noch lange Jahre hatte ich ein schlechtes Gewissen, wenn ich ein neu gekauftes Kleidungsstück gleich anzog. Ich fühlte mich als Verschwender.

In manchen Dingen noch sehr kindlich, in anderen wiederum schon halberwachsen, wandelte sich auch meine Beziehung zur praktisch ausgeübten Religion schnell zu radikaler Opposition. Solange ich aber im Elternhaus lebte, habe ich nie etwas getan, das Vater verletzen konnte. Außerhalb des Elternhauses jedoch entwickelte ich mich zu einem Atheisten. Synagogenbesuch wurde tabu, die Speisegesetze in fremden Häusern habe ich nicht mehr eingehalten, auch die Sabbatgesetze außerhalb des Hauses, mit Ausnahme der Schule, sehr freisinnig negiert. Dies aber alles mit meinem Gott im Herzen, der seit jenem Tage der Gottesversuchung nie von meiner Seite gewichen ist. Um mit ihm zu sprechen, brauchte ich nicht die Vermittlung eines Vorbeters. Wir sprachen *direkt* miteinander. Diese Frömmigkeit muß im Grunde der meines Vaters sehr ähnlich gewesen sein. Irgendwie hat Vater etwas davon gespürt, denn seine Toleranz war keine Weichlichkeit, sondern die strenge Konsequenz einer Überlegung, über die wir beide niemals Worte austauschten. Daß die Nazis ihn vor seinem Tode an Gott verzweifeln ließen, änderte nichts an dieser Tatsache. Als mein erstgeborener Sohn Re'uwen im Sechstagekrieg fiel, war ich einer ähnlichen Verzweiflung nahe.

Meine Areligiosität hatte aber nichts gemein mit hintergründigen Parolen wie »Religion ist Opium fürs Volk«. Mein Widerstand gegen die Riten richtete sich gegen ihre dogmatischen Forderungen, gegen deren Tendenz, sich als Machtwerkzeuge einer politischen Religiosität ausnutzen zu lassen, ein Kampf, der bis heute an Aktualität nichts verloren hat. Vater hat bestimmt geahnt, vielleicht auch aus Bemerkungen herausgehört, daß solche Gedanken in meinem Kopf herumgingen. Mit der Logik seines bedingten Religionsverhaltens hätte er ohnehin einen Sturm-und-Drang-Jüngling nicht überzeugen können. Vater war freimütig genug, den Tropfen Wahrheit in meinem Verhalten zu erkennen. Demagogisches Gerede lag ihm weltenfern. Er war im Grunde ein Wissenschaftler mit unverbrauchten Sentimenten. Seine verlorengegangenen Kommentare zum Talmud bleiben daher ein unersetzlicher Geistesschatz. Solche Dinge müssen wohl auch in seinen Gesprächen mit Kafka diskutiert worden sein. Ich weiß nicht, welch andere Berührungspunkte sie hätten haben können.

Beim Aufstellen grammatikalischer Regeln der hebräischen Sprache hat Vater es nicht beim mechanischen Erlernen bewenden lassen, er erforschte zugleich den Denkursprung der Regel und ließ mich an den Geheimnissen schöpferischer Sprachgestaltung teilhaben. Dabei spielten auch phonetisch-akustische Zusammenhänge eine wichtige Rolle. All das hatte nichts mit der Einhaltung von Riten zu tun, die Vater nur peripherisch und ohne weitere Begründung in den Unterricht miteinbezog. Solche Art des Unterrichts hat mir einerseits Wissensstoff vermittelt, andererseits aber besonders zu selbständigem Nachdenken verholfen. Endlich hat Vater wohl im stillen eingesehen, daß ich mich zwar irren mag, aber zugleich auch eigene Wege suchte. Das wußte er zu schätzen. Begegnete ich aber im religiösen Leben des Elternhauses Festen, die mehr historischen als religiösen Hintergrund hatten, war ich mit ganzer Seele dabei. Solches war das Passah-Fest, das zeitlich ungefähr mit dem christlichen Osterfest zusammenfällt. Der Vorabend dieses Festes wird Sederabend genannt; Seder-Ordnung, weil der Ablauf dieses Abends in vorgeordneten Abschnitten erfolgt. Zwischen diesen ist beliebig Raum für Improvisation gegeben. Am Sederabend wird nicht gebetet, sondern die Geschichte vom Auszug der Kinder Israels aus Ägypten erzählt. In dieses Buch »Hagadah« sind viel religiöse Poesie, Lobpreisungen Gottes, Gedanken über Leben und Tod und vieles mehr miteinbezogen, doch bleibt der Charakter einer Erzählung bewahrt, und so unterscheidet sich dieses Buch von einem Gebetbuch. Die Vorlesung daraus darf jederzeit unterbrochen werden, dann nämlich, wenn einer der um die Festtafel versammelten Gäste Fragen zur Bedeutung des Satzes oder einzelner Worte zu stellen hat. Man kann also nie wissen, wie lange sich dieser Abend hinstrecken wird, denn es kommt auf die Gäste und den Leiter des Abends an, ihr Wissen, ihre Phantasie und Interesse an verschiedenen Versionen zum gleichen Thema. All dies erfolgt in einem Rahmen, der eine einschneidende Unterbrechung des täglichen Lebens mit sich bringt.

Das Fest dauert sieben Tage, von denen aber nur der Vorabend der eigentliche Sederabend ist. (In Europa hält man zwei Sederabende aus kalendarischen Gründen ab.) Die Hauptsymbolik beruht auf der historischen Tatsache, daß die Israeliten auf der Flucht aus Ägypten das Brot nicht säuern konnten und deshalb ungesäuertes Brot in Form flach gebackener Mehlscheiben aßen, die man Mazzah nennt. Diese Mazzah wird bis heute nach streng religiösen Vorschriften gebacken und darf nur während der Passahwoche gegessen werden. Die Wohnung muß peinlichst von jeder Art gesäuertem Gebäck gereinigt werden, was bis morgens zehn Uhr vor dem Sederabend beendet sein muß. Das hat zur Folge, daß vor Beginn der Passahwoche der gesamte Haushalt einer gründlichen Reinigung unterzogen wird. Dazu gehört auch der komplette Wechsel des Eßgeschirrs mit einem speziellen Passahgeschirr. Kochtöpfe, Teller, Gläser, Messer, Gabel, Löffel – alles wird für Passah erneuert oder streng separat für das nächste Jahr aufbewahrt. Es ist leicht vorstellbar, mit welcher Spannung wir Kinder diese sensationellen Tage erwarteten. Alles wurde in eine andere Welt transponiert. Die Mazzah, obgleich knusprig, doch ziemlich fade, denn sie ist auch ungewürzt, verwandelte die Phantasie in Märchengeschmack. Das tägliche Wasser vom gleichen Wasserhahn, aber aus goldumränderten Passahgläsern getrunken, war der Wein aller Weine. Der Morgenkaffee mit eingebröckelten Mazzestückchen wirkte als inspirierender Auftakt zum Tage. Die Speisekarte ließe sich fortsetzen.

Diese festliche Woche wurde nun vom Sederabend eingeleitet. Um die langausgezogene Festtafel saßen die dreißig Kinder des Waisenhauses, die Familie meines Vaters und eingeladene Gäste. Vater liebte es besonders, seine Studenten einzuladen, von denen viele ohne Anhang in Berlin lebten. So waren wir oft eine Gesellschaft von etwa fünfzig Menschen, die den Auszug aus Ägypten noch einmal aus der Erinnerung vollzogen. Vater saß der Tafel vor in einem großen breiten Lehnstuhl, der noch mit schneeweißen Daunenkissen ausstaffiert war. Denn an diesem Abend muß man bequem und angelehnt sitzen – es wird ja auch viel Wein während der Erzählung getrunken, nicht ungezügelt, nach bestimmten Leseabschnitten geordnet. Vater trug sein weißes Totenhemd, denn obgleich das Passahfest ein freudiges Fest ist, soll der Mensch immer bereit sein, am letzten Tage vor Gott zu stehen. Auf dem Kopf trug er ein weißseidenes Käppchen, das mit einer breiten Silberborte kunstvoll bestickt war. Saß er so in seinem weiten Lehnstuhl, das Gesicht von den hohen Kerzen auf schweren Silberleuchtern beschienen, erblickten wir in ihm eine biblische Figur, die aus alten Zeiten zu uns zurückgekehrt war. Vor ihm lag die Hagadah, in großen hebräischen Buchstaben auf pergamentartigem Papier gedruckt. Manche von ihnen sahen schon recht vergilbt aus, weil man beim Aufzählen der zehn Plagen, mit denen Gott die Ägypter heimgesucht hat, jedesmal den kleinen Finger der rechten Hand ins gefüllte Weinglas tauchen muß und dann den Wein auf die Blätter des Buches abtropfen läßt. Im Laufe der Jahre verleihen diese durchsickernden Weintropfen dem Buch das Aussehen jahrhundertealter Vergangenheit. Vater sang mit kleiner aber wohltönender Stimme die traditionellen Melodien aus meinem großelterlichen Hause. Damit begnügte er sich aber nicht. Wenn einer der Studenten, die meist aus den östlichen

Ländern Europas kamen, eine andere Melodie zum gleichen Text kannte, ruhte Vater nicht eher, als bis wir alle auch die neue Melodie gelernt hatten, und so kam es, daß über einen einzigen Text eine lange Zeit vergehen konnte, bis man die Erzählung wieder aufnahm.

In der Mitte der Hagadah wird eine Pause für das große Festmahl eingeschaltet. Nun kam Mutters wichtige Rolle. Die Küche klappte wie am Schnürchen. Köchin und Dienstpersonal, das die Speisen nach Mutters Anordnungen austeilte, waren in allen Einzelheiten instruiert, denn man begann nicht eher zu essen, bis jeder seinen gefüllten Teller vor sich stehen hatte. Nichts durfte inzwischen kalt werden.

An einem Sederabend in Jerusalem 1948 war die Stadt belagert von den vereinten arabischen Armeen, und jede Verbindung nach außen war abgebrochen. Nahrungsmittel waren auf ein absolutes Minimum reduziert und auch dieses streng kontrolliert, praktisch herrschte Hunger. Und doch brachte meine Frau Pola es fertig, ein Seder-Festmahl zu produzieren. Wir wohnten in einem alten, aus Jerusalemer Stein erbautem Haus. Um die Passahzeit wächst in den Steinritzen eine Blattpflanze, die ihren Namen »Chubesa« (arabisch: Brot) den rundbrotförmigen Früchten verdankt. Aus diesen Blättern zauberte Pola Fleischklopse, von denen wir noch einige am Morgen zu Freunden brachten, damit sie auch etwas zu essen hatten, ganz im Einklang mit der Hagadah. Denn an diesem Abend ißt man traditionsgemäß Bitterkraut zur Erinnerung an die bitteren Stunden der Kinder Israels in Ägypten. So war und ist auch das Essen mit Gedenken gewürzt.

Zurück nach Berlin. Nach dem Festmahl wird der zweite Teil der Hagadah gelesen. Gegen Ende ist ein wunderschönes Danklied an die Hausfrau eingeflochten. Bis zu dieser Stelle waren natürlich viele Kinder schon halb oder ganz eingeschlafen, denn es war bereits weit nach Mitternacht. Auch mancher Erwachsene nickte mit schweren Augenlidern ein, denn Essen und Wein wirkten. Sobald aber das Danklied an die Mutter ertönte, verstummte Vater in theatralischer Pause, alle mußten wieder wach werden und wenigstens durch aufmerksames Zuhören am Dank an Mutter teilnehmen. Für dieses Lied schwelgte Vater in wunderbaren Melismen, und Mutter, die neben ihm saß, standen bald Tränen der Rührung in den Augen. Während dieses Liedes hielt Vater Mutters Hand in seiner Hand. Dies war immer der Höhepunkt des Abends, wie spät es auch inzwischen geworden war. Nach dem Ende der Hagadah gingen alle Kinder unter Rahel Goldschmidts gütiger Betreuung schlafen, und die Familie saß noch mit Gästen für ein Plauderstündchen im Wohnzimmer, während die große Tafel abgeräumt und gesäubert wurde. Dann konnte man schon bald das erste Morgenlicht am Himmel erkennen.

Es ist nicht verwunderlich, daß ein solches, von frühester Kindheit sich wiederholende Erlebnis tiefe und starke Wurzeln in den Menschen wachsen läßt, aus denen er auch in schwersten Krisen neue Säfte der Kräftigung ziehen kann. Während der ersten Jahre nach der Auswanderung nach dem damaligen Palästina war es mir nicht immer möglich, an einem Sederabend teilzunehmen. Sowie sich aber meine Situation stabilisierte, nahm ich diese Tradition wieder auf und halte jährlich den Seder mit Familie und Freunden so frisch und unmittelbar, als sei ich immer noch das Kind aus der Roscherstraße. Solcherart religiöses Pulsieren findet sich deshalb auch in meinen Kompositionen. Ich meine damit nicht die Verwendung von jüdisch-historischem Material, das ich manchmal als Textvorlage für meine Kompositionen benutzte, sondern das Ringen mit dem Dogma in der musikalischen Sprache, das innige Gespräch mit der ersten kristallinischen Klangform, die zur Tradition in der jeweils einmaligen Komposition wird und so bis zum Ende des Werkes der Quell bleibt, aus dem der Komponist immer neue Erkenntnis schöpfen kann. Ich erhebe selbstverständlich den Anspruch auf ein ausgefülltes religiöses Leben, dessen Regeln und Gesetze ich mit jedem neuen Tag in meiner Arbeit aufs höchste diszipliniert beachte.

Einmal in meinem Leben sollte sich Sederabend und musikalische Komposition direkt miteinander verbinden. Es war in den frühen sechziger Jahren, am Morgen vor dem Sederabend in Jerusalem. Ein distinguierter älterer Herr sprach mich an – auf Englisch mit holländischem Akzent – und fragte nach einer Straße. Da ich denselben Weg gehen mußte, bot ich ihm an, ihn zu begleiten. Wir kamen ins Gespräch. Er war Prof. Groen aus Holland, zukünftiger Chef der Abteilung für psychosomatische Krankheiten am Hadassah-Hospital. Ich fragte ihn, ob er eine Einladung zum heutigen Sederabend hätte, was er verneinte, da er erst einen Tag in Jerusalem war. So habe ich ihn selbstverständlich eingeladen, was er erfreut akzeptierte. Geraume Zeit später erhielt ich einen Brief von ihm, in dem er mir mitteilte, daß er demnächst seinen sechzigsten Geburtstag feierte. Er wolle sich selber einen Wunsch erfüllen: so wie Fürst Rasoumovsky bei Beethoven Streichquartette bestellt hat, möchte auch er ein Streichquartett bei Josef Tal bestellen. Ich antwortete ihm darauf, daß der Vergleich mit Beethoven nicht ganz proportional sei, aber ich würde ihm gerne das Geschenk machen (das er übrigens ganz in Rasoumovskyscher Generosität honorierte). Er bekam bald die Partitur, fuhr damit nach Holland zu einem renommierten Streichquartett, um es dort aufführen zu lassen. Nach kurzer Zeit kam er zurück und erzählte mir frank und frei, daß die Mitglieder des Quartetts ihm gesagt hätten, das Stück sei unaufführbar, der Komponist hätte keine Ahnung von Streichinstrumenten, und das Ganze sei überhaupt wirres Zeug. Was sollte ich da nun sagen? Es gab damals in Tel Aviv zwei hervorragende Streichquartette, die bis heute noch konzertieren. Das eine übernahm sofort die Einstudierung, und als es soweit war, arrangierten wir die erste Aufführung in einem Privathaus, mit Groen als Ehrengast. Die Musiker spielten meisterhaft und mit vollem Einsatz für das Werk. Die Wirkung blieb nicht aus. Der gute Professor saß sprachlos auf seinem Stuhl und konnte nicht fassen, was ihm da geschah. Das holländische Quartett war doch ein ganz bekanntes Ensemble! Wie konnten die so etwas sagen? Da erinnerte ich ihn an den Sederabend und an die Stelle, an der die Hagadah erzählt: »Der Ewige führte uns aus Ägypten mit starker Hand, mit Zeichen und mit Wundern.« Darauf habe auch ich nach der Hiobsbotschaft der holländischen Musiker vertraut.

Prüfung bei Prüwer

Die Inflationsjahre zermürbten jede Moral, soweit sie noch auf den felsenfesten Fundamenten der Vorkriegsjahre in Sicherheit ruhte. Hie und da blickte das wohlbehütete Muttersöhnchen voll Verwunderung auf merkwürdige Erscheinungen, die es sich schwerlich erklären konnte.

Da war ein hübsches Mädchen Thea, Zögling des Waisenhauses, das mit Abschluß der Volksschule das Institut verließ. Sie hatte wohl entfernte Verwandte in der Stadt. Wenige Monate später besuchte sie meine Eltern in Begleitung eines jungen Mannes mit pomadiger Frisur, in exzentrischer Eleganz gekleidet. Thea wuchsen inzwischen lange auffallende Augenwimpern, und sie bekam ägyptisch stilisierte Augenbrauen, die ich auch vorher nie an ihr gesehen hatte. Das enge, seidig glänzende Kleid mit einem schmalen langhaarigen grauen Pelz um den Hals reichte bis an die Knie und hatte einen brokatglitzernden Saum, dazu trug sie schwarze Lackschuhe mit Silberspangen, die ihr Pendant in einem kleinen Hütchen auf dem blondgelockten Kopf fanden. Ich betrachtete die Erscheinung als eine Maskerade, die mich vom theatralischen Standpunkt aus interessierte. Auch ähnelte Thea in diesem Aufzug Plakaten an den Litfaßsäulen, die Charleston tanzende Damen in einer neuen Operette zeigten. Bald warfen sich Vater und Mutter schräge Blicke zu, doch sprach Vater sehr nett mit Thea, erkundigte sich nach allem, was sie tat, ignorierte aber völlig das männliche Mitbringsel. Mutter dagegen hätte gerne beide vor die Haustür expediert, aber Vater lud zu Kaffee und Kuchen ein.

Thea rutschte wenig später auf die schiefe Bahn und kam dann eines Tages in Tränen aufgelöst, Rettung suchend. Sie entwickelte sich mit Vaters gütiger Hilfe bald zu einer reifen jungen Dame, die sich ihre männlichen Partner mit größerer Vorsicht aussuchte. Schließlich fand sie einen sehr begüterten und ehrlich zugetanen Lebensgefährten, der unter Theas Einfluß dem Waisenhaus großzügige finanzielle Hilfe leistete.

Jedenfalls war es Thea, die meine Neugier auf die Außenwelt erregt hatte. Litfaßsäulen wurden zu Reiseführern, die mich an die Theater, Kinos, Cabaretts brachten, in deren Foyers ich durch mehr Bildmaterial Belehrung über die inneren Ereignisse hinter den Türen erhielt. Eine solche Nachmittagsexkursion führte mich einmal in die Gegend um den Bahnhof Friedrichstraße. Dort wimmelte es von Lokalen der Berliner Halbwelt, dort konnte ich ungestört Fotos von Nackttänzerinnen studieren oder die aufreizenden erotischen Plakate der Voranzeigen als Kunstgenuß betrachten. Dort gab es Straßenverkäufer an jeder Ecke, die in ihrem nicht zu übertreffenden Berliner Humor die fragwürdigsten Dinge verkauften, aber so, daß ich mich nicht wegreißen konnte, erfanden sie doch immer wieder neue Pointen, besonders wenn das zweifelnde Publikum ihnen provozierende Fragen hinwarf. Und gleich daneben auf dem Fahrdamm ratterten die kleinen Autos und die großen Autos und die Autobusse mit offenem Oberdeck und die Straßenbahn mit langen Anhängern vorbei. Jedes Autofabrikat konnte ich schon an der Hupe erkennen. Einmal sprang ein Fußgänger, um sich vor dem Überfahrenwerden zu retten, auf die Kühlerhaube eines Autos – kurz, es war unsäglich aufregend.

Aber die Eltern witterten bald krumme Wege, und als ich dann eines Abends von einem sehr krummen, aber um so interessanteren Weg zurückkam, wurde mir mit unmißverständlicher Strenge die Frage gestellt: »Wo warst du?« Hätte ich die Wahrheit gesagt, wären Vater und Mutter wieder einmal an ihrem schwierigen Sohn zerbrochen, und auch die Folgen für mich wären traurig gewesen. Schnell griff ich zu einer Notlüge, die sie mir zwar nicht glaubten, aber sie forschten nicht weiter nach. Der herrliche Nachmittag hinterließ einen bitteren Nachgeschmack; ich war mit der Philosophie der Notlüge konfrontiert. Aber ich hatte niemanden, mit dem ich solche Probleme vernünftig diskutieren konnte. Die Notlüge griff immer mehr um sich, proportional zur erwachten Neugier auf das volle Leben. Es ging so weit, daß ich unter eine sehr schlecht zensierte Klassenarbeit in Mathematik, die Vater unterschreiben mußte, die Unterschrift des Vaters selbst kopierte – zwar so gut, daß niemand den Schwindel bemerkte, was aber doch irgendwie tief in mir eine niemals zugeheilte Wunde hinterließ. Damals jedoch war der Drang stärker als jede moralische Rücksicht. Zwangsweise entwickelte ich mich zu einem Kämpfer gegen einen unsichtbaren Widersacher, aber keinesfalls gegen Windmühlen; irgendwie wußte ich genau den Gegner einzuschätzen.

Meine Schwester hatte eine gute Freundin, die uns oft besuchte. Diese Lotte Schnapp war ein hochgewachsenes, immer sehr apart gekleidetes Fräulein, eigentlich nicht hübsch, aber mit einem interessant geformten Gesicht, sprach ganz leise und bewegte sich sehr grazil. Gerne saß sie auf dem Sofa im Salon und lauschte meinem Klavierspiel. Eines Tages schlug ich ihr Klavierstunden vor, was sie ohne ja und aber akzeptierte. Diese Klavierstunden ließen mich abreagieren von den täglichen neuen Erregungen. Ein neuer Drang war entdeckt. Alles, was ich sah und hörte, nahm ich zu Hilfe, um meine Erklärungen möglichst breit anzulegen. Auf diese Weise erklärte ich mir selber manches, das man mir im eigenen Unterricht nicht erklärt hatte. Lotte war ein aufmerksamer und dankbarer Zuhörer. Unterrichten wurde von nun an zu einer Art Leidenschaft, wohl aus Notwendigkeit.

Im Jahre 1936/37 wurde in Jerusalem die erste Musikakademie des Landes gegründet, die »Palästine Conservatoire and Academy of Music and Drama«. Direktor war der Violinist Emil Hauser, jahrelang Erster Geiger des Budapester Streichquartettes. Von dieser Zeit des weltberühmten Streichquartettes existieren noch heute Plattenaufnahmen von His Masters Voice, die eine Tradition inzwischen vergessener beispielhafter Interpretation festgehalten haben. Hauser mußte für die Akademie einen Lehrkörper zusammenstellen, der akademisches Niveau garantierte, was nicht leicht war, denn das Angebot solch professioneller Kräfte war klein. Unter diesen äußeren Umständen wurde auch ich in die engere Wahl gezogen. Man brauchte dringend einen Lehrer für Komposition, die theoretischen Fächer und auch für die Klavierklasse. Zwar waren der bekannte Komponist Stefan Wolpe und seine Frau, die hervorragende Pianistin Irma Schönberg, schon im Lande, doch wanderten beide bald weiter nach Amerika. So wurde ich Hauptkandidat für Komposition und theoretische Fächer und übernahm auch eine Klavierklasse.

Hauser war aber doch nicht ganz sicher, ob ich mit meinen jungen Jahren schon genügend Erfahrung gesammelt hatte, um ein akademisches Niveau zu garantieren. Schließlich war er auch dem internationalen Direktorium gegenüber verantwortlich, so mußte er sich rückversichern.

In Tel Aviv lebte der Komponist Paul Ben Chaim, auch er ein ausgewanderter deutscher Berufsmusiker aus Frankfurt. Ben Chaim machte sich bald einen Namen als Begründer des Mittelmeer-Stiles in der zeitgenössischen Musik und galt als maßgebende Autorität. Ben Chaim wurde eingeladen, meinen Unterricht zu inspirieren und einen Report über mich abzugeben. Dabei saß er still in einer Ecke, wollte nicht bemerkt werden und sprach dann erst nach dem Unterricht sehr freundlich mit mir. Natürlich ließ er kein Wort über sein Urteil fallen. Dabei blieb es, und ohne je auf diese Inspektion zurückzukommen, setzte ich jahrelang meinen Unterricht an der Akademie fort.

Als ich nach langen Jahren von Emil Hausers Witwe Helene Cagan im Angesicht ihres Todes gebeten wurde, alle Aufzeichnungen, Dokumente und Papiere, die sie in Hausers Nachlaß aufbewahrt hatte, zu ordnen und dem Archiv zu übergeben, stieß ich auf einen Brief, den der Komponist Ben Chaim an Hauser geschrieben hatte; ein Brief über meine Qualifikation als Lehrer an der Akademie. Ich kann mir jetzt die Indiskretion erlauben, über den Inhalt dieses Briefes zu schreiben, da beide Korrespondenten, Emil Hauser und Paul Ben Chaim, nicht mehr am Leben sind. Ein wesentlicher Satz aus Ben Chaims Brief bringt meine frühe Unterrichtsleidenschaft zurück. Er schrieb, es gäbe keinen Zweifel, daß mein Unterricht auf einem hohen akademischen Niveau stehe. Nur sei er nicht ganz sicher, ob ich das lehre, was die Studenten wirklich brauchen oder ob ich nicht vielmehr das lehre, was mich selber interessiert. Als ich diese Zeilen las, war ich hocherfreut und hätte mich noch gerne nach so vielen Jahren bei Ben Chaim dafür bedankt. Sein schwerer Krankheitszustand erlaubte ein solches Gespräch nicht mehr. Denke ich aber jetzt an die ersten Unterrichtsstunden mit meiner Schülerin Lotte zurück und spanne den Bogen zu meiner langen akademischen Lehrtätigkeit, so wird mir beglückend klar, daß Unterrichten und Komponieren bei mir aus gleichem Drang geboren sind: durch immer neues Entdecken von Zusammenhängen neues Gestalten aus den Parametern des Lebens zu ermöglichen.

Inzwischen gehörte die große Geldinflation bereits der Vergangenheit an. Monetäre Akrobatik stabilisierte die Währung. Ein Schulheft, für das ich vorher ein- bis zweihunderttausend Mark zahlen mußte, kostete über Nacht zehn Pfennige. Ich wußte wohl, was diese Geldsumme wert war. Aber der demoralisierende Effekt der Inflation war durch die Stabilisierung nicht aufgehoben. Das Kunststück enthielt die Enteignung des kleinen Sparers, wie etwa meines Vaters, der seine kleinen aber beständigen und treuherzigen Spargroschen in die Lebensversicherung investiert hatte. Dieses versicherte Leben entpuppte sich nun in der Morgendämmerung und mit ihr in der Morgenausgabe des *Berliner Tageblatts* als Illusion, als Traum und verkehrte Wirklichkeit, beide nicht mehr voneinander trennbar. So gesund wohl die monetäre Stabilisierung erschien, so verunsicherte sie als Folge der Manipulation den Begriff des Besitzwertes. Wir wissen heute alle, daß sich die Fundamente zur politischen Entwicklung in Deutschland mit dem modus vivendi der Rentenmark fast methodisch festigten. Die Toleranz eines modus vivendi wurde überwuchert von einem schnell wachsenden Radikalismus.

Während ich diese Zeilen an meinem Jerusalemer Schreibtisch schreibe, lebe ich wieder in einer solch galoppierenden Inflation und betrachte sie argwöhnisch, weniger aus Angst vor dem bestehenden Verlust der bescheidenen Sicherheit als vor den Konsequenzen, die ein solcher Wandel in den animalischen Trieben des Menschen erweckt. Das Tier ist brutal, um sich am Leben zu erhalten, aber nicht grausam aus Freude an dieser Brutalität. Der Mensch aber, der Denken und Sprechen koordinieren kann, nutzt dieses Vermögen weit mehr für seine Selbstzerstörung als für seine Selbsterhaltung. Denn es gibt einen Materialismus des aus Ideologie Zu-wenig-Besitzens und einen des grenzenlos Zu-viel-Besitzens. Wir bezeichnen das heute mit längst nicht mehr zutreffenden Terminologien, etwa Kommunismus und Kapitalismus. Der eine kommt mit dem Individuellen nicht aus, der andere nicht mit der Masse. Es gibt aber noch einen Materialismus, der nicht etwa die Mitte ist, sondern das Resultat kreativer Aktion. Abstrahiert man von beiden Extremen die reale Materie, so erreicht man die ihnen beiden gemeinsamen, immer aufs Neue und auf andere Weise sich verteilenden Kräfte. Der kreative Materialismus wird nun gerade dann stark, wenn die allgemeine Demoralisierung das ganze Lebensgebiet überschwemmt. Daraus erklärt sich auch der gewaltige Aufschwung künstlerischer Tätigkeit mit allen Ausdrucksmitteln in der Nachinflationszeit der zwanziger Jahre in Berlin.

Wach genug, um diese Entwicklung mit vollem Bewußtsein in mich aufzunehmen, riß mich das champagnerhaft prickelnde Berlin mit sich fort. Ich entfremdete dem Elternhaus immer mehr. Die Schule wurde immer weniger erträglich. Mit Sicherheit steuerte ich in eine schwere Krise. Vater muß das wohl erkannt haben und suchte auch seinerseits um Rat.

Unter den vielen Freunden und Bekannten meines Vaters war auch ein Bankdirektor des großen Bankhauses Hirsch-Kupfer am Lehrter Bahnhof. In der Hoffnung auf den Erwerb einer gesunden kaufmännischen Basis wurde ich dorthin zu einer Audienz bestellt. Ich erschien, wie verabredet, morgens um zehn Uhr. Ein Diener wies mich zur Tür des Herrn Direktors. Ich klopfte an, aber es war nichts zu hören. Eine riesige gepolsterte Ledertür mit kunstvoll verschnörkeltem Messinggriff verschluckte jedes Geräusch. Ich versuchte es nochmals, mit dem gleichen Mißerfolg, faßte schließlich ein Herz und öffnete dieses Türmonstrum mit dem Messinggriff und stieß dabei auf eine schwere, rotbraun glänzende Mahagonitür. Wenigstens war das Klopfen nun hörbar; von innen kam ein scharfes »Herein« zurück. Zaghaft betrat ich das große Zimmer. Hinter einem gewaltigen Schreibtisch saß ein fetter Mann mit dicker Zigarre im Mund, die er auch beim Reden nicht herausnahm. Er blickte nicht auf, sondern sagte nur barsch: »Setzen Sie sich«, wobei die Asche der Zigarre auf Doppelkinn und Krawatte fiel. Dann legte er mir ein Blatt Papier mit tausend Zahlen vor die Nase, ich solle den Zinssatz kreuzweise durch die Rubriken berechnen. Ich hatte natürlich keine blasse Ahnung. Der Kerl, eine veritable George-Grosz-Figur, drückte auf einen Knopf, ein junger Mann kam recht devot aus einer anderen Tür herein, und ich wurde ihm zur Lehre übergeben.

Im Inneren des Büros hängte ich Hut und Mantel auf, bekam einen Platz an einem kleinen Bürotisch, und Kontoblätter mit Zahlen türmten sich vor mir auf. Nach einem bestimmten System sollten Gruppen addiert und subtrahiert werden. Das entsprach nun genau meiner Leidenschaft. Etwa eine Stunde später war Kaffeepause. Ich nahm Hut und Mantel, verschwand wortlos und kam gerade rechtzeitig zum Mittagessen zu Hause an. Damit war meine Bankkarriere beendet. Vater und Mutter blieben stumm. Die Familie saß in einer Sackgasse. Nur Rahel Goldschmidt versuchte gesprächsweise abzulenken, es kam aber keine Unterhaltung zustande. Nach dem Essen gingen die Eltern ins Schlafzimmer. Mutter legte sich nicht ins Bett, sondern auf ein kleines Sofa, so als wollte sie für einen Alarmfall alert bleiben. Auf dem Sofa lag ein kleines Kopfkissen mit dem Spruch »Nur ein Viertelstündchen« bestickt. Von schlechtem Gewissen geplagt, gab ich ihr einen Kuß, den sie ohne Reaktion entgegennahm, ging in mein Kinderzimmer, das ich mit meiner Schwester zusammen bewohnte, und war eigentlich ganz zufrieden. Ich war allein mit mir, die Schwester arbeitete in einem Büro. Die Bank lag in weiter Ferne. Da gab es kein Zurück mehr. Nachmittags müssen wohl Konsultationen hin- und hergegangen sein, jedenfalls wurde mir am Abend eröffnet, daß man Susanne Fischer um Rat fragen wolle. Susanne Fischer meinte, ich solle Musik studieren. Sie wollte aber die Verantwortung nicht alleine auf sich nehmen und riet, mich von Prof. Julius Prüwer prüfen zu lassen. Sein Urteil könnte mit Sicherheit als endgültig angesehen werden. Prüwer war damals, neben Furtwängler, der ständige Dirigent des Berliner Philharmonischen Orchesters. Außerdem war er Leiter der Dirigentenklasse an der Staatlichen Akademischen Hochschule für Musik in der Hardenbergstraße.

Mir wurde doch etwas schwach in den Knien. Solch einen Salto mortale hatte ich nicht vorausgesehen. Susanne Fischer erbat sich vierzehn Tage, um mich auf dieses Ereignis gut vorzubereiten. Unterdessen verhandelte man mit Prüwer, der eine kleine Villa am Fehrbelliner Platz bewohnte.

Der Tag nahte heran. Bevor wir das Haus verließen, sah ich, wie Mutter die Finanzen unseres Unternehmens organisierte. Im Wäscheschrank des Elternschlafzimmers war ein Fach reserviert für die Aufteilung des monatlichen Gehaltes in verschiedenen Briefumschlägen mit Aufschriften. So wurden die Auslagen für die Haushaltsposten nie überschritten, ja manchmal blieb sogar am Ende des Monats noch ein kleiner Rest, der dann unvorhergesehene Extraausgaben retten konnte. Für diese Prüwer-Aktion nahm sie nun aus jedem Briefumschlag eine kleine Summe heraus, tat alles in einen neuen Umschlag – das Honorar für die Prüfung. Es war eine unbekannte Größe, aber für Mutters Begriffe wohl genügend hoch eingeschätzt.

Als alles nun vorbereitet war, pilgerten Mutter und ich zu Prüwers Villa. Auf dem Fußweg dorthin sprach ich kein halbes Wort, verkroch mich wie eine Schnecke in ihrem Haus. In einer Hand hielt ich ein paar Notenblätter mit eigenen Kompositionen, die Prüwer sehen wollte, mit der anderen Hand hielt ich den Regenschirm über Mutters Kopf. So erschienen wir an der entscheidenden Front meines Lebens. Wenigstens war diese Front keine stupide Ledertür, sondern eine gepflegte Wohnung, in der ich mich sogleich wohl fühlte. Prüwer begrüßte uns sehr herzlich, und wir nahmen Platz im Salon. Er hatte eine Reihe von Fragen, die Mutter und Sohn abwechselnd beantworteten. Warum er wissen wollte, ob ich mich für Sport interessierte, konnte ich mir nicht zusammenreimen. Aber er erhielt einen Bericht vom besten Kurz- und Langstreckenläufer der Klasse, der sogar an Wettläufen mit Primanern teilgenommen hatte. Das wollte Prüwer alles genau wissen.

Schließlich hatte er seine Fragen beendet und bat nun Mutter zu warten, führte mich in sein Arbeitszimmer, in dem ein großer, mit Noten beladener Flügel stand, und ließ mich zuerst die von Susanne Fischer vorbereitete Beethoven-Klaviersonate in F-Dur op. 10, Nr. 2 spielen. Er hörte sich in großer Geduld alle drei Sätze an, bedankte sich, kramte dann in einem Stapel von Noten und zog den Klavierauszug zur Oper »Die Gezeichneten« von Franz Schreker heraus. Ich erinnerte mich, diesen Namen an den Litfaßsäulen gelesen zu haben, hatte aber keine Ahnung, wer das war. Ich sollte das Vorspiel vom Blatt spielen. Das Notenbild sah aus wie ein Hexentanz aus Druckerschwärze. So etwas hatte ich noch nie zuvor gesehen. Aber das prima vista Spielen gewohnt, wußte ich, daß man nicht jede Note spielen, sondern schnell einen Extrakt filtrieren muß, der den Sinn der Musik ergibt. Das tat ich hemmungslos, hatte sogar einen großen Spaß daran und wollte gar nicht aufhören, weil mich diese Musik zu interessieren begann. Prüwer lächelte gütig und benutzte ein Ritardando, um das Heft zu schließen. Ob ich das nun gut oder schlecht gemacht hatte, konnte ich nicht beurteilen, es war zu fremdartig, wenn auch sehr anziehend. Eine theoretische Prüfung in Harmonielehre folgte, in der meine Kenntnisse, trotz Müller, sehr lückenhaft waren. Dann kam eine Gehörprüfung, die hauptsächlich das musikalische Gedächtnis anging, und dann mußte ich eine Komposition vorspielen und improvisieren. Alles ging in großer Ruhe und sehr ausführlich vor sich – eine volle Stunde, wenn nicht länger. Dann gingen wir zurück in den Salon, wo Mutter wie auf Nadeln sitzend wartete. Prüwers salomonisches Urteil, daß ich ganz fraglos Musik studieren müßte, wurde begründet mit einer Reihe professioneller Komplimente, die ich nicht alle verstand, und ergänzt, daß ich mindestens noch ein Jahr brauchte, um mich zur Aufnahmeprüfung in die Hochschule vorzubereiten. So empfahl er mir einen Kapellmeister Teichmann, der in der Friedrichstraße wohnte, nahe dem Halleschen Tor. Dieser wäre über alle Prüfungsbedingungen informiert, und als Kapellmeister an der Städtischen Oper Charlottenburg (der heutigen Deutschen Oper) könnte er mich auch gut in das Musikleben einführen.

Damit war die Prüfung bei Prüwer beendet. Mutter fragte noch, was sie schuldig sei, und Prüwer antwortete: »Hundert Mark.« Mutter öffnete ihre Ledertasche und nestelte und fingerte in den Lederfächern und war sichtlich nervös. Prüwer merkte das sofort und sagte: »Gnädige Frau, das ist wohl ein bißchen zu hoch gegriffen, und Sie waren darauf nicht vorbereitet.« Worauf Mutter antwortete: »Nein, nein, es ist gar nicht zu hoch gegriffen. Nur ist leider im Moment diese Summe nicht beisammen. Aber morgen früh werden die hundert Mark selbstverständlich beglichen.« Darauf sagte Prüwer: »Glauben Sie wirklich, daß die hundert Mark ernst gemeint waren? Ich habe mir doch nur einen kleinen Spaß erlaubt. Es war mir eine große Freude, Sie und Ihren Herrn Sohn kennengelernt zu haben, und dafür werde ich nicht noch eine Rechnung erheben. Bitte vergessen Sie das.« Und mit einigen gezierten »Ach nein« und »Ach ja« verabschiedeten wir uns unter großen Dankesbezeugungen.

Auf dem Wege nach Hause verwandelten sich Fahrdamm und Bürgersteig in große samtene Teppiche, über die meine Füße glückbeseelt schwebten. Die Sonne kam durch, und ich hätte noch stundenlang, eingehakt bei Mutter, spazierengehen können.

8. Kreis

Ein bißchen gelbe Sonne

Freiheit, dieses abgenutzte und viel mißbrauchte Wort, für mich hatte es noch seine nicht verzerrte Bedeutung. Am Morgen nach der Prüfung bei Prüwer erwachte ich um einen deutlichen, ausgeprägten Baumring reifer geworden. Dies war nun ein Tag, den ich mir selber zu organisieren hatte. Keine methodischen Schulanweisungen mehr, statt dessen ein eigener Plan, eigene Entscheidungen, die – wie auch immer – von vergangenen Schulmethoden noch lange profitieren werden. Diese Methoden, die ich einst so leidenschaftlich bekämpft habe, erschienen mir nun in einem ganz anderen Kontext. Sie waren wie Werkzeuge anwendbar, um zu den gesetzten Zielen zu gelangen.

Von diesem Tage an lernte ich auch die Grenzen der Methodik meiner Profession erkennen. Dies war ein Prozeß, der Jahrzehnte andauerte, weil die Methodik der musikalischen Sprache im zwanzigsten Jahrhundert sich viele Male änderte: Methodik der tonalen Musik, der atonalen Musik (Hindemith: Unterweisung im Tonsatz), der Zwölftonmusik, der seriellen Musik, der total seriellen Musik, der postseriellen Musik und ihre Abzweigungen aleatorische Musik, Collage, graphische Musik und letztlich wieder ein koketter Flirt mit dem Zurück zur tonalen Aufwertung der Musik. Von alledem wußte ich natürlich noch nichts, als der erste Tag der Schöpfung nach der Prüwer-Prüfung begann. Aber die Frage nach dem Geschehen jenseits der Methodik hat mich mein ganzes Leben beschäftigt. Die vielleicht nur für mich geltende Antwort darauf habe ich in meinen Kompositionen gegeben.

Jetzt war es das Frühlingserwachen, das zu Bewußtsein brachte, auf zwei eigenen Füßen stehen zu müssen und zu können. Weder Kritik noch Ermutigung konnte das elterliche Haus beitragen, denn für das, was der Sohn nun lernte, hatten die Eltern keine traditionellen Maßstäbe. Vater tröstete sich wohl damit, daß ich mich zur Aufnahmeprüfung in die Staatliche Akademische Hochschule für Musik vorbereitete. Dieser Name enthielt immerhin die Wörter »akademisch« und »Hochschule«, also kulturgeologisch das Formationsgebiet der Universität.

Immerhin doch viel besser als die Reputation eines Lehrlings im Bankhaus Hirsch-Kupfer. Die Anerkennung drückte sich schon dadurch aus, daß ich ein repräsentatives Taschengeld bekam. Es mußte damit sparsam umgegangen werden, denn an eine Erhöhung der Summe war nicht zu denken. Zwar teilte ich das Geld nicht in Briefumschlägen ein und legte diese in meinen Kleiderschrank, hatte aber doch von Mutter die Methodik des Sparens gelernt. Daß ich bald mit dieser Summe seiltanzen mußte, weil sie in keiner Weise für die herausschießenden Sprößlinge meiner Leidenschaften ausreichte, zwang mich dann, ein moralisches Verhalten jenseits der Methodik des Sparens zu finden, eine Erfahrung, die bald nach der Auswanderung für lange Jahre von größtem Nutzen wurde.

Der erste große Durchbruch bestand darin, daß ich offizielle Gänge nicht mehr von Mutter erledigen ließ. So meldete ich mich selber bei Kapellmeister Teichmann, der mich sehr freundlich in seiner riesigen Altberliner Wohnung empfing. Er war überbeschäftigt, und ich mußte noch drei Wochen warten, bis er mich in seinen Arbeitsplan einbauen konnte, doch gab er mir schon Themen, auf die ich mich unterdessen vorbereiten mußte.

Bis dahin benahm ich mich wie Aprilwetter. Teils baute ich mir eine breite Grundlage für künstlerische Erfahrungen, teils wurden zurückgebliebene künstliche Gelüste befriedigt; dazu gehörte, meinen Heißhunger auf Windbeutel mit Schlagsahne zu stillen. In jeder Bäckerei hätte ich das bekommen können, fuhr aber ins Café Hilbrich in der Leipziger Straße, weil mich dort Vetter Leo vor Jahren in solche Gelüste eingeführt hatte. Schon die Fahrt im Autobusoberdeck war ganz im Stile eines Windbeutels. Mit Leo war ich damals noch im Landauer mit Kutscher und Zylinderhut gefahren, heute führte der Weg zum Café Hilbrich über den Potsdamer Platz, in dessen Mitte inzwischen ein Türmchen stand, auf dem ein grün- und weißgekleideter Schupo den aus allen Enden und Ecken strömenden Verkehr mit tänzerischen Armbewegungen leitete.

Als im Jahre 1968 das geteilte Jerusalem wieder eine ungeteilte Stadt wurde, kamen die Araber aus der dörflichen Umgebung in den israelischen Teil der Stadt und standen voller Staunen an den Verkehrsampeln. Ohne daß jemand etwas sagte, blieben bei Rot alle Autos stehen und fuhren bei Grün alle Autos weiter. Für das Staunen der Leute hatte ich viel Verständnis, kam doch der Potsdamer Platz von ehedem in die Erinnerung zurück. Ich staunte damals nicht weniger.

Der Windbeutel sei nur als Type für eine ganze Kette ähnlich harmloser Gelüste erwähnt. Gleichzeitig aber schrieb ich mich als

Abonnent in einem Theaterverein ein. Jeden Monat gab es eine Vorstellung in einem der Theater Berlins und dazu eine Reihe von Extraveranstaltungen zu verbilligten Preisen. Dazu wurde noch eine Monatsschrift mit interessanten Artikeln über das große Thema »Theater« gratis ins Haus gesandt. Am Abend vor jeder Vorstellung wurden die Eintrittskarten verlost. Die meist sehr guten Plätze hätte ich mir normalerweise nie leisten können. Nach dem Theater erprobte ich meine Selbständigkeit im Dinieren. Besonders gerne ging ich zu Aschinger am Bahnhof Friedrichstraße. Die mit Mahagoniholz besetzten Wände, große Spiegel mit elektrischen Glühbirnen in Kerzenform auf goldverschnörkelten vierarmigen Leuchtern, die wegen der Spiegel natürlich doppelt und im Durchblick zum Gegenüber noch vierfach erschienen, bequeme rotgepolsterte Lederschemel an blitzblanken sauberen Marmorplatten, das alles erzeugte eine gastliche Atmosphäre trotz der wimmelnden Menschenmenge im Raum. Ausschlaggebend aber war die berühmte Aschinger Bohnensuppe mit Bockwurst und dazu jede Menge der kleinen runden Aschingerbrötchen. Die Suppe konnte sich praktisch jeder leisten, und der Hunger wurde mehr als gestillt. Das Lokal war die ganze Nacht geöffnet, auch für das Theaterpersonal, das nach Schluß der Vorstellung aller Theater der Umgebung dorthinpilgerte und noch sein Bier trank. Die nächste Schicht kam etwa ab drei Uhr nachts, nach Schließung der Nachtlokale. Aber so lange konnte ich nie bleiben, weil Mutter nicht eher einschlief, bevor ich in meinem Bett lag. Aschinger war ein Theater nach dem Theater, wo man sich abréagieren konnte. Diese vielen Menschen zu beobachten – und wegen der Spiegel hatte man sie alle im Gesichtsfeld –, das war faszinierend. Dieser nie versiegende Quell neuer Darbietungen übertrug sich für mein ganzes Leben auf Bahnhöfe, Flughäfen, Schiffshäfen. Bei allen Reisegelegenheiten bin ich immer schon lange vor Abfahrt da, denn diese Ouvertüre ist integraler Teil jeder Reise.

Inzwischen entwickelte sich auch das Radio. Die Eltern eines Schulfreundes besaßen einen Radioapparat mit Trichterlautsprecher. Ich besuchte sie oft und war von diesem Ereignis hypnotisiert. Der Vater des Freundes konnte mir nicht viel technische Aufklärung geben, so daß ich mir Literatur suchte und diese in populären Hobbyzeitschriften bald fand. Daraus entwickelte sich ein besessener Radiobastler. Ich begann mit dem Bau eines kleinen Kristalldetektors, durfte aber nicht aufs Dach, um eine Dachantenne ins dritte Stockwerk herunterzuziehen, und mußte mich daher mit einer Zimmerantenne begnügen. Ohne große

Bedenken schabte ich den schwarzen Lack von den Stangen des metallenen Bettgestells der Schwester ab und spannte die Antennenlitze rund um das Bett. Das Entsetzen war fürchterlich, als meine Schwester am Abend nach Hause kam. Selbstverständlich war dieses Bett nun elektrisch geladen. Obgleich ich die Litze mit beiden Händen fest anfaßte, um die Gefahrlosigkeit zu beweisen, wurde ich gezwungen, den ganzen Unfug abzumontieren, der allerdings sowieso zu keinem Erfolg geführt hätte. Danach spannte ich eine Antenne unter der Decke des Zimmers mit verknüpften Isoliereiern, und eines Abends konnte man wirklich im Kopfhörer die Stimme des Ansagers vom Berliner Rundfunk wahrnehmen, zwar schwach, aber doch genug, um ihn zu verstehen. Die ganze Familie rannte ins Zimmer und durfte abwechselnd mit dem Kopfhörer das Wunder erleben. Vater war sprachlos, in seinen Augen konnte ich die Anerkennung ablesen. Der Schwester allerdings war auch die Zimmerantenne unter der Decke nicht geheuer, da ich aber dasselbe Zimmer bewohnte und vergnügt am Leben blieb, mußte sie still beigeben. Beim Essen anderntags diskutierte ich über diesen Detektorapparat und über die geringe Lautstärke wegen der Zimmerantenne. Vater war spendabel und gab mir eine Extrazuwendung, mit der ich den Bau eines Einröhren-Niederfrequenzverstärkers finanzieren konnte, wonach der Empfang, wenn ich mit der Nadel eine gute Stelle auf dem Kristall fand, gut zu hören war. Doch alle mußten dann auf Zehenspitzen ins Zimmer kommen und durften nicht am Tisch anstoßen, damit die Nadel nicht verrutschte. Es blieb eine Sensation, die auch von Onkeln und Tanten beim Freitagabend-Besuch besichtigt wurde.

Zu alledem gesellte sich nun der Unterricht bei Kapellmeister Teichmann. Meine Zeit war mehr als ausgefüllt, aber nur mit Dingen, die ich selber auswählte. Aus dem faulen Schulknaben wurde über Nacht ein fleißiger junger Mann. So fleißig, daß Mutter mich oft mit Gewalt ins Bett bringen mußte. Das war sie allerdings von Vater gewöhnt, der seine Studien meist nach dem Abendessen begann. Statt um Mitternacht schlafen zu gehen, schlief er auf seinem Schreibtischstuhl ein, schlummerte so eine Weile, wachte auf und arbeitete weiter. Das dauerte oft bis in die frühen Morgenstunden und verursachte Mutter viel Stöhnen. Sie hatte es nicht leicht mit ihren beiden männlichen Trabanten.

Nun kam also der Tag der ersten Unterrichtsstunde bei Herrn Teichmann. Es begann mit strengem Kontrapunkt und Harmonielehre nach dem Lehrbuch Louis/Thuille: dazu Partiturspiel, erst Bach-Choräle in alten Schlüsseln, dann kleinere und größere Orchesterbesetzungen. Beim Partiturspiel mußte ich immer eine der Stimmen singen. Manchmal sang auch Teichmann die Stimme eines anderen Instrumentes dazu, und ich mußte – wie ein Dirigent während der Probe – abbrechen und seine absichtlichen Fehler verbessern. Das war ein ausgezeichnetes Training, zumal mit völliger Erbarmungslosigkeit durchgeführt.

Nichts wurde übersehen, nichts ging durch, die Disziplin war eisern, aber der Umgang immer sehr freundlich. Wenn ich etwas zu früh zur Stunde kam, waren gewöhnlich Sänger von der Oper bei ihm, deren Rollen er vorbereitete. Er war ein vorzüglicher Pianist und hatte ein scharfes, untrügliches Ohr. Diese Arbeit mit den Sängern erweckte mein großes Interesse. Bald fand er heraus, daß ich ein guter Blattspieler war, und so durfte ich an dieser Arbeit mit den Sängern partizipieren. Mit beiden Füßen stieg ich in die Opernliteratur ein. Erst lernte ich den ganzen Wagner aus Klavierauszügen kennen, dann hörte ich allmählich alle Wagneropern in den verschiedenen Berliner Opernhäusern, und schließlich hörte ich die Klavierauszüge mit ganz anderen Ohren. Es wurde eine Phase sinnlichen Rausches, die mich in ganz andere Zustände versetzte als die Klavierstunden bei Susanne Fischer, für die ich nun auch besonders intensiv arbeiten mußte. Wir waren jetzt sozusagen Kollegen, und ich wurde für voll genommen. Sie bekam ein Engagement als Solistin in Mozarts d-Moll Klavierkonzert mit dem Berliner Symphonieorchester unter Emil Bohnke. Es war Susanne Fischers erstes Debüt vor Berliner Publikum. Wir studierten das Werk gemeinsam auf zwei Flügeln, ich spielte den Orchesterpart. Das fügte sich wunderbar ein in den Unterricht bei Herrn Teichmann. Auch das Komponieren wurde nun ernsthafter. Teichmann ging alles sorgfältig durch, seine Bemerkungen waren immer rein technischer Art, niemals ästhetische Bewertungen, niemals ein Suchen nach Ähnlichkeiten mit anderen Vorbildern, Hauptsache war ein sauberes Handwerk – Gefühle waren Privatangelegenheit. Aber in der Arbeit mit Sängern zeigte er auch sein Können im dramatischen Gestalten. Da konnte er aus der Haut fahren, das ganze Zimmer und der große Kronleuchter zitterten auf einen Höhepunkt hin, die Sänger waren völlig in seinem Bann. Bald fand ich heraus, daß man diese Technik, seine eigene Vorstellung auf andere zu übertragen, auch lernen kann, also die Sänger mit Vertrauen und Begeisterung des Dirigenten Führung folgen zu lassen.

Zu Hause hatte ich leider große Schwierigkeiten mit meinem Klavier. Trotz immerwährender Reparaturen war mit der Mechanik nicht fertig zu werden. Ich versuchte, bei Freunden zu üben und mich irgendwie mit dieser unheilbaren Krankheit meines Klaviers durchzuschlagen. Ich ahnte nicht, daß die Eltern schon insgeheim größte Anstrengungen machten, um ein neues Instrument anzuschaffen. Vorläufig mußte ich mit dem alten durchkommen. Es war so, als ob der liebe Gott prüfen wollte, ob ich es wirklich ernst meinte mit der Musik.

Susanne Fischer wußte von diesen Schwierigkeiten, aber sie konnte auch nicht helfen. In dieser Situation sprach ich dem Klavier gut zu wie einem lahmen Gaul, und so trottelte es wenigstens weiter. Auf lange Sicht kam mir schließlich auch das zugute. Jahre später, wenn ich in die Kibbuzim Israels eingeladen wurde, Klavierabende zu geben, habe ich mich nie gesträubt, auf recht zweifelhaften Klavieren zu spielen. Oft waren diese Instrumente das Ergebnis militärischer »Behandlung« während des zweiten Weltkrieges. Da hatten die Soldaten fleißig Bier hineingegossen und auch festere Gegenstände hineingeworfen. Viele Pianisten wollten auf solchen Klavieren nicht spielen. Wenn ich es dann aber tat, wunderten sich die Zuhörer, wie gut doch eigentlich ihr Instrument war. Gutes und Böses ist auch in solchem Falle nicht absolut zu bemessen.

Ein Kapitel meiner künstlerischen Erlebnisse, die jetzt wie ein Wolkenbruch über meinem Kopfe niedergingen, bestand darin, daß mich gerade das Studium der Wagner-Opern in den Zirkus Busch brachte. Das war kein Wanderzirkus, sondern ein riesengroßer runder Festbau am Bahnhof Börse. Einer der Sänger, mit dem ich die Rolle des Wotan einstudierte, schenkte mir ein Billett für die Aufführung der »Walküre« im Zirkus Busch. Ein ungewöhnliches Theater für eine Wagner-Oper, aber der Grund für die Inszenierung im Zirkus war die Möglichkeit, die Menagerie für den Walkürenritt aufbieten und das Finale der Oper als ungeheures Zirkusspektakel um den »Feuerzauber« herum produzieren zu können. Ganze Strecken der Musik wurden rücksichtslos gekürzt, dagegen das zersplitterte Schwert Siegmunds als gigantischer Zaubereffekt mit Scheinwerfern in allen Farben in Szene gesetzt. Ich konnte nicht umhin, mich köstlich zu amüsieren, denn ich habe diese unvergeßliche Inszenierung als Parodie auf Wagner aufgefaßt, was sie nicht sein wollte. Sooft ich auch später »Walküre« auf der Opernbühne sah, ein restlich am Leben erhaltenes Schmunzeln aus dem Zirkus Busch konnte ich nie vermeiden. Letztlich, im Jahre 1983, erlebte ich »Walküre« in Bayreuth. Der armselig auf Symbolik reduzierte »Walkürenritt« und ein »Feuerzauber«, der mich lebhaft an den mit roten Glühbirnen reflektierenden Kaminofen meines Schulfreundes Bloch in Berlin erinnerte, zeigte die Kehrseite des »Pomp« vom Zirkus Busch, nämlich die »Circumstances« halb gewagter Abstraktion.

Aber echter Zirkus blieb für mein Leben ein hochgeladener Magnet. Zirkus Busch in Berlin sah mich noch sehr oft als begeisterten Zuschauer. Und als im Jahre 1976 die Münchner Staatsoper meine Oper »Die Versuchung« uraufführte, gastierte dort der damalige Zirkus von André Heller, »Roncalli«. Ich ließ es mir natürlich nicht entgehen, einen probenfreien Abend zu nutzen und kaufte Zirkuskarten auch für Pola und meinen Freund David Kaelter. Am Ende der einmaligen Vorstellung wurde das Publikum in die Arena eingeladen, um mit allen Mitwirkenden einen Abschiedswalzer zu tanzen. Während wir diese herrlich urtümliche Szene betrachteten, kletterte einer der Clowns in schwarzem Frack, Zylinderhut und dicker roter Nase zu unserer Reihe und begann ein Gespräch über Zirkus im allgemeinen und das Konzept des Roncalli im Vergleich. Er konnte ja nicht wissen, wer ich bin, spürte aber wohl mit seiner roten Knorpelnase den Zirkusmagneten in meinen Augen. Als er sich verabschiedete, begleitet von unseren Gratulationen, blieben wir fassungslos sitzen, schwebend zwischen Traum und Wirklichkeit.

Ein weiteres Kapitel meiner frühen künstlerischen Erlebnisse führt in die Städtische Oper in der Bismarckstraße, wo ich viele Mozart-Opern erlebte. Meist war Bruno Walter der Dirigent. Für diese Aufführungen Karten zu bekommen, war fast unmöglich, schon gar nicht billige Karten. Der damalige Opernbau hatte vier Ränge bis unters Dach. Ganz oben hörte man am besten. Die Karten zum 4. Rang kosteten sechzig Pfennige, waren also erschwinglich. Der Vorverkauf begann eine Woche vor dem angesetzten Datum, morgens neun Uhr an der Theaterkasse. Am Abend davor ab zehn Uhr kamen die ersten Anwärter auf Karten, ausgerüstet mit Kaffee in Thermosflaschen, belegten Stullen und kleinen Klappstühlen, und so übernachtete man entlang der Mauer des Theaters auf dem Bürgersteig, bis die Sonne aufging und schließlich auch das Kassenfenster aufging. Das war die einzige Möglichkeit, für die sechzig Pfennige eine unüberbietbare Aufführung einer Mozart-Oper zu hören.

Von allen herrlichen Sängern sei nur Maria Ivogün erwähnt. Sie hatte eine unmögliche Bühnenfigur: klein, dick, bestenfalls als Konzertsängerin denkbar. Neben den anderen Opernheroen auf der großen Opernbühne erschien sie noch kleiner. Aber was ge-

83

schah? In der Sekunde, in der die Ivogün ihren Fuß auf die Bühne setzte, selbst in Hosenrollen, war das ganze Theater von dem vibrierenden Spiel ihrer Persönlichkeit gebannt. Niemand sah mehr die kleine dickliche Sängerin, eher eine grazile, behende, von Geist und Witz sprühende Schauspielerin, die eben auch vorzüglich singen konnte. Theater und Oper waren untrennbar in ihr verkörpert. Ein solches Phänomen habe ich noch einmal beobachten können, während eines Salzburger Festspieles für zeitgenössische Musik im Jahre 1952. Ein Programm von Orchesterwerken wurde vom belgischen Dirigenten André dirigiert. Auf die Bühne rollte eine menschliche kleine Tonne, der Dirigent. Die Partitur der Zusammensetzung eines Körpers war kaum mehr erkennbar, so stand er vor dem Orchester. Es wurde das eleganteste, präziseste, bewegungsreichste, suggestivste Dirigieren – ein optischer Genuß ohnegleichen, an dem jeder Tänzer noch viel zu studieren hatte. Selbst als er sich dem Publikum zuwandte, um den spontanen Beifall entgegenzunehmen, sah man nur noch einen Apollo, der sich dankend verbeugte.

Von den vielen Theatervorstellungen, in die mich mein Theaterverein einführte, blieben zwei für immer in meinem Gedächtnis ungelöscht: Strindbergs »Traumspiel« und Gorkis »Nachtasyl«. Beide Vorstellungen sah ich in der »Volksbühne« am Alexanderplatz, ein Theater, das ich wegen seiner Architektur sehr liebte. Zum Ensemble beider Vorstellungen gehörte Heinrich George, der mich zu gleicher Zeit das Fürchten und das Lieben lehrte. Oft wäre ich gerne seinen zarten weiblichen Partnern zu Hilfe gekommen, denn er konnte bis zum Entsetzen brutal sein. Wurde er jedoch sentimental, dann mußte man ihn vor den kleinen weiblichen Schlangen bewahren. So erging es mir ähnlich wie bei dem ersten Orchestererlebnis der Egmont-Ouvertüre – ich brauchte einen Auslauf nach der Vorstellung. Dieser war nun anderer Art, als zu Fuß im Schnee durch den Tiergarten zu laufen. Ich warf mich in das Treiben der Untergrundbahn und fuhr auf unterirdischen Umwegen zur westlichen Endstation Uhlandstraße, von wo ich immer noch eine gute Strecke bis zum Lehniner Platz laufen mußte. Auf diesen Fahrten genoß ich dann das farbenreiche Publikum als theatralischen Abreagierer.

An dieser Stelle nun, während der intensiven Vorbereitungen zur Aufnahmeprüfung in die Hochschule, fädelt sich das neue Erlebnis ein. Es war Rosie, die ich in Danzig kennengelernt hatte. Sie siedelte mit ihrem Mann nach Berlin über. Er arbeitete jetzt für ein großes Fotoarchiv. Der Buchladen in Danzig ließ sich nicht halten. Rosie und ihr Mann Noah Ringart gehörten zum Freundeskreis meiner Tante Jetka. So trafen wir bald wieder zusammen. Noah, ein weicher, gutmütiger, jüdisch-intellektueller Aufgeklärter aus Osteuropa, stand zionistischen Kreisen in Berlin sehr nahe. Er und Rosie waren sogar schon in Palästina gewesen, wo er hoffte, als Buchhändler Fuß zu fassen, was ihm aber nicht gelang, obgleich er in Haifa einen Bruder im Buchhandel hatte und eine Schwester im Kibbuz. Nach all diesem Auf und Ab kamen sie nun beide wieder nach Berlin und wohnten in einem möblierten Zimmer in Charlottenburg. Rosie mietete sofort ein Klavier, nicht gerade zur Begeisterung ihrer Wirtin, die eine betagte Offizierswitwe war. Noah, der die typisch jüdischen Hemmungen des Einwanderers aus dem Osten hatte, achtete sehr darauf, daß die Mittagsruhe eingehalten wurde und das Temperament von Rosie in den Abendstunden gebändigt blieb. Tagsüber war er kaum zu Hause, so daß Rosie und ich unser Vierhändig-Spiel wieder voll aufnehmen konnten. Die gesamte klassische und romantische Orchester- und Kammermusikliteratur, aber auch die Originalkompositionen verschlangen wir mit wahrem Heißhunger.

Noah, mit starker Tendenz zum Gutbürgerlichen, und Rosie, mit demonstrativer Bohème-Note, paßten schlecht zusammen. Es dauerte nicht lange, und beide begannen ein getrenntes Leben, ohne sich scheiden zu lassen.

Bei Tante Jetka trafen wir dann alle wieder zusammen. Sie war eine Schwester meiner Mutter und litt an schwerer Lungentuberkulose. Tante Jetka spielte in der Familie die Rolle eines »delphischen Orakels«. Ihre großen schwarzen Augen und ihre weiße, durchsichtige Haut ließen sie in einer fernen Unwirklichkeit erscheinen. Trotz der Ansteckungsgefahr besuchte ich Tante Jetka sehr häufig. Meist lag sie in ihrem breiten Bett mit hochaufgetürmten weißen Daunenkissen. Sie hustete ständig und spuckte dann viel Blut in ein weißemailliertes Spucknäpfchen. Dann mußte ich mich von ihr entfernen, bis sie sich beruhigt hatte. Wir hatten eine sehr intime Beziehung zueinander. Bei so viel Erlebtem konnte man viel aus dem Herzen schütten. Sie zeigte stets Verständnis und ermutigte in manch schwerer Lage.

Um sie herum bildete sich ein Kreis junger Intellektueller, wozu auch Vetter Leo aus Antwerpen gehörte, Rosie aus dem Danziger Buchladen und dem »Danziger Künstlertheater« und andere mehr, die ich nicht alle kennenlernte, die aber immer in Gesprächen auftauchten. Bevor die »Vernichtung lebensunwerten Lebens« der Nazis die Tante erreichte, nahm sie sich selbst das Leben mit Überdosierung von Schlafmitteln. Vater und Mutter waren nicht sehr begeistert über diesen Kreis »etwas loser junger Menschen von heute«, aber unsere Gesellschaft tat der schwer erkrankten Tante Jetka sehr gut, und so wurden wir in Kauf genommen.

Rosie, die aus einer englisch-jüdischen Familie stammte, stieß auf besonderen Widerstand bei meinen Eltern. Ihr Vater starb früh, die Mutter sah ich nur ein einziges Mal in Berlin, eine mürrische, verbitterte Frau. Der ältere Bruder Max führte ein Caféhaus in der Schlüterstraße Ecke Kurfürstendamm, zusammen mit einer aufgetakelten Blondine. Der jüngere Bruder hieß Adolf, arbeitete in einer Möbelfirma und war ein hochbegabter Tenor, mit dem ich später viel musiziert habe. Rosie hat von ihren Brüdern wenig Gebrauch gemacht. Sie waren ihr auch viel zu bürgerlich. Dem Judentum stand Rosie völlig fremd gegenüber. Viel eher neigte sie zu christlichem Denken. Die Erlöseridee, in welcher Gott Mensch wird und sich kreuzigen läßt, um dadurch die Menschheit von ihrer Erbsünde zu befreien, entsprach Rosies tiefverwurzelter Traurigkeit weit mehr als der unsichtbare, unfaßbare und geheimnisvolle jüdische Gott. Die christliche Nächstenliebe, abgeleitet von der Barmherzigkeit Gottes, lag ihr näher als das strenge jüdische Gesetz. Ihre Gedanken waren mehr auf das Jenseits als auf das Diesseits gerichtet. Viele Gespräche aus dieser Zeit, besonders in Gegenwart von Tante Jetka, lassen mich heute ihren eschatologischen Drang zum Weltende verstehen. Damals stimmte es mich nur nachdenklich und hatte den Reiz einer gewissen Süße von Verwesung. Tatsächlich liebte Rosie es, auf Friedhöfen spazierenzugehen. Durch sie wurde ich in die Welt der christlichen Heiligenbilder eingeführt; besonders des gekreuzigten Jesus. Diese Malereien oder auch Plastiken hatten keine religiöse Bedeutung für sie, aber an der künstlerischen Gestaltung des Leidens nahm sie großen Anteil. In meinem Zimmer lagen bald solche Abbildungen herum und erregten natürlich starkes Befremden in der Familie. Leo mußte immer wieder die Eltern beschwichtigen und erklären, daß das alles ganz harmlos sei und lediglich einen Ausdruck jugendlicher Romantik bedeute. So tolerant Vater war, konnte er doch nicht dulden, daß ich in meinem Zimmer christliche Heiligenbilder aufhänge. Er wollte oder konnte keinen Unterschied machen zwischen Kunst und Religion. Es ging zu leicht ineinander über. Das habe ich schnell eingesehen und bewahrte solche Drucke in verschlossenen Schubladen auf. Wenige Jahre später mußte ich Kunstdrucke aus Rußland bei Nacht und Nebel in einer entfernten Müllgrube verschwinden lassen. Die zunehmend engeren Beziehungen zu Rosie bewirkten nun auch eine engere Beziehung zu den bildenden Künsten. Museen begannen mich zu interessieren. Aber damit entstanden Probleme, die eigentlich meinen Problemen als Zuhörer im Konzertsaal verwandt waren. Das Kaiser-Friedrich-Museum überwältigte mich gleich beim Betreten. Es war ähnlich den erstmalig erlebten Stimmen der Orchesterinstrumente, als das Ohr von den vielen Klangeindrücken verwirrt wurde. Aber alle diese Klänge verschmolzen letztlich zu einem Ganzen.

So beschloß ich, das nächste Mal den Pergamon-Altar zu besichtigen. Ich war begeistert und erschrocken zugleich. Das Riesenbauwerk erschien mir wie ein Löwe in einem Käfig, so eng, daß er sich nicht einmal wenden könnte. Wäre ich der Löwe, würde ich an Klaustrophobie ersticken. Also wurde mir klar, daß ein Museum keine Landschaft ist, daß aber das kleinste wie auch das größte Bild seinen Auslauf im Raum braucht.

Die wirkliche Bedeutung dieser Zusammenarbeit habe ich Jahre später in Jerusalem begriffen. Noch in der britischen Mandatszeit, vor Ausbruch des Zweiten Weltkrieges, konnte ich unter der Führung zweier hoher Regierungsbeamter die Klagemauer im Herzen der arabischen Altstadt sehen. Man ging durch ein engmaschiges Netz verwinkelter, enger Gäßchen und stand dann plötzlich vor einer steilen Wand riesiger Quadersteine. Hoch oben blieb ein schmaler Streifen blauen Himmels zwischen dem engen Gemäuer des Gäßchens. Die Enge ließ die Quadersteine noch viel größer und mächtiger vor dem kleinen Menschen erstehen. Davor konnte man nur zur Allmacht beten, die unerreichbar über dem unermeßlichen Gestein schwebte.

Nach dem Sechstagekrieg von 1968 wurde das Gäßchengewirr vor der Klagemauer freigelegt. Heute nähert man sich der Mauer über ein weites, großes Gelände, das Tausenden von Benutzern Platz bietet, um zu beten und auch religiöse Feste zu feiern. Natürlich sind es dieselben Quadersteine von ehedem, aber ihre Sprache hat sich durch die neue Umgebung verändert. Der weite Raum, der sie aus den engen Gäßchen befreit hat, führt ihr klagendes Echo in die Breite und nicht in die Höhe und gibt so dem Gebet einen anderen Sinn. Ich werde mich hüten, die Klagemauer blasphemisch mit einem Museumsobjekt zu vergleichen, dazu sprechen diese Steine eine zu lebendige und akut assoziative Sprache. Aber Raum und Materie wirken zusammen in der Bildung des Sinnes. Er kann gesteigert werden, er kann verzerrt und gestört, ja sogar vernichtet werden, wenn ihm, wie beim Pergamon-Altar, der Atem des Gebetes entzogen wird.

Schon als junger Mann wurde mir so die Problematik des Museums bewußt und gleichzeitig auch die Kultur des Museumsbesitzes. Ich beschränkte mich auf einzelne Werke, auf die ich durch Literaturhinweise oder in Gesprächen aufmerksam wurde. Einen Kopfsprung ins Wasser verursachten zwei Ausstellungen: die Große Juryfreie Kunstschau am Lehrter Bahnhof und die Franz-Marc-Ausstellung in der Nationalgalerie.

In der Juryfreien Kunstschau wurde ich konfrontiert mit einem riesigen Wandgemälde, das die volle Wandfläche eines großen Saales einnahm. Auf dem Gemälde »Sonnenaufgang« war rechts unten in der Ecke ein gelb ausgefüllter Kreis von etwa dreißig Zentimeter Durchmesser; die übrige Riesenfläche blieb unbemalte, glatt weiße Leinwand. Davor stand ich nun voller Verwunderung. Technisch hätte auch ich das vollendet malen können, obgleich ich in der Schule immer ein sehr schlechter Zeichner war. Aber darauf kam es gar nicht an. Das bißchen gelbe Sonne war nur ein Anlaß für die große, leere Fläche. Diese mußte der Beschauer mit seiner Phantasie ausfüllen. Man kann also ein Gemälde mit geschlossenen Augen sehen, so wie auch die »Kunst der Fuge« von Bach nicht gespielt zu werden braucht, sondern nur gelesen. All dies war anfangs durchaus verwirrend. Wohin führte das?

Ganz konsequent erinnerte ich mich an den Zeichenunterricht in der Schule. Einmal wöchentlich saßen wir zwei Stunden im Zeichensaal an großen, langen Tischen und mußten Jahr für Jahr Modelle nachzeichnen: Vasen aller Art, ausgestopfte Tiere, Gefäße und so weiter. Ich war nicht in der Lage, perspektivisch zu zeichnen. Der Zeichenlehrer Hoffart war ein lieber Mensch, konnte jedoch plötzlich im Jähzorn aufbrausen, und dann gab es Backpfeifen rechts und links, ungeachtet aller modernen Unterrichtsmethoden. An meine nicht zu korrigierenden Schwächen hatte er sich bald gewöhnt, aber wenn er durch die Reihen ging und bei mir ankam, schob er mich von meinem Zeichenschemel und zeichnete mir mit Kohle die Konturen des Gegenstandes auf mein Zeichenblatt. Ihm galt meine Bewunderung. Ich durfte dann den Gegenstand mit Farbe ausfüllen und war für den Rest der Unterrichtsstunde beschäftigt. Die Jahre hindurch wurde das zur friedlichen Gewohnheit.

Wie einst mein Lehrer Müller, so kehrte auch Hoffart eines Tages von einem Fortbildungskurs zurück, voll neuer und für uns absurder Ideen. Wir saßen auf unseren Schemeln, vor uns der geöffnete Zeichenblock. Hoffart stand auf dem Katheder, und statt wie gewöhnlich die Modelle auszuteilen, hüllte er sich in ominöses Schweigen. Wir waren einem nervösen Kichern nahe. Nach dramatischer Pause begann er die Einleitung zu einem neuen Weg des Zeichnens. Statt eines Modelles sollte jeder sein Zeichenblatt ganz nach eigenem Belieben ausfüllen; entweder das Blatt durch ein Kreuz in vier Abschnitte teilen und in jeden Abschnitt etwas anderes zeichnen, oder auch das Blatt durch eine Diagonale teilen, oder wie wir auch immer wollten, jedenfalls war das Thema der Zeichnung jedem freigelassen. Nun brach das verhaltene Kichern in ein Verlegenheitsgelächter aus. Völlige Ratlosigkeit beherrschte die Klasse. Alle Fragen waren vergebens, die stereotype Antwort war immer: »Mach, was du willst.« Keiner wußte aber, was er will. Zu eigenem Wollen war niemand erzogen. So begann also ein Tuscheln unter den Schülern, geflüsterte Beratungen, zumal es eine Klassenarbeit war, die für das Zeugnis ausschlaggebend sein sollte. Mich berührte diese Verzweiflung sehr wenig, denn ich konnte ja ohnehin nichts richtig zeichnen. Also erfreute ich mich daran, das ganze Blatt langsam mit verschiedenen nichtssagenden Formen und Farben aus meinem Tuschkasten auszufüllen. Besonders das Mischen von Farben machte riesigen Spaß. Zum ersten Mal hatte ich echte Freude am Zeichenunterricht. Die Kameraden sahen natürlich, was ich da machte; das Gerücht, daß der Josef sich lustig macht, verbreitete sich wie ein Feuer im Zeichensaal. In der Pause drängelten sich alle um meinen Platz, und man erwartete mit großer Spannung den Ausbruch des Jähzorns bei Hoffart. Nach dem Klingelzeichen saßen wir alle wieder an unseren Plätzen, als Hoffart seine Runde antrat. Jedem schaute er über die Schulter, aber er sagte nichts. Die Luft war voller Mystik. Schließlich kam er bei mir an. Automatisch zog ich den Kopf in die Schultern, die Klasse hielt den Atem an. Doch siehe da, nachdem er eine ganze Weile auf mein Blatt und den großen Tümpel von Farbnäpfchen geschaut hatte, ging er weiter, wieder in sphinxhaftem Schweigen. Offenbar drehte sich die Sonne um die Erde, denn alle Begriffe standen auf dem Kopf. Am Ende der Stunde sammelte Hoffart die Blätter ein, um eine Woche später das Resultat zu verkünden.

Die Methode der Urteilsverkündung war längst bekannt. Sie begann mit der Namensverlesung der schlechtesten Arbeiten und endete mit der besten. Gewohnheitsmäßig eröffnete mein Name den Turnus. Diesmal aber nicht. Und als mein Name selbst in der Mitte noch nicht erschien, war allen klar, daß Hoffart mich versehentlich vergessen hatte. Die Enttäuschung war groß. Doch dann platzte die Bombe: ganz am Ende erschien als beste Arbeit die von

Josef. Über diesen Witz brach dann schallendes Gelächter aus. Aber Hoffart wurde ganz ernst, und indem er mein Zeichenblatt auf eine Staffelei stellte, begann er einen Vortrag über Impressionismus, Expressionismus, Kubismus, Futurismus – unsere Sinne wurden wie in einem Mixbecher mit »ismen« geschüttelt. Die Gelehrtheit von Hoffart war verblüffend; niemand verstand auch nur ein halbes Wort, aber irgend etwas ging in dieser Welt vor. Josef wurde zum Futuristen mit expressionistischen Elementen gestempelt. Mit einem Zeigestock wurde das Blatt auf abstrakte Formen und auf Farbbeziehungen analysiert. Es klang unerhört tiefschürfend. Abwechselnd schaute man auf das Blatt und auf seinen Maler und versuchte zu ergründen, woher ich denn das alles wußte. Ich habe aber kein Hehl daraus gemacht, daß ich von alledem nicht die blasseste Ahnung hatte. Jedoch auch dafür hatte Hoffart eine Erklärung, nämlich die Aktivität des Unterbewußtseins, das nun jeder auch in seinem Zwerchfell suchte.

An all das mußte ich denken, als ich vor dem »Sonnenaufgang« in der Juryfreien Kunstschau stand. Dieser Maler war ja noch viel konsequenter. Praktisch hatte er gar nichts auf die Leinwand gebracht. Der gelbe Kreis war eher störend, weil eine unnötige Realität. Auch der Titel war überflüssig. Denn der »Sonnenaufgang« hätte auch der »Aufgang einer Idee« heißen können. Aber wozu dann eine so große Leinwand? Und um eine Idee aufgehen zu lassen, muß man doch nicht bis zum Lehrter Bahnhof fahren . . . Kurz – das Riesengemälde schrumpfte zu einem mikroskopischen Pünktchen zusammen. Da stand ich nun, verzichtete auf alle anderen Bilder und fuhr nach Hause.

Zwischen Rosies Heiligenbildern und der Juryfreien Ausstellung konnte ich zunächst keinen Zusammenhang finden. Von den Entwicklungen und Veränderungen der Stile und Mittel wußte ich zu wenig, hatte aber, ohne die Gründe benennen zu können, ganz bestimmte Präferenzen. Vielleicht enthielt Hoffarts geheimnisvolle Erklärung über die Aktivität des Unterbewußtseins doch etwas Wahres. Solchen Überlegungen war ich noch nicht gewachsen. Aber in die »Juryfreie« zog es mich immer wieder, die Neugier war erregt.

Das einzige Kriterium, das ich kannte und nicht mochte, die perfekte Illusion der Perspektive, spielte hier kaum noch eine Rolle. Für alle die anderen Fragezeichen suchte ich mir Literatur zusammen, wo ich sie nur finden konnte. Vaters Bibliothek war dafür gänzlich ungeeignet. Aber Teichmann half mir und gab sehr praktische Hinweise, so daß mein Besuch der Museen über die kindliche Neugier hinaus eine sichere Basis bekam. Zu einem fesselnden Gegenüber wurden die »Blauen Pferde« von Franz Marc im Kronprinzenpalais. Mit diesen Pferden konnte ich sprechen. Wild, wie sie zu sein schienen, waren sie auch überaus gütig. Mutter Erde und der Vater im Himmel lebten in ihren symphonischen Augen.

Das Blau des Bildes habe ich in Israel wiedererlebt in den Bergen Tsefads, der Hauptstadt des nördlichen Galilea. Von diesen Blauen Bergen ging die Lehre der Kabbala aus. Ebenso wie die Denkweise der biblischen Propheten aus der Stein- und Wüstenlandschaft zwischen Jerusalem und dem Toten Meer geboren wurde, schufen auch die blauen Berge in Tsefad die geheimnisvolle Kabbala. Was mag wohl in Franz Marcs innerem Auge vor sich gegangen sein, als er in der Apokalypse vor Verdun kämpfte und fiel? Welch laut klagende Farben muß sein brechendes Auge gesehen haben? Das wissen wir nicht. Von den »Blauen Pferden« kaufte ich mir eine Reproduktion und hängte sie in meinem Zimmer auf. Der »Sonnenaufgang« war vergessen. Die manipulierte Weltanschauung der weißen Leinwand im Zwiegespräch mit dem kläglichen gelben Fleck hinterließ nur schamlos entblößte Leere. Absolut verblüffend waren die Skulpturen im »Ägyptischen Museum«. Das war uralte Geschichte und Moderne zugleich. Dorthin zog es mich noch sehr oft. Ich kaufte mir einige herrliche Kopien, von denen ich eine bei der Auswanderung nach Palästina im dürftigen Gepäck geschmuggelt habe. Ich wollte mich nicht davon trennen. Allerdings hat es über die ersten schweren Jahre den extremen Witterungseinflüssen nicht standgehalten.

Während all dieser neuen, intensiv erlebten Eindrücke rückte langsam und sicher das Datum der Aufnahmeprüfung zur Musikhochschule heran. Meine beiden Lehrer meißelten an mir herum; da noch ein Schlag und da noch eine Korrektur, bis ich eines Morgens das Elternhaus zum ersten Teil der Prüfung verließ. Das Herz pochte auf dem Wege zur Entscheidung. Obgleich nur ein Jahr seit dem Gang zu Prüwer vergangen war, beschritt nun ein sehr veränderter Prüfungskandidat den Weg in die Hochschule. Ich öffnete die schwere Holztür am Eingang Fasanenstraße und wurde gleich rechts im Vorraum von der Garderobenfrau empfangen, einer wohlbeleibten Urberlinerin. Natürlich wußte sie, was mir da oben im ersten Stock bevorstand und überschüttete mich mit Tröstungen und besten Wünschen. Wohl sah ich trostbedürftig aus. Auch gab sie mir einen Rat, wohin die Garderobennummer stecken, denn nachher könnte man sie in der Verwirrung und

Aufregung nicht wiederfinden. Der mütterliche Empfang übertraf alle Erwartungen, machte mir wirklich Mut, und ich ging sicheren Schrittes die Steintreppe hinauf. Oben saß ein Beamter mit Akten und Listen, der mich in ein Zimmer zur schriftlichen Prüfung in Theorie schickte. Wir bekamen die Aufgabe, einen bezifferten Baß mit vielen Alterationen vierstimmig auszusetzen, einen Sopran vierstimmig zu harmonisieren, einem unbezifferten Baß mit Sopran die Mittelstimmen auszufüllen. Zweiter Teil war im strengen Fux'schen Kontrapunkt: zu einem cantus firmus Gegenstimmen in verschiedenen Bewegungen schreiben. Zum Schluß war eine Fuge zu einem gegebenen Thema zu komponieren. Das Thema – pianistisch figurativ – zeigte viel Verwandtschaft mit der e-Moll-Fuge aus dem I. Band von Bachs Wohltemperiertem Klavier. Eben wegen der Charaktereigenschaft eines solchen Themas hat Bach wohl entschieden, diese Fuge zweistimmig auszuarbeiten. Da ich es nicht besser wissen wollte als Bach, tat ich das gleiche, und die Arbeit ging gut von der Hand.

Während der kommenden Prüfungstage wurde ich in das Zimmer des Direktors Franz Schreker bestellt. Er saß an seinem Schreibtisch, schaute mich nicht an, aber streckte mir die Hand entgegen. Man hatte einen feuchtwarmen Schwamm in der Hand. Vor ihm lagen die Klausurarbeiten der Theorieprüfung, und er blätterte in meiner Fuge. Nach wenigen Augenblicken fragte er mich mit einem etwas hämischen Lächeln: »Haben Sie auch einstimmige Fugen komponiert?« Noch immer mit dem Gefühl des Schwammes in der Hand und mit einem Menschen redend, der einem nicht in die Augen sah, leistete ich passiven Widerstand und reagierte überhaupt nicht auf diese Frage. Mit Wohlwollen wurde ich entlassen, ohne zu wissen, daß mir noch ein anderes Rencontre mit Schreker bevorstand.

Am nächsten Tag war die Gehörprüfung. Sie wurde paarweise abgenommen, wohl wegen zweistimmiger Aufgaben. Mein Kollege war ein etwas älterer junger Mann, der Pianist werden wollte. Im Nebenzimmer spielte er sich für die Instrumentalprüfung ein. Seine pianistischen Leistungen ließen das Barometer meiner Aussichten rapide sinken. Im Wartezimmer unterhielten wir uns dann angeregt und überspielten so unsere Aufregung. Der Prüfer war ein Kompositionslehrer. Die Anforderungen waren wesentlich geringer als die meines Lehrers Teichmann. Aber mein Partner bekam rote Flecken der Hektik am Hals und auf der Stirn und war außerstande, eine Sexte von einer Quinte zu unterscheiden. Seine Augen irrten erschrocken umher; der gütige alte Professor tat alles, um ihn zu beruhigen – es half nichts. So wurden wir schließlich beide entlassen. Später hörte ich, daß sein Klaviervorspiel von denselben Erscheinungen begleitet war und daß er durchfiel, nicht wegen mangelnden Könnens, sondern um ihn vor einer Bühnenkarriere zu warnen. Er studierte dann an der Universität Musikwissenschaft.

Während des Studiums erlebte ich tatsächlich einen krassen Fall dieser Art, der mich das Prüfungsurteil über diesen Kollegen verstehen ließ. Die Klasse meines Meisters gab einen Schülerabend im Kleinen Konzertsaal, auch Theatersaal genannt, weil er eine kleine Opernbühne hatte. Eine hochbegabte junge Pianistin sollte Schumanns Kreisleriana spielen. Wir saßen alle im Künstlerzimmer neben dem Bühneneingang, und jeder wartete, bis er an der Reihe war. Das bildschöne Mädchen wurde mit jeder Minute, die sie ihrem Auftritt näherkam, bleicher und bleicher. Ihre Augen bekamen einen verzweifelten, stieren Blick. Ich mußte an den Kollegen in der Gehörprüfung denken. Da hörte man schon das Klatschen des Publikums, der erste Spieler kam zu uns zurück, mit großem Erfolg bedacht. Nun sollte sie hinausgehen. Sie trug ein ärmelloses, weißes Kleid, sah aus wie ein verstörter Engel, der den Weg im Himmel verloren hat. Sie blieb sitzen und rührte sich nicht. Zwei unserer Jungs faßten sie unter den Armen und stießen sie einfach auf die Bühne hinaus. Unsicheren Schrittes ging sie zum Flügel, setzte sich auf die Klavierbank und bekam einen Weinkrampf, die Arme auf dem zugeklappten Deckel. Das Publikum machte dasselbe erschrockene »Oh« wie im Zirkus Busch, wenn der Seiltänzer einen Fehltritt simulierte. Die beiden Jungs gingen auf die Bühne hinaus und trugen sie mehr, als daß sie gehen konnte, ins Künstlerzimmer zurück.

Die Aufnahmeprüfung erreichte nun das Partiturspiel. Das ging glatt bis auf eine kleine Episode. Die Prüfung wurde abgenommen von Siegfried Ochs, dem berühmten und für seine Rauheit berüchtigten Chordirigenten. Als erste Aufgabe war ein vierstimmiger Choral von Bach in alten Schlüsseln vom Blatt zu spielen. Der Choral war gespickt mit chromatischen Durchgängen. Choräle in alten Schlüsseln waren das Steckenpferd meines Lehrers Teichmann, weshalb ich gerade darauf besonders gut vorbereitet war. Ich spielte den Choral fließend und fehlerlos vom Blatt. Ochs vermutete sofort, daß ich den Choral gut kannte, und gab mir einen anderen. Aber der ging genauso glatt. Da machte er etwas ganz anderes, überraschendes: er ließ mich einen Choral von rückwärts nach vorne spielen. Jetzt gab es keine Stimmgänge mehr, die durch den Stil logisch gegeben waren, die man eben weiß und nicht mehr separat zu lesen braucht. Rückwärts gelesen war dann jeder Zusammenhang verloren. Ich biß die Zähne zusammen und dachte: Nun gerade. Mit äußerster Konzentration spielte ich diese unsinnigen Akkordverbindungen und schoß sie ab wie giftige Pfeile. Nach zwei Takten unterbrach er mich, klopfte mir huldvoll auf die Schulter und sagte: »Schon gut, junger Mann.« Wütend, aber höflich verließ ich das Zimmer.

Am Tage darauf fand die pianistische Prüfung statt. Unglücklicherweise fiel diese Prüfung auf einen Sonnabend, also den Sabbat des religiösen Juden. Ich habe nie zu Hause am Sabbat das Klavier angerührt, um Vater nicht zu stören oder zu verletzen. Aber vormittags ein ganzes Klavierprogramm parat zu haben, ohne sich vorher ein wenig einzuspielen, war kaum denkbar. Ich wußte schon Tage vorher, daß dieses Problem akut werden würde, ohne eine Lösung ausdenken zu können. Schließlich tippte ich leise bei Mutter an, die ja seit der Prüwer-Prüfung ein Komplize meiner Musiklaufbahn geworden war. Mutter verstand sofort das Problem und versprach, einen Ausweg zu finden. Auf sehr diplomatische Weise mußte sie wohl Vater überredet haben, an diesem Sabbat in den Frühgottesdienst zu gehen, was Vater an sich sehr gerne tat, weil man ihn dann in der kleinen Synagoge vorbeten ließ. Da konnte er in aller Bescheidenheit so singen, wie sein Vater gesungen hatte, und das bereitete ihm immer eine große Freude. Anschließend ging er in den Hauptgottesdienst und genoß die Predigt von Rabbiner Emil Levy. Es war natürlich eine unmoralische Notlösung, aber auf Gottes Verständnis konnte man hoffen. Nachdem Vater die Wohnung bei Sonnenaufgang verlassen hatte, konnte ich mich auf die Prüfung vorbereiten. Dieser Abschnitt der Aufnahmeprüfung verlief ohne jede Überraschung.

Letzter Teil der Prüfung war Improvisieren am Klavier. Um den langen grünen Tisch herum saßen Professoren der Klavier- und Kompositionsklassen. Den Vorsitz hatte Franz Schreker. Erste Aufgabe war eine freie Improvisation, in welcher ich nicht unterbrochen wurde. Die zweite Aufgabe verlangte einen Sonatensatz über ein gegebenes Thema. Während dieses Teils erhoben sich vier oder fünf Herren, darunter auch Paul Hindemith, stellten sich rund um den Flügel und schauten mir während des ganzen Spiels ins Gesicht. Was sie da suchten, war nicht zu verstehen, aber ich ließ mich nicht irritieren. Gegen Ende der Reprise setzten sie sich wieder. Als ich fertig war, sagte Franz Schreker, wiederum ohne mich anzusehen: »Na, das war so à la Beethoven, nicht wahr?« –

»Soll ich das als Kompliment auffassen, Herr Direktor?«, worauf alle lachten.

Mit dieser tragi-komischen Coda endete meine Aufnahmeprüfung. Ich wurde akzeptiert, aber niemand wußte, für welches Hauptfach. Zu einer Unterredung sollte ich zum stellvertretenden Direktor der Hochschule, Georg Schünemann, kommen. Er war der eigentliche Direktor. Schreker war mehr eine repräsentative Figur und trat selten in Erscheinung, weshalb er spöttisch – nach seiner gleichnamigen Oper – »Der ferne Klang« genannt wurde. Schünemann war ein Wissenschaftler ersten Ranges, Flötist und Pädagoge ersten Ranges. Alles, was er sagte, kam aus den Quellen dieser drei Eigenschaften. Seine Beratung war vollkommen auf mein Suchen und Tasten eingestellt. Die damalige Hochschule für Musik war ja alles andere als ein akademischer Betrieb. Den Lehrplan konnte man sich aus dem Angebot alleine zusammenstellen. In der Zeit war man nicht begrenzt. Man meldete sich zu einer Abschlußprüfung, wenn man sich reif dazu fühlte. Aber man konnte auch ohne Prüfung weiterstudieren. Schünemann riet mir, einen Klavierlehrer zu nehmen, der auch Komponist sein sollte. So kam ich zu Max Trapp, der angeblich später Nationalsozialist geworden ist. Für die theoretischen Fächer wählte Schünemann Heinz Tiessen, der über die Regeldetri der Stimmführungsgesetze hinaus immer einen weiten Ausblick ins musikalische Universum vermittelte. Er war ein Schönbergianer. Durch ihn wurde ich also auch mit Schönbergs Lehre vertraut. Viel später bin ich Tiessen noch einmal begegnet. Im Jahre 1972 hat mich die Akademie der Künste in Berlin zu ihrem Mitglied gewählt. Der damalige Präsident Boris Blacher, mit dem mich schnell eine innige Freundschaft verband, fragte mich am Abend des offiziellen Empfanges in der Akademie der Künste am Hansaplatz, ob er mich meinem inzwischen sehr betagten Lehrer Heinz Tiessen vorstellen dürfte. Das war eine große Überraschung für mich. Blacher führte mich bei der Hand, und plötzlich bewegte sich mein Leben wie ein rückwärts gedrehter Film – da stand ich vor ihm. »Herr Professor, Sie werden sich kaum noch an mich erinnern können, zumal ich auch damals Gruenthal hieß.« Mit seinen alabasterfarbenen Händen winkte er ab, blickte mich mit zartblauen Augen an und sprach mit der gleichen leisen und klaren Stimme von ehedem: »Sie irren sich, Herr Tal. Ich wußte ja, daß Sie heute hier sein werden und habe mich auf diese Begegnung vorbereitet. Ich kann Ihnen nämlich beweisen, daß ich mich genauestens Ihrer erinnere.« Darauf zog er aus seiner Westentasche ein kleines Notizbuch, solches, in das er während des Unterrichts immer seine Notizen mit fein ziselierter Schrift eintrug, blätterte bis zu einem bestimmten Datum und zeigte mir die Eintragung: »10 Uhr Grünthal (Achtung!)«. »Mehr brauche ich Ihnen nicht zu sagen.« Als wir mit den Sektgläsern anstießen, fielen ihm die Tränen in das gefüllte Glas. Er dachte wohl auch an all das Schreckliche, das wir während dieser Jahre erlebt haben. Ich sollte ihn danach nicht wiedersehen.

Schünemann gab mir noch zwei Ratschläge. Er meinte, als Komponist sollte ich außer Klavier noch andere Instrumente lernen. Denn es sei ganz etwas anderes, auf einem Instrument selber spielen zu können, als es nur durch Beschreibung aus Büchern kennenzulernen. Dann kamen wir auf Musikerziehung zu sprechen, ein Lieblingsthema von Schünemann. Das fiel bei mir auf sehr fruchtbaren Boden und führte schnell zum endgültigen Aufbau meines Lehrplanes: bei Trapp Klavier und Komposition, bei Tiessen Theorie, bei Fleming Oboe-Nebenfach und gleich mit dem Klavierpädagogischen Seminar beginnen; dazu noch Musikgeschichte bei Schünemann, Instrumentenkunde bei Curt Sachs, Gehörbildung bei Charlotte Pfeffer. Mit Begeisterung bin ich in dieses Programm eingetaucht.

Von der Besprechung bei Schünemann schlenderte ich dann gemütlich den Kurfürstendamm entlang nach Hause. Um in mein Zimmer zu kommen, das ich inzwischen allein bewohnte, mußte ich das Wohnzimmer passieren. Ich öffnete die große Schiebetür und stand vor einer Märchenszenerie aus Tausendundeiner Nacht: am Erkerfenster stand ein nagelneuer Ibach-Flügel. Die Eltern hatten sich hinter geschlossenen Türen im Arbeitszimmer des Vaters versteckt und lauschten meiner Verwandlung in einen goldblauen Schmetterling. Ich habe den Flügel genauestens besichtigt, etwas darauf gespielt und dann die Eltern in Vaters Zimmer gefunden. Es war eine stumme Szene inniger Umarmungen, in welche Schenkende und Beschenkter gleich glücklich versanken. Bis zum heutigen Tage blieb die Finanzierung des Ankaufs ein Rätsel.

Das fehlende Wort des Tänzers

Mit dem Unterricht bei Max Trapp endete der wöchentliche Pilgergang in die Wittelsbacherstraße zu Susanne Fischer. Die Anforderungen Trapps waren anderer Art. Die Etüde war nicht mehr Eröffnungsstück jeder Unterrichtsstunde, sondern gleich zu Beginn kam das Hauptstück. Studiert wurde es erst, nachdem man es auswendig kannte. Ergab sich an einer Stelle eine technische Schwierigkeit, mußte ich selber eine Etüde über dieses technische Problem erfinden und daran lernen, es zu überwinden.

Trapp kannte die ganze Klavierliteratur auswendig und auf das genaueste. Sein technisches Können war höchste Virtuosität. Er war außerstande, als Pianist öffentlich aufzutreten, da sein hochgradiges Lampenfieber jede klare Funktion außer Kraft setzte. Einmal hörte ich ihn sein eigenes Klavierkonzert interpretieren. Obgleich er von Noten spielte, kam er nur mit manchen konfusen Abenteuern durch. Seiner Umblätterin und den Zuhörern blieb das Herz wiederholt stehen. Seinen Schülern dagegen lehrte er, das Lampenfieber zu überwinden, und zwar auf eine sehr kluge und wirksame Weise: Nach Möglichkeit begann der Unterricht mit einem langsamen Stück, dann mußten wir die etwa acht Takte des ersten Themas genau im Tempo durchdenken, ohne es zu spielen. Er hatte ein untrügliches Zeitempfinden. Hie und da eine falsche Note wurde gerne geschluckt; ein falscher Ton sei wie ein beiläufiges Versprechen, aber ein falsches Tempo verzerre den Sinn der ganzen Komposition. Besonders ein zu schnelles Tempo verursachte seine heftige Kritik. Die Beherrschung der Zeit wird erreicht durch ruhiges, ausbalanciertes Atmen, ungehindert vom technischen Spielvorgang, nur auf das musikalische Denken konzentriert. Gleichzeitig bewirkt der beherrschte Atem den ungestörten Blutzustrom zum Gehirn.

Doch es kam trotzdem vor, daß ein plötzlicher Ausfall den Spieler überkam. Aber die Schüler Trapps bildeten eine kleine Gemeinde. Diskussionen, Meinungsaustausch, gegenseitige Hilfe auch in den Dingen des praktischen Alltags waren alles Selbstverständlichkeiten. Sprunghaft eröffneten sich neue Welten.

Unterricht im Oboespiel erhielt ich bei Professor Fleming, Erster Oboist des Orchesters der Staatsoper. Das Oboemundstück war schnell zu beherrschen, meine Lippen waren für diesen Ansatz gut geformt. Dagegen hatte ich große Schwierigkeiten mit dem fünften Finger, für den die Klappenmechanik auf dem Instrument ungünstig postiert war. Jedenfalls habe ich das Oboespiel nach einem Semester aufgegeben, nicht ohne die Natur dieses Instrumentes gut kennengelernt zu haben.

Das zweite Semester begann ich mit Kesselpauken. Der Lehrer war ein relativ junger Schlagzeuger, Professor Krüger, auch er vom Staatsopernorchester. Er sagte mir gleich, daß man das Paukenspiel als halbwüchsiger Junge beginnen müsse und ich dafür schon zu alt sei. Aber er mochte mich in die Klangwelt der Pauken und ihrer verwandten Instrumente einführen und all das zeigen, was ein Komponist über die verschiedenen Spielarten wissen muß. Das große Solo für sechs Kesselpauken, das ich in meine zweite Symphonie eingearbeitet habe, hängt mit diesen Erfahrungen zusammen.

Noch im selben Semester ging ich zur Klarinette über. Da hatte ich mit den Fingern noch größere Schwierigkeiten als mit der Oboe. Um die Spannweite der Finger zu vergrößern, steckte man mir Korkenstücke zwischen die Finger, was natürlich bald zu schmerzen begann; eine tour de force und keine sehr aussichtsreiche Methode. Es blieb eine kurze Erfahrung.

Bald gab es eine von Gottes Fügungen, die meine gesamte weitere Ausbildung bestimmend beeinflußte: ein Platz war frei in der Harfenklasse von Professor Max Saal, dem Ersten Harfenisten des Orchesters der Staatsoper. Allerdings war ich wenig begeistert, mich mit der Harfenliteratur ausführlich beschäftigen zu müssen, denn musikalisch war da wenig herauszuholen. Das hat sich seit den fünfziger Jahren sehr geändert. Damals galt immer noch der klassische Begriff des »Harfenjulchen«, mehr oder weniger die Domäne schöner Jungfrauen, die an der mit Goldstück besetzten Harfe für Auge und Ohr himmlische Bilder mit Klängen schufen. Im Israel Philharmonic Orchestra, gegründet von Bronislaw Hubermann 1936, spielte eine bildschöne, bezaubernde Harfenistin aus Ungarn, die zugleich eine hervorragende Musikerin war, Klari Sarvasz Weissgerber. Das Orchester machte noch gegen Ende der dreißiger Jahre Konzertreisen nach Ägypten. Wir erfuhren bald, daß dort die jungen Herren der begüterten Gesellschaft mit Fernstechern bewaffnet in die Konzerte kamen, um sich an der Schönheit der Harfenistin zu delektieren. Einmal wurde Klari schwanger, und ich mußte sie in einem großen philharmonischen Wohltätigkeitskonzert zugunsten des

Roten Kreuzes in Kairo vertreten. Das Konzert fand im Kairoer Opernhaus unter der Schirmherrschaft von König Farouk statt. Im Publikum fehlte natürlich keiner von Klaris Bewunderern. Aber – o weh! – was sahen sie da in ihrem Fernglas? Einen Glatzkopf, sozusagen eine Parodie auf ihre angehimmelte Klari. Trotzdem mußte auch ich noch am Künstlerzimmer Autogramme geben, wohl mehr, um dieses Unglück von nahem besehen zu können.

In diese Harfenwelt setzte ich nun meinen Fuß mit dem Eintritt in die Harfenklasse von Max Saal. Ich mußte mich in seiner Privatwohnung in der Bleibtreustraße vorstellen, in einem Haus neben den Gleisen der Fern- und Stadtbahn. Nach hinten hinaus lag die Kaiser-Friedrich-Schule, die für mich aber inzwischen ein Löwe ohne Zähne geworden war. Saal öffnete selber die Tür. Vor mir stand eine große staatliche Erscheinung. Ich stellte mich vor, er reichte mir seine Hand und sagte schnell und monoton: »Nicht sehr angenehm. Hoffentlich kommen Sie sobald nicht wieder.« Gleich darauf lachte er wie ein kleiner Junge. Das war so seine Art, neue Besucher mit Unerwartetem zu überrumpeln. Dann half er, meinen Mantel an die Garderobe zu hängen und führte mich in das Musikzimmer. Dort stand der Bariton Heinrich Schlusnus, mit dem er am Klavier korrepetierte. Saal ließ mich umblättern, ich war verzaubert. Sie studierten Schubert-Lieder. Pianistisch absolut vollkommen, fesselnd, vielseitig und überzeugend aus einem großen Wissen, was Saal dem Sänger über das Leben einer Komposition zu sagen hatte. Die Harfe hatte ich bald ganz vergessen.

Dann klingelte irgendwann das Telefon, er kam zurück und mußte Schluß machen. Zwischen uns beiden war es Liebe auf den ersten Blick. Ohne irgend etwas zu fragen, bestellte er mich zur ersten Stunde in das Harfenzimmer der Hochschule. Die Stunde begann um neun Uhr morgens in Gegenwart der ganzen Harfenklasse und dauerte bis zwei Uhr mittags. Etwa die Hälfte der Schüler bekam ihren Unterricht, das nächste Mal kam die andere Hälfte dran. Aus Prinzip mußten wir den ganzen Unterricht mitanhören, denn Saal meinte, daß man am besten von den Fehlern der anderen lernt. Ganz sicher schulte es das Beobachten, was besonders deutlich wurde bei zwei japanischen Studenten. Wenn sie sich an das Instrument setzten, waren Mensch und Harfe eine organische Einheit, so als seien sie zusammen geboren worden. Saal brauchte bei ihnen niemals Korrekturen über Hand-, Finger- oder Körperhaltung zu machen. Das kam alles ganz von der Natur her, also vom genauen Beobachten.

Eines Tages erschien eine neue Schülerin, in großer Nachtlokal-Aufmachung: die Haare so glänzend hellblond, daß die Echtheit der Farbe zweifelhaft erschien. Der sehr kurze Rock rutschte beim Harfenspiel bis über die Oberschenkel, so daß beim Pedaltreten die Spitzenunterhöschen hervorlugten. Die Fingernägel waren hochrot lackiert und lang wie gezogene Minischwerter. Saal war nun alles andere als prüde und amüsierte sich köstlich über diesen kleinen Kuckuck in seinem Nest. Aber mit solchen Fingernägeln kann man nicht Harfe spielen, sie zupfen an den Saiten wie ein Plektron auf der Mandoline. Was machte Saal? Er geht mit dem jungen Fräulein ans Fenster, zieht aus seiner Westentasche ein großes Taschenmesser mit aufklappbarer Schere und schneidet kurzerhand alle Nägel bis unter die Fingerkuppe ab. Verstummt sitzt die ganze Klasse und ist Zeuge dieses kalten Mordes an den glamourösen Fingern des erbleichten Mädchens.

Das Harfenspiel ist ein komplizierter Vorgang. Die moderne Harfe ist mechanisch hochentwickelt, damit man auf ihr die Harmonien im romantischen Stil ausführen kann. Daher werden mit den Füßen sieben Pedale bedient, von denen jedes einen Ton der Tonleiter dreimal um einen Halbton verändern kann. Das ermöglicht, komplizierte Akkorde auf den Saiten zu greifen und die Harfe den Anforderungen der Musiksprache des zwanzigsten Jahrhunderts anzupassen. Man muß aber die Spieltechnik dieses Instruments sehr gut kennen, um als Komponist der Harfe im Orchester eine ihr gebührende und charakteristische Rolle zu geben. Kein Wunder, daß Saal ein persönlicher Berater von Richard Strauss war.

Mir stand eine Übungsharfe in der Hochschule zur Verfügung, auf der ich dreimal in der Woche je zwei Stunden üben konnte. Da Harfe nur mein Nebenfach war, konnte der Fortschritt gemächlich vorangehen. Fingerübungen für das Saitenspiel waren das A und O, bis man eine gewisse Fertigkeit für leichtere Figurationen erreichte. Ich spielte eben wie ein blutiger Anfänger, der mit Mühe Kinderlieder zusammenstottern konnte. In diesem Stadium meiner »Virtuosität« klingelte das Telefon im Zimmer während der Unterrichtsstunde. Die Klasse war vollzählig um ihren Meister versammelt. Am Telefon war die Sekretärin des Arbeitsvermittlungsbüros für Studenten der Hochschule: Sie verlangte dringend einen Harfenisten für die Orchestermusik eines neuen Tonfilms, die gerade im großen Ufa-Tobis-Filmstudio eingespielt wurde. Saal schickte seine beste Schülerin, die vor der Reifeprüfung stand, also schwierigste Partien meistern konnte. Sie sprang vor

Freude in die Luft, denn diese Arbeit wurde pro Stunde hoch bezahlt. Vom Entgelt eines einzigen Tages konnte man gut einen Monat leben. Eine große elegante schwarze Horch-Limousine wartete unten und sauste mit der Harfenistin davon. Nach einer Stunde klingelte das Telefon erneut. Wieder die Sekretärin: Der Dirigent des Orchesters lasse doch sehr bitten, keinen Anfänger zu schicken, sondern einen Harfenisten, der das Instrument beherrscht. Wir wurden zu lebendigen Fragezeichen. Saal schickte den Zweitbesten, einen jungen Mann, der schon Orchestererfahrung hatte. Diesmal kam ein gelber Daimler-Benz mit gewaltiger, weit hörbarer Dreiklanghupe. Inzwischen wurde es ein Uhr mittags. Das Telefon klingelte wieder. Wie Saal uns sagte, ein erbostes Gespräch mit dem Dirigenten, was sich die Hochschule eigentlich dächte, die Arbeit am Film mit so unzulänglichen Musikern aufzuhalten. Wir waren sprachlos. Aber Saal blieb ganz ruhig und sagte nur: »Josef, jetzt gehst du.« Ich reagierte kaum und fand das nicht einmal witzig. Aber Saal wurde energischer und wiederholte seine Bitte, nun schon mit erhobener Stimme im Befehlston. So etwas war ich von Saal nicht gewohnt. Ich hatte ihn nie boshaft gesehen, auch nicht, wenn er sich ärgerte. Aber was für einen Sinn sollte das haben, mich, den absoluten Anfänger, einer solchen Situation auszusetzen? Ich blieb einfach sitzen und stierte ihn an. »Geh schon, Josef, spute dich, der Wagen wartet schon unten!« Er meinte es wirklich ernst. Da gab es nicht mehr viel zu überlegen, zähneknirschend und grußlos verließ ich das Klassenzimmer. Unten stand wieder die Horch-Limousine mit dem Chauffeur in eleganter Livree. Unter den gegebenen Umständen war die himmlische Fahrt leider gar nicht zu genießen. Ich zerbrach mir den Kopf, was das nur bedeuten sollte. Nach der Ankunft auf dem Filmgelände wurde ich in das große Aufnahmestudio geführt. Da saß das ganze Orchester und empfing mich mit großem Gelächter: »Ah, noch ein Virtuose von der Musikakademie!« Mit eingezogenem Kopf ging ich zu meinem Platz. Der Dirigent sagte wirsch: »Schauen Sie sich die Noten an, ich werde solange eine andere Stelle probieren«, und begann, mit den Bläsern zu arbeiten. Ich sah mir die Harfenstimme an. Sie war von einem Kapellmeister geschrieben, der offenbar keine Ahnung von Harfe hatte. Es war eine typische Klavierstimme, geschrieben für fünf Finger an jeder Hand. Harfe aber spielt man ohne den kleinen Finger, der die Saiten nicht erreichen kann. Eine Klavierstimme mit vielen Läufen auf der Harfe zu spielen, ist etwa wie eine Katze gegen den Strich zu streicheln. So etwas muß man monatelang üben, und dann wird es auch nicht gut. Die Harmonien in der Stimme waren einfallslos und viel zu armselig für eine Filmmusik, weil eben dieser Arrangeur zu wenig von Pedaltechnik wußte. Ich gab dem Dirigenten ein Zeichen, daß er anfangen könne. Die Klavierfiguren habe ich in einfache Akkordbrechungen umgewandelt, die selbst ein Anfänger mit ein bißchen Mut spielen konnte, dafür aber ausgiebig Glissandi eingewoben, wofür man keine Fingerfertigkeit braucht, die andererseits aber sehr wirksam sind, besonders mit kombiniertem Harmoniewechsel. Der Kapellmeister war entzückt, die Harfe schwindelte den schönsten Klangzauber in seine Partitur, am Ende klatschte das Orchester Beifall. Mit der Dämmerung kam ich nach Hause und rief sofort bei Saal an, der aus vollem Halse lachte. Er war von der Ufa bereits informiert worden.

Die Aufnahmen wurden noch am nächsten Tag beendet. Es war ein Freitag. Für den feierlichen Vorabend des Sabbatfestes kaufte ich, stolz wie ein Spanier, eine große Bonbonniere Haman-Konfekt und legte sie unter die großen Silberleuchter vor Vaters Platz am Tisch. Diese Ufa-Aktie war ein Glücksfall, aus dem sich andere ähnliche Gelegenheiten ergeben sollten.

Bald wurde ich in die Familie Saal wie ein Sohn des Hauses aufgenommen, wo die liebe und sehr gutmütige Frau Agathe sich um die Musikerziehung ihrer beiden Kinder bemühte. So wurde ich Klavierlehrer im Hause Saal. Das ergab sich auch ganz natürlich, weil ich mittlerweile meine Studien am Klavierpädagogischen Seminar mit wahrer Hingabe fortsetzte.

Die Leitung des Seminars lag in den Händen von Frieda Loebenstein. Sie war eine hochintellektuelle alleinstehende Frau, wohl Anfang Fünfzig, mit einem phänomenalen Spürsinn für Menschen aller Altersstufen. Nie kam ein lautes oder schroffes Wort aus ihrem Mund. Mit unermeßlicher Geduld und innerer Ausgewogenheit, was ihr manchmal eine priesterliche Note gab, löste sie alle Konfliktsituationen, die sich wegen der unwissenschaftlichen Natur der Pädagogik in Verbindung mit emotional aufgeladenen Studenten ergaben. Das Seminar hatte ein festes Lehrerprogramm, in welchem auch Klavier und Theorie unterrichtet wurde, allerdings wesentlich aufs Methodische ausgerichtet. So kam es auch zum Kontakt mit dem Pianisten Leonid Kreutzer und dem Komponisten Paul Hindemith. Das gleiche Fach bei verschiedenen Lehrern zu studieren, ist aber nur dann von Vorteil, wenn man genügend eigene Sicherheit besitzt, andernfalls die Vielfalt der Zugänge nur Verwirrung stiften kann.

102

Das läßt sich heutzutage gut beobachten am internationalen Markt für Meisterklassen und Sommerkurse. In der richtigen Dosierung und mit ausgewählten Schülern und Programm kann es wiederum von großer Bedeutung sein.

Den Grundton des Seminars bestimmte die organische, unlösbare Verbindung von Instrumentalunterricht und musiksprachlicher Betätigung des Schülers. In der Musik muß sich der Schüler ausdrücken können, das Instrument ist Mittel zu diesem Zweck. Besonders der Anfangsunterricht muß auf dieser Erkenntnis basieren. Würde man in allen Schulen das Notenlesen und -schreiben genauso systematisch unterrichten wie Rechnen, Lesen und Schreiben, und würden auch in der Musik die Schüler entsprechend befähigt werden, einen musikalischen Gedanken zu formulieren und zu entwickeln wie einen Schulaufsatz – ich wage zu behaupten, daß der Einfluß auf diejenigen Schüler, die sich vielleicht später für eine politische Laufbahn entscheiden werden, nicht ohne gute Früchte bleiben würde. Auch würden nicht so viele Musikliebhaber von heute sagen, daß die Komponisten der zeitgenössischen Musik sich ihnen mehr und mehr entfremden. Im zwanzigsten Jahrhundert hat sich dieses musikerzieherische Problem sehr scharf zugespitzt und war in den zwanziger Jahren bereits eine feste Tatsache.

Unter diesem Aspekt ist die Gründung des klavierpädagogischen Seminars an der Berliner Hochschule zu verstehen, eine Tat des Musikreferenten am damaligen Erziehungsministerium, Leo Kestenberg. Selber ein ausgezeichneter Pianist, Schüler von Busoni, versuchte er, durch die gesetzmäßige Einführung von Diplomzwang für Privatmusiklehrer das durchschnittlich niedrige Niveau des bürgerlichen Privatmusikunterrichtes zu heben, weil inzwischen alle Pianisten, die auf der Bühne als Solisten scheiterten, nun Klavierlehrer wurden. Verständlicherweise hat sich Kestenberg damit beim Heer der älteren Klavierlehrer recht unbeliebt gemacht, denn sie mußten nun alle ein Examen nachliefern, ohne das sie an der Haustür kein Schild mit ihrer Tätigkeit anbringen durften.

Um Kestenbergs Erziehungsideal zu verwirklichen, fand man in Frieda Loebenstein den Prototyp kongenialer pädagogischer Fähigkeiten. Es ist anzunehmen, daß an der Entstehung von Hindemiths Lehrstück »Wir bauen eine Stadt« auch Frieda Loebenstein ihren Anteil hatte. Jedenfalls sollte das Werk von denjenigen Kindern uraufgeführt werden, die am Seminar den Studenten als Versuchsschüler schulgeldfrei dienten. Das ging nicht ganz ohne Schwierigkeiten ab.

Um den Privatmusiklehrern nicht Schüler wegzunehmen, gab es zwar eine Vereinbarung mit der Hochschulleitung, daß Versuchsschüler nur aus Armenvierteln genommen würden. Diese Kinder hatten von Hause aus keine Chance, Klavierunterricht zu bekommen. Natürlich waren das Kinder ohne die Tradition klassischer Musikkultur. Sie entstammten mehr oder weniger einem Zille-Milieu. Es schien aber völlig aussichtslos, daß man mit solchen Kindern Hindemiths atonale Komposition einstudieren könnte. Nicht nur die Intervalle, auch die Rhythmen waren viel zu kompliziert. Also nahm man für diesen Spezialfall Kinder aus dem Berliner Westen, aus Elternhäusern, die ihren Kindern privaten Musikunterricht erteilen ließen. Mit diesen Kindern, die auch in der Schule Chorgesang pflegten, gingen wir nun an die Arbeit des Einstudierens von »Wir bauen eine Stadt«. Dies wurde zu einer Sisyphusarbeit, an der wir die Resultate kultureller Gehirnwäsche erlernten. Es war einfach nicht möglich, diesen Kindern irgendeinen musikalischen Zusammenhang in Hindemiths Tonsprache zu vermitteln. Sie sträubten sich gegen diese Musik, als seien sie allergisch dagegen. Wir mußten die Arbeit unterbrechen. Guter Rat war teuer. Frieda Loebenstein hatte guten Rat: zurück zu unseren Zillekindern. Und es klappte sofort. Diesen noch nicht durch Erziehung »verdorbenen« Kindern war es völlig egal, welche Intervalle sie zu singen hatten. Der Unterschied zwischen tonal und atonal existierte für sie ohnehin nicht, also wurde alles so genommen, wie es kam. Es war eine reine Lust, die eine Lehre fürs ganze Leben blieb und mir über manche gesellschaftliche Krise als Komponist hinweggeholfen hat. Auch verstand ich infolge dieser Erfahrung, warum beispielsweise ein öffentliches Konzert von Hindemiths Streichquartetten nur als Nachtvorstellung im Kino »Alhambra« in der Wilmersdorfer Straße Ecke Kurfürstendamm gegeben werden konnte. Das war die passende Zeit und der rechte Ort für die exzentrische Musikstudentenjugend, um solche Musik zu »genießen«.

Allerdings gab es auch einmal eine Musikmatinee am Sonntagvormittag in der »Volksbühne« am Alexanderplatz. Das Programm bestand nur aus Klavier- und Bratschenmusik von Hindemith, mit ihm selbst als Bratschist. Seine burschikose Art des Spielens, manchmal in wildeste Interpretation ausartend, bei der es entsprechend der »Gebrauchsanweisung« in seiner »Klaviersuite 1922« nicht auf jede Note, eher aufs Ganze ankam, brachte ihm einen durchschlagenden Erfolg. Das vollbesetzte Theater – denn das Konzert fand auch im Rahmen der Programme des Theatervereins statt – reagierte spontan mit lauten Ovationen und zwang Hindemith zur Wiederholung eines Teiles seiner Viola-Solo Sonate.

Diese Erlebnisse und auch die Erfahrungen aus den Proben zu Hindemiths Lehrstück haben mich angespornt, neuartige Übungen für die Anfänger des Klavierspiels zu erfinden. Eine dieser Übungen ist später irgendwo im Druck erschienen, aber im hektischen Auswanderungstrubel verlorengegangen. Es war die Zeichnung einer Uhr, bei der aus jeder Stundenzahl eine Notenzeile herausragte. Der Schüler sollte von der ersten Stunde – gleich einer Note – bis zur zwölften Stunde – gleich zwölf Noten – melodische Linien entwickeln, die je nach der Wahl der zweiten Note stets neue Fortsetzungen hervorbrachten. Dieser Übung ließen sich viele andere Varianten mit musikalischen Elementen hinzufügen. Frieda Loebenstein wurde auf meine Arbeiten aufmerksam und hat auch in ihrem Buch »Klavierpädagogik« den Anfang einer meiner Kompositionen für Tanz veröffentlicht.

Der über alles gefürchtete Leo Kestenberg inspizierte eines Tages das musikpädagogische Seminar. Das Schicksal wollte es, daß ich gerade an diesem Tage eine Beispielstunde vor den Studienkollegen meines Jahrgangs geben mußte. Mit meiner achtjährigen Schülerin, Tochter eines Nachtwächters im Kaufhaus Karstadt am Hermannplatz, verstand ich mich sehr gut, man kann sagen, wir waren richtige Freunde. Als uns Frieda Loebenstein vor Beginn der Stunde eröffnete, daß wir auf den Besuch von Leo Kestenberg noch einen Moment warten müßten, da schwammen mir die Felle weg. Er schien mir zu gefährlich, um seine Gegenwart zu ignorieren. Aber es blieb nicht viel Zeit, die Situation zu überdenken, denn schon erschien er in der Tür, wurde uns allen formell vorgestellt, und dann bat er, mit dem Unterricht zu beginnen. Er war hochgradig kurzsichtig, und wohl um alles gut beobachten zu können, postierte er sich unmittelbar hinter meinem Rücken und folgte so stehend dem Unterricht. Sitzt man als Pianist auf der Bühne, spürt man immerhin die Gesichter des Publikums. Ich konnte mich nicht umdrehen, um zu sehen, welche Miene er zu meinen Erklärungen machte. Also gab ich alle diese peinlichen und nur störenden Überlegungen schnell auf und ließ dem Schicksal seinen Lauf. So eine Beispielstunde dauerte dreißig Minuten, die er ohne irgendwelche Bemerkung, ruhig hinter mir stehend, bis zum Ende mitanhörte. Dann erwarteten wir alle den Hammerschlag seiner Kritik. Er klopfte mir wohlwollend auf die Schulter und sagte: »Ausgezeichnet, junger Mann.« Die Klasse war erlöst, und Frieda Loebenstein lächelte gütig und zufrieden.

Auf den politisch sehr tätigen Sozialisten und Juden Kestenberg waren die Nazis besonders scharf. Er mußte daher nach der Machtergreifung Hitlers Deutschland schnellstens verlassen. Auf manchen Umwegen kam er schließlich nach Israel und wurde der Direktor des Philharmonischen Orchesters in Tel Aviv. Bald war er auch ein begehrter Klavierlehrer für die fortgeschrittenen jungen Pianisten und wirkte als Berater für Schulmusik und musikalische Berufsausbildung beim Erziehungsministerium. Während dieser Jahre, in denen ich Direktor der Musikakademie in Jerusalem war, kam ich oft in Kontakt mit Kestenberg. Mit zunehmendem Alter machte ihm sein Augenleiden mehr und mehr zu schaffen, so daß er, fast erblindet, sich von seiner umfassenden Tätigkeit zurückziehen mußte. Im Jahre 1958 erhielt er den »Engel-Preis« der Stadt Tel Aviv für sein musikpädagogisches Lebenswerk. Gleichzeitig sollte mir der gleiche Preis für die gleiche Tätigkeit und einige Kompositionen verliehen werden, und so ergab es sich, daß bei der festlichen Preisverteilung Professor Leo Kestenberg und der ehemalige Berliner Student nebeneinander am langen grünen Tisch auf der Bühne des Festsaales saßen, flankiert von den Herren der offiziellen Kulturämter. Alles, was zu dieser Zeit in der Musikwelt Israels Namen hatte, sowie die große Schülerschaft aus dem ganzen Lande füllte den Saal mit einem Publikum von Freunden und Verehrern. Die Feierlichkeit begann mit dem Verlesen der Preisverleihungsgründe des Richter-Kollegiums, dann hielt der Vorsitzende eine längere Rede über die Bedeutung der Preisträger, wobei es mir – neben Kestenberg gewissermaßen »in einem Atem sitzend« – doch etwas unbequem wurde. Dann sprach wie üblich die Garde der offiziellen Vertreter, und bevor der letzte dieser Herren an der Reihe war, näherte sich der Vorsitzende von hinten und bat flüsternd, ich solle doch im Namen der Preisträger ein paar Worte sagen, denn man könne dem alten, sehr kranken Herrn nicht zumuten, eine Rede zu halten; auch sei Kestenberg ganz damit einverstanden, daß ich mich in unser beider Namen für die verliehene Ehre bedanke. Kurz entschlossen berichtete ich dem Publikum von der Beispielstunde am Seminar der Berliner Hochschule, um so meine traumhafte Lage zu erklären. Und nun teilte ich mit ihm die gleiche Ehre. Die Erzählung löste heftige Bewegung aus, denn sie war sowohl vergangene als auch gegenwärtige Geschichte; der alte Herr war tief ergriffen, sein Körper zitterte, er wischte sich die Tränen hinter seinen dicken Brillengläsern. Meine Dankesrede entwickelte sich zu einem Roman aus der Wirklichkeit und entfernte sich mehr und mehr von formellen Dankesfloskeln, eine einzigartige Gelegenheit, nach so langer Zeit einem meiner Meister den echten professionellen Dank seines Lehrlings unter Beweis zu stellen. Ich schwamm glückselig in diesem Geschenk meiner Lebensgeschichte.

Nicht nur die Studien an der Hochschule sorgten für ein bewegtes Leben. Mehr noch schlugen die Wellen der Leidenschaft haushoch in die privaten Beziehungen. Rosie wurde zur Achse, um die sich alles drehte. Ihre sprühende Persönlichkeit war eine reiche Quelle der Inspiration. Meine leicht entzündbaren Nervenfibern waren der Hitze des Gemütes preisgegeben. Rosie war Vegetarierin und ideologisch der Mazdaznan-Bewegung sehr verbunden, die in den zwanziger Jahren in Berlin eine große Anhängerschaft hatte. Obgleich noch nicht offiziell geschieden, lebte sie alleine und verdiente sich ihren Lebensunterhalt durch Gymnastikunterricht. Sie hatte inzwischen eine eigene Wohnung in der Lietzenburger Straße bezogen, weil sie ein großes Zimmer brauchte, um als Tänzerin trainieren zu können. Diesem Gebiet galt nun ihr Hauptinteresse. Sie wurde Schülerin von Elsa Gindler, auf dem Gebiet der Körperkultur in gewisser Weise Pendant zu Frieda Loebenstein; allerdings war Elsa Gindlers Gymnastik eng mit Lebensphilosophie und Weltanschauung verbunden. Durch Rosie kam ich in diese Kreise, zwar von Elsa Gindler als Persönlichkeit tief beeindruckt, dagegen von ihren Schülerinnen, die nur auf philosophischer Grundlage atmen konnten, sonst aber verkorkste Blaßgesichter waren, eher abgestoßen. Elsa Gindler bemerkte schnell, daß Rosie nicht von dieser Sorte war, und zwischen beiden entspann sich bald eine Freundschaft. Gindlers Vorträge waren immer von besonderem Interesse; ich versäumte möglichst keinen. Aus ihren Ausführungen, die weit über die Gymnastik hinausgingen, profitierte ich viel für meine Kompositionen für Tanz, die mich nun sehr beschäftigten.

Regelmäßig besuchte ich die Tanzabende der Wigmann, Palucca, Valeska Gert, Rudolf Laban, Trümpy. Klassisches Ballett kannte ich von den Opernhäusern. Der sogenannte »moderne« Tanz war viel stimulierender, die Beziehung zwischen Musik und Tanz stellte viele Fragen. So war bald zu erkennen, daß die Musik meist als Klangkulisse diente, etwa um allgemeine Stimmung zu erzeugen oder aber durch den Rhythmus die Beine in Bewegung zu setzen. Ein wirklicher Dialog zwischen Musik und Tanz fand nur sporadisch statt. Unvergeßlich bleibt mir ein »Totentanz« von Valeska Gert. Im hochgeschlossenen, teilweise weiten, teilweise anliegenden schwarzen Kostüm stand sie in der Mitte der Bühne frontal zum Zuschauerraum, bewegte sich nicht von der Stelle und fiel langsam in sich zusammen. Der ganze Tanz in völligem Schweigen. Eines der großen Meisterwerke, das ich in meinem Leben sehen durfte. Vor allem erkannte ich die Bedeutung der Musik, die im Tänzer selber erklingen muß.

Später, in Israel, habe ich oft versucht, Tänzern die stille Musik beizubringen. Das ist selten gelungen, weil es wohl einer eigenen musikalischen Erfindungskraft des Tänzers bedarf, die jedoch entwickelt werden kann. Ebenso ist der Komponist gezwungen, beim Komponieren für Tanz ein tänzerisches Konzept zu besitzen. Meistens aber laufen Tanz und Musik nebeneinander, sind selten ineinander verknüpft, und nur hie und da bemüht sich die Musik um das fehlende Wort des Tänzers. Existiert ein theatralisches Programm, dann ist gewöhnlich die Musik der Illustrator und überläßt den Tänzer dem Vokabularium seines Zeitstiles. Alle diese Dinge habe ich oft mit Rosie diskutiert und viele Kompositionen für ihren Tanz geschrieben.

Lange Zeit war ich der feste Begleiter einer kommunistischen Tanzgruppe, deren Choreograph ein Tänzer namens Veit war. Sie alle waren hoch trainiert, bis zur Akrobatik. Thematisch ging es immer um den Kampf des Arbeiters gegen die ausnutzende Maschine oder den Fabrikdirektor oder die bürokratische Verwaltung und dergleichen. Das Programm stand vor jeder Probe felsenfest, meine Aufgabe bestand im Improvisieren, und wenn etwas besonders gut gelang, sollte es auch aufgeschrieben werden. Die Musik mußte dem politischen Klischee dienen. Für diese Gruppe hatte auch Stefan Wolpe viel geschrieben, mit dem ich später in Jerusalem zusammentraf und zusammenarbeitete. Die Arbeit mit der Gruppe Veit sollte wesentlicher Bestandteil meines Lebensunterhalts sein. In der Praxis sah es aber anders aus: anfangs zahlten sie pünktlich, dann, als sie schnell herausfanden, daß mir Geld nicht die Hauptsache war, läpperte sich die Bezahlung nur sehr langsam. Ihre Übungsräume befanden sich in einem großen Dachatelier in Wilmersdorf, das in den eisigen Berliner Wintermonaten trotz Kachelofen kaum beheizbar war. Außerdem fehlte ihnen meist das Geld für Kohlen. An einem solchen windscharfen Schneetag, an dem es durch alle Ritzen der undichten Dachfenster zog, war ich zur Probe bestellt. Ich ahnte schon die Kälte und brachte zwei große Einholtaschen voller Briketts mit. Als ich die Tür zum Atelier öffnete, saß die ganze Gruppe, gehüllt in Tücher und Schals, um einen runden Tisch, in der Mitte lag aufgeschlagen »Das Kapital« von Karl Marx. Einer las vor und gab seine Kommentare dazu. Meine Kohlen verbreiteten schnell angenehme Wärme. Statt am Klavier Arbeiterprobleme zu improvisieren, wurde ich zur Lektion eingeladen. Die Originalsätze von Marx waren viel überzeugender als die Kommentare dazu. Die Lektion hat mich immerhin veranlaßt, öfters in dieser kommunistischen Bibel zu blättern.

Das Bild mit der um den Tisch herumsitzenden Gruppe der Lernenden erlebte ich wieder in Israel. In den ersten Jahren nach der Staatsgründung fand eine große Aktion unter dem Codenamen »Fliegender Teppich« statt. Die Juden aus dem arabischen Staat Jemen wurden mit einer Flugzeugflotte nach Israel gebracht. Einige meiner Schüler und Schülerinnen waren als freiwillige Sozialarbeiter für diese nach europäischen Begriffen recht primitiven Einwanderer tätig. So hatte ich Gelegenheit, eine dieser Siedlungen im Innern des Landes zu besuchen. Dort saß in einem Zimmer der Rabbi an einem runden Tisch, um diesen herum Schüler aller Altersstufen; sie lernten die Bibel. Im Jemen hatten sie nicht genug Geld, um jedem Lernenden sein eigenes Buch zu geben. So lag in der Mitte des Tisches nur eine große Bibel, aus der alle lernen mußten. Diejenigen, die am Kopfe des Buches saßen, lernten das Lesen der Buchstaben, wie sie aus ihrer Sicht auf dem Kopf standen. Stets mußten sie alle Bücher umdrehen, um sie lesen zu können. In Israel mußten diese Kinder dann langsam umlernen. Als ich diese jemenitischen Schüler mit ihrem Lehrer sah, mußte ich an den Tänzer Veit und seine um dessen Bibel herumsitzende Gruppe denken. Nichts Neues unter der Sonne.

Bald kam wieder das Passahfest, diesmal aber schon im Zeichen der wirtschaftlichen Nöte und Wirren in Deutschland. Das Waisenhaus meines Vaters wurde zum größten Teil von einem privaten Bankhaus unter Direktor Max Jaffa finanziert. In den zwanziger Jahren trat sein Schwiegersohn Kahn in die Firma ein, der mitunter gekleidet in Glacéhandschuhen, Zylinderhut und einem schwarzen Umhängecape, das mit weißer Seide gefüttert war, im Waisenhaus erschien. Wenn er sprach, fuchtelte er mit einem hellbraun lackierten Stöckchen mit elfenbeingeschnitztem Nymphenkopf. Nach dem Tode von Jaffa wurde Kahn der Inhaber des Bankhauses. Wie viele der kleinen Banken, die während der Inflationsjahre eine Scheinblüte erlebten, wurde auch sie später in den Strudel der wirtschaftlichen Schwierigkeiten hineingerissen. Die Existenz des Waisenhauses stand somit in Frage, und es begannen Verhandlungen mit der Jüdischen Gemeinde zwecks

Übernahme des Institutes. Diese Verhandlungen zogen sich noch lange hin, und ihr Resultat blieb vorläufig ungewiß. Die Aufnahmequote neuer Zöglinge wurde aber schon herabgesetzt.

So kam der Sommer heran und mit ihm die Erinnerung an die schönen Danziger Ferien. Mein lieber, aber geschäftlich nicht sehr tüchtiger Onkel kam auch in Schwierigkeiten, die teilweise schon auf antisemitischem Boykott beruhten. Der Onkel zog bald nach Berlin. Somit blieb Danzig ein Traum der Vergangenheit.

Rosie und ich beschlossen, in den großen Ferien eine Fußwanderung zu unternehmen. Mit den zusammengelegten Finanzen konnten wir einen schönen Reiseplan entwerfen. Nach Hamburg fuhren wir mit der Eisenbahn, und von dort ging es zu Fuß und trampend nordwärts bis zur dänischen Grenze. Wir übernachteten in Bauernhöfen, kleinen Gasthöfen und wurden überall sehr freundlich aufgenommen. Einmal aber kamen wir an ein sehr vornehm wirkendes Bauernhaus. Auch dort bekamen wir ein kleines Dachzimmerchen zum Übernachten, wurden sogar zu einem Tee in die Küche eingeladen, an deren Wänden herrliches Kupfergeschirr hing. Der Herr des Hauses saß uns gegenüber und las den *Völkischen Beobachter.* Schaurige Schlagzeilen gegen die Juden stachen uns in die Augen. Es war ein sonniger Frühnachmittag. Wir beschlossen, dieses Haus zu verlassen und zogen in ein nachbarliches Dorf, nahe Eutin. Der Wirt im Gasthof fragte nach meinem Beruf, und als er hörte, ich sei Musiker, war er hocherfreut, denn sie hatten abends ein kleines Fest, und da sollte ich ein bißchen auf dem Klavier musizieren. Mit fürstlicher, sogar vegetarischer Verpflegung und einer Gratis-Übernachtung blieben wir dort noch einen ganzen Tag.

Ein ganz besonderer Reiz dieser Wanderung war meine Kodak-Box-Kamera mit dem damals üblichen Filmformat sechs mal neun Zentimeter. Perspektiven der Landschaft willkürlich zu verändern, Einzelheiten am Wege mit dem Auge und der Linse aufzupicken und auf den Film zu bannen, Wolken mit nach Hause bringen zu können, das machte die Wanderung zu etwas ganz Neuartigem.

Gleich nach der Rückkehr in Berlin baute ich in meinem Zimmer eine primitive Dunkelkammer aus Pappkartons und Vorhängen, die nach der Dämmerung genügend lichtdicht war. Das Entwickeln der Filme und das Kopieren war nicht weniger interessant. Die Entwickler setzte ich mir selber an und installierte ein kleines chemisches Labor in meinem Zimmer. Nächstes Stadium war dann das Vergrößern. Dazu kaufte ich eine Plattenkamera, deren Linse an die einfachste Vergrößerungshaube angesetzt werden konnte. Durch das Vergrößern konnte dann wieder jede Aufnahme in mehrere Details aufgelöst und diese verselbständigt werden. Und bald wurde das Fotografieren auch zu einer wichtigen Hilfe bei den Tanzproben. Elsa Gindler hatte in einem ihrer Vorträge ein interessantes Experiment vorgeführt. Sie zeigte verschiedene Fotos aus einem Solotanz, aber nur Arme oder Füße oder andere Kombinationen. Der Zuschauer sollte die Position der nicht gezeigten Körperteile erraten. Die verschiedenen Möglichkeiten wurden dann demonstriert und diskutiert. So war der Körper als Partitur zu erkennen und der Zusammenhang der Bewegung aller Glieder kontrollierbar.

Das Hochschulstudium in Berlin wurde immer intensiver. Zu den reichen und aus großem Musikverständnis gebauten Geschichtsvorlesungen von Schünemann kamen noch die Vorträge über Instrumentenkunde bei Curt Sachs. Seine Analyse von Gemälden und die daraus gewonnenen Erkenntnisse über die abgebildeten Musikinstrumente waren wahrhaft Detektivgeschichten. Die Vorträge fanden in der Musikinstrumentensammlung statt, die im Gebäude der Hochschule untergebracht war. Alle Instrumente wurden in spielfähigem Zustand gehalten, so daß, wenn die Rede vom Cembalo war, die Beispiele auf Bachs zweimanualigem Cembalo gespielt wurden, oder eine Flötensonate von Quantz auf Friedrich des Großen Flöte oder Händel-Suiten auf Händels Cembalo und so fort über die Klassik und Romantik durch die Geschichte der Instrumente. In diesem Museum lebte alles. Curt Sachs spielte vorzüglich Klavier. Seine Interpretationsanmerkungen über chopinisierten Bach einerseits und wissenschaftlich beweisbaren Ur-Bach andererseits entbehrten nicht eines leichten, aber immer vornehm bleibenden Sarkasmus. Ich durfte noch die Vortragsserie über die »Weltgeschichte des Tanzes« hören, bevor dieses fundamentale Werk im Druck erschien. Wem das Glück zuteil wurde, bei Curt Sachs studieren zu können, der trägt an diesem Erbe mit nie verlöschender Freude.

Von den sogenannten Nebenfächern, die sich mitunter im Leben eines Schülers zum bleibenden Hauptfacheinfluß entwickeln, möchte ich die Gehörbildung bei Siegfried Borris erwähnen, der nicht viel älter war als seine Schüler. Seine vierstimmigen Musikdiktate, in einem präzisen und doch stilistisch eleganten Satz gehalten, blieben über das Training hinaus ein musikalisch überaus anregendes Material. In jede trockene Übung blies der Musiker Borris seinen Atem ein. Und dann war noch Frau Professor

Charlotte Pfeffer, die mich in vielem an Elsa Gindler erinnerte. Auch bei ihr war die Fähigkeit des Ohres als Empfänger akustischer Eindrücke nur ein Teil des ganzen Organismus. Sie lehrte mich die Zusammenarbeit zwischen großem Zeh und Ohr begreifen, d. h. die Grundbedingung, daß jede Perzeption wie das Blut ungehindert im ganzen Körper kreisen muß. Als Beispiel diente die Einheit der gespitzten Ohren eines wachsamen Schäferhundes mit seiner Schwanzspitze.

Zu diesen fälschlicherweise so benannten Nebenfachbeschäftigungen gehörte auch der regelmäßige Besuch der Orchesterproben. Die Hochschule hatte zwei volle Orchester. Eines unter Walter Gmeindl nur für symphonische Literatur und ein zweites unter Prüwer nur für Opernliteratur. Bei jeder Probe saß ich im Orchester neben einem anderen Instrumentalisten, um so aus der Nähe seine technischen Probleme mit den relevanten Anweisungen des Dirigenten zu lernen. Fraglos, daß später diese Erfahrungen von großem Nutzen waren für das nicht schablonenhafte Orchestrieren einer Komposition. Wiederum öffnete mir Prüwers Zusammenarbeit mit der Opernregie auf der Bühne ganz neue Horizonte. Ihm habe ich meine frühen Versuche für Musiktheaterkompositionen zu verdanken, zu denen mir Rosie die Texte geschrieben hatte. Dieses ganze Notenmaterial ist bei der Auswanderung in Berlin zurückgeblieben und dann verlorengegangen. Als Prüwer Wagners »Fliegenden Holländer« in der Hochschule aufführte, habe ich sogar die Harfenpartie schon im Orchester mitspielen können.

In dieser Zeit machte Saal öfters Konzertreisen und nahm mich gerne mit. Eines seiner Solo-Rezitale gab er in Hamburg. Wir kamen im Hotel am Spätnachmittag an. Als er seinen Koffer öffnete, bemerkte er mit Schrecken, daß seine gute Agathe vergessen hatte, den Frack einzupacken. Es war zu spät, einen neuen Frack zu kaufen. Also wurden alle Kellner mobilisiert, aber niemand war so groß und breit wie Saal. Der Chef des Restaurants kam seiner Größe am nächsten. So schlüpfte beziehungsweise zwängte sich Saal in diesen zu engen und zu kurzen Frack. Im Konzert war es dann tragikomisch zu sehen, wie Saal mit seinen Riesenarmen und -händen voll in die Saiten griff, wobei die Ärmel bis über die Ellbogen hinaufrutschten. Doch war er ein solch faszinierender Virtuose, daß selbst das etwas konventionelle Hamburger Publikum die Situationskomik nicht bemerkte. Die Tränen, die wir hinterher im Künstlerzimmer gelacht haben, müssen noch heute dort eine Pfütze bilden.

112

Aber nichts im Leben geht verloren. Nach etwa 15 Jahren gab ich mein erstes Klavierrezital in Jerusalem. Mit einem Frack bin ich natürlich nicht ausgewandert. Geld für einen Frack hatte ich auch nicht. So mußte ich, wie Saal in Hamburg, auf die Suche nach einem Doppelgänger gehen. Neben uns wohnte der bekannte Maler und Holzschnittmeister aus der Berliner Expressionistengruppe Jakob Steinhardt. Weit und breit war er der einzige Besitzer eines Fracks, ohne Verwendung dafür zu finden. Mit großer Freude vermachte er mir das Objekt, und ich versuchte dieses Bauwerk meiner Figur anzupassen. Die Ärmel waren viel zu lang und störten beim Spielen. Pola befestigte mit Sicherheitsnadeln je zwei Paar Strümpfe als Schulterkissen, wodurch die Schultern gehoben und damit auch die Ärmel kürzer wurden. Alles andere wurde mit Sicherheitsnadeln und Hosenträgern einigermaßen in Façon gebracht. Ich konnte auf die Bühne gehen und genügte den gesellschaftlichen Ansprüchen. Das Programm begann mit den f-Moll-Variationen von Haydn, also pianistisch ein relativ ruhiges Stück. Dann aber kam die fis-Moll-Sonate von Brahms, ein Werk mit vollem pianistischen Einsatz. Bereits während des ersten Satzes merkte ich, daß meine Arme auf der einen Seite einen enormen Bizeps und auf der anderen Seite einen athletenhaften Trizeps entwickelten. Beide muskulösen Auswüchse wanderten südwärts, und am Ende der Brahmssonate erreichten sie das Handgelenk. Beim Verbeugen mußte ich die Hände betend nach oben richten, sonst wäre die ganze Füllung auf die Bühne gerollt. In der Pause wurde dann der Schaden repariert. Frisch gehobener Schultern absolvierte ich ohne Störung den zweiten Teil des Programms.

10. Kreis

Abschied

Alles Bisherige war nur milde, von einer höheren Hand behutsam eingeleitete Vorbereitung. Das Lernen drang nun wie Flut über den immer länger werdenden Küstenstrich meines Lebens. Es war nicht nur Musik, die Flut überschwemmte alles. Mein Lehrer Saal beobachtete dies mit wachsamem Auge. Die anderen Lehrer gaben sicherlich ihr Bestes im Unterricht, aber Saal betrat auch die Privatsphäre seines Schülers. Er wußte vom Konflikt mit den Eltern wegen der Freundschaft zu Rosie, ohne ein einziges negatives Wort zu sagen. Heute weiß ich, daß er mich auf andere Weise die Liebe unterrichten wollte. Da war nicht der leiseste Ton von Moral. Wie in die Harfenaufnahme im Filmstudio wollte er mich auch hier in das Meer der Erfahrungen werfen.

Saal war ein von Wilhelm II. sehr geschätzter Musiker, was ihm Eingang in diese Kreise verschaffte. Zum Potsdamer Adel verbanden ihn Freundschaften. Durch diese erreichte ihn eine junge Harfenistin, die in Hannover studierte und nun Aussicht auf eine vakante Stelle im Orchester der Krolloper hatte, das durch seine Dirigenten Erich Kleiber und Otto Klemperer zu einem höchstrangigen Symphonieorchester entwickelt wurde, ebenbürtig dem Berliner Philharmonischen Orchester unter Furtwängler. Das Vorspiel für Instrumentalisten des Krolloper-Orchesters war dementsprechend eine harte Prüfung. Technisch war die Harfenistin aus Hannover den Forderungen gewachsen, aber ihre Erfahrung im Orchesterspiel war nur gering. Doch Saal wollte ihr durch technischen Schliff helfen, während ich sie musikalisch auf die Orchesterpartien vorbereiten sollte. Sie kam aus sehr begütertem Hause, so daß Saal ein entsprechendes Honorar für mich festsetzte. Natürlich mußte sie mich erst kennenlernen und akzeptieren. Saal arrangierte ein Abendessen zu dritt im Hotel Reichshof – ganz im Stile der Hohenzollern; er verlangte, daß ich dorthin im Taxi kommen und auch Wein trinken müsse, obgleich er wußte, daß ich dann gleich unter den Tisch falle. Meine Eltern standen am Fenster der Roscherstraße 5, um ihren Sohn im Taxi in den Reichshof fahren zu sehen. Als ich ankam, saßen die beiden schon am Tisch und hatten bereits einige Aperitifs intus. Sie war eine wunderschöne junge Dame, mit klugem und durchdringendem Blick.

114

Die Unterhaltung verlief sehr anregend und amüsant, trotz ständig nachgefüllter Weingläser. Saal achtete darauf, daß ich viel aß, was bei diesem delikaten Menü großes Vergnügen bereitete. Am Ende mußte mich Saal fest unter den Arm fassen, damit wir gemeinsam graden Weges das elegante Restaurant wieder verlassen konnten. Die frische Abendluft restaurierte mein leicht umflortes Gemüt. Am nächsten Tag begann die Arbeit mit der Harfenistin und gleichzeitig auch eine schöne und echte Freundschaft.

Die Liebe zu Rosie jedoch war anderer Art. Wir haben gelernt, uns gegenseitig zu lieben. Der Motor war nicht ausschließlich das jugendlich impulsive Paar von Begierde und Genuß, hinzu kam die gegenseitige Verehrung und Wertschätzung unserer Arbeit. Diese Liebe bewahrte mich vor vielen Versuchungen, die meine Wege kreuzten.

Da gab es Erscheinungen ganz überraschender Art für mich. So hatte die Hochschule auch ein kleines Kammerorchester, das nur vorklassische Musik pflegte. Sein Dirigent Seiffert hatte sich einen Namen gemacht mit seinen Breitkopf- und Härtel-Editionen dieser Partituren. Ich spielte regelmäßig das Continuo, das nicht im ausgesetzten Generalbaß gedruckt war und schon damals nur wenige vom Blatt spielen konnten. Das waren noch die Früchte von Teichmanns Arbeit. Hie und da durfte ich zu meiner Freude auch mal dirigieren. Bald hatte ich ein kleines Orchester von Freiwilligen unter den Kollegen organisiert; wir probten im großen Wohnzimmer in der Roscherstraße und brachten es auf Besetzungen für kleinere Haydn-Symphonien. Bis auf eine Geigerin waren es männliche Instrumentalisten. Das Orchestermaterial kaufte ich bei Riedel in der Uhlandstraße, der es mir mit großer Geduld auf bequeme Abzahlung überließ. Dieser prachtvolle alte Riedel nahm stets an Leid und Freuden der Hochschulstudenten väterlichen Anteil. Wir probten einmal in der Woche mit echtem Musikantentum. Nach einem Monat bekam ich eine Einladung vom ersten Geiger zum Kaffee in seiner Wohnung in der Spichernstraße. Ich erschien pünktlich wie verabredet. Einer der Geiger öffnete die Tür, nur mit einem kurzen Höschen bekleidet. Ich legte meinen Mantel ab, und er führte mich ins große Zimmer, in welchem mich alle meine Orchestermitglieder im selben halbnackten Aufzug begrüßten. Ich wußte damals noch nichts über homosexuelle Gepflogenheiten, ahnte aber, daß da nicht Kaffee, sondern eine andere Absicht verfolgt wurde, entschuldigte mich mit einer anderen Verpflichtung und verschwand schnellstens aus dieser Wohnung. Damit endete abrupt die Tätigkeit dieses Orchesters. Nur die Geigerin erschien zur üblichen Zeit zur vermeintlichen Probe. Wir spielten noch lange gemeinsam Mozart-Violinsonaten, bis sie es aufgegeben hat, da auch sie noch anderes erwartete. Im Laufe der kommenden Jahre machte ich noch manche Erfahrung mit Homosexuellen, besonders unter Sängern beiderlei Geschlechts. Sie waren meist sehr begabt, feinfühlig und phantasievoll und auch ziemlich kapriziös. Und ich habe gerne mit ihnen gearbeitet.

Rosie und ich waren inzwischen so aufeinander eingearbeitet, daß wir beschlossen, einen öffentlichen Tanzabend zu veranstalten. Elsa Gindler ermutigte uns dazu, und wir bekamen auch finanzielle Hilfe, um einen kleinen Saal in der Gegend der Kurfürstenstraße zu mieten. Auf dieses Tanzrezital haben wir uns vorsätzlich nicht vorbereitet, sondern haben beide absichtlich improvisiert. Da unser Zeitgefühl gut aufeinander abgestimmt war, legten wir zehn Tänze im Programm fest, fünf vor und fünf nach der Pause. Der Flügel stand seitwärts auf der Bühne, so daß ich Rosies Tanz genau beobachten konnte. Das Publikum ging wunderbar mit, der Applaus steigerte sich bis zum letzten Tanz. In der *Berliner Morgenpost* erschien eine sehr gute Kritik. Nach diesem Abend wurde ich von Tänzern stark gefragt, nahm aber nur eine zeitweilige Arbeit in der Trümpy-Schule an.

Die Wirtschaftskrise in Deutschland zeigte sich am deutlichsten an der immer bedrohlicher wachsenden Zahl der Arbeitslosen. Politische Quertreibereien nutzten die Unzufriedenheit in der Bevölkerung, der Antisemitismus als bequemes und wirksames Propagandamittel wurde lauter und lauter. Die Streicher-Presse, der Angriff, der *Völkische Beobachter* leisteten methodisch wohlgezielte Arbeit zur Unterminierung jeden Vertrauens in die Weimarer Republik. Auch ich bekam von dieser Entwicklung zu spüren, noch nicht als Jude, aber schon als privater Klavierlehrer auf der Suche nach Schülern. Ich mußte daher baldmöglichst mein Klavierlehrerexamen machen, um mehr Bewegungsmöglichkeit zu haben. Trapp bereitete mich sorgfältig auf den pianistischen Teil der Prüfung vor. Für die anderen Fächer war ich schon bereit. Damit die Anwesenheitslisten keine leeren Stellen zeigten, besuchte ich alle Vorlesungen regelmäßig. Sogar Vorträge über »Berufskrankheiten der Musiker« nahm ich mit ins Programm auf. Diese einjährige Vortragsfolge hielt der Hausarzt der Hochschule, Kurt Singer, ein schrulliger, eminent intelligenter Mann, dem der Berliner Ärztechor viel zu verdanken hatte. Seine Vorträge waren angesetzt für Sonnabend mittag, die schlechtesten Stunden der

Woche, denn alles war schon draußen im Wochenende. Im großen Vortragssaal saßen nie mehr als zwei oder drei Studenten, einer davon war ich. Singer stürmte immer im letzten Moment herein, das Manuskript unterm Arm, sprang aufs Katheder, und ohne auch nur einen Blick auf seine Studenten zu werfen, rasselte er den ganzen Vortrag monoton und pausenlos herunter, den Kopf in den Seiten vergraben. Selbst den stereotypen Anfang »Meine Damen und Herren!« sagte er mit dem Gesicht im Manuskript. Nur einmal, da mußte er niesen und sich die Nase schneuzen, und sein Blick fiel auf seine Hörer, eine Sängerin und mich. Er steckte das Taschentuch wieder ein, setzte genau nach dem letzten Wort, bei dem er niesen mußte, wieder ein, schickte aber der Fortsetzung voran: »Meine Dame und mein Herr!« Dieser Kurt Singer wurde später Intendant der Städtischen Oper in Charlottenburg. Er konnte überaus schlagfertig und witzig sein. Als unter seiner Ägide »Tiefland« von Eugen d'Albert auf dem Programm stand, kam auch der Komponist zur Aufführung. Singer begrüßte ihn, und d'Albert stellte ihm seine achte Frau vor, worauf Singer ganz trocken sagte: »Und die Neunte ist mit Chor.« Singers Tochter Margot wurde später eine meiner Schülerinnen in Jerusalem.

Wirtschaftliche Selbständigkeit wurde allmählich notwendig, denn die Schließung des Waisenhauses in der Roscherstraße war eines Tages beschlossene Sache. Plötzlich sah man alle diese Räume leer stehen, und die Eltern waren auf der Suche nach einer neuen Wohnung. Bis zur physischen Liquidierung der Räume und des Inventars vergingen noch Monate, das Ende aber war in Sicht. Jetzt mußte jede Verdienstmöglichkeit ausgenutzt werden.

Ich fand Arbeit bei einer Sängeragentur als Begleiter. Das Vorsingen fand statt auf einer kleinen Probebühne in der Städtischen Oper. Zum Vorsingen kamen zwischen zehn und zwanzig Sänger und Sängerinnen aller Altersstufen, von jungfräulicher Unerfahrenheit bis zu gänzlich ausgesungenen Kehlen. Alle Haar- und Augenfarben waren vertreten, die Kleidung teils lüstern, teils fadenscheinig ausgefranst, ein wahres Panoptikum menschlicher Schicksale. Nun kannte ich die durchschnittliche Sängermentalität von damals. Außerhalb der angeborenen und entweder gut oder schlecht trainierten Stimmqualität war von musikalischem Wissen kaum eine Spur. So ein Begleiter mußte also immer auf der Hut sein und des Sängers Abenteuer sprunghaft mitmachen. Keiner dieser Kandidaten hätte heute auch nur die geringste Chance, engagiert zu werden.

Der Agent, der mich engagiert hatte, war einfach ein Sklavenhändler. Er genierte sich nicht, vor dem Auftritt mir ins Ohr zu flüstern, ob das Vorsingen gut oder schlecht ausgehen sollte, das richtete sich je nach dem finanziellen oder anderweitigen Interesse, das er am Kandidaten gefunden hatte. Meine Qualität als Begleiter hing davon ab, wieweit ich auf Befehl erfolgreich gemordet oder gerettet habe. Das hing davon ab, ob ich spielte, was wirklich in den Noten stand, oder mit dem Sänger geschickt und glaubhaft jonglierte. Lange war das nicht auszuhalten, denn mir wurde übel vor mir selbst. Aber Geld hat es eingebracht, und das verpraßten Rosie und ich in unserem Lieblings-Café Zuntz sel. Witwe in der Tauentzienstraße, dem Stammlokal der studentischen Bohème. Die arrivierte Bohème saß im Romanischen Café, schräg gegenüber der Kaiser-Wilhelm-Gedächtniskirche.

In dieser Gegend konzentrierten sich auch die großen Lichtspieltheater, die die Uraufführungen in- und ausländischer Filme brachten. Chaplins »Goldrausch« und »Lichter der Großstadt« liefen im »Capitol«, »Der blaue Engel« mit Marlene Dietrich im »Gloria-Palast«, der erste gelungene amerikanische Tonfilm »Der Jazz-Sänger« im »Ufa-Palast« am Zoo. Dieser überaus erfolgreiche Tonfilm kam schon einer Revolution gleich und führte zu lauten Protesten der Kinomusiker, die um ihre Arbeit bangten. Herrlich waren die Tierfilme des Schweden Bengt Berg im »Marmorhaus«, ohne jede Musik. Statt der Musik stand Bengt Berg in einer Ecke und sprach zum Publikum in spannenden Worten über das, was die Leinwand zeigte. Von diesen Filmen haben wir keinen versäumt, auch nicht die Experimentierfilme oder Wiederaufführungen vergessener oder zu schnell abgesetzter Filme in der »Kamera« Unter den Linden. Manchen Nachmittag haben wir hier verbracht und sind oft im Anschluß ins »Kleine Theater« gegangen, ebenfalls Unter den Linden. Dort wurden meist Avantgarde-Stücke gespielt.

Ein eigenes Kinoabenteuer begann eines Morgens, als ich dringend in das Arbeitsvermittlungsbüro der Hochschule bestellt wurde. Ein Kinopianist war erkrankt, und aufgrund der Liste war ich an der Reihe. Ich sagte der Sekretärin, daß ich noch nie im Kino gespielt hätte, also keine Ahnung hätte, wie man so etwas machte. Sie empfahl mir eine spezielle Bibliothek für Kinomusik, wo ich mir die passenden Stücke aussuchen könnte. Ich wußte aber nichts über das Programm dieses Kinos, und außerdem war keine Zeit mehr zur richtigen Vorbereitung. Die Einwände nutzten nichts, ich dürfe die Hochschule nicht im Stich lassen, sie habe niemanden außer mir usw. – also fuhr ich zur ersten Vorstellung um drei Uhr nachmittags zu einem kleinen Vorstadtkino am Friedrichshain, wieder einmal in Qualen der Ungewißheit. Vor dem Kino empfing mich der Inhaber, eine Urberliner, dicke Type mit eindrucksvollem Schnauzbart, nach rechts und links spitz in die Luft stechend. Er musterte mich von oben bis unten und fragte: »Wo sind denn Ihre Noten?« – »Ach«, sagte ich, »die brauche ich nicht. Das weiß ich alles auswendig.« – »Nu machen Se man keen Spaß. Wir haben hier jutes Publikum. Die kann ick nich beschummeln.« – »Na versuchen Sie's doch mal. Sie kriegen jetzt sowieso keinen andern.« – »Also det is doch die Höhe. Da schickt die Hochschule nen Klavierspieler ohne Noten. Wat denken die sich denn? Na, also jen Se rin.« Drin war ein kleiner Raum in tiefrotem schummrigem Licht, die Luft dick zum Schneiden. Unmittelbar vor der Leinwand stand ein brauner Klimperkasten, der sicher schon einmal bessere Tage gesehen hatte. Ich warf einen Blick in die Mechanik, probierte die Pedale, und schon kam der Vorlauf der Ufa-Wochenschau. Das Bild flimmerte direkt vor meinen Augen, das Genick mußte ich weit nach hinten biegen, um etwas zu erkennen. Es begann mit einem Eisenbahnunglück, irgendwo. Meine Hände rasten in verminderten Septakkorden voneinander weg und aufeinander zu – eine Entgleisung war unvermeidlich. Zweites Bild: eine prachtvolle militärische Parade mit Pferden und Automobilen und reichbestückten Uniformen. Stolz wie Spanier marschierten meine Finger über die Tastatur, das Klavier erlebte glanzvolle Zeiten. Drittes Bild: die Trauung eines jungen Paares aus großindustriellen Kreisen. In Großaufnahme steckte der Bräutigam den Ehering auf den Finger der engelhaften Braut. Von Dur und Moll geschüttelt, fielen die Tränen auf die schwarzen und weißen Tasten. Und so ging es weiter bis zum Hauptfilm. Plötzlich stand mein dicker Kinobesitzer hinter mir und rührte sich nicht weg; bis zur Pause stand er da wie angewurzelt. Dann ging wieder das Schummerlicht an, und ich konnte für ein paar Minuten frische Luft schnappen. Draußen sagte er: »Nee wirklich, det könn Se alles auswendig?« – »Och«, sagte ich, »ich kann noch viel mehr. Und alle vier Vorstellungen durch werde ich immer was anderes spielen.« – »Nu schneiden Se man nich uff.« – »Wetten?« – und es ging weiter. Am Ende der ersten Vorstellung stand bereits ein kleines Tischchen mit einem Glas Bier neben mir. Ich mußte mit ihm anstoßen. Dann war er beschäftigt mit Billettsabreißen. Das Kino war gut besucht. Zweite Vorstellung. Nun kannte ich schon das Programm und brauchte nicht immer auf das Bild zu starren. Ich wurde immer großzügiger mit lyrischen und dramatischen

Ergüssen, mit wachsender Sicherheit spielte sich auf dem Klavier mehr Kino ab als auf der Leinwand. Der Dicke hatte sich schon einen Stuhl geholt, er wollte keinen Ton versäumen. Das zweite Glas Bier mußte ich ablehnen. Irgendwie verstand es der Dicke, daß ich einer besonderen Behandlung bedurfte. Also brachte er belegte Brote. Das war schon besser, und ich bat um Kaffee. Er hätte ein Himmelreich serviert, aber ich mußte ja weiterarbeiten. Um elf Uhr abends war Schluß, und ich war halb erschossen. »Nee, wissen Se, so wat hab ick noch nie erlebt. Da sitzen Se hier nen halben Tach und spielen alles aus'm bloßen Kopp! Wieviel ham Se da eigentlich drinne? Sie müssen nu jeden Tach wiederkommen. Den andern will ick nich mehr.« – »Das tut mir leid. Ich habe nur meinen kranken Kollegen vertreten. Da kann ich nicht morgen wiederkommen.« Das hat er verstanden, mir mein Geld bezahlt und sich in rührender Höflichkeit verabschiedet. »Wat et allet jibt in der Welt«, das waren seine letzten Worte.

Die Schwester von Rosies Mann, Rachel, die in einem der ersten Kibbuzim des damaligen Palästina, Beth Alpha, lebte, kam in diesen Tagen nach Berlin. Sie litt unter tropischer Malaria, der schwersten Form dieser Krankheit. Unter den Pionieren, die das Land erst entsumpfen mußten, bevor es urbar gemacht werden konnte, hatte sie sich diese Krankheit zugezogen. Nur die am schwersten Betroffenen konnte der Kibbuz zur Behandlung ins Ausland schicken, zum Beispiel nach Berlin, wo es ein Institut zur Behandlung dieser Tropenkrankheiten gab. Rachel war ein feuriges junges Mädchen, mit pechschwarzen Haaren, funkelnden Augen und einer tiefen Altstimme. Sie sprach gebrochenes Deutsch, aber wir unterhielten uns einen ganzen Abend lang. Beim Abschied sagte sie noch, ich solle mich unbedingt bei ihr melden, wenn es mich einmal in ihre Gegend verschlagen sollte. Es sollte eine tiefere Bedeutung dahinterstecken, die uns beiden noch verborgen war.

Mein Klavierlehrerexamen rückte heran und mit ihm all die damit verbundenen Aufregungen. Den Vorsitz des Klavierkomitees hatte eine hohe Beamtin des Erziehungsministeriums, Frau Dr. Rosener. Am Ende der Prüfung fragte sie, ob ich wohl wüßte, daß ich beim Pedaltreten im letzten Satz der Beethovensonate den Hacken des rechten Fußes in der Luft schweben ließ, statt ihn am Boden aufzusetzen. Ich wußte es nicht. – Und wie ich mich denn als Prüfer oder auch als Lehrer verhalten würde, wenn ich bei einem Schüler solch fehlerhaftes Pedaltreten bemerkte. Ich antwortete, daß ich als Lehrer die mangelnde Beherrschung als Zeichen der Aufregung erkennen und mit dem Schüler an diesem Punkt die Arbeit fortsetzen würde. Als Prüfer würde ich ihm diese Einzelheit, die ja nur einmal auftrat, nicht anrechnen, denn eine Prüfung muß die Gesamtleistung anerkennen. Freundlich lachend dankte die Dame mit einem Händedruck.

Prüfungserlebnisse können schön sein. In der Reifeprüfung eines Pianisten mußte ich am zweiten Klavier den Orchesterpart eines Klavierkonzertes begleiten. Alle Hauptfachprofessoren saßen am langen grünen Tisch. Schünemann als Vorsitzender bat, ich solle ein paar Takte vor dem Klaviereinsatz beginnen. Der Pianist wußte Bescheid. Als alle Herren Professoren endlich still waren, gab Schünemann das Zeichen. Ich begann, aber der Solo-Klaviereinsatz kam nicht. Das berühmte black-out lag in des Pianisten verzweifeltem Blick. Ich hätte selber den Klaviereinsatz spielen können, um sein Gedächtnis wieder zu wecken, aber das wäre ein verheerender Anfang der Prüfung gewesen. Nervöses Husten und Räuspern der Herren setzte ein. Nach wenigen Sekunden erhob sich Schünemann, klopfte auf den Tisch, bat um Ruhe und sagte:»Meine Herren Kollegen, ich denke, wir können jetzt mit der Prüfung beginnen«, lächelte freundlich herüber und gab das Zeichen des Beginnens. Der Pianist hatte sich inzwischen gefaßt, und die ganze Prüfung verlief reibungslos. Der liebe Gott hat eben seine Gaben nicht gleichmäßig unter die Menschen verteilt, das lehrte mich schon mein Vater. Diese Prüfungserfahrung hatte zur Folge, daß ich später als Direktor der Musikakademie in Jerusalem lange Diskussionen mit meinen Lehrern über die Kunst des Prüfens hatte. Genützt hat es nicht viel; jeder Prüfer mißt an seinem Ideal. Ein kritischer Punkt auch bei allen Wettbewerben.

Mit bestandenem Klavierexamen wollte ich meine Lehrtätigkeit erweitern, was aber bereits sehr schwierig war, weil die Wirtschaftskrise sich zunehmend verschärfte. Dagegen blühten Theater, Film, Musik, Tanz – die Künste erfüllten Berlin Abend für Abend. Auch die Grammophonplatte entwickelte sich rapide in immer höherer technischer Qualität. Saal hatte so viele Plattenaufnahmen zu spielen, daß er sich schließlich ein Auto kaufen konnte, zu dieser Zeit doch noch ein großes Privileg. Es war ein Ford mit Vierradbremse, groß genug, um eine Konzertharfe darin zu transportieren. Saal chauffierte selber, was sowohl in der Familie als auch auf der Chaussee ziemliche Unruhe verursachte. Um den Kauf des Autos noch besser zu begründen, kaufte er ein Grundstück mit Sommerhaus in Wilhelmshorst. Dort wurde manches Wochenende verbracht mit Familie, Freunden und Schülern.

Die krassen Gegensätze zur Zeit der Wirtschaftskrise waren typisch für diese Tage. Alles Böse wurde den Juden in die Schuhe geschoben. Die Technik monotoner Wiederholungen penetranter antisemitischer Parolen trug ihre Früchte. Die NSDAP eröffnete in allen Bezirken der Stadt Verkaufsstellen zur Einkleidung ihrer Mitglieder. Abgesehen von den Uniform-Kleidungsstücken lag in den Schaufenstern eine vorzüglich sortierte Auswahl von Partei-symbolen, sehr geschickt und suggestiv entworfen, mit unmittel-barer Wirkung auf das gehobene Gefühl in der Maskerade. Meine Offizierspappuniform im Ersten Weltkrieg gehörte zu demselben Spiel der Instinkte im Menschen. Bald marschierten uniformierte Gruppen in den Straßen. Schlägereien mit Kommunisten waren an der Tagesordnung. Das bekannte hebräische Theater »Habi-mah« kam zu einem Gastspiel nach Berlin und führte im »Theater am Nollendorfplatz« den »Dybuk« auf, in der Stanislawskischen Regie eines der glanzvollsten Ereignisse der Theatergeschichte. Nazis organisierten Krawalle vor dem Theater und versuchten, die Aufführungen zu unterbinden. Damals schritt die Polizei noch ein. Das alles wurde nicht sehr ernst genommen, schließlich waren ja die Nazis eine kleine Minorität, die nur viel Krach machten. Jeder kümmerte sich um seine eigenen Probleme, ohne den Zu-sammenhang erkennen zu können.

Die Arbeitslosigkeit unter den Musikern stieg wie in allen Be-reichen. Im Nordosten der Stadt organisierte die Bezirksverwal-tung ein Orchester arbeitsloser Musiker. Über die Hochschule suchten sie einen Dirigenten. Ohne Bezahlung stellte ich mich zur Verfügung. Es war sicher kein reiner Altruismus, denn ich wollte so gerne dirigieren. Die Arbeit mit dem Orchester wurde eine reine Freude. Für das erste öffentliche Konzert haben wir etwa vier Monate lang geprobt. Der erste Geiger war hochbegabt, hatte aber ein schreckliches Lampenfieber, auch ohne Solist zu sein. Vor dem Konzert nahm er zur Beruhigung Baldriantropfen; die ganze Bühne roch danach, was ich so wenig vertragen kann wie den Geruch von Knoblauch. Gehör- und Geruchssinn lagen wäh-rend des ganzen Konzertes im Kampf miteinander. Die Einnah-men des ausverkauften Hauses – der Aula einer Schule – wurden auf das Orchester verteilt. Im selben Rahmen dieser »Musikerhil-fe« habe ich auch zusammen mit Rosie ein Konzert mit vierhändi-ger Klaviermusik von Mozart, Schubert und Mendelssohn ge-geben.

Saal verschaffte mir eine interessante Arbeit. Eine dänische pyrotechnische Firma bestellte in Berlin einen Reklamefilm für

Feuerwerk. Der Hersteller dieses Films kam auf die Idee, für die Musik nur eine Harfe zu verwenden – wohl wegen der Glissandi –, aber das Spiel durch Mikrofontechnik zu verändern. Zu dieser Zeit gab es schon Magnettongeräte, zwar nicht mit Tonband, sondern Tondraht, den man natürlich nicht schneiden konnte. Diese Arbeit, ständig improvisieren zu können, machte ungeheuren Spaß, zumal ich auch alle möglichen und unmöglichen Spieleffekte erfinden mußte. Dabei spielte ich mir dann allerdings die Fingerkuppen blutig, was scheußlich schmerzt und leicht zu eitern beginnt, wenn man weiterspielt.

Starke Glissandi häufig hintereinander gespielt, birgt seine Gefahren. Als eine der Schreker-Opern in Berlin aufgeführt wurde, lud mich Saal zur Probe in die Staatsoper ein. Die Harfenpartien in Schrekers Partituren waren gefürchtet wegen der vielen Glissandi im Fortissimo. Ich wußte, daß Saal in diesen Tagen viele Platten aufzunehmen hatte und riet ihm zu großer Vorsicht. Er schmunzelte und bat mich, in der Probe gut aufzupassen, ob die Glissandi auch wirklich durch das Orchester durchkämen. Im dunklen Theaterraum sitzend, hörte ich bald ein unheimliches Harfenglissando-Rauschen, als ob ein Dutzend Harfen dort spielten. Aber nur Saal spielte; das war unverantwortlich von ihm, aber er konnte eben ein Draufgänger sein. In der Pause ging ich an die Orchesterbrüstung, um nach ihm zu sehen; er rief mich hinunter in den Orchestergraben. Da saß er an seiner Harfe, umgeben von einem Teppich dicker grüner Fussel. Da zeigte er mir einen großen, dicken, grünen Speckgummi, mit dem er lustig in jeder Klangstärke beliebige dutzend Mal auf den Saiten Glissandi hin- und herfuhr. Die Krümel lagen in Schichten auf dem Fußboden zu beiden Seiten der Harfe. Man muß eben Erfindergeist haben. So einen Riesenradiergummi hätte ich für mein dänisches Feuerwerk gut gebrauchen können.

Diese Film-Musik brachte eine Stange Geld ein. Es klebte nie an meiner Geldtasche, und so kaufte ich in derselben Woche mit Rosies begeistertem Einverständnis ein Klepper-Paddelboot für zwei Personen. Von Pichelsdorf aus konnte man die schönsten Touren machen. Unsere nächste Sommerreise führte mit dem Paddelboot die Havel hinauf zur Elbe und mit dem Strom bis Hamburg Cuxhaven. Wir übernachteten am Ufer im Zelt und kauften Proviant in den kleinen Orten am Wege. Von diesem unvergeßlichen Unternehmen kehrten wir auf einem Lastschiff zurück, das mit Kupferballen beladen nach Berlin fuhr. Die Überfahrt kostete eine Flasche Cognac.

Eines Tages wurde ich von einem Priester aus einer katholischen Kirche in Reinickendorf zu einem Besuch ins Elternhaus eines halbwüchsigen Zigeunerjungen eingeladen. Der Junge, der mit seinen Eltern in einem Zigeunerlager am ländlichen Rande des Stadtteils lebte, war ein phänomenaler Geigenvirtuose. Sein Vater baute Musikinstrumente, auch mechanisch primitive Harfen. Der Priester wollte der Familie helfen und aus dem erstaunlich begabten Jungen einen Berufsmusiker machen. Der Junge hatte nie in seinem Leben irgendwelchen Musikunterricht bekommen, konnte auch keine Noten lesen; er nahm die Geige in die Hand und verwandelte sich momentan in einen Paganini der traditionellen Zigeunermusik. Aus diesem Talent sollte also ein Weltstar gemacht werden. Ich verabredete für ihn ein Vorspiel bei einem Geigenlehrer der Hochschule. Der Lehrer konnte nicht glauben, was er da hörte. Um die Hochschulformalitäten zu vermeiden, nahm er ihn sofort als Privatschüler ohne Bezahlung an. Aus Dankbarkeit erhielt ich von dem Priester einen eigenen Schlüssel zur Orgel der Kirche und konnte bis auf die Stunden des Gottesdienstes und des Organisten jederzeit dort spielen. Das war ein Geschenk des Himmels.

Doch was geschah mit dem Zigeunerjungen? Er mußte nun Noten lesen lernen, Fingerübungen machen zu einer Methode des Violinspieles und alles, was sonst noch dazu gehörte. Durch den Priester wurde ich über seinen Fortschritt auf dem laufenden gehalten: Nach drei Wochen war der Junge nicht mehr zu bewegen, die Violine anzufassen, bekam einen Widerwillen gegen das Instrument, und keine zehn Pferde konnten ihn zu seinem Lehrer bringen. Musik war für ihn ein abgeschlossenes Kapitel. Nur ich blieb der Nutznießer dieser traurigen und typischen Zigeunerepisode, ich besaß eine Orgel – keine Kleinigkeit. Aber ein großes Talent fiel zum Opfer.

Obgleich ich das Orgelspiel autodidaktisch erlernte, habe ich mir doch so viel Spieltechnik angeeignet, daß ich nicht allzu schwere Literatur gut spielen konnte. Wofür war das in den Sternen geplant? Gegen Ende des israelischen Befreiungskrieges hatte die UNO im Jahre 1949 Waffenstillstandsverhandlungen begonnen, geleitet vom schwedischen Grafen Bernadotte. Im Verlaufe dieser Verhandlungen wurde Bernadotte erschossen. Die israelischen und UNO-Autoritäten im israelischen Teil Jerusalems versammelten sich zu einer Trauerfeier im Saal des YMCA (Young Men's Christian Association). Im Saal stand eine Orgel, und ich war der einzige Orgelspieler in der Stadt, den die Behörden auftreiben konnten. In einem Militärjeep der UNO abgeholt, in rasendem Tempo, um vor Scharfschützen einigermaßen sicher zu sein, durch enge Seitenwege an die Orgel gebracht, spielte ich dann den Trauermarsch aus Händels Oratorium »Saul« und Choräle. Seitdem hatte ich keine Gelegenheit mehr zum Orgelspiel. Sollte ich es nur für diese Aufgabe gelernt haben?

Inzwischen war Rosie über die politische Entwicklung sehr deprimiert. Sie fürchtete, es könne noch schlimmer werden. Sie begann wieder zu schreiben und tanzte viel weniger, gab daher auch ihr großes Zimmer auf und zog in eine billigere Wohnung in der Niebuhrstraße. Für den Mietsabschluß sind wir beide an einem Vormittag zu einer sehr gutmütigen alleinstehenden Witwe gegangen. Nachdem sie uns das Zimmer gezeigt hatte, führte sie uns in ihr Wohnzimmer, um alles zu besprechen. An der Wand hing ein großes Bild von Adolf Hitler, darunter lag auf einer geschnitzten Holzkonsole »Mein Kampf«, aufgeschlagen wie eine Bibel. Rosie sagte sofort, daß wir Juden seien. Sie antwortete: »Aber um Gottes willen, das macht doch nichts! Wissen Sie, diese ganze Judenhetze, das ist doch bloß Politik. Juden sind doch auch Menschen. *Der* Radau wird bald vergessen sein.« Rosie zog ein. Sie wurde krank, die Wirtin pflegte sie mütterlich.

An einem der nächsten Tage kaufte ich im Warenhaus »Jandorf« in der Wilmersdorfer Straße etwas ein. In diesem Warenhaus gab es Abteilungen mit Einheitspreisen, also billigere Waren, entsprechend der Gegend, dem Charlottenburger Arbeiterviertel. Beim Verlassen des Warenhauses sah ich auf der gegenüberliegenden Straßenseite ein paar braun-uniformierte Männer, die einen jungen Mann aus dem Hinterhofeingang des Hauses zerrten und auf dem Bürgersteig fürchterlich zusammenschlugen. Niemand kam dem jungen Mann zu Hilfe, der in ein wartendes Auto hineingestoßen und verschleppt wurde. Da sah ich zum ersten Mal die leibhafte Illustrierung zur Bibel »Mein Kampf«. Ich habe Rosie nichts davon erzählt, ihr Zustand war ohnehin nicht gut. Ich fand sie oft im Bett liegend und auf dem Kopfkissen Blatt nach Blatt nach Blatt vollschreibend. Manches ließ sich retten, denn sie selbst vernichtete die meisten dieser losen Blätter. Drei aphorismenartige Sätze mögen ihre depressive Phase dieser Tage ausdrücken.

Wovor mir bange sei? Daß euch so wenig bange ist.

Selbstmörder: Mir kann die Welt nichts mehr nehmen.

Nur immer über die Welt hinaus, denn mit uns anderen geht es immer tiefer hinab.

Schünemann riet, ein pädagogisches Examen auch für die Harfe abzulegen. Das würde gesetzmäßig das Recht einräumen, an Konservatorien und Musikseminaren zu unterrichten. Auch Saal war damit einverstanden, zumal es der Sensation nicht entbehrte, denn solch ein musikpädagogisches Examen war erstmalig in der Harfenwelt. Von den Prüfungen in den Nebenfächern befreit, war nur die Harfe-Hauptfachprüfung mit pädagogischen Fragen zu absolvieren. Da nach wie vor der eigene Lehrer nicht prüfen durfte, wurde die damalige Harfenistin der Dresdner Staatsoper als Hauptprüferin nach Berlin eingeladen. Sie kam bereits zwei Tage früher, um alles mit Saal zu besprechen. Sie war fürchterlich aufgeregt, denn sie hatte so etwas noch nie gemacht, und an der Berliner Hochschule eine Hauptfachprüfung abzunehmen in Gegenwart der illustren Professoren dieses Institutes, das war für sie ein Alptraum. Saal mußte ihr also assistieren, und alle ihre Fragen wurden genau festgelegt und aufgeschrieben. Saal bat mich flehend, auf ihre erste Frage so viel zu antworten, daß sie zur zweiten Frage gar nicht käme, denn sie würde sowieso alles durcheinanderbringen. Noch am Morgen der Prüfung rief Saal an und wünschte Hals- und Beinbruch – unter großem Gelächter. Ich wurde der Dresdner Harfenistin sehr formell vorgestellt. Sie war flankiert von Schünemann und Saal, also wohlgeborgen. Ich spielte zuerst eine Bochsa-Etüde, dann eine »Schubert-Fantasie«, die eine kitschige Bearbeitung von Schubert-Melodien war, aber sehr effektvoll; dann eine pädagogische Frage über Spieltechnik, woraus ich einen ganzen Roman machte, Saals Schmunzeln durch die Harfensaiten beobachtend; und schließlich mußte ich über ein gegebenes Thema auf der Harfe frei modulieren: Dazu spielte ich eine ellenlange chromatische Modulation über Berg und Tal, für das Gros der Harfenisten ein selbstmörderisches Abenteuer. Max Pallenberg hätte gesagt: »Das setzt dem Faß die Krone auf.« Die Prüfung war mit fliegenden Fahnen bestanden.

Am Abend habe ich Rosie ins Kabarett der Komiker am Lehniner Platz eingeladen. Da konnte man noch scharfe Chansons gegen die Nazis hören, was aber nicht mehr lange dauerte.

Die Eltern fanden eine neue Wohnung in der Nestorstraße 53, unweit der Roscherstraße. Der Umzug war relativ einfach, nur für die große Bibliothek des Vaters mußten neue Regale bestellt werden. In einem der Tietz-Warenhäuser fand ich einen schönen Wohnzimmerleuchter in kompromißvollem Bauhausstil. Mutter stimmte zu und kaufte ihn. Mein Flügel kam mit in die Nestorstraße, wo ich auch ein kleines Zimmer hatte. Jemand schenkte Vater

126

zum Einzug ein neues Buch von Kurt Tucholsky, »Deutschland, Deutschland über alles«. Vater fand es sehr witzig, aber unsympathisch, er wollte es nicht in seiner Bibliothek haben.

Noch eine letzte Faszination bot die Hochschule, bevor ich sie ganz verließ. Eines von Schünemanns Steckenpferden war die Entwicklung der elektronischen Technologie in der Musik. Schon einige Jahre befand sich im Dachgeschoß des Hauses ein Aufnahmestudio, das mit metallenem Magnetband arbeitete. Das Harfenzimmer etwa hatte einen eingebauten Resonanzboden und Mikrofonanschluß. Man konnte zum Aufnahmestudio telefonieren und eine Abhöraufnahme vom Spiel eines Schülers bestellen, die dann zurückgespielt wurde. Daraus zog man die wichtige Erkenntnis: wie schlecht man sich selber zuhört beim Spielen. Wenn es nicht gerade grobes Verspielen ist, so hört man gerne das, was man spielen wollte, in Wirklichkeit aber nicht gespielt hat. Bis man volle Kontrolle über sich selbst erreicht, vergeht eine geraume Zeit. Für alle Instrumentalisten und Sänger wurden diese Aufnahmen von größter Bedeutung.

Unten im Souterrain spielte sich etwas Neues anderer Art ab. Dort, wo der Ingenieur Trautwein sein Studio hatte, wurde die elektronische Musik in Berlin geboren. Hindemith war äußerst interessiert an diesen neuen Möglichkeiten für die Komposition, er verschaffte mir Zugang zu Trautwein. Im Studio arbeiteten noch zwei Studenten der Kompositionsklasse, Harald Genzmer und O. Sala, allmählich kamen weitere hinzu. Obgleich wir schon in den Vorlesungen über Musikalische Akustik bei Prof. Schäfer in die physikalischen Grundlagen des Tones eingeführt wurden, bot sich hier ein gänzlich neuer Aspekt. Man konnte mit einer Gruppe von Oszillatoren das Obertonspektrum eines Tones synthetisch zusammensetzen und mitunter eine täuschende Ähnlichkeit mit entsprechenden Blas- oder Streichinstrumenten erzielen. Doch ließen sich auch durch willkürliche Veränderung des Obertonspektrums neue Klänge erzeugen, deren Fremdheit gegenüber existierenden Instrumenten nun gerade den Anreiz bildete. Wie ein Blitz traf es auch mich, weil ungeahnte Möglichkeiten der musikalischen Phantasie sich hier eröffneten. Im Grunde waren dies alles Vorläufer der Synthesizer und der Magnettonbandtechnik von heute. Obgleich weltenweit entfernt vom heutigen Stand der Technik, waren die latenten Kräfte alle bereits vorhanden und warteten auf die Renaissance einer Silbermann-Bach-Kooperation, um neue Regionen des musikalischen Universums zu erschließen. Hier gab es keine Lehrer, jeder mußte sich das Gebiet auf seine Weise erobern. Ich stürzte mich mit Haut und Haar in diese Zauberwelt und wurde dafür von vielen Seiten verlacht. Auch meine Lehrer hielten dies für vergeudete Zeit, nur Schünemann unterstützte mich uneingeschränkt – und natürlich Hindemith. Das Leben aber machte mir zunächst einen Strich durch die Rechnung.

Meine Zeit von Anfang der dreißiger Jahre bis zur Auswanderung im März 1934 war von zwei Entwicklungen beeinflußt, die sowohl das private Leben als auch die politischen Turbulenzen betrafen. Beide verlangten klare Entscheidungen.

Gegen Ende 1931 wurde Rosie schwanger. Im Lernprozeß des Liebens war dies Höhepunkt und Prüfung auf Festigkeit zugleich. Die Hoffnung, Rosie würde durch natürliche Notwendigkeit aus ihrer depressiven Phase herauskommen, war groß. Doch fand ich bald ein Blatt, auf dem die beiden Gedichte geschrieben waren:

Der Vater

Es streift ein Licht mein Bett
und ich erwache.
Immer frage ich ihn im Traum –
er weint.
Immer suche ich ihn im Traum –
ich weiß nicht, wo sein Grab liegt.

Er war so jung
und wir so alt –
meine Mutter hat ihn vergessen,
ich habe ihn auch vergessen –

Der Vater hatte ein Kind –
das Kind hatte keinen Vater.

Dem ungeborenen Kinde

Schlafe, schlafe,
es dunkelt, es dunkelt –
Und Leben pocht
in Not, in Not
und muß doch werden.

128

Schlafe, schlafe,
es dunkelt, es dunkelt –
Um mich die Nacht,
um dich die Nacht –
mir ist kalt,
dir ist warm –
schlafe, schlafe.

Ob ich wohl dieser schweren Prüfung gewachsen war? Zunächst
wollte ich ein Elternhaus aufbauen, nicht zuletzt um Rosies wohl-
begründete Vaterängste zu beschwichtigen. Im Mai 1932 wurden
Rosie und ihr Mann Noah geschieden. Aber wieder eine Bindung
einzugehen, davon wollte Rosie nichts wissen. Immerhin willigte
sie ein, gemeinsam eine Wohnung zu beziehen. In Neukölln, am
Rande des Tempelhofer Feldes, fand sich eine Neubausiedlung, in
der man zu günstigen Mietsbedingungen eine kleine Zweizimmerwohnung mieten konnte. Rosie bekam durch die Gindler Gymnastikschüler und machte sich bald einen Namen durch ihren intelligenten Unterricht; sie hatte ein Fingerspitzengefühl für die individuellen Reaktionen ihrer Schüler. Ich fand mit großem Glück eine
Klavierlehrerstelle am Dreiermannschen Conservatorium, direkt
am Schlesischen Bahnhof. Dreiermann war keine große Leuchte
in der Musik, aber nett und respektvoll. Das Lernpublikum dort
stammte aus denselben Kreisen, mit denen wir Hindemiths »Wir
bauen eine Stadt« in Frieda Loebensteins Seminar aufführen
konnten. Die Bezahlung war schlecht, aber dafür hatte ich ein
festes monatliches Einkommen. Die Schüler waren in allen Altersstufen, von Schulkindern bis zu Handwerkern und Büromädchen. Es war eine schwere Arbeit, aber diese Schüler habe ich sehr
lieb gewonnen, und mehr und mehr wollten bei mir Unterricht
nehmen. Dreiermann hatte also auch seinen Profit dabei.
    Auch in die Wohnung meiner Eltern in der Nestorstraße kamen
noch Schüler. Saal schickte aus seinem Potsdamer Freundeskreis
eine Studentin der Chemie. Sie war von Adel im wahrsten Sinne
des Wortes und hochbegabt. Die Stunden mit ihr wurden zu einem
großen musikalischen Ansporn. Sie bemerkte meine Bemühungen und reagierte mit wahrer Hingabe an die Musik. Auch Vater
freute sich, wenn sie zur Stunde kam. Dann ließ er einen Spalt
seines Arbeitszimmers offen und genoß ein Musikfest. Er lauschte
interessiert meinen Bemerkungen und fügte mitunter danach seine eigenen hinzu.
    In dieser Zeit gab ich ein Klavierprogramm mit leicht eingängi-

ger klassischer Musik im Moabiter Gefängnis. Ich saß unten im Hof, umgeben von mehreren Stockwerken vergitterter Zellen. Hinter den Gittern standen einer oder mehrere Gefangene. Polizei war überall gleichmäßig verteilt. Zu jedem Musikstück gab es einige erklärende Worte, die das grimmige Bild der in Eisen erstarrten Disziplin etwas erheitern sollten. Hie und da war der Anflug eines Lächelns auf Gesichtern zu erkennen. Auf dem Nachhauseweg geriet ich in Moabit, dem überwiegend kommunistischen Viertel, in eine große Parade der NSDAP. Hitler passierte in einem offenen Auto, stehend, den rechten Arm unentwegt zu »seinem« Gruß erhoben, die Massen zu beiden Seiten der Straße. Zum ersten Mal sah ich ihn aus der Nähe. Der Eindruck, den er auf mich machte, war nur ein Teil des Gesamteindrucks der Szene. Die hysterische Begeisterung der Leute so unmittelbar nach den starren Figuren hinter den Gittern des Moabiter Gefängnisses bewirkte eine innere Bewegung, die nur noch eines äußeren Anstoßes bedurfte, um auch mich zum Handeln zu veranlassen. Dem gingen noch einige Geschehnisse voraus.

Es kam der große Tag der Geburt des Sohnes Rainer im Juli 1932. Der Name Rainer symbolisierte Rosies große Verehrung von Rilke. Später, in Israel, haben wir den Namen hebraisiert in »Re'uwen« (r'u = sehet, ben = ein Sohn). Für meine Eltern, die nichts lieber als ein Enkelkind gehabt hätten, bot dieses Ereignis nur eine gemischte Freude, da wir noch nicht ehelich verbunden waren. Daß ich die Vaterschaft sofort und mit Begeisterung anerkannt habe, war nur ein schwacher Trost für sie. Ich bat sie darum, daß sie sich wie Großeltern freuen mögen, versprach, alles zu tun, um Rosie zur Heirat zu bewegen, und erzählte Vater von meinem Wunsch, daß er uns dann trauen möge. Mit dieser Hoffnung fanden sie sich ab.

In Berlin begannen uns die Schwierigkeiten über den Kopf zu wachsen. Die Geburt des gut entwickelten Rainers war zwar leicht, aber Rosie entwickelte bald ein überaus emotionales Verhältnis und zugleich eine Nervosität, die wohl die Folge körperlicher Überanstrengung war. Das zufriedene und immer beglückt lächelnde Kind lenkte sehr von der Musik ab und erfüllte den Tag mit neuen Wundern der Welt.

Draußen spitzte sich die politische Lage zu. Im Erziehungswesen wurde bereits die Trennung zwischen jüdischen und nichtjüdischen Lehrern und Schülern durchgeführt. Es erschien ein kleines, rot eingebundenes Büchlein, in dem jeder Deutsche nachlesen konnte, ob sein Lehrer legitim ist oder nicht. Ich hatte kaum jüdische Schüler, so daß ich mit einem Tag vor dem Nichts stand. Es begann am Dreiermannschen Conservatorium: Dreiermann war verzweifelt, wußte aber keinen Ausweg und fürchtete Spitzel, wenn er mich weiter bei sich arbeiten ließ. Der Abschied von den Schülern war gleich einer Feier zur Würdigung meiner Arbeit. Ein Sattlerlehrling nähte mir zum Abschied eine lederne Geldtasche mit aufgenähtem Notenmuster. Ein Bäckergehilfe kam mit einer Torte, auf der mit Zuckerguß der Anfang der Mozart-Sonatine aufgegossen war, die er gerade übte. Ein Büromädchen schrieb mit Schreibmaschine ihren Dank und Abschiedsgruß, voller Stolz über diese technische Errungenschaft. Auch die Eltern der Kinder kamen, Dreiermann spendierte Kekse und Tee. Dann stand ich auf dem Bahnsteig des Schlesischen Bahnhofs, schaute hinüber auf das Haus des Conservatoriums und wußte nicht recht, was eigentlich mit mir geschah.

Es gab aber auch Schüler, die einfach nicht weggehen wollten. Zu meinen Schülern zählte ein vierzehnjähriger Sohn eines Lokomotivführers. Der stramme, sehr wache Knabe kam zweimal wöchentlich weither aus der Frankfurter Allee. Eines Tages erschien er in Hitlerjugend-Uniform mit Hakenkreuz-Armbinde. Ich dachte, er komme, sich zu verabschieden, aber er kam zum Unterricht. Ich erklärte ihm, daß das nicht mehr möglich sei und schickte ihn sehr freundlich nach Hause. Am nächsten Tag erschien sein Vater und bat mich flehentlich, den Sohn doch zu behalten, sie hätten nie im Leben etwas gegen Juden gehabt, wie ich nur auf einen solchen Gedanken kommen könnte. Schließlich verstand er doch die Situation.

Am traurigsten war es mit der hochbegabten Studentin aus Potsdam. Sie kam fröhlich und heiter wie immer und traute ihren Ohren nicht, als sie vom Ende unserer Arbeit erfuhr. Blaß und zarthäutig starrte sie mich an und wollte es nicht glauben. Ich bat Mutter, uns Tee und Kuchen zum Abschied zu bringen. Aus Höflichkeit trank sie und aß eine abgebrochene Ecke vom Kuchen. Dann ging sie, begleitet von allen meinen guten Wünschen. Als ich dann nachmittags die elterliche Wohnung verließ, um zu meiner Familie nach Neukölln zu fahren, saß die junge Studentin im Treppenhaus auf einer Stufe, völlig in Tränen aufgelöst. Sie wollte sich nicht wegrühren. Schließlich hatte ich sie überredet, ging mit ihr zum Bahnhof Charlottenburg, löste für mich eine Bahnsteigkarte und setzte sie in den Stadtbahnzug nach Potsdam.

Schnell war ich arbeitslos und konnte die Miete für die Neuköllner Neubauwohnung nicht mehr bezahlen. Vertraglich war ich noch für ein Jahr verpflichtet. In der Verwaltung dieser Siedlung wurde meine Bitte um Entlassung aus dem Vertrag nicht akzeptiert. Infolge schuldig gebliebener Miete kam bald eine Vorladung vom Neuköllner Gerichtshof zu einem Strafverfahren. Es war mein erster Prozeß im Leben. Den Eltern konnte ich davon nichts erzählen. Sie hätten sich die Augen aus dem Kopf geschämt: ihr Sohn vor Gericht geladen!

Beim Gericht war der Hitlergruß eingeführt. Ich machte ihn nicht, wurde deswegen jedoch nicht ermahnt. Der Anwalt des Siedlungsbüros begann eine lange Tirade gegen mich, von der ich wegen des juristischen Kauderwelschs nur die Hälfte verstand. Der Richter fragte, ob ich die Schuld anerkennen würde, was ich ohne Einschränkung bejahte. Dann gab er mir Gelegenheit, mich zu verteidigen. Da ich keinen Anwalt hatte, beschrieb ich die Entwicklung, die zu meiner Lage als Schuldner geführt hatte. Damit war die Gerichtsverhandlung beendet. Das Urteil wurde schriftlich zugestellt. Es verpflichtete mich, meine Schulden in so niedrigen Raten zu zahlen, daß Vater noch zwei Jahre nach meiner Auswanderung die letzte Rate zahlte. Aus dem Mietvertrag wurde ich entlassen.

Durch Freunde fanden wir eine Atelierwohnung im Dachgeschoß eines Hauses in Wilmersdorf. Die Miete war lächerlich niedrig, denn dem Hauswirt, der im selben Haus wohnte, war daran gelegen, »anständige« Leute ins Haus zu bekommen. Er hatte wohl schlechte Erfahrungen gemacht. Der Hausverwalter des Neuköllner Hauses war uns behilflich beim Umzug und bemerkte nur so nebenbei, wir sollten uns beeilen, aus dieser Gegend wegzukommen – es sollte sich bald bewahrheiten.

Indessen erwog ich ernsthaft eine Auswanderung. Ich wollte die Situation radikal ändern und verhielt mich in Gedanken wie ein Somnambule in einer Mondnacht auf dem Dach. Palästina erweckte mein Interesse. In der Meinekestraße, unweit vom Kurfürstendamm, war das Büro der Zionistischen Organisation: Dort besorgte ich zunächst Informationsmaterial und begann, Fühler zu zionistischen Kreisen auszustrecken. Rosie, die mir vieles als Augenzeuge berichten konnte, war nicht sehr begeistert von dieser Idee. Als geborene Engländerin, unverheiratet, hätte sie gute Chancen gehabt, mit dem Kind nach England gehen zu können.

Inmitten all dieser Überlegungen erreichte mich die Nachricht, daß die deutsche Regierung einen jüdischen Reichsinspektor für die Musikerziehung an allen jüdischen Schulen suchte. Juden durften nur noch jüdische Schulen besuchen, für die es eine besondere Abteilung beim Erziehungsministerium gab. Das Lehrprogramm mußte genau den nichtjüdischen Schulen entsprechen. In der Hochschule hatte mich jemand als Kandidaten vorgeschlagen. Ich beriet mich darüber mit Saal, der wortwörtlich sagte: »Mensch, greif zu. Das ist die Chance deines Lebens. Wenn in spätestens einem halben Jahr dieser ganze Spuk vorbei ist, hast du einen Sprung gemacht, auf den andere Jahrzehnte warten müssen. Los, nimm sofort an.« Doch ich verwies auf meinen Plan, nach Palästina auszuwandern. »Was? Was willst du denn *da* machen? Da gibt's ja nur Sand und Steine und Kamele. Willst du den wilden Stämmen Klavierstunden geben?« Ich erwiderte, die Juden, die dahin gingen, seien doch keine wilden Stämme. »Aber dann kannst du doch in ein anderes europäisches Land auswandern. Wir geben dir Empfehlungsbriefe überallhin: Paris, London, Rom, wohin du willst. Überall wirst du gleich eine offene Tür finden. Aber in Palästina kenne ich niemanden.« Es reizte mich aber überhaupt nicht, nach Rom, Paris oder sonstwohin zu gehen, wo ich mich den etablierten Kreisen hätte anpassen müssen. Ich konnte auch keine der Sprachen und wäre sofort ein unliebsamer Außenseiter gewesen. Solche Fälle hatte ich in Berlin mit anderen Einwanderern erlebt. Palästina war unbebauter Boden. Was ich dort pflanzte, würde *mein* Garten werden. Saal schüttelte den Kopf.

Selbst Vater überzeugten meine Palästinaargumente nicht. So sehr er auch mit der zionistischen Bewegung sympathisierte, er fand meine Pläne die eines unreifen jungen Abenteurers.

Noah war schon nach Paris ausgewandert. Vetter Friedel, der Modedesigner, ging mit seiner Familie nach London. Der Onkel aus Danzig saß unschlüssig mit seiner Familie in Berlin, so daß er später nach Frankreich flüchten mußte, wo die Nazis ihn gefaßt und umgebracht haben. Seine Tochter Hilde, mit der ich sehr befreundet war, kam in Südfrankreich in ein Lager, aus dem sie gerettet wurde. Meine Schwester hatte schon konkrete Pläne für Holland. Nur die schwerkranke Tante Jetka hatte für meinen Palästinaplan ein verständiges Ohr. Sie erzählte sogar von dem christlichen Berliner Bildhauer Rudi Lehmann und der jüdischen Keramikerin Hedwig Großmann, die auch im Begriffe waren, schnellstens nach Palästina zu kommen. So ging ich still und beständig meinen Palästinarecherchen nach.

Rosie stimmte meinen Argumenten schließlich zu. Sie ließ sich sogar dazu bewegen, nun doch noch zu heiraten, was natürlich auch die Papierformalitäten erleichterte. Die Trauung vollzog wirklich mein Vater als amtierender Rabbiner in seiner Wohnung in der Nestorstraße. Rainer, der sich immer freute und lachte, war glücklich mit seinen Großeltern. In all dieser wirrevollen Zeit spielte sich für wenige Stunden die Idylle eines ewigen Friedens ab. Noch einmal bestärkte sich für Vater der Glaube an Gott.

Nun stellte ich offiziell meinen Antrag auf ein Zertifikat zur Einwanderung nach Palästina. Mit Schrecken erfuhr ich durch eine Beamtin in der Meinekestraße, daß die britische Mandatsregierung in Palästina den Beruf eines Musikers als »free lance« erachtete, was bedeutete, daß man das Mindestkapital von tausend Pfund Sterling auf einer palästinensischen Bank nachweisen mußte. Es bestand nicht die geringste Aussicht, ein solches Kapital – in diesen Tagen ein wirkliches Vermögen, von dessen Zinsen eine Familie bequem leben konnte – auf irgendeine Weise zu beschaffen. Nur als Handwerker war sonst ein Zertifikat relativ leicht zu erhalten.

Innerhalb von 24 Stunden beschloß ich, mein Hobby des Fotografierens professionell zu erlernen. Dem standen zwei Schwierigkeiten entgegen: Für das Studium brauchte ich Geld, und außerdem betrug die Dauer des Studiums je nach Vorbildung zwischen drei und vier Jahre. Ich nahm Kontakt zu Schocken auf. Er war Eigentümer des gleichnamigen Verlagshauses, das jüdisch-wissenschaftliche und jüdisch-belletristische Literatur herausbrachte, und zugleich Eigentümer eines Warenhauskonzerns in Deutschland. Schocken war ein aktiver Zionist, der mit Rat und Tat die Bewegung unterstützte. Später begründete und erbaute er die Schocken-Bibliothek in Jerusalem. Mit seiner Hilfe erhielt ich ein Stipendium, das zum Studium und teilweise zum Leben ausreichte. Mit dem Direktor der Reimann-Schule, neben der Staatlichen Kunstakademie in der Hardenbergstraße die größte Kunstschule dieser Tage in Berlin, sprach ich frank und frei über meine Pläne und Absichten. Angesichts der Situation eines Juden im gegenwärtigen Deutschland hätte ich höchstens ein Jahr, in dem ich mit dem Einsatz meiner ganzen Kraft das mehrjährige Pensum zu bewältigen hoffte. Er verstand alles sofort.

Die ausnahmslose Einwilligung seiner Lehrer kam wenige Tage später, und ich stürzte mich sofort in diese Welt. Nicht nur, daß ich es nie bereut habe, es wurde zu einem wunderbaren fachlichen und menschlichen Erlebnis. Die Musik mußte allerdings an den Nagel gehängt werden; das Klavier hatte ich mehr als anderthalb Jahre nicht berührt. Die Eltern unterstützten mich mit einer Rolleiflex-Kamera, was damals einen beträchtlichen Geldaufwand bedeutete. Die Lehrer der Reimann-Schule halfen weit über ihre Pflichten hinaus. Manchmal arbeitete ich dort tatsächlich Tag und Nacht. Die Lehrer sorgten sogar für kleinere Aufträge, um als Fotograf dem Schocken-Stipendium ein wenig unter die Arme zu greifen.

Rosie wurde zunehmend kränklich. Schreiben tröstete sie über die Politik des Tages hinweg. Bald kam die berühmte Nacht des Reichstagsbrandes. In einer Radio-Rede sagte Göring: »Wir werden bis zum Knie im Blute der Juden waten.« Da dachten doch manche Freunde und auch die Eltern, daß mein Entschluß vielleicht doch nicht ganz so dumm sei, denn diese Auswüchse des Antisemitismus könnten leicht über die Grenzen Deutschlands ansteckend wirken – also je weiter weg, desto besser.

Ich brauchte nun wieder eine Dunkelkammer für meine Privatarbeiten. Ich fand sie in einer geräumigen Rumpelkammer meines Onkels Alex Kleyff in einer kleinen Parterrewohnung im zweiten Hinterhof in der Dahlmannstraße, nahe am Bahnhof Charlottenburg. Alex war so groß und stark, daß er im Ersten Weltkrieg bei den Zeppelin-Luftschiffern diente, um als Bodenpersonal beim Landen des Zeppelins die Ankerseile zu greifen und zu befestigen. So riesig er war, so gutmütig und sensibel war er. Als er den Sohn seines Bruders bei der Beschneidung auf seinen Händen hielt, wurde ihm schlecht, weil er das Messer und den Blutstropfen nicht sehen konnte. Kaufmännisch war er ein Genius. Ohne jede Bildung – er hat wohl nie in seinem Leben ein Buch gelesen – machte er die größten Transaktionen im Metallhandel. Wie er das Geld verdiente, so gab er es auch aus.

Dieser Alex wanderte nach London aus, gründete dort eine Familie und spielte eine solche Rolle in der Finanzwelt, daß er sogar am Königshof empfangen wurde. In seiner prachtvollen Villa habe ich ihn nach dem Zweiten Weltkrieg einige Male besucht. Einmal nahm er mich auch in sein Büro mit. Wir kamen in einen langen Korridor mit vielen angrenzenden Zimmern. In jedem saß ein Experte für ein anderes Metall: Kupfer, Zink, Messing, Blei etc. Von jedem Experten bekam er einen Bericht über den Stand des jeweiligen Metalls an den großen Weltbörsen. Ohne daß er sich etwas notierte, gingen wir weiter in sein Zimmer, er setzte sich hinter einen riesigen Schreibtisch, auf dem eine Batterie von Telefonen stand – kein Papier, kein Bleistift, nur Telefone. Er bestellte Gespräche in alle großen Geschäftszentren der Welt, gab Aufträge zum Kaufen und Verkaufen, und nach etwa zwanzig Minuten sagte er zu mir: »So Josef, jetzt fahren wir nach Hause und trinken einen guten Kaffee. Heute morgen habe ich wenigstens zehntausend Pfund verdient. Das ist genug für heute.« In seiner Villa angekommen, führte er mich in sein kleines Büro, in welchem sich – zu meiner Überraschung – eine prachtvolle Bibliothek entlang der Wände befand. Bis der Butler den Kaffee brachte, wollte ich mir einen herrlich gebundenen Shakespeare-Band herausnehmen. Es war aber nur der Einband. Darin steckte eine große Flasche Whisky. Und so entpuppte sich die ganze Bibliothek.

Sein Bruder, Bruno Kleyff, groß und stark wie Alex, war Rechtsanwalt und bewohnte eine große repräsentative Wohnung am Kaiserdamm. Obgleich Jude, avancierte er im Ersten Weltkrieg bis zum Oberstleutnant, erhielt einen Lungenschuß und wurde mit dem Eisernen Kreuz Erster Klasse ausgezeichnet. Er hatte Studentenschmisse im Gesicht, Monokel und kaisertreu bis in die Zehenspitzen betreute er als Anwalt den »Reichsbund jüdischer Frontsoldaten«, dessen prominentes Mitglied er war. Ihm könne Hitler nichts anhaben, meinte er. Jude hin, Jude her, fühlte er sich in erster Linie als ein schwerverwundeter, vom Kaiser ausgezeichneter Frontsoldat. Tatsächlich haben die Nazis ihn und seine Familie sogar nach der »Kristallnacht« ignoriert. Schließlich hat Alex von London aus mit viel Geld Einwanderungspapiere nach Amerika beschafft, und kurz vor Ausbruch des Zweiten Weltkrieges haben die Nazis noch geholfen, ihn im letzten Moment über den Ozean zu verschiffen. Solche Typen gab es nicht wenige unter den deutschen Juden. Auch Bruno habe ich in den fünfziger Jahren in New York wiedergesehen. Seine aufrechte Leutnantsfigur hatte er verloren; finanziell wurde er von seinem Bruder versorgt. Er war gebrochen und unglücklich. Und als er über das schreckliche Schicksal meines Vaters erfuhr, verstummte er völlig, ratlos an seine deutschen Kameraden denkend.

Abgesehen von dem riesigen Arbeitspensum, das mir nun bevorstand, mußte ich nicht nur die Gelder fürs tägliche Leben beschaffen, sondern schon jetzt an die Finanzierung der Auswanderung denken. Ich konnte dafür kaum Hilfe von anderer Seite erwarten. Ohne zu zögern, beschloß ich, meinen Flügel zu verkaufen, von dessen Erlös die Fahrt übers Mittelmeer ganz oder annähernd gedeckt werden könnte. Es war eine schmerzhafte Aktion schon deshalb, weil damit meinen Eltern klarwurde, daß ihr Sohn in absehbarer Zeit endgültig ins weite Ungewisse gehen wird und mit ihm das Enkelkind und seine Mutter. »Gott hat gegeben, Gott hat genommen«, so war das erdbebengerüttelte Denken der Juden dieser Tage. Nicht aber meines; dazu war ich zu jung und erwartete noch viel von dieser Welt. Ich wollte meinen Weg gehen.

Noch gab es Hochzeiten junger jüdischer Paare. Die Feiern fanden ausschließlich in jüdischen Gesellschaftsräumen statt. Dort gab es Arbeit als Fotograf. Ich arbeitete mir eine Technik aus, um die Aufnahmen von der Trauungszeremonie am Nachmittag noch bis zum Ende des festlichen Abendmahles dem glücklichen Paar bringen zu können. Schon stimmungsmäßig immer ein großer Erfolg, war es zugleich eine gute Werbung für neue Aufträge.

Spezielle Aufträge hingen oft nicht nur mit Fotografie, sondern auch mit Psychologie zusammen. In der Gegend von Onkel Toms Hütte wohnte ein Universitätsprofessor mit seiner jungen Frau und einem vierjährigen Jungen, der nach einer komplizierten Operation lange Zeit im Spital verbracht hatte. Die Eltern wollten gerne Fotos von ihrem Kind haben, das aber einen Horror vor allen apparateähnlichen Geräten hatte und sich nicht einmal von seinem Vater fotografieren lassen wollte. Ich forderte einen Monat Zeit, um mich mit dem Kind anzufreunden. Ein Klavier in dieser Wohnung war mein Ausgangspunkt. Zuerst tranken wir gemeinsam Kaffee, und dann spielte ich ganz simple Musik auf dem Klavier. Als ich einige Tage später wiederkam, spielten wir schon alleine mit einem Baukasten, und zwischendurch ging ich wieder ans Klavier. Nach dem vierten Besuch klimperte der Kleine schon selber, was ich für regelmäßig folgendes Vierhändigspielen nutzte. Seine Augen begannen zu leuchten, und im Gespräch erfand ich ein Märchen über das Klavier. Ich schlug ihm vor, daß wir gemeinsam das Klavier fotografieren sollten und er das Bild am Bett aufhängen könne, und so würde das Klavier ihm das Märchen immer wieder erzählen. Er akzeptierte sofort. Schon kam ich mit Fotoapparat, Stativ und sogar einer Satrap-Kohlestiftlampe für zusätzliche Beleuchtung, denn das Zimmer hatte wenig Licht. Umständlich zeigte ich ihm den Apparat, nahm die Linse heraus, er durfte sie wieder einschrauben, er durfte auch an der Packfilmlasche ziehen, er durfte auch mit einem meterlangen Fernauslöser knipsen. Schon beim nächsten Treffen ließ er sich klavierspielend fotografieren, duldete sogar Nahaufnahmen mit der Rolleiflex. Die Freundschaft mit dem kleinen Jungen erhielt sich bis zu meiner Abreise.

Einer meiner Lehrer an der Reimann-Schule vermittelte mir Innenarchitekturaufnahmen von der Wohnung einer Architektin in einer sehr vornehmen Grunewaldvilla. Die Dame empfing mich sehr nett, zeigte mir die Zimmer, an denen sie interessiert war und versprach, mich bei der Arbeit völlig allein zu lassen. Als ich zur verabredeten Zeit kam, öffnete eine Hausdame, an ihrer Seite ein großer und herrlicher Schäferhund. Sie hielt ihn kurz am Halsband, er fletschte die Zähne und knurrte furchterregend. Sie meinte, ich solle mich von ihm beriechen lassen, nach einer Weile würde er sich schon beruhigen. Er sei ein scharfer Wachhund und sehr intelligent. Ruhig und geduldig setzte ich mich auf einen der altmodischen Salonstühle. Sie hielt den Hund immer noch kurz an der Leine, er beschnüffelte mich. Als er ruhiger wurde, ließ sie die Leine länger, ich begann mit Helga (so der Name der Hündin) zu sprechen, die Hausdame nahm das Halsband mit der Leine ab, ging in die Küche und brachte Tee und Kekse, die wir gemeinsam verputzten. Die Hündin nahm keine Kekse an. Dann ließ sie mich mit dem Tier allein. Langsam besichtigte ich die Zimmer, konnte nicht verstehen, was daran fotografierenswert sein sollte, denn alles war vollgestellt mit ollen Plüschmöbeln mit Fransen, Kommoden mit geschmacklosen Nippsachen, häßlichen Lampen mit Goldstuck. Wirklich schön und außergewöhnlich eindrucksvoll war nur die Schäferhündin, die mich überallhin begleitete und sich freundlich streicheln ließ. Ihr Kopf lockte mich ungeheuer. Mit ihr begann ich die Aufnahmen der spießig eingerichteten Zimmer. Und auf das erste Porträt der Hündin folgte das zweite, auch das dritte und so fort, bis die Filme aufgebraucht waren. Dann fuhr ich in meine Dunkelkammer, vergrößerte die besten Aufnahmen, rahmte sie in Passepartouts und harrte der Begegnung mit der Architektin. Sie rief mich am nächsten Tag mit großem Wortschwall an, lud mich zu einer großen Gesellschaft bei sich ein, wohin auch einige Architekten kommen würden – ich kam gar nicht zu Wort und ließ den Dingen ihren Lauf. Ich steckte alle Hundeporträts in eine große Zeichenmappe und ging zufrieden mit mir selbst zur Abendgesellschaft. Die Architektin empfing mich fast liebevoll, sagte, erst wenn alle Gäste gekommen seien, wolle sie die Mappe mit den Fotos öffnen. Inzwischen gab es leckere Dinge – dann war es soweit. Alle sahen gespannt auf die Mappe. Ich zog das erste Foto heraus: ein ganz edler und kluger Schäferhundkopf. Ich übergab das Foto der Dame des Hauses, die mich vor Rührung über diese Idee, ihre Innenarchitektur mit Helgas Porträt zu eröffnen, fast geküßt hätte. Nachdem alle die Hündin Helga bewundert hatten, die aus Sicherheitsgründen im Garten angebunden war, kam das zweite Helga-Porträt, mit gleichem Erfolg. Von allen meinen Aufnahmen waren elf ausgewählte in der Mappe. Die Innenarchitektur war vergessen. Am Ende entschuldigte ich mich damit, daß ich sämtliche Filme für Helga verbraucht und infolgedessen für die Wohnung kein Fotomaterial mehr gehabt hätte. Die Hundefotos wurden fürstlich honoriert, die Wohnung brauchte ich nicht mehr aufzunehmen, da gab es ein stilles Einverständnis zwischen uns. Ich wurde immer wieder eingeladen und bekam auch Aufträge verschiedenster Art.

Indessen kam eine Anforderung für Studiohilfe von einem Fotografen in Haifa. Dies erleichterte wesentlich die Prozedur zum Erhalt des Zertifikats zur Einwanderung in Palästina. Jetzt war nur noch das Diplom erforderlich. Die theoretische Prüfung war eine Frage von Büffeln, die praktische Prüfung dagegen mußte Können zeigen. Ich sollte ein Foto von einer Jazzband für ein Litfaßsäulenplakat herstellen. Ein Grafiker zeichnete mir dazu den Namen der Band. Es waren fünf Musiker, die ich einzeln auf ihrem Instrument spielend aufgenommen habe, jeden auf einem Stuhl sitzend. Dann wurde der Stuhl wegretuschiert und jeder auf einen Buchstaben gesetzt, wobei ein O die große Fußtrommel des Schlagzeugers darstellte. Die Urheberrechte für diese Fotomontage hat mir die Band abgekauft. Die schwierigste Aufgabe kam von meinem Lehrer Seba, einem untersetzten, äußerst flinken und gewandten älteren Herrn mit silbergrauer Löwenmähne, ein Paganini der Filmkamera. Ich sollte eine Nachtreportage machen über das Leben am Reichskanzlerplatz, dem heutigen Theodor-Heuss-Platz. Da war nicht sehr viel los, und ich mußte mir den Kopf zerbrechen, wie man Leben in die Bude bringen kann. Die technische Ausrüstung war denkbar primitiv. Die Kamera für 35-mm-Filme war mit Handkurbel zu bedienen. Keinerlei Leuchtkörper standen zur Verfügung. Dagegen bekam ich einen Polizisten als Leibwache, der neugieriges Publikum fernhalten sollte. Ich studierte also viele Abende zuvor das Leben aller Dinge, die diesen Platz mit einem Lichtschein erhellten. Mit Hilfe von zwei Zusatzobjektiven mit langen Brennweiten konnten erleuchtete Fenster von hohen Stockwerken, Leuchtreklamen auf Dächern, Schattenumrisse hinter Gardinen herangeholt werden, und so baute ich mir einen Dialog zusammen von allem, was sich in Licht ausdrückte, oben und unten, statisch oder bewegt. Die Materialunkosten mußte ich selber tragen, was mich zwang, alles genau zu disponieren.

Das Palästinaamt in der Meinekestraße erhielt die Prüfungsbestätigung der Reimann-Schule, woraufhin das Handwerkerzertifikat bewilligt wurde. Der Weg war frei. Doch folgte unendlich viel Formulararbeit: Paßamt, Steueramt, Gesundheitsamt, Polizeibestätigung und vieles mehr. Dasselbe galt natürlich für Rosie. Einer der vielen hilfreichen Beamten hat sich sogar zu der Bemerkung hinreißen lassen, daß ich völlig recht hätte, dieses Land zu verlassen. Darauf konnte ich aber nur sehr kühl reagieren. An Geld durfte unsere kleine Familie ganze dreißig Mark mitnehmen. Was wir sonst noch besaßen, war ohnehin nicht der Rede wert: etwas Kleidung, einige Liebhaberstücke, von denen wir uns nicht trennen wollten, keine Bücher, nur das Notwendigste an Noten, jeder einen Koffer voll und zwei Handtaschen.

Abschiedszeremonien hatte ich nie sehr gemocht. Im März 1934 kam also der Tag, da die kleine Familie Gruenthal in Begleitung meiner Eltern zum Anhalter Bahnhof zog, um den Nachtexpress Berlin–München–Triest zu besteigen. Es war ein Sonderzug für jüdische Auswanderer. Endlos lang stand er in der riesigen Bahnhofshalle, die mit Tausenden und Abertausenden von Freunden und Verwandten angefüllt war. Das Palästinaamt sorgte für Hilfspersonal, so daß wir schnell das Abteil mit unseren reservierten Plätzen fanden. Draußen vor unserem Coupé saßen die Eltern auf einer Bank. Wir hatten Fensterplätze, und für Rainer spannten wir eine Hängematte, damit er die Nacht gut durchschlafen konnte. Ich ließ das Fenster herunter, damit die Eltern uns besser sehen konnten. Eine halbe Minute vor Abgang des Zuges begann die Menschenmenge die jüdische Nationalhymne »Hatikwah« zu singen. Im Echo der mächtigen Bahnhofshalle brach sich der Klang viele Male. Es brauste ein überwältigender Hymnus aus dem unendlichen Universum Gottes. Unter diesem Klangrausch setzte sich der Zug im Schrittempo langsam in Bewegung. Die Eltern saßen auf ihrer Bank wie zwei Skulpturen. Sie sahen in eine unerreichbare Ferne. Wir fuhren am Bahnhofsvorsteher vorbei. Unter der roten Mütze lugten seine weißen Haare heraus. In der zitternden rechten Hand hielt er den Stab mit dem grünen Abfahrtssignal, über sein Gesicht rollte ein Strom von Tränen. Ich beugte mich aus dem Fenster und winkte meinen Eltern. Sie saßen regungslos und schauten ins Leere. Wir sollten uns nicht mehr wiedersehen.

Jerusalem

Popadatschi

Die Fahrt ins Ungewisse war durchaus erfüllt von ganz *gewissen* Gedanken, vorwärtsgerichtet. Nach wenigen Minuten letzter Blicke auf Berliner Nachtlichter wurde es draußen dunkel, und es begann der monotone Rhythmus der Räder seine einschläfernde Musik. Rosies Augen, halb traurig und halb glücklich, sagten mir, ich wüßte wohl doch nicht alles, was mir bevorsteht, woher nur meine gute Zuversicht? Das war nicht unbegründet. Aber es kamen keine Zweifel auf; es war die wache Erwartung auf das Kommende.

Alle Fahrgäste wollten schlafen, jemand löschte das Licht, nur eine kleine blaue Lampe verglich sich mit schwachem Mondlicht. Bald nach München kam die deutsche Grenzpolizei. Sie lief in den Gängen auf und ab. Man konnte nicht wissen, was einen da erwartete. Es dauerte nicht lange, da wurde die Tür von einem großen Polizisten geöffnet, der sich bücken mußte, um ins Coupé zu gelangen. Er trug viele Abzeichen, die ich bis dahin nie gesehen hatte, und ging in hohen schwarzen Lederstiefeln. Wir waren überrascht von seiner Freundlichkeit. Er sah nur kurz die Pässe durch, warf einen Blick auf das Gepäck, fragte, was jedem gehöre, flirtete etwas mit Rainer und wünschte uns allen eine gute Reise. Damit war die deutsche Kontrolle beendet. Die Italiener waren nur am Durchreisevisum interessiert, das ging noch schneller.

Wir erreichten Triest, letzte Station auf dem Festland. Auf dem Bahnhof ein großes Durcheinander. Nach langem Warten brachte uns ein junger Mann zu einer Droschke, mit der wir zu einem großen Haus fuhren. Obgleich die Droschke bezahlt war, streckte der Kutscher seine geöffnete linke Hand nach hinten. Mit italienischem Kleingeld waren wir darauf vorbereitet.

Im großen Haus wurden Frauen und Männer getrennt, kleine Kinder blieben bei den Müttern. Es gab etwas schwer definierbares zu essen, und dann bekam jeder ein Bett in einem Saal zugewiesen. Zum ersten Mal schlief ich in einem großen Kollektiv. In der näheren Umgebung unterhielt man sich über Mädchen in Palästina, ihre Arten, ihre Typen, und aller Meinungsaustausch war voller Zoten. Ich drehte mich um und schlief. Das Licht blieb die ganze Nacht über brennen, was ich erst frühmorgens bemerkte.

Die sanitären und Wascheinrichtungen waren denkbar primitiv, dafür entströmte ihnen ein penetrantes Duftgemisch aus Chlor und Lysol. Zu einem vorzüglich schmeckenden Kaffee traf unsere kleine Familie wieder zusammen. Das Aroma dieses Kaffees war mir völlig neu. Es folgten Papierformalitäten und bald der Transport bergabwärts zum Hafen.

Dort bestiegen wir das Schiff »Jerusalem« der Adriatic-Line. Ein kleines Schiff, blitzsauber, alles roch nach frischer Farbe, in jedem der vielen Messingbeschläge konnte man sich spiegeln. Wir bekamen eine Kajüte, eine Innenkabine ohne Fenster, für uns allein: zwei übereinanderliegende Betten und eine kleine Schlafgelegenheit für Rainer. Und dann das italienische Schiffspersonal – schnell, laut, Gott und die Welt versprechend, aber nichts haltend, doch so nett und natürlich liebevoll, daß ein böser Gedanke gar nicht aufkommen konnte. Das muß wohl der Süden gewesen sein. Eine tiefschwarze, blutjunge Stewardeß brachte für Rainer einen Nachttopf, nicht ohne Rainer schnell zu küssen, und damit wurden wir uns selbst überlassen. Wir richteten uns ein und gingen auf Deck, um die neue Welt in vollen Zügen zu genießen. Oben herrschte ein heilloser Wirrwarr von Koffern, Säcken, Seilen, Menschen, auch blies ein sehr frischer Wind, so daß wir schnell in einem der Salons Zuflucht suchten. Durch die Fenster beobachteten wir das Leben und Treiben im Hafen von Triest. Für Rosie war das zwar nichts Neues, doch für mich war alles überaus erregend. Bald war es Zeit zum Mittagessen, welches an lang ausgezogenen Tischen im Eßsalon serviert wurde. Wir griffen zu mit großem Appetit, auch Rainer delektierte sich an einem offenbar sehr köstlichen Brei. Am frühen Nachmittag heulte die Schiffssirene, die langen weißen Landungstreppen wurden eingeholt, und das Schiff bewegte sich langsam vom Kai hinweg. Die Route verlief südwärts auf dem adriatischen Meer, die italienische Küste oft in Sichtweite.

Der nächste Hafen war Brindisi. Mit der Dämmerung wurde das Meer immer unruhiger. Rosie ging mit Rainer in die Kabine, ich wollte mir den fremden Genuß eines italienischen Abendessens nicht entgehen lassen. Es begann mit einer roten Suppe, in der vielerlei eigelbe Klümpchen herumschwammen. Inzwischen torkelte das Schiff bereits so stark, daß die rote Suppe über den Tellerrand schwappte. Ich aber aß fleißig weiter, ohne zu bemerken, daß nur ganz wenige Passagiere zum Essen kamen. Neptun lachte sich ins Fäustchen und zwinkerte mit seinen feuchten Augen; denn den zweiten Gang des Menüs ließ ich bereits fluchtartig im Stich. Mit Mühe und mit hingebungsvollem Vertrauen auf das Treppengeländer erreichte ich die Kabine und ergoß mein gesamtes Innere in das kleine Waschbecken. Danach beseelte mich nur ein einziger Wunsch, nämlich zu sterben. Der Wunsch wurde aber nur teilweise erfüllt – für zwei bis drei Tage entstand ein großes Loch, währenddessen ich mein Leben nur vernebelt miterlebte. Rosie ging es nicht besser. In größeren Zeitabständen erschien mitunter der Kopf eines Stewards, verschwand aber sofort wieder, sobald er die hoffnungslose Situation erkannte. Nur das temperamentvolle schwarze Mädchen brachte Rainer regelmäßig einen Brei, den er mit größtem Behagen verzehrte und dabei mitleidsvoll seine armen Eltern betrachtete. Die meiste Zeit verbrachte er auf dem Nachttopf, dem er Titel und Würde eines italienischen Klubsessels verlieh. Die Blicke, die wir miteinander wechselten, blieben das einzig Wirkliche dieser Tage. Das erstaunliche Verhalten des Kindes blieb ein Grundzug seines Wesens bis zu den letzten Minuten seines schrecklichen Todes Jahre später. Der Blickwechsel mit Rainer war der große wortlose Trost, der von ihm ausging und seinen Eltern das große Loch überbrücken half.

Die Erlösung kam mit dem Erreichen des Hafens Limassol auf Zypern. Das Schiff ankerte weit draußen, außerhalb des Hafens. Das Wetter war herrlich, die Sonne wärmte aus klarem Blau des wolkenlosen Himmels. Das Meer war still und ruhig. Gottes Natur ist ein geniales Schauspiel. Das, was gerade geschieht, ist immer vollkommen überzeugend. Lebendig und gesund trollten wir uns auf Deck und beobachteten die vielen kleinen Boote, die das Schiff umlagerten. Braun gebrannte Zyprioten mit ihren weißen Kopftüchern boten unter großem Geschrei die Waren eines großen Basars aus Tausendundeiner Nacht an. Münzen wurden heruntergeworfen, die sie wie Seemöwen auffingen. In kleinen Körbchen wurden die Waren auf Deck gezogen. Gern hätte ich diese Szenen als Film für die Reimann-Schule gedreht. Wir standen dort viele Stunden und lernten bei dieser Gelegenheit auch den Kapitän kennen, der ziemlich gut deutsch sprach. Im hellen Mondlicht dieser klaren Mittelmeernacht, in der die Sterne so tief hingen, daß man sie mit Händen greifen konnte, schrieb ich meinen Eltern einen ersten Reisebericht.

Am nächsten Abend näherten wir uns der Küste Palästinas. Der Anblick des nachterleuchteten Hafens von Haifa und der Stadt, die sich im Lichtergefunkel bis auf die Höhen des Carmelgebirges erstreckte, erfüllte uns alle mit Verwunderung. Auf Deck ertönten bald patriotische Lieder, laut und wohlorganisiert. Was Moses wohl dachte, als er zum ersten Male das verheißene Land aus der Ferne sah? Still und ergriffen sprach er mit seinem Gott und formulierte lautlos mit stotternder Zunge seine Gedanken, mit denen er auf die Knie sank. Seine Seele hat nicht im Klischee des Vierviertaltakts gesungen.

Erst am Morgen fuhr das Schiff in den Hafen und wurde am Landungskai festgemacht. Alle Regierungskontrollen für Einwanderer fanden auf Deck statt, einschließlich einer Anti-Typhus-Impfung. Dann endlich stieg die junge Familie die Landungstreppe hinunter. Zum Kapitän winkten wir ein Lebewohl hinauf. Weniger als zehn Jahre später wurde dieses Schiff »Jerusalem« torpediert und sank.

An Land angekommen, machte ich den großen Fehler und folgte dem Rat eines Spaßvogels aus dem Büro der Meinekestraße, der mir sagte, ich solle sofort »Stena schwoi, Chawadjah« rufen, was in diesem Falle soviel bedeutete wie »Hallo, bitte einen Gepäckträger«, worauf sich eine wilde Meute arabischer Lastenträger auf uns stürzte; jeder riß unter lautem Geschrei an einem anderen Gepäckstück, und sekundenlang sah es aus, als würden wir unser ganzes Gepäck auf Nimmerwiedersehen verlieren. Glücklicherweise half uns ein junger Mann, der fließend arabisch sprach. Er schrie genauso wild zurück, fischte schließlich einen älteren Araber heraus, der den Auftrag bekam, unser Gepäck zu einer bestimmten Adresse zu bringen. Er hatte lange Gurte bei sich, die in einer Art Sattel endeten, der an seinem unteren Teil mit einem dicken Polster abgerundet war. Diesen Sattel band er sich auf den Rücken, ein anderer Araber belud ihn mit unseren Koffern und Taschen, mit allem, was wir hatten, dann band er sich noch einen Gurt, der um den Sattel verlief, über die Stirn, und so beladen ging er zu Fuß den langen Weg bis zu dem Stadtgebiet, wo sich auf dem mittleren Bergteil unsere erste Behausung befand. Wir fuhren diesen Weg mit einem gebrechlich ächzenden Autobus den Berg hinauf. Der Araber kam etwa anderthalb Stunden später oben an, schwitzend, aber nicht atemlos. Einmal sah ich einen solchen Lastenträger, wie er ein Klavier ganz alleine auf dem Buckel vom Hafen bis auf das Plateau des Berges trug. Das Geheimnis dieser unglaublichen Leistung beruht auf der Verteilung des Gewichts über Hals, Schultern und Rücken, durch das Stirnband eine solide Einheit bildend, in der sich alle Teile gegenseitig stützen.

Unsere Unterbringung war wieder ein kollektiver Schlafsaal

wie in Triest. Bald setzte ich mich mit Bertel Wolffenstein in Verbindung, einem Berliner Emigranten, mit dem ich geplant hatte, ein Fotostudio in Haifa einzurichten. Wolffensteins gehörten zum Kreis um Tante Jetka, sie waren auch mit Noah und dessen Bruder befreundet, der die Ringartsche Buchhandlung in Haifa besaß, also schon ein »Eingeborener« war. So gab es in dieser völlig fremden Welt kleine Inseln, auf denen man notfalls landen konnte. Wolffensteins hatten schon eine eigene Wohnung in der Stadt.

Meine Betriebsamkeit wurde zunächst unterbrochen durch hohes Fieber als Folge der Typhusimpfung. Im Kollektivsaal konnte ich nicht bleiben. Wir wurden in ein Hotelzimmer in der Nordaustraße transferiert. Ich fühlte mich sauelend. Unsere schmalen Finanzen waren bald aufgebraucht durch kleine Auslagen, darunter ein Ankunftstelegramm nach Hause. Ich lag recht besorgt in meinem Hotelzimmer. Die Luft, die man atmete, war glühend heiß und trocken. Es wehten gerade die sogenannten Chamsinwinde, periodenhaft auftretende Wüstenwinde, gewöhnlich von fünf Tagen Dauer, ähnlich dem Wiener oder Münchner Föhn. Chamsin führt auch zu starken Stimmungsschwankungen, weshalb nach türkischem Recht eine kriminelle Tat, während eines Chamsins verübt, bei Gericht als mildernder Umstand gilt. Sorgen, Fieber, Chamsin setzten mich schachmatt.

Unten auf der Straße gingen die Araber den ganzen Tag mit ihren Trageseln vorüber und riefen mit volltönenden Stimmen die Waren aus, die sie zu verkaufen hatten. Einer kam mit zwei großen Korbtaschen voll Eier. Es muß wohl ein Spaßvogel à la Meinekestraße gewesen sein, der dem Araber den Namen seiner Ware für die deutschen Emigranten übersetzt hat, und so schrie er aus Leibeskräften in alle Himmelsrichtungen: »Vastunkene Eia, vastunkene Eia.« Er war aber dennoch von Käufern umringt.

Als das Fieber nach drei Tagen sank, zogen wir in die Wohnung der Wolffensteins, die uns ein Zimmer abtraten. Das Leben in dieser Ehe litt an akuter psychoanalytischer Intervention, so daß in der näheren Umgebung stets bedrückte Stimmung herrschte. Für Rosie war das gewiß nicht das Richtige, sie, die ohnehin zu Depressionen neigte. Ich drängte auf die Eröffnung des Studios, um in irgendeinen Arbeitsprozeß hineinzukommen.

In der Herzlstraße, der Hauptstraße des mittleren Stadtteiles, mieteten wir ein Zimmer bei einem Zahnarzt. Notdürftig wurde es als Aufnahmestudio und Labor eingerichtet. Eine Glasvitrine in eisernem Rahmen, die an der Straßenseite des Hauseingangs

montiert werden sollte, verursachte unwahrscheinliche bürokratische Verwicklungen. Verschiedenste Abteilungen der Stadtverwaltung mußten ihren Segen in Form von runden, ovalen, dreiek-
kigen, quadratischen Stempeln geben, von denen jeder eine Ge-
bühr kostete. Dann aber hatten wir ein elegantes Fotoatelier mit
Ausstellvitrine, für die ich ein raffiniert beleuchtetes Porträt als
Ausstellungsobjekt plante.

Die Typhusimpfung hatte mich sehr geschwächt. Die vielen
Laufereien in der brennenden Hitze, bergauf, bergab, bewirkten
eine anhaltende Müdigkeit, die allerdings auch ihren Grund in
unzulänglicher Verpflegung hatte. Das bißchen Geld, das überhaupt noch übrigblieb, verzehrten die Stempelgebühren. Für
Film- und Entwicklungsmaterial nahmen wir Kredit auf – eine
erneute seelische Belastung, denn solche Manipulationen waren
mir völlig fremd gewesen. Ware zu kaufen, die ich nicht bezahlen
kann, war für mich wie stehlen. Aber Bertl war der Kaufmann.
Saal hätte sich vielleicht gefreut, daß das Leben mich endlich rauh
anfaßte. Es tat dies ohne Zögern.

In diesen Tagen erreichte uns ein Brief von den Eltern. Es war
schon die Antwort auf unser Ankunftstelegramm. Vater schrieb:
Meine lieben Kinder Josef und Rosie!
*Ihr habt es brav gemacht. Der Brief aus Triest kam zwar erst am
Montagmorgen, als Ihr gerade in Palästina gelandet waret, hier an,
mit Sehnsucht allerseits erwartet, aber er kam doch, um vor allem
Muttels Ängstlichkeit zu beschwichtigen und sie beruhigt aufatmen
zu lassen. Der Clou aber war das Telegramm am Abend. Das gab
eine richtige Sensation. Mutter lag schon im Bett, Grete nicht minder, nur ich saß noch gähnend über irgendeiner Weisheitsschwarte;
da klingelte es Sturm, und diesmal galt nicht das Wort »tant de bruit
pour une omelette«, denn das Omelette war Dein Shalom-Tele-
gramm aus Haifa, mein lieber Junge, das von dem holden Klee-
blatt, Vater, Mutter und Grete, Buchstabe für Buchstabe durchstu-
diert wurde.*
*Muttel wollte sich das Telegramm über Nacht zwischen Hemd
und Busen legen, was ich aber nicht gestattete wegen Alpdrücken.
Trotzdem hat Mutter vor freudiger Erregung schlecht geschlafen,
versprach uns aber hoch und heilig, jetzt endlich ruhig sein zu
wollen und bis Passah unter Zuhilfenahme von Schiffsmumme
wenigstens ein Pfündchen zuzunehmen. Nun seid Ihr also alle drei
glücklich auf dem Boden von Erez Israel gelandet, und wir warten
noch auf einen ausführlichen Bericht über den Verlauf der Meeres-
fahrt. Da Ihr eine eigene Kabine hattet und auf einem neuen oder*

neu auflackierten Schiff gefahren seid, so darf wohl angenommen werden, daß die Reise auch nicht nur eine Fülle neuer Eindrücke gebracht hat, sondern daß sie auch zugleich eine Erholung von den vorangegangenen Strapazen auf dem Festland gewesen ist. Hoffentlich seid Ihr von der Seekrankheit, wenigstens in größerem Ausmaß, verschont geblieben. (...)

Bei uns in der Nestorstraße, einem kleinen Fleckchen Europas, ist es jetzt still geworden. Das Klavier wird nur selten noch von den zarten Mädchenfingern Gretels bearbeitet und von den Fortissimi und Staccati, wie sie noch zu Sawadis und Adolfs [Namen zweier Schüler] Zeiten zu hören waren, keine Spur mehr, Erlkönig und Figaro wie weggefegt. Es herrscht ein Schweigen wie im Urwald, und man merkt es dem Klavierchen an: es möchte wieder mal tüchtig seine Stimme hören lassen. Aber am 1. April wird dem lieben Musikkasten ein neuer Herr und Meister erstehen, und wehmütig werden wir ihm nachsehen, wenn er uns von einer höheren Macht entführt wird. Du, liebe Rosie, warst ja schon früher einmal in Palästina und kommst jetzt in eine Dir nicht ganz unbekannte Welt, aber für jemand, der zum ersten Mal den Boden Asiens betritt, des Erdteils, der die Wiege der Menschheit getragen hat, und noch dazu den Boden eines Landes, das für uns Juden mit 1000 historischen Erinnerungen verknüpft ist, für den muß es doch geradezu etwas Berauschendes sein, wenn sein Fuß zum ersten Mal diese alte, heilige Erde berührt. Ist es Dir, mein liebes Josefskindlein, so ergangen, oder ist die Wirklichkeit realistischer und weniger romantisch verklärt, als es eben die Phantasie so vorgaukelt? Ich kann mir wohl denken, daß die Realitäten des Lebens und die harten Notwendigkeiten des Existenzproblems sich vordrängen und sehr bald Geltung zu verschaffen wissen, aber ich glaube doch, daß Du jetzt in persönlichster Verbindung mit dem Judenlande auch die Gefühlswerte des Judentums an Ort und Stelle leichter und williger in Dir aufnehmen wirst als früher in Deutschland, das von der jüdischen Erde immerhin durch ein Weltmeer getrennt ist. (...)

Dieser Brief löste eine Reaktion aus, die er ganz sicher nicht beabsichtigte. Mit erschreckender Plötzlichkeit wurde ich von einer ungeheuren Sehnsucht gepackt. Widerstandslos hätte ich mich jedem ergeben, der mich zurückgebracht hätte. Der Flügel, der nach einem mündlichen Abkommen bis zu meiner Abreise im Hause bleiben durfte, nun aber abgeholt würde, gab mir einen zerreißenden Schnitt ins Herz. Mir war, als hätte ich mein eigenes Kind verkauft, und nun ruft es nach mir. Rosie bemerkte diesen

Zustand, aber sie hatte keine Kraft zu helfen, litt sie doch selbst, weil sie keine Schüler finden konnte.

Das Fotoatelier wurde eine tiefe Enttäuschung. Soweit es überhaupt Arbeit gab, waren es fast ausschließlich Paßfotos. Hie und da kam auch mal ein Porträtauftrag, aber da mußte nach gewohnten Schönheitsbegriffen ausgeleuchtet und sorgfältig retuschiert werden. Die Miete für das Studio war sehr hoch, die Materialschulden wurden immer höher, das Zusammenleben mit schwierigen Menschen schuf zusätzlich Reibungsflächen – irgendwie mußte der gordische Knoten durchschlagen werden. Nach mehr als zwei Monaten gab ich das Studio auf, da es zwei Familien ohnehin nicht ernähren konnte; so war es besser, wenn sich jeder von uns selbständig machte. Ich ging auch auf die Suche nach einer eigenen Wohnung, die für Rosie bessere Möglichkeiten bieten sollte. An das Schuldenmachen hatte man sich, nolens volens, gewöhnt und gelernt, daß dies die Technik ist, sich das Leben zu finanzieren. Es gab niemanden ohne Schulden. Für die neue Wohnung, die wir durch Vermittlung fanden, habe ich sogar Wechsel unterschrieben, was riskant war, denn Wechsel mußten pünktlich eingelöst werden. Aber ohne dieses Risiko konnte man sich überhaupt nicht fortbewegen, und so wurde alles mit einem naiven Gottvertrauen unternommen, das eigentlich Ausdruck des Fatalismus war. Die Wohnung, in die wir einzogen, war zwar in einem noch unfertigen Neubau, doch es erheiterte unser Gemüt, endlich allein sein zu können, und gab neuen Aufschwung. Tatsächlich gelang es, von einem Städteplaner Aufträge für Fotos von Landgebieten, Straßenabmessungen und dergleichen zu bekommen. Der erste Wechsel wurde auch prompt eingelöst. Das gab neuen Mut, und wir ertrugen die staubige Hitze unserer Bauumgebung leichter.

In diesen Tagen mußte ich wegen eines Regierungsdokumentes zum ersten Mal nach Jerusalem fahren. Das war damals fast eine Tagesreise, halb mit der Eisenbahn, halb mit dem Autobus. Völlig erschöpft stieg ich aus dem Autobus. Doch Jerusalem schlug mich in seinen Bann. Ich ging langsam die Straßen zum Regierungsbüro und wandelte auf Steinen, die mit mir sprachen. Die Amtsangelegenheit war in fünf Minuten erledigt. Meine Übernachtungsadresse war bei einem Freund von Freunden meines Haifaer Hauswirts, einem Lehrer der Haifaer Technischen Hochschule. Die Aufnahme war vollkommen unbetulich und selbstverständlich; ich verbrachte einen Abend im betörend nach Jasmin duftenden Garten unter dem kühlen Jerusalemer Sternenhimmel. Das war wieder eine neue Welt, und doch lag sie im selben Land. Ein inneres Signal meldete: Hier möchte ich leben. Der jüdische Gott aber verteilt keine liebenswürdigen Geschenke. Die Gabe muß errungen werden, und nur wer es schafft, darf ein gekräftigtes Loblied auf ihn singen.

So fuhr ich hübsch bescheiden wieder nach Haifa zurück, aber doch mit einer vorsichtigen Freude auf etwas, das zu planen war. Selbst diese zaghafte Freude war verfrüht. Bald lag ich wieder hochfiebrig im Bett mit einer Infektionskrankheit, die den märchenhaften Namen Popadatschi trug; heute würde man Virusinfekt sagen. Ich war todunglücklich, denn außer meiner Scharlacherkrankung als Schuljunge war ich immer kerngesund und kannte kein Kränkeln. Wieder beobachtete mich Rainer und lachte begeistert über meine Grimassen. Man schickte einen greisen und rührenden Arzt ins Haus, der geradewegs aus einer Puschkinerzählung zu kommen schien. In den frühen zwanziger Jahren war er mit der russischen Emigrationswelle in Palästina eingewandert. Auf meinem Bettrand sitzend, Puls fühlend, mit tiefem Verständnis in die Augen schauend, das Familienszenarium in der Wohnung betrachtend, war er es, der die Popadatschi-Diagnose stellte. Er führte die Infektion auf einen Insektenstich zurück und kurierte mit einer mitgebrachten Kollektion verschiedenfarbiger kleiner Kügelchen, die dreimal am Tage einzunehmen waren. Er prognostizierte eine Fieberdauer von etwa zehn Tagen und verordnete strenge Milch-Diät. Er hätte jedwede Diät verordnen können, ich rührte ohnehin nichts an.

Nach einer Woche ging das Fieber zurück, was blieb war ein ausgelaugter Jammerlappen von Mensch. Arbeit hatte ich verloren und damit auch jeden lebenswichtigen Penny. Glücklicherweise konnte man auch in den Eßwarengeschäften anschreiben lassen, aber irgendwann mußte es doch einmal bezahlt werden. Selbst wenn ich den Tisch voller Aufträge gehabt hätte, wäre ich vor Schwäche zu keiner Arbeit fähig gewesen. Die gleißende Sonne schmerzte in den Augen, ich scheute das bergige Gelände, wollte mir selber hebräische Vokabeln beibringen, aber was immer ich überlegte, es blieb alles grau in grau und kroch die Minuten und Stunden entlang.

Der Doktor schickte mir eine Sozialfürsorgerin der jüdischen Stadtverwaltung ins Haus. Sie hatte das Herz einer »jüdischen Mamme«. Auch sie war eine deutsche Emigrantin mit einer prominenten zionistischen Vergangenheit. Common sense, schnelles Zupacken und bei aller Tüchtigkeit ein warmes Mitgefühl mit dem

Hilfsbedürftigen, das charakterisierte diese noble Sozialfürsorgerin. Bevor sie unseren Problemen auf den Grund ging, besorgte sie Lebensmittelkarten, um das Schuldenkonto zu verringern. Es gab natürlich keine Delikatessen, aber für die wichtigsten Nahrungsmittel war gesorgt. Vor allem konnte das Kind richtig ernährt werden. Mit seinem Namen Rainer hatten wir Schwierigkeiten bei den jüdischen Ämtern, er klang zu deutsch. Von nun an hieß er Re'uwen.

In Haifa wurde zu jener Zeit sehr viel gebaut. Die Architekten tobten sich aus in kühner Moderne. Meine Tropenkamera mit verstellbarem Balgen 13 mal 18 cm, die für Architektur geboren war, durfte ich als Fotograf bei der Auswanderung als Handwerkszeug mitnehmen. Dem arabischen Zollbeamten am Hafen Haifa stach diese Kamera sofort ins Auge. Sie war aus wunderbarem Mahagoniholz gebaut mit blitzenden Nickelbeschlägen. Das große Zeiss-Objektiv verstaute ich sicherheitshalber separat im Handgepäck. Der Beamte sprach fließend deutsch mit arabischem Akzent. Er fragte nach dem Namen dieser Kamera, um in einem großen Folianten mit Warenverzeichnissen den Zollwert des Apparates festzustellen. Zollgebühren hätte ich gar nicht bezahlen können. Doch gab mir das gähnende Loch für das separate Objektiv die Idee, die Kamera als »Lochkamera« zu bezeichnen, wie man am Anfang der Fotografie die kleinen Boxen mit einem winzigen Loch nannte, wo sich die einfallenden Strahlen brachen. Der Beamte fand auch tatsächlich in seinem Verzeichnis die »Lochkamera«, für deren geringen Wert aber kein Zoll zu erheben war. Voll Liebe und Bewunderung schaute er dem schönglänzenden Kasten nach.

Diese Kamera kam nun zu vollen Ehren. Die Sozialfürsorgerin machte zwei Architekten auf mich aufmerksam. Beide legten Wert auf »künstlerische Auffassung« ihrer Gebäude. Ich hatte aber keine Schäferhunde, die ich statt des Kitsches hätte fotografieren können. Also dramatisierte ich, indem ich in großen Bögen geschwungene Balkons, hellweiß angestrichen, in verlängerter Perspektive mit Rotfilter gegen den blauen Himmel aufnahm, ein wahres Inferno aus Dantes »Göttlicher Komödie«. Der Erfolg blieb auch nicht aus, und für etwa drei bis vier Wochen wuchsen die Aussichten und heiterten mein Gemüt auf.

Schon die nächste Welle warf mich wieder zurück: Der zweite Popadatschianfall war heftiger als der erste und dauerte länger. Wahrscheinlich war die Widerstandskraft geringer. Der gute alte russische Doktor kam zunächst jeden Tag, beschäftigte sich aber

mehr mit Re'uwen als mit mir. Es mußte nun etwas Entscheidendes geschehen, die Situation wurde ernsthaft kritisch. In einem
Consilium mit der Sozialfürsorgerin, dem Arzt und Rosie suchten
wir nach einer Lösung. Die Frage war, wie ich mir eine Existenz
aufbauen könne, ohne die gegenseitige Belastung einer Familie.

Rosie fand den Ausweg. Sie hatte sehr gute und vermögende
Freunde in Danzig, das zu dieser Zeit noch Freistaat war. Diese
Kaminskis sollten Rosie und das Kind für eine gewisse Zeit einladen, währenddessen ich mir alleine eine hinreichend sichere Basis
schaffen sollte, um dann die Familie wieder zurückzuholen. Die
Antwort aus Danzig war voll heller Freude, zuzüglich zweier
Fahrkarten für Rosie und Re'uwen. An jenem Tage, an dem diese
Antwort eintraf, verbesserte sich der Krankheitszustand zusehends, und wir trafen alle notwendigen Vorbereitungen für die
nahe Abreise. Der Hauswirt gab die noch fälligen Wechsel zurück,
da er schnell einen Mieter fand, der sogar für ein ganzes Jahr im
voraus zahlte. Auch Rosie und dem Kind gegenüber fühlte ich
mich erleichtert, da ich wußte, daß sie bei den Freunden in Danzig
gut aufgehoben sein würden. Der Tag der Abfahrt kam heran, und
ich zog gegen Abend in ein kleines billiges Hotelzimmer und
konnte noch vom Fenster die Ausfahrt des hell erleuchteten Schiffes nach Genua beobachten – nicht ohne die gemischten Gefühle
einer abermaligen Trennung. Schwer zu sagen, was der kleine
Re'uwen fühlte, denn wir waren sehr miteinander verbunden.

Der neue Abschnitt begann recht verheißungsvoll. Zum ersten
Mal fand in den Messehallen von Tel Aviv eine Levant Fair statt,
in der die Produkte der jüdischen Industrie ausgestellt wurden. In
Haifa gab es ein Institut für eingewanderte junge weibliche Pionie-
re, die Weben, Töpfern und anderes Handwerk dort erlernten.
Dieses Institut wollte seine Produkte auch auf der Messe aufstellen und brauchte für den Messestand ein Foto von vier mal vier
Metern Größe als Report über sein Arbeitsprogramm. Einer der
Haifaer Architekten empfahl mich, und ich erhielt den Auftrag,
den ich als Fotomontage ausführte. Ein obskurer Fotograf in der
Haifaer Altstadt gab die Erlaubnis, seine Dunkelkammer zu benutzen, wollte aber in Wirklichkeit die Technik der Montage
erlernen, die ich ihm bereitwillig beibrachte.

Es wurde ein imposanter, viel beachteter Fotoreport. Das Institut in Haifa wurde von einer älteren Direktorin geleitet, Symbol
der Tüchtigkeit plus kommissarischer Disziplin. Mancher Gene-
ralfeldmarschall konnte sich von ihrem Regiment eine Scheibe
abschneiden. Am Tage nach der Eröffnung des Messestandes in

Tel Aviv gab sie eine Feier in ihrem Institut für alle Mitglieder und geladenen Gäste. Ich durfte – eine große Ehre – neben ihr sitzen. Ein »Danke« oder ein halbes Wort der Anerkennung für meine Arbeit hat sie nie über ihre Lippen gebracht, dagegen zahlte sie auf die Minute pünktlich und räumte mir nun einen Platz neben Ihrer Majestät ein.

Feiern dieser Art in halboffiziellen jüdischen Kreisen folgten bereits einem traditionellen Ablauf: erst die Rede eines Oberhauptes, dann ein Gemeinschaftssingen und dann das sogenannte künstlerische Programm. Für diese Feier war ein Pianist aus Tel Aviv eingeladen. Also erhob sich die Frau Direktor und sprach auf Hebräisch, stark mit Jiddisch gemischt, über die Errungenschaften des Instituts und ließ sogar ein Wort über meine Fotomontage fallen, die sie als »sehr interessante Arbeit« würdigte. Später, in meiner Komponistenlaufbahn, habe ich dann die Bedeutung des Attributs »interessant« für ein Kunstwerk gelernt; es will sagen: anerkennenswert modern, aber doch scheußlich.

Nach ihrer Rede begann das gemeinsame Singen. Viele Melodien habe ich wiedererkannt vom patriotischen Singen auf Deck der »Jerusalem« bei der Ankunft vor Haifa. Bei Tee und kleinen Kuchen war die Stimmung sehr angenehm, man fühlte sich geborgen zwischen zufriedenen und glücklichen Menschen. Nach etwa einer halben Stunde wurde meine Direktorin nervös, denn der Pianist war noch nicht eingetroffen. Also wurde der Liederschatz weiter geleert, aber es begann doch eine gewisse Ermüdung. Ein deus ex machina wäre am Platze gewesen, und nach weiteren lahmen zwanzig Minuten faßte ich mir ein Herz und bot der Frau Direktor an, den Pianisten zu vertreten. »Nein, nein. Wir haben einen sehr guten Pianisten bestellt, da kann ich nicht einen Fotografen spielen lassen.« Das war zweifellos richtig, und ich habe mich entschuldigt. Die Situation wurde aber kritisch, die jungen Mädels wurden ungeduldig und fingen an zu albern. Frau Direktor war verzweifelt und warf mir halb resigniert, halb gnädig zu: »Na schön, dann spielen Sie mal was.« Mein Angebot war natürlich leichtsinnig, schließlich hatte ich anderthalb Jahre kein Klavier mehr berührt. Aber plötzlich war da ein Prickeln in den Fingerspitzen, und ich glaubte, ein Chopin-Nocturne oder ein Schubert-Impromptu wieder auf die Beine bringen zu können. Es ging auch sehr gut, und für eine Weile schwebte ich in illusionärem Glück. Der Beifall riß mich in die Wirklichkeit zurück. Frau Direktor fauchte mich an: »Na, was sind Sie denn eigentlich – ein Fotograf oder ein Pianist?« – »Die Antwort überlasse ich Ihnen.« Worauf sie nur noch meinte: »Diese Jekkes!«, was ein Spottname für deutsche Juden war. Die Situation war gerettet, der Abend fand ein schönes Ende.

Am nächsten Morgen erhielt ich einen kummervollen Brief von meinem Vater. Er schrieb über die schwere Erkrankung der Mutter und klagte über meine Schreibfaulheit. Tatsächlich aber wollte ich nicht ganze Briefe rosiger Berichte lügen, aber auch nicht der Mutter den objektiven Tatbestand zumuten, das wäre ihr nicht gut bekommen.

Da eröffnete sich ein anderer Lichtblick. In einem kleinen Städtchen zwischen Haifa und Tel Aviv namens Hadera lebte ein Fotograf aus Polen namens Pinchas. Pini, wie er genannt wurde, hatte von mir gehört und bestellte mich in sein Fotostudio nach Hadera, wo er auf weiter Flur alleiniger Herrscher in Sachen Porträtierkunst war.

Pini war rothaarig, lispelte und hatte pausenlos nervöse Zuckungen auf Oberlippe und runzeliger Stirn. An einem Freitagnachmittag holte mich Pini am Bahnhof ab, und wir fuhren im Autobus zu seiner Wohnung, die eine winzige Holzbaracke mit zwei Zimmerchen war. Frau Gemahlin und zwei kleine Kinder begrüßten uns. Dann wurde in einer Ecke das Abendessen serviert. Zuerst aßen Pini und ich, danach konnten auch die Kinder mit der Mutter essen, denn das Eßgeschirr reichte nicht für uns alle zusammen; dazwischen mußte abgewaschen werden.

Pini führte mich am nächsten Morgen in seine Arbeit ein. Am Sabbat war der größte Betrieb, denn da kamen alle Arbeiter von den umliegenden Dörfern und Kibbuzim nach Hadera, um Familienfotos machen zu lassen. Wochentags kamen die reichen Orangenplantagenbesitzer und wollten moderne Fotos, wie sie sie in englischen und französischen Journalen sahen. Pini war darauf bedacht, mit diesen Journalen konkurrieren zu können, sonst wären diese feineren Kunden weggelaufen nach Tel Aviv. Von mir erhoffte er sich nun die Beherrschung dieser modernen Technik. An allen Aufträgen dieser Art sollte ich mit 50 Prozent Gewinn beteiligt sein; Materialunkosten gingen auf seine Rechnung. Ich akzeptierte und zog mit meinem Gepäck nach Hadera. Pini verschaffte mir einen kleinen Raum zum Wohnen mit äußerst primitivem Komfort, aber immerhin einer Wasserleitung, wenn auch außerhalb der Hausmauer.

Pinis Fotoatelier konnte aus einem Film sein, der die ersten Tage der Fotografie zeigt. Da war eine griechische Säule, niedrig genug, um einen Ellbogen drauf zu stützen und die Finger denkend an die Stirn zu drücken. Da war ein Sofa mit Fell und Löwenkopf, auf dem das nackte Baby auf den Bauch gelegt wurde. Da hing ein idyllischer Palmenhain an der Wand, unter dem das zu fotografierende Paar sich verliebt anhimmelte. Die Beleuchtung wurde nach exakten Positionen der Fotolampen vorgenommen und durfte sich nie verändern. Ich brachte ein Spotlight mit, das die Revolution im Atelier verursachte. Pini betrachtete die Lampe mit großer Skepsis und meinte, sie sei nur gut für Heiligenscheine. Trotzdem erwartete er neue Verdienstmöglichkeiten.

Pini sprach mit mir nur jiddisch. Ich war bisher nicht in der Lage, auch nur eine hebräische Sprachstunde zu nehmen. Später habe ich mich viel mit Jiddisch beschäftigt, weil es eine der herrlichsten Sprachen der Welt ist, absolut unübersetzbar, da sie zum großen Teil idiomatisch denkt und ausdrückt. Der große hebräische Dichter Nachman Bialik hat einmal den Unterschied zwischen Hebräisch und Jiddisch so formuliert: »Hebräisch spricht man, Jiddisch red sich.« Das polnische Jiddisch enthält viele deutsche verjiddischte Wörter, während das litauische Jiddisch sich eher an das Russische anlehnt. Pini, der aus Warschau kam, sprach waschechtes Warschauer Jiddisch, weshalb ich ihn auch verstehen konnte. Allerdings verhielt sich Pinis vulgäres Jiddisch zum aristokratischen litauischen Jiddisch etwa wie der Berliner Dialekt zum Hochdeutschen. Aber dadurch erhielt ich Zugang zu dieser Sprache, wofür ich ihm auf ewig dankbar bin.

Pini hatte einen störrischen Geist. Einerseits wollte er Neuigkeiten einführen, andererseits hatte er eine tiefe Abneigung gegen diese »Kunzim« (was im Jiddischen etwa »künstliche Sachen« bedeutet). Er beobachtete sorgfältig meine Beleuchtungseffekte, merkte aber bald, daß ich bei jedem Porträt eine andere Lichtkombination wählte. Das war schwer nachzumachen, denn es kam auf Feinheiten der Einstellung an. Diese Aufnahmen verkauften sich tatsächlich sehr gut, und jedesmal wurden noch zusätzliche Vergrößerungen bestellt, ein guter und leichter Verdienst. Schließlich bekam er es mit der Angst, daß ich mich selbständig machen könnte und von seinem weiten Kundenkreis das Porträtieren wie Rahm von der Milch abschöpfen würde. So geriet er in ein Dilemma. Da er aux fond ein guter Mensch war, wollte er mich nicht gehen lassen, aber doch loswerden. So fand er eine geniale Lösung: Er bewunderte plötzlich meine Dunkelkammerarbeit, gab mir mehr und mehr solcher Arbeit unter vielerlei Ausflüchten und drängte mich langsam aber sicher aus dem Aufnahmestudio hinaus.

Die Dunkelkammer war an das Studio angebaut auf Sandboden, mit billigen Sperrholzplatten zusammengesetzt, nur die Isolierung der elektrischen Leitung war fachmännisch angelegt. Ein Fenster gab es nicht, aber einen Ventilator, der die dicke Luft der Chemikalien herumwirbelte. Wegen der erbarmungslosen Sonnenstrahlung verbogen sich die Sperrholzplatten in alle Richtungen und wurden zusammengehalten durch Blechstreifen von zerschnittenen Benzinkanistern, die ihrerseits vorzügliche Wärmeleiter waren. Am Tage konnten die Entwicklungsbäder nur mit kleinen Eisstücken auf normale Temperatur gebracht werden. Eines Tages um die Mittagszeit schwanden mir die Sinne in diesem Kasten. Ich konnte gerade noch die Tür aufmachen und fiel draußen in den Sand. Pini, der oft nach der Dunkelkammerarbeit sah, fand mich, und zu Tode erschrocken schleppte er mich in sein Studio. Der herbeigeholte Arzt stellte völlige Erschöpfung und Unterernährung fest und verordnete absolute Ruhe. Bald fiel ich in einen tiefen Schlaf, durch den ich mich wieder einmal gut erholte; dann ging ich in meine Behausung.

An diesem Abend begann ich wieder zu komponieren. In ein Schreibheft, sonst als Briefpapier benutzt, zog ich Notenlinien. Das erneute Denken in Tönen wirkte wie Medizin. Pläne für die Zukunft verschob ich auf den nächsten Tag.

Doch da deuteten alle Symptome auf einen neuen Popadatschianfall, den ich nun keinesfalls in Hadera überstehen wollte. So bestellte mir die liebe Sozialfürsorgerin das Hotelzimmer in Haifa, denn gegen die Haderaer Behausung war das Haifaer Hotel ein Luxussanatorium. Obwohl mir Rosie sehr fehlte, war ich gleichzeitig froh, daß sie und das Kind nicht da waren.

Die Sozialfürsorgerin und der alte russische Doktor tuschelten miteinander neben meinem Krankenbett, aber da sie hebräisch sprachen, konnte ich ohnehin nichts verstehen. Nach einigen Tagen aber führte die Fürsorgerin ein ernstes Gespräch mit mir: Man befürchtete, daß die Lebensbedingungen in diesem Lande zu schwer für mich seien. So unwiederbringlich der Verlust eines Einwanderungszertifikats auch sei, sie könnten doch eine so schwere Verantwortung nicht übernehmen, und so hätten sie beschlossen, mir eine Rückfahrkarte auf einem Touristendampfer nach Bremen zu besorgen. Das Schiff werde in etwa sechs Tagen den Hafen Haifa anlaufen und etwa vier Tage später abfahren.

Trotz meiner Auswanderung hatte ich immer noch einen gültigen deutschen Reisepaß ohne Judenvermerk, auch bestand zu dieser Zeit noch keine unmittelbare Lebensgefahr für einen deut-

157

schen Juden. Sie schickten mich also nicht in mein offenes Verderben, sondern wählten zwischen zwei latenten Verderben. Widerstandslos akzeptierte ich. Die Gefühle pendelten zwischen Niederlage und erlöster Sehnsucht und wagten nicht, sich für das eine oder andere Ende zu entscheiden. Zu Hause angekommen, würde man mich sicherlich mit Fragen über das Kibbuzleben bestürmen, ohne daß ich einen Kibbuz gesehen habe. Ich hatte noch über eine Woche Zeit und schrieb der einst malariakranken Rachel der Berliner Begegnung eine Postkarte in ihren Kibbuz Beth Alpha, bekam postwendend Antwort, packte mein kleines Hab und Gut und beschloß, zu ihr zu fahren und von dort direkt zum Schiff zu gehen.

Der Kibbuz Beth Alpha liegt am Fuße des Gebirges Gilboa in einem großen Tal zwischen Haifa und Tiberias. Damals gab es noch keine Autostraße, man fuhr mit der sogenannten Hedschasbahn, einer Schmalspur-Eisenbahnlinie, vor dem Ersten Weltkrieg von den Deutschen für die Türken erbaut. Die Linie verband Haifa mit Damaskus. Gegen acht Uhr abends kam der Zug in Shatta an, einer winzigen Bahnstation, die aus einem kleinen Häuschen mit zwei Zimmern und Telefon für den Bahnhofsvorsteher und seine Familie bestand sowie festgestampftem Erdboden als Bahnsteig.

Ein Chawer (Genosse) des Kibbuzes erwartete mich mit Leiterwagen und Pferd, und wir fuhren quer durch die Felder, wegen der kurzen Dämmerung im Lande schon bei völliger Dunkelheit. Es war drückend schwül und ich spürte, wie mein Fieber wieder in die Höhe kletterte. Nach einer knappen Stunde erreichten wir im langsamen, durchrüttelnden Trab die Einfahrt zum Kibbuz.

Im Eßsaal, der auch als Versammlungsort für alle gesellschaftlichen Veranstaltungen diente, saßen schon alle an langen Tischen beim Abendessen, es summte wie im Bienenhaus. Rachel begrüßte mich allerherzlichst, und man brachte Tee, Weißkäse, Margarine, Brot und Tomaten. So fürstlich hatte ich schon lange nicht mehr diniert. Rachel eröffnete mir, daß ich in einer Stunde ein Konzert auf dem kürzlich angekommenen Klavier geben müsse. Ich traute meinen Ohren nicht und erklärte ihr meine Lage: Erstens sei ich gänzlich aus der Übung, zweitens sei ich krank und säße mit Fieber neben ihr und drittens könne man so etwas doch nicht von einem Moment auf den anderen festlegen. Sie lachte mit ihrer tiefen Stimme aus vollem Hals, wobei eine Perlenreihe schneeweißer Zähne mit ihrem schwarz gekräuselten kurzgeschnittenen Lockenkopf konkurrierte. Sie rief einen Chawer namens Podi heran, ihren Mann. Als tonangebender Chawer dieses Kibbuzes versuchte er zu erklären, was für ein ungeheures Ereignis es wäre, zum ersten Male in ihrer Geschichte ein Konzert zu erleben. Daher hätten sie allen Kibbuzim der näheren Nachbarschaft von diesem Ereignis Nachricht gegeben – ich brauchte nur aus dem Fenster zu sehen, um die herankommenden Besucher zu beobachten. Tatsächlich sah ich in der Silhouette gegen den Himmel Pilgerzüge auf Pferdewagen, auf Rädern, auf Eseln, alle mit baumelnden Windlampen die Hügel aus allen Richtungen nach Beth Alpha herunterkommen. Es sah aus wie ein alter Stich einer Bibelillustration. In meinem Fieberzustand war das alles völlig unwirklich, und ein wenig ermutigt durch die Fotomontagefeier in Haifa dachte ich mir: Na schön, ich werde spielen und wenn ich stecken bleibe, werde ich eben improvisieren; kein Mensch hier wird das merken; dieses Land ist schließlich nicht mit Mozart und Beethoven aufgebaut worden; morgen fahre ich mit dem Mittagszug wieder zurück, bis dahin werde ich mich irgendwo verstecken und dann – nach mir die Sintflut.

Inzwischen wurden die Tische abgeräumt, und die Chawerim von Beth Alpha und die Gäste von draußen begannen den Saal zu füllen. Nach wenigen Minuten konnte keine Stecknadel mehr einen Platz finden. Man saß auf Stühlen, Bänken, Tischen, auf dem Boden, auf jedem freien Zentimeter. Die, die nicht mehr eingelassen wurden, drückten ihre Nasen platt an den Mückennetzfenstern rings um den Saal. Auch die oberen Durchzugfenster waren belagert von Menschen, die noch auf dem flachen Betondach Platz fanden, sich dort auf den Bauch legten und durch diese Fensteröffnungen schauten.

An der Wand stand ein nagelneues Klavier, ich saß mit dem Rücken zum Publikum. Ich erinnerte mich, wie mein Lehrer Saal einmal vor Beginn der großen Jahresferien das Versprechen abnahm, zwei Monate lang kein Instrument anzurühren. »Du wirst sehen, wieviel besser die Finger danach laufen«, sagte er. Meine Pause war nun über anderthalb Jahre, aber hier war nicht die Gelegenheit für Rechnungen. Es wurde mäuschenstill, und ich begann mit Beethovens Geistersonate in d-Moll. Das Gedächtnis funktionierte tadellos, die Finger liefen mit Bravour, ich fühlte mich hervorragend. Mit dem immerhin anspruchsvollen Stück, auch für die Hörer, kam ich zum Ende und erwartete den Beifall. Totenstille lag über dem angefüllten Raum. Ich erschrak. So schlecht hatte ich doch nicht gespielt! Waren alle mittlerweile weggegangen? Ich wagte nicht, mich umzudrehen. Kein Hüsteln, kein Räuspern, kein Laut – was war das? Mir hatte es zumindest große Freude gemacht. Also beschloß ich weiterzuspielen – die große Orgel-Torrata und Fuge C-Dur, in der Busonischen Bearbeitung. Auch das verlief ohne Fehler, ich brauchte nicht zu improvisieren, obgleich es mich juckte. Da blitzte in mir das Erlebnis eines Klavierabends von Eugen d'Albert in der Singakademie auf. In der Bach-Fuge blieb er stecken, und ohne mit der Wimper zu zucken, improvisierte er den Rest der Fuge. Das Publikum applaudierte einen wahren Sturm der Begeisterung. Bei mir aber verlief alles ohne Ausrutscher, Beifall blieb weiterhin illusorisch. Da beschloß ich doch, mich umzudrehen. Ich sah ein Bild – nicht von dieser Welt. Die Menschen saßen und blickten durch mich hindurch in eine Traumferne; oder sie entrückten der Wirklichkeit mit geschlossenen Augen; sie rührten sich nicht, kein Wort kam aus ihrem Munde, sie saßen wie angewurzelt. Eine Zauberhand lag auf der ganzen Szene. Keiner brachte mir ein Glas Wasser, keiner fragte mich, ob ich etwas möchte, ich schwitzte weiter, mehr als von den weißen Tabletten meines russischen Doktors. Ich spielte weiter. Es wurde halb drei Uhr nachts. Plötzlich fühlte ich, daß ich nicht mehr weiter konnte, klappte den Klavierdeckel zu und stand auf. Still und ruhig gingen alle ihrer Wege, wie aus einem Bethaus hinaus. Rachel brachte aus der Küche Delikatessen aus Aladins Wunderlampe: Datteln und Feigen und Nüsse und Früchte und Wein und Gebäck, alles wurde auf einem Tisch mit weißem Tuch ausgebreitet. Jemand sprach auf Hebräisch ein paar Dankesworte. Dann brachte mich Rachel zu einem Zelt, in dem mein Bett aufgeschlagen war. Erst später bemerkte ich, welch ein Luxus das war. Ein großes Zelt, ganz für mich alleine, das bekam nur König David.

Die Sonne auf dem Zeltdach weckte mich, ich stand auf und suchte eine Waschgelegenheit. Draußen saß Rachel auf einem Stein und wartete auf das Wunder. Sie führte mich in das Häuschen mit allen Waschvorrichtungen und brachte mich dann zum Frühstück in den Speisesaal. Wer uns auf dem Wege begegnete, blickte uns nach. Ich fühlte mich wie neugeboren. Rachel zeigte mir die Gemüseanpflanzungen, wo sie arbeitete. Der Tag war nicht besonders heiß und die Gemüsefelder bewässert, ein leichter Wind wehte, und ein herrlicher Duft verbreitete sich. Ich wollte mit Hand anlegen, aber das lehnte Rachel strikt ab. Ich könnte mir ja einen Splitter in einen Finger jagen oder mich an einer Kiste verheben, ich dürfte nur zuschauen, denn am Abend sollte ich noch ein Konzert geben.

Der Dampfer nach Bremen mußte ohne mich abfahren. Die psychosomatische Popadatschi löste sich in Nichts auf, zerstob in alle Winde und wagte bis heute nicht, wieder in meine Nähe zu kommen. Hier endet die Ouvertüre zu meiner endgültigen Basis in Palästina und bald Israel.

Nur a Klesmer

Beth Alpha wurde nun mein Aufenthaltsort. Ich bekam ein Zimmer in einer Holzbaracke, das ich manchmal mit einem anderen Chawer teilen mußte. Das entsprach den normalen Lebensbedingungen, denn das Wohnungsproblem war groß. Essen und Trinken und all die täglichen Versorgungen verdiente ich mir mit meiner Kunst, ohne aber eine Ausnahmestellung einzunehmen. Ich konnte kein Chawer des Kibbuzes sein, ohne einer der zionistischen Bewegungen anzugehören, die der Kibbuz repräsentierte. Erst später, im Laufe der deutschen Einwanderung, wurden auch »neutrale« Bewerber aufgenommen.

Ein Kibbuz ist ja kein Privatunternehmen, sondern das Arbeitsprodukt eines Kollektivs, das vom damaligen jüdischen Nationalrat, dem Vorläufer der ersten israelischen Regierung, direkt und indirekt subsidiert wurde. Die Generalversammlung des Kollektivs wählte seine Chawerim auf Grund bestimmter Normen.

Über diese politische Seite des Kibbuzes zerbrach ich mir nicht den Kopf und spielte zunächst mit großem Behagen die Rolle eines Ehrengastes, der allerdings auch eine für die Chawerim wichtige Gegenleistung bot. Da ich nicht jeden Abend ein Konzert geben konnte, beschloß ich, von Beth Alpha aus das Land zu bereisen und in all den Kibbuzim zu spielen, die ein Klavier besaßen. Auch das ging nicht immer ohne Abenteuer ab.

Nahe Beth Alpha, mit dem Pferdewagen etwa zwei Stunden entfernt, lag ein anderer großer Kibbuz namens Ein Charod. Dort gab es einen hervorragenden Naturkundelehrer und gleichzeitig Komponist vieler Volkslieder dieser Zeit, Moshe Carmi. Eine seiner Töchter, Daliah, studierte später bei mir Musik und ist heute Leiterin der Musikologie an der Hebrew University in Jerusalem. Über das Sekretariat von Beth Alpha wurde ein Konzertabend in Ein Charod verabredet, doch als ich ankam, wußte niemand etwas davon. Ich ging zum Chawer, der für die Gästeunterkunft zu sorgen hatte, ließ mir ein Bett geben, ging in den Speisesaal, aß in Ruhe mein Abendbrot, spazierte noch ein bißchen im Kibbuz herum, genoß das Liebesleben der nächtlich duftenden Gewächse und ging schließlich schlafen.

Es war gegen elf Uhr in der Nacht, da klopfte es an mein

Zimmer; Moshe Carmi kam herein in hellster Aufregung. Niemand hätte ihm etwas von meiner Ankunft gesagt, und es käme gar nicht in Frage, daß das Konzert ausfällt. Jeder Kibbuz hatte an einem neutralen Platz, meist neben dem Eßsaal, eine Eisenplatte oder ein Eisenrohr, auf dem mit großen Klöppeln entweder zur Arbeit gerufen oder auch Alarm geschlagen wurde. Moshe Carmi trommelte alle Chawerim zusammen. Elf Uhr nachts wird zu keiner Arbeit gerufen, also war es Alarm – ein Überfall oder Feuer. Alle rannten in Pyjamas, in Pantoffeln – was war geschehen? Moshe Carmi kündigte ein Konzert von Josef (damals noch) Grünthal an. Der große Eßsaal füllte sich im Handumdrehen, das gesamte Publikum in Schlafzimmerbekleidung. Ich gab mein Konzert bis tief in die Nacht hinein. Der fehlende Beifall irritierte mich nicht mehr, denn inzwischen hatte ich gelernt, daß Beifall der Ausdruck von Bourgeoisie sei und deshalb in einer Commune verpönt.

Natürlich kam ich auch nach Haifa. Während dieses Aufenthalts mußte ich einen Autobus benutzen, um in den unteren Teil der Stadt, Bat Galim, zu gelangen. Die Linie bestand aus einem einzigen Autobus, der im Pendelverkehr fuhr. Von den jeweiligen Endstationen fuhr er nur ab, wenn alle Sitz- und Stehplätze belegt waren. Wer dann noch auf dem Weg zusteigen wollte, mußte wissen, wie man sich dünne macht. In den Bus stieg man von hinten über ein paar herabhängende Eisenstufen, die ihrer ständigen Belastung wegen bei jeder Benutzung ächzten und sich bogen. Der Chauffeur war ein Araber, Besitzer der Autobuslinie und natürlich auch der historischen Fordmaschine. War in einem Kilometer Entfernung ein Polizist in Sicht, so begann er wild zu fluchen und nach rechts und links zu spucken, obgleich der Polizist ganz harmlos an der Ecke stand. Er muß wohl böse Erfahrungen gemacht haben.

In diesem Bus erwischte ich einen Eckplatz direkt an der Treppe. Auf halbem Weg wollte eine Frau zusteigen. Nicht nur, daß sie selbst abnorm umfangreich war, sie hatte noch in jeder Hand einen bis oben hin gefüllten Korb mit Gemüse. Man mußte ihr also beim Einsteigen helfen. Fast gleichzeitig griffen ein großer Mann und ich die Frau unter die Arme, nachdem wir erst die Körbe hereinbugsiert hatten, und unter gewaltigem Knarren der Treppe stand sie schließlich schweißgebadet im Gang. Wir beiden Helfer lächelten uns an, lüfteten gleichzeitig unsere Kopfbedeckungen. »Shalom Josef«, sagt er, »Shalom Rudi«, antwortete ich. Wir hatten uns nie gesehen, aber voneinander gehört durch Tante

Jetka. Beim Einholen der dicken Gemüsefrau erkannten wir uns in einem kurzen Augenblick, als seien wir seit Jahren dicke Freunde gewesen. Aber von nun an blieben wir es.

Rudi Lehmann, ein Bildhauer von großer Bedeutung, mußte mit seiner Freundin Hedwig Grossmann, einer hervorragenden Keramikerin, als politischer Flüchtling Berlin schnellstens verlassen. Obwohl kein Jude, erhielt er ein Zertifikat für die Einwanderung nach Palästina. Rudi wurde in Israel zum Künstlervater zumindest zweier Bildhauergenerationen. Ebenso begründete Hedwig die Kunst der Keramik in Israel. Von ihm als Bildhauer habe ich Entscheidendes über das Komponieren gelernt. Mit ihm konnte man diskutieren, ohne reden zu müssen, jeder Blick gab Frage und Antwort. Er war ein Riese von Gestalt, bevorzugte kleinste Figuren in Holz zu schneiden, und es war faszinierend, die großen breiten Finger der Hände zu beobachten, die mit zartester Behutsamkeit kaum wahrnehmbare Äderchen ins Material schnitten. Er sprach nur wenig und leise; aber Vorsicht: in starker Erregung konnte es auch vulkanische Eruptionen geben.

Von nun an war ich ständiger Gast bei Rudi und Hedwig in ihrem Bat Galimer Heim, wann immer mein Weg über Haifa führte. Wenige Monate später wollten sich die Maler und Bildhauer Haifas organisieren, um sich damit auch gegenseitige wirtschaftliche Hilfe zu leisten. Dies entsprach noch ganz Rudis ideologischer Vergangenheit, dagegen konnte ich meine Skepsis angesichts dieser vorsätzlichen Verbrüderung nicht verbergen. Ich begleitete ihn, obgleich ich als Musiker auf diesem Versammlungsabend wenig zu sagen hatte. So saßen wir da an dem großen Tisch, und die Reden der Maler begannen. Im Laufe der Jahre habe ich dann gelernt, daß oft, wenn Maler reden, das Niveau *noch* niedriger als bei Musikern ist. Mit Bildhauern hatte ich dagegen die besten Erfahrungen gemacht. Liegt das vielleicht daran, daß ein Bildhauer weder übermalen noch ausradieren kann, jeder Schlag wohl bedacht und disponiert sein muß? Was jedenfalls die Maler an diesem Abend zusammenredeten, war wenig bedacht und überzeugend, und bald gerieten sie sich in die Haare. Rudi saß schweigend und innerlich kochend. Unvorsichtig genug, konnte ich mich nicht zurückhalten:»Na siehste . . .« Ehe ich mich versah, bekam ich coram publico mit seiner großen Tatze eine Ohrfeige geknallt. Alle waren tief erschrocken darüber, daß man sich schon schlägt. Mein herzhaftes Lachen beseitigte den Ernst der Lage, alles ging weiter wie zuvor. Der Abend verlief ohne Beschluß wie das Hornberger Schießen. Als am späten Abend Gastgeber Rudi zu Hause meine Gummiluftmatratze aufblies, brachte ich ihn mit der imitierten Ohrfeige derart zum Lachen, daß die ganze Luft wieder entwich. Unter Lachen schlug er mir die Matratze um die Ohren, und damit war der ganze Vorfall erledigt.

Eine kurze Strecke von Haifa entfernt, auf dem Weg nach Beth Alpha, lag ein anderer großer Kibbuz – Yagour. Dort lebte Jehudah Sharett, der Bruder des ersten israelischen Außenministers Moshe Sharett. Jehudah, der an der Musik sehr interessiert war, lud mich ein, in seinem Kibbuz zu konzertieren. Ich fuhr hin, spielte und war wieder Zeuge einer ganz ähnlichen Reaktion wie in Beth Alpha. Nach dem Konzert wurde ich in Jehudahs Zimmer eingeladen, und dort saßen wir in tiefem Gespräch bis in die frühen Morgenstunden. Wenn es Jehudah packte, gab es nämlich keinen Tag und keine Nacht. Er konnte zwischen zwei Tassen Kaffee plötzlich die Augen schließen, für anderthalb Minuten in tiefen Schlaf versinken, um dann für Stunden wieder frisch zu sein. Er war ein großer Kenner der hebräischen Sprache und physisch von solcher Kraft und Ausdauer, daß er zu den schwersten Steinbrucharbeiten geschickt wurde. Jeder fürchtete sich, mit ihm zusammenzuarbeiten, weil er Tempo und Qualität bestimmte. Zur gleichen Zeit beherbergte er die zarteste und sensitivste Seele, war ein Tyrann und von größter Bescheidenheit. Unsere Beziehung lebte von gegenseitiger grenzenloser Liebe und stetem Kampf.

Im nächtlichen Gespräch erfuhr ich, daß er ein leidenschaftlicher Geiger war. Noch kurz vor den Nazis schickte ihn der Kibbuz nach Berlin, wo er bei Jöde, Doflein und Diener studierte, sich in die Ästhetik von Mersmann vertiefte, kein Konzert einschließlich der Kirchenkonzerte versäumte und angefüllt mit den Wundern der westlichen Musik wieder zurückfuhr. Sein Geigenspiel war gehemmt durch eine unheilbare Knochenverletzung an einem der Finger der linken Hand. Tyrann wie er war, ignorierte er dieses Handicap und zwang sich, darüber hinwegzuspielen. Im Kibbuz organisierte und dirigierte er einen Chor. Auch als Chor-Dirigent kannte er keine Grenzen, verlangte von den schwer arbeitenden Chawerim, daß sie ihm jederzeit zur Verfügung standen. Es war an der Tages- oder besser Nachtordnung, daß Jehudah plötzlich eine Chorprobe ansetzte und die Chormitglieder erbarmungslos aus den Betten holte. Dabei war ihm die Diktion der hebräischen Sprache ebenso wichtig wie die Intonation der Musik. Eine Chorprobe war daher immer auch Sprachunterricht.

Über allem aber stand sein Interesse an der musikalischen Komposition. Er hatte ganz originelle melodische Einfälle, alle aus dem rhythmischen Fluß der hebräischen Sprache geboren. Sein scharfer Intellekt trieb ihn über die Grenzen des Volksliedhaften hinaus. Dafür fehlte ihm das Handwerk, und an dieser Stelle setzte der Kampf mit ihm ein. Musikalische Analysen fesselten ihn derart, daß er sich selbst in eine utopische Welt transportierte und phantomhaft in den Tiefen einer Bachfuge herumgeisterte. Von mir erwartete er die Führung in diese Welt. Niemals aber vergaß er, daß er seinen Chawerim gegenüber eine kulturelle Schuld habe. Diese zu begleichen belastete seinen Höhenflug. Zu seinen Melodien eine zweite Stimme zu schreiben, bereitete ihm in diesem Stadium des Beginns unserer Freundschaft noch große Schwierigkeiten. Die elementaren Regeln der Harmonielehre kannte er. Jede Regel war das Ergebnis langer Erfahrung, und bis er die verschiedenen Wege zur Bildung der Regel nicht neu erlebte und so die Regel den Prozeß einer vehementen Entwicklung durchmachte, konnte er die nächste Note nicht erdenken – die eigne Natur in Jehudahs musikalischem Konzipieren. Unser professioneller Konflikt erstreckte sich über lange Jahre. Niemand wird je die Grenze ziehen können zwischen unserer gegenseitigen Verehrung und dem schweren Ringen miteinander. Daß Jehudah nicht mehr unter den Lebenden weilt, widerspricht nicht der Realität, neben ihm zu sitzen, wann immer meine Gedanken mit ihm sprechen.

Inzwischen brach der Winter herein und mit ihm die Regenzeit. In diesem Jahr begann es früh zu regnen, was nach der langen Sommerdürre ein großes Aufatmen mit sich brachte. Den Duft der Felder nach dem ersten Regen zu beschreiben, wäre eine Anmaßung; alle fünf Sinne waren vollauf beschäftigt, im stillen die Natur zu bewundern. Unbeherrschte Emotion ist das Privileg von Natur und Mensch dieser Region. Nur wer sich ganz hingibt, kann die Fülle der Gaben ermessen.

Während dieser Regentage kam eine Einladung vom Kibbuz Gesher für ein Konzert. Auch dort war erst kürzlich ein Klavier angekommen. Gesher lag an der tiefsten Senke des Jordantales, über zweihundert Meter unter dem Meeresspiegel. Das hebräische Wort »Gesher« bedeutet »Brücke«, denn eine kleine Brücke führte über den Jordan und war gleichzeitig die Grenzbrücke zwischen dem damaligen Palästina und Transjordanien, welches vom haschemitischen Königshaus des Emir Abdullah regiert wurde. Dieser Staat wurde von den Engländern im Ersten Weltkrieg als Pufferstaat geschaffen, zu dessen militärischer Sicherheit die Engländer die Arabische Legion schufen, die einzige wirkliche

Militärmacht des Nahen Ostens dieser Tage. Emir Abdullah hatte großen Respekt vor den Juden und ihren Fähigkeiten, weshalb er beim Beten in der Jerusalemer Moschee von den Anhängern des Mufti ermordet wurde.

Die Hedschasbahn hielt an der kleinen Station Gesher. Von dort ging man zu Fuß etwa eine Viertelstunde bis zum Kibbuz. Als ich am verabredeten Tag gegen Mittag an dieser Station ankam, schüttete es vom Himmel aus vollen Kannen. Ich trug hohe Gummistiefel und einen hochschließenden Regenmantel. Der Boden in dieser Gegend besteht aus grauer, lehmiger Erde. Wird diese Erde naß, so schlittert man auf ihr wie auf einer Eisbahn. Rutschte man einmal aus und fiel hin, was auf freiem Gelände fast unvermeidlich war, so stand man als ein solider Lehmklumpen wieder auf.

Endlich erreichte ich den Drahtzaun, der rings um den Kibbuz gespannt war. Hinter der ersten Barackentür hörte ich Stimmen und klopfte an. Eine junge Frau öffnete und ließ mich herein. Zufällig fand gerade eine Besprechung des Kulturkomitees statt, aber niemand von ihnen wußte etwas über ein Konzert. Ich wurde in das Kulturzimmer gebracht und sollte auf Bescheid warten. Da saß ich in meinen nassen Sachen, und der kalte Wind pfiff aus allen Ritzen der Holzleisten. An Lektüre gab es nur hebräische Zeitungen, die ich nicht lesen konnte, und eine Nummer des *Israelischen Wochenblattes* aus der Schweiz. Diese habe ich von vorne nach hinten und von hinten nach vorne gelesen – aber niemand kam und gab mir Bescheid. Es wurde Nachmittag und ein Chawer kam herein, ein Hüne, schwarz wie die Nacht und das Gesicht eines Gorillas. Er grüßte kurz, setzte sich an einen Tisch und begann Zeitung zu lesen. Nicht lange danach kam ein junges, sehr deutsch aussehendes Mädchen, setzte sich zu ihm, und ich konnte ein Gespräch zwischen ihnen hören. Sie sagte auf deutsch: »Du. Ich habe gehört, daß es heute abend ein Konzert gibt. Weißt du was davon?« Er (auf jiddisch): »Eh, nisch ka Konzert. Nur a Klesmer is gekimmen.« (Klesmer ist im ostjüdischen Stedl ein Fiedler oder Klarinettenspieler, der zum Tanz aufspielt). Ob ich nun damit gemeint war oder wirklich ein Fiedler gekommen ist, konnte ich daraus nicht klar verstehen.

Unterdessen setzte schon die Dämmerung ein. Plötzlich hörte ich draußen ein wildes Geschrei. Ich ging zum Fenster und sah zwei große Pferde einen Leiterwagen durch den nassen Lehm ziehen, neben jedem Rad zwei Männer, die kräftig in die Speichen drückten. Auf dem Leiterwagen stand ein schwarzes Klavier.

Aha, dachte ich, es rührt sich was. Das Klavier wurde aus dem Schulhaus in den Eßsaal gebracht –, in diesem Wetter und auf diesem Boden eine Kraftleistung. Jetzt endlich erschien die junge Frau wieder, die sich nunmehr als Rifka vorstellte und die Lehrerin an der Schule war. Ich wurde in ein Zimmer gebracht, wo ich endlich den nassen Mantel aufhängen konnte, heißen Tee bekam und mich auf einem bequemen Stuhl ein bißchen ausruhte. Ich wurde wieder alleine gelassen, mit dem Versprechen, daß ich in einer halben Stunde zum Abendbrot abgeholt werden würde. In dieser halben Stunde fiel ich in tiefen Schlummer, aus dem ich pünktlich und erfrischt aufwachte. Ich wurde in den Eßsaal gebracht, der nicht, wie in Beth Alpha, ein moderner Betonbau war, sondern aus einem Steingemisch mit schwarzem Basaltstein erbaut war. Der Fußboden war dick mit Sägespänen bedeckt, um die Lehmklumpen an den Füßen zu binden, weil sonst der Raum nicht zu säubern gewesen wäre. Ich sah auch schon das Klavier in einer Ecke neben einem kleinen Fenster stehen. Die Prozedur des Essens und Abwartens war mir bekannt, so daß vor zehn Uhr oder gar später das Konzert nicht beginnen konnte. Rifka fragte mich ein paar Einzelheiten über mein Leben, denn sie wollte mich den Chawerim vorstellen. Und dann wurde ich zum Klavier gebeten. Mit einem Blick überflog ich die Situation, bat um ein großes scharfes Messer, mit dem ich unter schallendem Gelächter des Publikums die Pedale des Klaviers aus ihrem Lehmsarg befreite und auch die verlehmten Sägespäne rund um die Pedale wegkratzen mußte. Dann konnte ich schließlich anfangen. Ich merkte bald, daß von draußen mich pausenlos zwei große Augen am Fenster beobachteten. Mittlerweile an viele Arten emotionaler Reaktionen beim Kibbuzpublikum gewöhnt, versuchte ich, diesem Blick irgendwie zu entgehen. Aber die Augen blieben während des ganzen Konzertes festgeheftet an das Fliegennetz. Am anderen Tage erfuhr ich, daß hinter meinem Rücken zwei Hörern vor Erregung schlecht wurde und sie herausgebracht werden mußten. Es war schon interessant, die Varianten und Intensitäten gefühlsbetonter Erwiderung in den Kibbuzim zu erleben. Je nach den Herkunftsländern – russisch, polnisch, deutsch, die damals am stärksten vertretenen Gruppen – übte die Musik verschiedene Wirkung aus. Hier waren die Aufgaben der Musikpädagogik an ihren Wurzeln kennenzulernen; nicht theoretisch von akademischen Höhen herab, eher vom Nervenstrang her.

Nach dem Konzert wurde ich in ein Zimmer gebracht, in dem ich unter einem richtigen Daunenfederbett den schönsten Schlaf der Welt schlief, auch gar nicht bemerkte, daß die ganze Nacht hindurch Regenwasser von der feuchten Zimmerdecke tropfte. Ganz früh klopfte es an der Tür. »Ja, bitte«, aber nichts rührte sich. Nach einer kurzen Weile klopfte es wieder. Ich rief lauter: »Herein«, aber es blieb still. Nach dem dritten Klopfen stand ich auf und öffnete die Tür. Vor mir standen zwei lange Beine und die Fortsetzung eines Mannes. Ich schaute nach oben und erkannte den Kopf des Riesenmannes, der dem deutsch aussehenden Mädchen im Kulturzimmer antwortete, daß »nur a Klesmer gekimmen« sei. Da stand er nun vor mir wie auf zwei linken Beinen, in einer Hand eine rote Rose, und sagte verschämt: »Entschuldigt mir, aber ich konnte doch nicht wissen, wer ihr sad«, und überreichte mir die Rose. Als ich ihm dankte, erkannte ich die Augen wieder, die während des ganzen Konzertes auf mich gebannt waren.

Im Eßsaal beim Frühstück erwarteten mich drei Chawerim, die wohl zu den tonangebenden in der Gemeinschaft gehörten. Sie eröffneten mir, daß während der Nacht beschlossen wurde, mich zum Chawer des Kibbuzes zu machen. Darauf war ich natürlich nicht vorbereitet, das Angebot fiel vom Himmel. Aber ich war nicht zimperlich, und so begann an diesem Tage ein etwa anderthalb Jahre währendes Leben im Kibbuz Gesher.

Meine Kleidung wurde in die Commune gegeben, statt dessen erhielt jeder seine Bekleidung zugeteilt, die jede Woche frisch gewaschen, repariert und neu ausgeteilt wurde. Niemand besaß *eigene* Kleidung. Was nicht richtig paßte, wurde von der Näherin angepaßt. Waschsachen, alles zum täglichen Leben, einschließlich Zigaretten, wurden einmal wöchentlich verteilt, damit mußte man auskommen. Mein Bett befand sich in einem Raum mit drei anderen Chawerim. Man wechselte den Arbeitsplatz oft, und nur ausnahmsweise gab es den Status eines Fachmannes, der anderen übergeordnet war. Das entsprach den ideologischen Grundsätzen, die natürlicherweise über die Jahre dem Druck technologischer und wirtschaftlicher Entwicklungen weichen mußten. Aber im Jahre 1934 bestimmte das Prinzip der Commune das Leben und Denken eines Chawer. Schon am nächsten Morgen wurde ich als Pianist, als Künstler, als Individualist mit diesen Idealen konfrontiert.

Im Jordantal war ein großes Feld mit Weinstöcken bepflanzt. Dort sollte ich mich frühmorgens zur Arbeit melden. Alles weitere würde ich dort erklärt bekommen. In meiner Arbeitskleidung war ich pünktlich zur Stelle. Ein kleiner, schon ergrauter Chawer erblickte mich und fragte erstaunt, was ich da suche. Ich erklärte, daß ich hier zur Arbeit eingesetzt sei. »Kommt überhaupt nicht in Frage. Und wenn du dir versehentlich mit dem Hammer auf einen deiner Finger haust, soll ich dann die Verantwortung dafür tragen, daß du morgen oder übermorgen nicht wieder spielen kannst? Geh schnell nach Hause. Hier ist kein Platz für dich.« So ging ich zurück.

Der Chawer, der mich geschickt hatte, nahm den Vorfall ohne sich aufzuregen zur Kenntnis und schickte mich in die Tischlerwerkstatt, die gleich nebenan war. »Na, was willst du denn hier? Willst dir einen Splitter einreißen?« »Und wer ist dann schuld? Ich? Nein, nein, das ist keine Arbeit für dich!« So verging dieser Tag.

Am nächsten Tag fand einer die Lösung des Problems. Ich sollte ein Fuhrwerk mit einem alten Gaul bekommen, mit ihm nach unten in die Bananenplantage fahren, das Fuhrwerk mit Bananenstauden aufladen und nach oben zur Bahnstation bringen, um die Bananen in einen Güterwaggon zu verladen; die Gefahr einer Handverletzung sei dabei auf ein Minimum herabgesetzt. Also erhielt ich das besagte Fuhrwerk mit dem Gaul, setzte mich auf ein Brett, nahm die Zügel in die Hand und rief gutmütig: »Hui«, aber das Pferd rührte sich nicht und schaute mit seinen halb geschlossenen Augen müde vor sich hin. »Hui«, und ich klopfte ein wenig mit den Zügeln auf seinen uralten Rücken. Der Gaul stand fest und wedelte mit dem Schwanz die Fliegenschwärme von seinem Bauch. Da dachte ich, daß man auch als Orchesterdirigent manchmal die Stimme heben muß, um sich Disziplin zu verschaffen und schnauzte ein kurzes, aber scharfes »Hui!« Da drehte der alte Herr seinen Kopf zu mir herum, als wollte er sagen: »Was willst du eigentlich von mir?« Als ich mich beim Hofmeister über diesen Gaul beschwerte, erfuhr ich, daß ein hebräisches Pferd unter »Hui« »Bleib stehen«, unter »Brr« »Geh los« versteht. Da hieß es also umlernen. Das war mein erster Hebräisch-Unterricht im Lande. Nicht ohne mich bei meinem Gaul zu entschuldigen und ihm freundlich die warme Schnauze zu streicheln, fuhren wir dann gemütlich gen Bananenland.

Offenbar hatte er diese Fahrt schon oft gemacht, denn er trabte seinen Weg, ohne sich um meine Zügelmanöver zu kümmern. Er hatte mich bereits völlig durchschaut. Und so erreichten wir die Bananenbäume, und er zog immer weiter und weiter auf den schmalen Pfaden zwischen den Bäumen, bis die Räder des Fuhrwerks sich hoffnungslos in mehreren Bäumen verhedderten. Nun ging es weder vorwärts noch rückwärts. Ich trat den Rückweg an, informierte den Hofmeister, der schmunzelte und schickte einen kleinen Traktor nach unten. Der Traktor machte keinen Unterschied zwischen »Hui« und »Brrr«, dafür zog er im ersten Gang den Wagen einschließlich einiger lädierter Bananenbäume aus dem Urwald heraus und brachte die ganze Missetat nach oben. Der Gaul ging gemütlich hinterher und lachte in sich hinein.

Am Abend kam man zu der Erkenntnis, daß das Bauernhandwerk bis auf leichte Arbeit, wo man mich dann als Hilfskraft einsetzen wollte, nicht meine Sache sei. So half ich bald beim Kabelverlegen für das nahegelegene Elektrizitätswerk Ruthenberg, half unter der Anleitung eines Gärtners kleine Gräben zu ziehen und dergleichen mehr.

Unterdessen spielte ich natürlich wieder. Das Klavier wurde in die Schule zurückgebracht, denn Rifka, die Lehrerin, war nicht bereit, diesen Schatz im Eßsaal stehenzulassen, wo dann möglicherweise darauf herumgeklimpert würde. Es kamen auch viele Einladungen in andere Kibbuzim und privatwirtschaftliche Bauerndörfer und auch schon in die Städte. Die Histadrut, die größte, alles umfassende Gewerkschaftsorganisation in Haifa, eröffnete ein neues Verwaltungsgebäude, und da mußte ich zu Beginn und Ende des Einweihungsprogrammes spielen. Von jetzt an wurden meine Auftritte auch honoriert. Das Geld bekam der Kibbuz als Einnahme aus sogenannten »Außenarbeiten«. Für jede dieser Fahrten bekam ich ein kleines Taschengeld für Tee oder Autobus oder auch Übernachtungen in der Stadt. Für die Eisenbahnfahrten auf der Hedschasbahn nach Haifa und Jerusalem bekam ich statt Fahrgeld jeweils das Billett. Das hatte einen sehr prosaischen Grund. Die arabischen Fahrkartenkontrollen auf der Hedschasbahnlinie versorgten den Kibbuz mit bereits gelochten, also abgefahrenen Fahrkarten gegen ein Entgelt, dessen Höhe mir unbekannt war. Diese Fahrkarten wurden stillschweigend anerkannt, und mit ihnen bereiste ich das ganze Land, oft auch Erster Klasse, je nach Ursprung des Billetts. Die konzertierende Tätigkeit erzeugte ein kleines, aber typisches Seitenproblem. Wenn ein Konzert in der Stadt war, mußte ich auch für den Auftritt stadtgemäß gekleidet sein – ein offenes weißes Hemd mit gebügelten Hosen. Manchmal lieferte mir das Kleiderlager im Kibbuz die passende Kleidung, aber nicht immer, es hing vom Zufall ab. Nun aber wurde meine Kleidung eine Art Berufskleidung, und es hatte nicht viel Sinn, daß ein anderer Chawer diese Kleidung bekommt, wenn sie gerade frei war. So wurde ich zum Präzedenzfall – ein Chawer mit eigener Kleidung.

Da nun so viele Konzerte folgten, mußte ich auch mehr üben. Es genügte nicht mehr, ein ziemlich großes Repertoire im Kopfe zu haben, es mußte auch trainiert werden. Das Klavier stand in der Schule, ich konnte also nur abends üben. Abendliche Beleuchtung im Schulhaus, wenn überhaupt mal notwendig, brachte man mit. Es gab windgeschützte Petroleumdochtlampen, mit denen Noten entsprechend schwer zu beleuchten waren. So pflegte ich im Dunkeln intensiv zu improvisieren und hielt dabei die Spieltechnik auf der Höhe, wie seinerzeit mein Lehrer Trapp das Komponieren von Etüden von mir verlangte. Daß also abends aus dem Schulhaus Klaviermusik ertönte, wurde bald ein bekanntes Phänomen. Eines Abends spielte ich wieder in die dunkle, dichtbewölkte Nacht hinein. Im schwarzen Lack des Klaviers schreckte mich plötzlich der Reflex eines schwach flackernden Lichtscheines. Ich drehte mich um und sah eine kleine Streichholzflamme an einer glimmenden Zigarette. Im selben Moment flackerte an einem anderen Ende des Raumes ein zweites Streichholz, und im schwachen Licht mehrerer Zigaretten konnte ich erkennen, daß der ganze Raum vollbesetzt war. Weder habe ich jemanden hereinkommen hören, noch spürte ich irgendwelche Bewegungen hinter meinem Rücken. Das Schulhaus hatte sich lautlos gefüllt bis zum ersten Aufflackern jenes Streichholzes. Die Musik brachte die Chawerim zum Nachdenken, weit hinaus über den täglichen Existenzkampf mit seinen irdischen Problemen. Ich erfüllte eine Aufgabe, die in keinem Codex notiert war.

Zunächst konnte dieser Widerspruch noch überspielt werden, es lag sogar ein besonderer Reiz darin. Zum ersten Male spürte ich wieder das Gefühl eines Zuhauses. Bewußt oder unbewußt kehrte ich von meinen Konzerten im Lande wieder nach Gesher, wieder nach Hause zurück. Dies war wohl ausschlaggebend dafür, daß ich Rosie und Re'uwen zurückkommen ließ, natürlich mit dem ausdrücklichen Wunsch und Einverständnis der Chawerim des Kibbuzes. Sie sahen darin eine endgültige Bindung an ihre Gruppe.

Re'uwen kam in das Kinderhaus, wie üblich im Kibbuz, Rosie und ich erhielten ein Zimmer in einem Holzhäuschen. Die Trennung der Kinder von den Eltern ist ein Teil des ideologischen Unterbaus. Sie ermöglicht beiden Eltern volltägig zu arbeiten und sich ganz dem Aufbau des Kibbuzes und damit auch des Landes zu widmen, erfüllt damit den zionistischen Zieltraum im weitesten Sinne. Das heißt aber nicht, daß die Kinder den Kontakt mit ihren Eltern verlieren. Nach der Arbeit werden die Kinder abgeholt und ins Elternhaus gebracht. Die Eltern können dann mit ihnen spazierengehen oder spielen, bis sie zum Abendessen wieder ins Kinderhaus zurückgebracht werden, im Beisein der Eltern essen und von ihnen schlafengelegt werden. Weniger als ein halber Tag gehört also Eltern und Kindern gemeinsam. Am Abend sind dann die Eltern wieder frei für gesellschaftliche, kulturelle oder organisatorische Tätigkeiten.

Doch am Tage ist die Kinderpflegerin Mutterersatz; das entsprach nicht Rosies Erziehungsideal. Es war auch nicht unbedingt mein Ideal, besonders weil das Kind nachts nicht im Elternhaus schlief. Doch hatte die ganze Einrichtung in dieser Gesellschaft seine guten Gründe. Re'uwen fühlte sich auch im Kinderhaus sehr wohl. An das Klima im Jordantal assimilierte er sich ohne Schwierigkeit.

Für Rosie eine geeignete Beschäftigung zu finden, machte viel Kopfzerbrechen. Weder Tanz, noch Gymnastik noch Dichten wurden als produktive Aufbautätigkeiten für den Kibbuz bewertet. Ich fand einen temporären Ausweg. Der Kibbuz lag weit entfernt von den städtischen Kulturzentren des Landes und war noch dazu schwer erreichbar, so daß die Isolation auf allen kulturellen Gebieten besonders stark empfunden wurde. Die Schule besaß nur das offizielle Lernmaterial, außerhalb dessen waren alle Fächer leer. Der Lehrerin Rifka machte ich den Vorschlag, eine Ausstellung über Volkskunst aus dem Nahen und Fernen Osten zusammenzustellen; dabei sollten die Lieder und Tänze von Schulkindern und den Chawerim des Kibbuzes gesungen und getanzt werden, Kostüme mit ausrangierten Kleidungsstücken imitiert werden. Die Ausstellung sollte also nicht nur an den Wänden hängen, sondern von Alt und Jung lebendig verwirklicht werden. Hier hatte Rosie reichlich Gelegenheit, ihre Begabung für Theater und ihre inspirierende Phantasie voll zur Entfaltung zu bringen. Ich nutzte meine Fahrten in die Städte, um aus den Bibliotheken Material zu bringen, und bald waren alle Abende mit Vorbereitungen ausgefüllt.

Der Frühling 1935 kam heran und mit ihm das Passahfest. Entsprechend der politischen Ausrichtung des Kibbuzes mußte dieses Fest aller religiös-konservativen Nebenbedeutungen entkleidet und mit dem gegenwärtig Erreichten in eine neue Beziehung gesetzt werden. Anstelle des Vorlesens der traditionellen Haggadah kam nun eine Erzählung, die jeder Kibbuz aus sich heraus jedes Jahr neu zusammenstellte. Diese weltliche Haggadah braucht Poesie und Prosa aus der modernen Literatur, Erzählungen, die sich nicht nur auf den Auszug der Kinder Israel aus

Ägypten, sondern auch aus der Diaspora bezogen, Verse, die den nahenden Frühling und die in Fruchtbarkeit jubelnde Erde besingen. Während des Festabends wurde diese Haggadah von allen Chawerim mit verteilten Rollen verlesen. Dazwischen gab es Gesänge, entweder einfache Volkslieder oder auch kleine Klassikchorsätze, je nach Möglichkeiten des Kibbuzes. So schön auch manche mehr oder weniger gut verlesenen Kapitel aus der modernen hebräischen Literatur waren, so war diese programmatisch verweltlichte Haggadah doch eine unannehmbare Banalisierung der historischen Idee. Sie glich eher einem Potpourri als einem aus Begeisterung und Ehrfurcht geborenen Gedanken. Im stillen amüsierte ich mich, denn nach Beendigung des Vorlesens und des festlichen Essens gingen viele Chawerim zu dem Häuschen, in dem die schon recht betagten Eltern lebten, die nach wie vor ihre traditionelle Haggadah singen wollten. Da standen die Jungen nun draußen vor den offenen Fenstern, schauten hinein und lauschten andächtig den Gesängen ihrer Väter. Was sich hier in wenigen Minuten auf kleinem Raume unbeachtet von der Welt abspielte, sollte über vierzig Jahre später zu schweren Gewitterballungen führen. Dazwischen aber wird sich ein Jehudah Sharett mit dem religiös-weltlichen Konflikt in der Kibbuz-Haggadah befassen.

Meine Zusammenarbeit mit Jehudah wurde immer intensiver. Ich bearbeitete ihm leichte Chorsätze, und wir gaben auch Konzerte, auf die er sich äußerst sorgfältig vorbereitete. Bach war für ihn der Gipfel der musikalischen Sprache. Proben begannen zunächst mit kompositorischen Analysen, Grammatik und Rhetorik in der Musik, sie waren für ihn untrennbare Teile eines Ganzen. Über eine einzige Stelle konnten wir stundenlang diskutieren. Er vergaß dabei jede andere Verpflichtung, weil er in eine andere Sphäre versank, völlig absorbiert ihre Wunder in vollen Zügen trank. Sein Körper setzte ihm dann keine Grenzen. Essen, Trinken, Schlafen mußten warten, bis eine Frage beantwortet wurde. Nicht selten geschah es, daß ich mitten in unserer Diskussion am Tisch einschlief, dann weckte er mich rücksichtslos, schaute mich mit traurigen und leiderfüllten Augen an, denn ohne Antwort zu einem aufgeworfenen Problem stockte das Leben.

Meistens kannte Jehudah meine Reisepläne und wußte, wann ich mit dem Zug an der Bahnstation Yagour vorbeikam. Dann wartete er schon, bepackt mit einer Liste von Fragen und einer Kollektion von Liedern, die er bearbeitet haben wollte. Diese Arbeit machte ich dann in der restlichen Zeit der Fahrt, denn von

Yagour bis Gesher dauerte die Reise mehrere Stunden. Irgendwo mitten auf der Strecke kam noch die Gebetsstunde des moslemischen Lokomotivführers hinzu. Dann hielt der Zug, der Araber stieg von der Maschine herunter, breitete seinen Gebetsteppich aus und betete zu Allah. Für den Fahrplan waren dies Selbstverständlichkeiten. Die Hedschasbahn war eingleisig. Kam ein Zug aus anderer Richtung entgegen, mußte er auf einer der Stationen auf einem Nebengleis warten, bis die Strecke freies Signal erhielt. Verspätungen bis zu drei oder vier Stunden waren nichts Ungewöhnliches. Mir waren sie nur willkommen, konnte ich doch in Ruhe arbeiten.

Oft fuhr ich erster Klasse, verschließbares Abteil für die Scheichs, mit aufklappbaren Tischchen am Fenster – ein komfortableres Schreibzimmer konnte man sich gar nicht wünschen. Außerdem kannte mich schon das arabische Bahnpersonal. Zu meinen Konzerten in manchen Kibbuzim kamen auch Araber aus den nahegelegenen Dörfern. Sie saßen dann im Eßsaal und lauschten ganz still und wohl auch verwundert Beethoven und Schubert. Sie verbeugten sich tief vor mir, mit Hand auf Brust und Stirn. Auf der ganzen Strecke der Hedschasbahn war ich bekannt bei den Arabern als »Abu Musica« (der Vater der Musik); bei den Juden hingegen als »Josef Hacholem« (Josef der Träumer).

Auf einer dieser Fahrten erwartete mich wieder einmal Jehudah an der Bahnstation Yagour. Diesmal hatte er ganz dringende Arbeit für ein Fest und brauchte dazu wieder endlose Erklärungen. Ich riet Jehudah, auf den Zug zu steigen und mit mir nach Gesher zu fahren. Wir könnten dann unterwegs die Arbeit zusammen machen. Er hatte keinen Pfennig bei sich für eine Fahrkarte. Ich hatte natürlich auch nicht genug Geld, verließ mich aber auf meine guten Freunde beim Bahnpersonal. Jehudah und ich saßen im Abteil erster Klasse und begannen gleich mit der Arbeit. Das Pech wollte es, daß gerade auf dieser Fahrt die englische Bahnverwaltung einen Oberinspektor zur Kontrolle der Fahrkarten einsetzte. Er war ein imposanter Araber, in frisch gebügelter Uniform mit blankgeputzten Metallknöpfen und unter der Nase einen enormen schwarz glänzenden Schnauzbart. Er öffnete die Tür und verlangte mit dröhnender Stimme die Fahrkarten. Immerhin hatte ich eine abgefahrene Karte dritter Klasse, aber Jehudah hatte weder Fahrkarte noch Geld. Jehudah, der perfekt arabisch sprach und schrieb, begann eine Diskussion, und schließlich ging der Oberinspektor weg. Jehudah sagte mir, daß er in Afulah, einem kleinen Städtchen in der Mitte des Weges, den Zug verlassen müsse und dort der Bahnpolizei übergeben würde, aber ich solle mir keine Sorgen machen.

Der Oberinspektor kam zurück mit einem dicken Blaustift hinter einem Ohr und einem Fahrkartenblock, auf dem er mit Durchschlagpapier die Fahrkarte in zwei Exemplaren ausfüllte, das Original für Jehudah und den Durchschlag für die Bahnkontrolle. Das sollte dann auf der Station Afulah zuzüglich einer Strafe bezahlt werden. Jehudah las sich den ausgefüllten Zettel durch, der in arabisch geschrieben war. Er lud den Inspektor zum Sitzen ein und zeigte ihm die Schreibfehler, die er gemacht hatte. Genau wie bei den Chorproben, wenn Jehudah die Diktion des Hebräischen erklärte, ging er auch hier jedem Fehler auf den Grund, hatte für jeden Fehler eine andere arabische Legende, die sich irgendwie auf jeden Fehler bezog, und nach wenigen Minuten saß der Inspektor wie ein verzaubertes Kind neben Jehudah, hing an seinen Lippen, trank jedes seiner Worte wie ein Verdursteter, vergaß seinen ganzen Eisenbahnzug und wurde schließlich auf einer kleinen Station von einem Unterkontrolleur abgeholt. Der Abschied war herzzerbrechend. Der Fahrkartenzettel mit Kopie wurde in tausend Stücke zerrissen, beide Hände von Jehudah geküßt und unter innigster Umarmung mit endlosen Segenssprüchen aus dem Koran die schmerzvolle Trennung vollzogen. In Gesher verproviantierte man dann Jehudah mit einer frisch abgefahrenen Fahrkarte.

Inzwischen kamen mehr und mehr Musiker ins Land. Bei meinen vielen Besuchen in den Kibbuzim wurde mir die Bedeutung dieses enormen kulturellen Potentials immer bewußter. Die meisten israelischen Volkslieder kamen aus den Kibbuzim. Oft waren es Hirten, die auf den Feldern bei ihrer Herde vor sich hin sangen. In Beth Alpha war ein besonders begabter junger Hirte. Er hieß damals Matatiahu Weiner. Worte und Musik kreierte er in vollkommener Einsamkeit. Eine der jüdischen Kulturbehörden in Jerusalem beauftragte mich, Matatiahus Melodien aufzuschreiben, denn er beherrschte natürlich nicht das Notenschreiben. So saßen wir in den Abendstunden bei einer Petroleumfunzel im Zelt, und er sang mir seine Lieder vor. Manchmal mußte ich unterbrechen, um die feinen melodischen und auch rhythmischen Verästelungen genau zu notieren. Da merkte ich bald, daß es ihm schwerfiel, zweimal dasselbe zu singen. Ich mußte also über die letztlich gültige Version selber entscheiden. In dieser Nacht schrieb ich viele Lieder auf, die bald ihren Weg durch das Land machten.

176

Sehr oft besuchte ich den Musikunterricht in den Schulen der Kibbuzim. Bei solchen Gelegenheiten lernte ich den Begriff »Volkslied« erst richtig verstehen. Dabei erinnerte ich mich, daß ich als Hochschulstudent in Berlin eine Seminararbeit in Musikgeschichte schreiben mußte über »Das deutsche Volkslied nach Einführung der Schulpflicht an preußischen Schulen«. Diese Lieder wurden von professionellen Komponisten sozusagen in einfacher Mundart geschrieben. Sie waren gesetzt und gedruckt und endgültig. Aber Matatiahus Lieder waren bisher nirgendwo gedruckt. Selbst der Komponist wußte nichts von einer endgültigen Version. Waren nun Intervallsprünge zu groß oder Rhythmen zu kompliziert, so hat das singende Volk sie nivelliert, dem Auffassungsvermögen angepaßt, Assoziationen benutzend und den Emotionen freie Bahn schaffend. Was dann zum Schluß blieb, waren die wirklich echten Volkslieder, in denen Matatiahu all das ausdrückte, was die Chawerim so gerne sagen wollten, und was sie dann auch sagen konnten. Ein echtes Volkslied ist ein Werdeprozeß, dem in unseren Tagen die Medien der Kommunikation im Wege stehen. Durch Massenproduktion wird der Entstehungsprozeß gleich von Anbeginn zu einem gängigen Klischee gestempelt und der Masse aufoktroyiert. Damals, in der vorstaatlichen Periode des Landes, konnte ich noch den Werdegang eines Volksliedes unmittelbar miterleben.

In den fünfziger Jahren wurde der amerikanische Komponist Aaron Copland nach Israel eingeladen, um mit den Komponisten des Landes über ihre Arbeit zu diskutieren. An einem dieser Tage sollte ein Volksliedkomponist aus Tel Aviv – er sei hier S. genannt – seine Lieder vortragen. An Begabung und Einfallsreichtum war er ein Pedant gegenüber Matatiahu. Aber S. wurde ambitiös. Die sprunghafte musikalische Entwicklung in Israel ging nicht spurlos an ihm vorbei. S. wollte seine Melodien in europäischer Art harmonisieren, wollte Klavierkompositionen aus ihnen entwickeln, kurz, er wollte ein Komponist nach westlichem Vorbild sein. S. setzte sich ans Klavier und begann über seine Melodien zu phantasieren. Copland unterbrach ihn nicht. Uns war die stillose Auffrisiertheit dieser einfachen und echt empfundenen Melodien allerdings peinlich. Dennoch liebten wir alle diesen Mann. Er war ein Beamter bei den Elektrizitätswerken und sprach dem Volk wirklich aus der Seele. Als endlich dieses Spielen am Klavier zum Ende kam, machte Copland allen einen Vorschlag: wir sollten unsere Stühle im Kreis anordnen, und S. sollte in der Mitte sitzen oder auch stehen und seine Lieder vorsingen. Dies wurde zu einem der schönsten Musikfestspiele – im wirklichen Sinne dieses Wortes –, voll Liebe und Sehnsucht und Feuer und Trauer, die ganze Skala menschlicher Erregungen rollte ab in einem unerschöpflichen Strom sich ständig erneuernder Erfindungen. Danach brauchte Copland nichts mehr zu sagen, auch S. hatte alles verstanden.

Es war damals an der Zeit, dem Musikleben in den Kibbuzim einen Sinn und eine Richtung zu geben und nicht nur auf gefühlsmäßige Emotionen zu bauen. Inzwischen lernte ich auch die politischen Finessen der verschiedenen Gruppen kennen. Da gab es nicht nur rechts und links, es gab auch so feine Abstufungen wie rot und rosa. Mein Plan, die Musik landesweit in die Kibbuzim zu bringen, mußte all diese politischen Abstufungen berücksichtigen. Also schlug ich vor, ein Triumvirat aus drei führenden Kibbuzmusikern zu bilden, um weitgehend alle Ideologien zu vertreten. Dazu sollte es nie kommen, weil sich nicht drei unter einen Hut bringen ließen. Trotz der Enttäuschung setzte ich meine eigenen Aktivitäten fort. In Jerusalem kam ich in die gesellschaftlich tonangebenden Kreise. Ich wurde zu Thelma Yellin eingeladen, einer sehr aktiven und einflußreichen Cellistin, Schülerin von Pablo Casals. Thelma war die Schwester von Norman Bentwich, der von den Engländern als oberster Richter in Palästina eingesetzt war und auch im Zweiten Weltkrieg eine große Rolle in der englischen Regierung spielte. Während Thelma eine professionelle Cellistin war, übte ihr berühmter Bruder Norman das Violinspiel als Laienmusiker aus, mit großer Hingabe und Ausdauer. Ich habe viel mit ihm musiziert und mich dabei oft lebhaft an die Roscherstraße in Berlin erinnert, wo ein Stockwerk tiefer der Justizrat Tucholsky wohnte, ein älterer, sehr vornehmer Herr. Im Salon seiner Wohnung standn ein Flügel und ein Harmonium. Über alles liebte er das Vierhändigspiel auf dem Klavier, wobei er auf dem Harmonium Opernauszüge spielte, während ihm die Register des Harmoniums den Orchesterklang vorgaukelten. Wenn ich oben Klavier übte, klopfte er mit einem Stock an die Decke, nicht etwa, weil ich ihn störte, sondern weil ich herunterkommen und mit ihm vierhändig spielen sollte. Er zitterte stark an beiden Händen und brauchte einen Partner, der bereit war, seine kapriziösen Rhythmen mitzuspielen. Von ihm lernte ich die Achtung und Demut des Laien vor der Musik. So war es auch mit Norman Bentwich und manch anderen Wissenschaftlern, mit denen ich musizieren durfte.

178

In dieser Gesellschaft lernte ich auch Helene Cagan kennen, eine Kinderärztin aus Rußland. Ihr Haus war der Treffpunkt der musikalischen Gesellschaft, in ihrem Salon fanden zahllose Hauskonzerte statt. Musik war ihre Leidenschaft, sie selber eine durch die Umstände verhinderte Pianistin. Diese musikalischen Kreise brachten mich öfters nach Jerusalem, wodurch ich mehr und mehr Menschen dort kennenlernte. Engländer, Araber, Juden gingen bei ihr ein und aus. In der Altstadt Jerusalems gründete sie ein Kinderspital für die arme arabische Bevölkerung.

Kam ich dann zurück nach Gesher, war das immer ein Höhepunkt in Re'uwens Leben. Jauchzend lief er in meine Arme und wich nicht von meiner Seite. Mußte ich aber wieder wegfahren, weinte er nicht. Er wußte, ich komme bald wieder. Für Rosie war das Kibbuzleben eine schwierige Zeit. Sie fand keine angemessene Arbeit, nur hier und da kleine animierende Aufgaben. Das machte mir große Sorgen. Es war bald unübersehbar, daß sich aus dieser Situation Krisen ergeben würden. Einige Ereignisse verschärften die Lage und führten auch zu Veränderungen. Für Konzerte, die ich im Kibbuzim gab, erhielt ich ein Honorar von 25 Piaster. Für 25 Piaster konnte man in einem guten Restaurant eine Woche lang zu Mittag essen. In den Städten erhielt ich ein Honorar von 75 Piaster. Dieses Geld bekam natürlich der Kibbuz. Einkommensteuer gab es damals nicht in Palästina. Wieder kam eine Einladung aus einem Kibbuz. Der Sekretär meinte, daß ich in diesem Falle 75 Piaster fordern müsse, weil dieser Kibbuz nicht zu unserer Partei gehöre. Ich war verblüfft, spielte ich doch nicht für eine Partei, sondern für Chawerim eines Kibbuzes, wie auch wir ein Kibbuz waren. Er lächelte, als wollte er sagen: davon verstehst du nichts. Doch ich weigerte mich, unter diesen Umständen die Einladung anzunehmen. Er gab nach, doch eine tiefe Wunde blieb zurück.

Bald blieb mir aber auch körperliche Arbeit nicht mehr fremd. Der Kibbuz bereitete die Umsiedlung auf einen anderen, viel größeren Platz vor, einige Kilometer entfernt in Richtung Tiberias am Kinneret See. Der Ort hieß Ashdot Jaacov. In den frühen Morgenstunden fuhr man mit dem Lastauto dorthin. Harter, grauer, lehmiger Boden mußte vorbereitet werden, um darauf einen Hof mit allen Wirtschafts- und Wohngebäuden zu errichten. Wasser war schon provisorisch installiert, aber weit und breit kein einziges Pflänzchen, also auch kein Schatten – die Sonne brannte mit voller Kraft. Heute ist dieser Platz ein Paradies, zum Teil mit subtropischer Flora. Ich wurde der Gruppe zugeteilt, welche die künftigen Gartenanlagen vorbereiten sollte. Es mußten kleine Gräben aus der steinharten Erde mit Spitzhacke und Schaufel herausgeschlagen werden. Die Chawerim hatten sich selbst an meine Schwielen an den Händen gewöhnt. Ich achtete schon darauf, daß es mich beim Klavierspielen nicht stören sollte.

Der Gärtner Jaacov, der die Ausführung dieser Gartenarchitektur unter sich hatte, war ein von Musik ergriffener Mensch. In den kleinen Arbeitspausen saßen wir auf dem heißen Boden, ließen die Beine in die Vertiefungen baumeln und philosophierten über Gott und die Welt. Über die 25 Piaster-Affäre führte er mich fachmännisch in die politischen Verwicklungen innerhalb der Arbeiterbewegung ein, und ich begann Dinge zu sehen, von deren Existenz ich bisher keine Ahnung hatte. Jaacov achtete darauf, daß ich nur wenige Tage hintereinander so schwere Arbeit machte und dann ausgewechselt wurde.

Der Kibbuz Kinnereth nahe Tiberias lud mich ein, einen Chor zu organisieren. Am Tage der Chorprobe mußte ich dann mit dem Frühzug von Gesher nach Zemakh, der palästinensischen Grenzstation, fahren. Von dort lief ich noch eine gute Stunde in der Dunkelheit zu Fuß nach Kinnereth. Wenn ich durch das schlafende arabische Dorf Zemakh ging, bellten alle Hunde. Ich fühlte mich wie der Wanderer aus Schuberts »Winterreise«. Der schnelle Sonnenaufgang über den Feldern des Jordantales, auf der anderen Seite der Blick auf den tiefblauen Kinnerethsee und die Nebel, die noch auf den angrenzenden Bergspitzen hingen, das war das Lied der Lieder, nicht nur auf die Schönheit eines Weibes, sondern auf die unendliche Kreativität der Natur überhaupt.

Und nun geschah eines der in den Sternen entworfenen Schachspiele. Auf dem Hof von Gesher fehlte ein Arbeiter für das Umladen von Mist. Ich war gerade frei und übernahm die Arbeit. Am anderen Morgen zog ich meine Arbeitskleidung an, ging auf den Hof, bekam eine Mistgabel und begab mich mit meinem Wagen zum Misthaufen. Der Gestank war umwerfend, die Luft voll schwirrender Insekten, aller Größen und aller Farben. Mein Heufieber brach sofort aus, mit tränenden Augen, Niesen und Niesen und entzündeten Schleimhäuten. Das Schlimmste war der kaum zu ertragende Gestank. Ich hielt den ganzen Tag durch, ging dann geradewegs ins Waschhaus, um mich wieder und wieder zu duschen, in der Hoffnung, daß die auch nicht sehr angenehm duftende Seife doch diesen Mistgestank übertönen werde. Mit dem Abendzug kam Jehudah aus Yagour, in beiden Händen je eine gefüllte Tasche mit Notenmaterial. Er bereitete für irgend-

180

eine Gelegenheit eine große Feier mit reichem, musikalischem Programm vor.

Dafür brauchte er Chorbearbeitung, und da er inzwischen auch ein kleines Orchester in seinem Kibbuz zusammengestellt hatte, sollte ich für dieses Ensemble orchesterieren mit entsprechender Rücksichtnahme auf die Spielfähigkeit der Chawerim. Drei volle Tage waren nötig, für die der Kibbuz Yagour drei Tageslöhne bezahlen mußte. Jehudah hatte dafür Vollmachten bekommen, und wegen der Eile des Projektes sollte ich gleich am nächsten Morgen damit beginnen. Ich saß noch mit Jehudah, wie üblich, die halbe Nacht, um alle Einzelheiten zu besprechen. Am Morgen war ich froh, daß ich die immer noch nach Mist stinkenden Kleider nicht anzuziehen brauchte; ich konnte die Sabbat-Kleidung tragen, die man für den arbeitsfreien Tag in der Woche bekam. Auf welchen Tag der Sabbat fiel, richtete sich nach der Arbeitsordnung und nicht nach dem religiösen Sabbat. Ich lieh mir beim Hofmeister eine Kiste aus, die ich mir im Zimmer als Schreibtisch herrichtete. Und so arbeitete ich den ganzen Tag an dieser Aufgabe. Als ich am nächsten Tage die Arbeit fortsetzte, wurde beim Mittagessen sogleich bemerkt, daß ich an zwei aufeinanderfolgenden Tagen Sabbatkleidung trug. Es wurde geredet und gemunkelt, schließlich war ich nicht krank. Nachmittags kam Benjamin, der Sekretär, ins Zimmer und bat, ich solle für diese Musikarbeit auch die Arbeitskleidung anziehen, denn die Chawerim könnten nicht verstehen, daß man eine Arbeit in Sabbatkleidung macht, und es würde nur unnützes Gerede entstehen. Also verlieh ich der Orchesterpartitur auch den authentischen Geruch der Mistkleider und befriedigte damit vielleicht die ideologischen Parolen des mit Politik spielenden kleinen Mannes. Rosi und mir wurde allmählich klar, daß es eines nahen Tages zu einem Konflikt kommen könnte, an dem keiner von uns interessiert war.

Als Nebenerscheinung der Konzerte in den Städten und größeren Ortschaften nahe der Städte bildete sich auch ein kleiner Schülerkreis. In größeren Abständen, je nach den Konzertdaten, konnte ich die Erwachsenen unter den Schülern betreuen, für Kinder war mein Erscheinen zu unregelmäßig.

Die englische Mandatsregierung beabsichtigte 1936 eine Radiostation zu eröffnen, den Palestine Broadcasting Service, PBS. Der große Geiger Bronislav Hubermann plante, ein jüdisches philharmonisches Orchester zu gründen, um damit auch jüdische Musiker aus den Konzentrationslagern der Nazis zu retten und nach Palästina zu bringen. Der Plan war schon in allen Einzelhei-

181

ten ausgearbeitet, die Organisation in vollem Gange. Man suchte einen Harfenisten, was offenbar in Europa schwierig war. In dieser Frage wollte ich hilfreich sein. Unter meinen Harfenkollegen an der Hochschule in Berlin war die jüdische Harfenistin Ilse Nathan, mit der ich weiter in engem Kontakt stand. Doch alle Harfenpläne zerschlugen sich, nachdem Ilse Nathan sich das Leben nahm. Als ich dann als Harfenist in Erwägung gezogen wurde, blieb das Angebot theoretisch, da ich keine Harfe besaß. Zwei Gedichte, die ihr Vater noch auf seinem Krankenbett geschrieben hatte, vertonte ich vor seinem Tod für Singstimme und Harfe.

Meiner professionellen Entwicklung sollten sich bald Aspekte eröffnen, die mit den Kibbuz-Idealen nicht mehr in Einklang zu bringen waren. Ich führte Gespräche mit den führenden Chawerim in Gesher und versuchte ihnen die Lebensbedingungen eines Berufsmusikers zu erklären, denn es war absehbar, daß ich sowohl zum Radio als auch zum philharmonischen Orchester in Beziehung treten würde, mit all den daraus folgenden Verpflichtungen. Intelligent, wie diese Kibbuzmänner waren, haben sie natürlich das Problem klar erfaßt. Eine Entscheidung konnte nur durch die Generalversammlung des Kibbuzes fallen. Die Frage war, ob der Kibbuz bereit wäre, mir die Bedingungen zu schaffen, mich als Musiker in ihrer Gesellschaft voll entwickeln zu können. Dies würde nicht mehr und nicht weniger bedeuten als eine Revolution. Wenn auch heute der Künstler im Kibbuz seine Arbeitsbedingungen mit Selbstverständlichkeit erhält, so war dies doch ein Prozeß von nahezu zwanzig Jahren. Als ich diese Frage im Winter 1935/36 aufwarf, war sie ein unverdaulicher Brocken. Andererseits war der Gedanke, Gesher mit meiner Familie verlassen zu müssen, genauso undenkbar – ein beklemmendes Drama. Endlich kam der Tag der Generalversammlung. Ich ging nicht hin, denn ich wollte nicht, daß meine Gegenwart einen Einfluß auf die Abstimmung haben könnte. Die Diskussion muß sehr stürmisch gewesen sein. Im wesentlichen drehte es sich um die polaren Gegensätze der Wünsche eines Individualisten gegenüber den Wünschen eines Kollektivs. Die Probleme und Entscheidungen dieser Generalversammlung in Gesher waren, historisch gesehen, Vorläufer einer kultur-soziologischen Entwicklung, die elf Jahre später als formuliertes Programm auf dem parlamentarischen Tisch lag. Von alldem hatten wir bestenfalls eine Ahnung, und soweit das Ahnen wirklich vorhanden war, nahm es seinen Einfluß auf den Beschluß des einzelnen oder der Gruppe. Wie sehr auch das links gerichtete zionistische Denken im Kollektiv mit Doktrinen fest untermauert war, konnte die jahrhundertealte Kultivierung individualistischen Denkens nicht einfach gelöscht werden. In der Handhabung der striktesten Doktrin brach das einzelne Ich doch immer wieder durch. Es ging nicht nur um Doktrinen, es ging auch um die beiden Seelen in einer Brust. Die Abstimmung verlief unentschieden, und es wurde mir nahegelegt, selber zu entscheiden. Ich entschied ohne Zögern einerseits mit Rücksicht auf das Kollektiv, andererseits im eigenen Interesse, das kleine Pflänzchen nicht von unkünstlerischen Paradigmen zertreten zu lassen. Ich nahm Abschied. Es wurden schwere Stunden. Mein Erscheinen im Eßsaal begegnete aufgewühlten Emotionen, aber auch Hütern der Disziplin – allen gemeinsam irritierte Augen. Ich beschloß, die Trennung so kurz und schlicht wie möglich durchzuführen. Das Sekretariat des Kibbuzes benahm sich, wie ich inzwischen die russisch-jüdische Seele kennengelernt habe: aus Liebe gibt sie das letzte Hemd. Diese Chawerim wußten genau, welche Schwierigkeiten nüchterner Art mir nun in der Stadt bevorstanden. Sie vermittelten mir – wohl durch familiäre Beziehungen – ein Zimmer bei einem Landwirt, der eine kleine Milchwirtschaft in einer Arbeitersiedlung am Rande des Jerusalemer Stadtgebietes betrieb. Statt Mietzins zu zahlen, sollte ich der Tochter des Hauses Klavierunterricht geben. Das war schon eine große Hilfe. Dazu bekam ich noch zwei Bettgestelle mit Zubehör, vier Pfund in bar, eine Summe, mit der ich zwei bis drei Monate überbrücken und den Transport unserer Sachen mit einem Lastauto des Kibbuzes nach Jerusalem bewerkstelligen konnte. Diese generöse Geste zeigte mehr als Worte sagen können, das schmerzhaft zerrissene Empfinden über ein Geschehen, das so unberechenbar eines Tages vom Himmel fiel, wie es nun unberechenbar wieder entschwand. Es gab aber noch lange Reperkussionen.

Pola

Obgleich die Reiseunkosten die Einnahmen nahezu verschlangen, hielt ich das Unterrichten der Klavierschüler in Städten und kleineren Ortschaften aufrecht. Gelochte, abgefahrene Fahrkarten konnte ich nicht mehr benutzen. Aber selbst der kleine Überschuß von den monatlichen Einnahmen war eine willkommene Hilfe für den Lebensunterhalt. Rosie war außerordentlich bescheiden und genügsam und konnte mit jeder Geldsumme auskommen. Ich war allerdings schon lange kein Vegetarier mehr. Doch Rosie entwickelte mehr und mehr Prinzipien, obwohl sie auch diese mit dem ihr eigenen Charme durchführte. Alles was sie tat, hatte eine persönliche Note – vom Windelwaschen bis zur Inszenierung. Gesellschaftlich hielt sie es nur mit denen, denen es noch schlechter ging.

Bald lernte ich die Geigerin Jenny Schmerzler kennen, die schon in den zwanziger Jahren mit ihrer alten Mutter aus Berlin nach Palästina einwanderte. Sie lebte in einem arabischen Haus mit großen, hohen und herrlich kühlen Zimmern. Die großen Berliner Möbel, einschließlich eines großen Bechstein-Flügels, hatten in diesen Zimmern weiten Raum und wirkten gar nicht importiert. Mit ihrem großen Schülerkreis veranstaltete sie auch Hauskonzerte, die zu einem gesellschaftlich-kulturellen Mittelpunkt für die Jerusalemer Intellektuellen wurden. Die Hebren University existierte schon einige Jahre, und mancher ihrer Professoren war ein leidenschaftlicher Laienmusiker. Viele Pianisten gab es nicht in Jerusalem, die Jenny professionell begleiten konnten. So wurden wir sehr bald ein Team, das die ganze klassische und romantische Geigenliteratur in vielen Hauskonzerten zu Gehör brachte. Nach Jennys Tod, Anfang der siebziger Jahre, wurde in ihrem Haus, diesem Markstein im Jerusalemer Stadtbild, ein Fischrestaurant eingerichtet. Bisher habe ich dieses Restaurant gemieden. Es könnte leicht sein, daß an der Stelle, an der ich eine Fischsuppe löffele, ich einmal die Kreutzer-Sonate gespielt habe, neben mir Jenny in einem langen wallenden Kleid aus einem Jugendstilbildnis von Lilien, die schweren Doppelgriffe des Anfangs meisternd – das Fischmenü würde mir zu gespenstisch schmecken.

Der Kinderarzt Alfred Engel, der in Beth Hakerem seine Praxis und ein Kinderheim betrieb, war ein emigrierter Berliner. Mit ihm und seiner Frau Elisabeth verband uns bald eine enge Freundschaft. In seinem Hause habe ich später oft auf einem betagten Rönisch-Flügel musiziert, der beim Spielen manche Schwierigkeiten machte. Manchmal fielen beide Pedale beim Treten auf den Fußboden, so daß ich gleich am ersten Abend ein dickeres Buch aus Engels Bibliothek nehmen mußte, um es unter die Pedale zu legen. Ich wählte ein Buch wegen seiner Dicke, ohne auf den Titel zu achten. Erst während einer Teepause wurde entdeckt, daß ich die ganze Zeit auf »Die Frau in der Kunst« trat, was seitdem ein geflügeltes Wort geblieben ist. Bei einem späteren Abendbesuch bei Engel kam meine Harfenvergangenheit zur Sprache. Engels Schwiegermutter, Frau Jacob, war noch in Deutschland und verwaltete den Familienbesitz. Ich wußte von einer kleinen Erard-Harfe mit besonders gutem Ton, die noch zu meiner Berliner Zeit zu sehr günstigem Verkauf angeboten wurde. Durch meine Eltern ließ ich danach recherchieren und erfuhr, daß sie tatsächlich noch zum Verkauf stand. Durch die gütige Hilfe von Frau Jacob konnte dieses Projekt finanziert werden, und bald kam die Harfe in Jerusalem an. Es war das einzige Instrument seiner Art im ganzen Land. Die Leitung des Philharmonischen Orchesters stand damals mit der Harfenistin Klara Szarvas in Verhandlungen, aber sie war noch vertraglich für ein Jahr in Budapest verpflichtet. Es war nie meine Absicht, eine Karriere als Harfenist zu machen, aber eine Vertretung zu übernehmen, entsprach sowohl meinem Wunsche, mit dem Philharmonischen Orchester in näheren Kontakt zu kommen, als auch der Möglichkeit, einen Nebenverdienst zu finden. Ich mußte aber ein Vorspiel absolvieren, das Hubermann selber abnahm, der in diesen Tagen in Palästina war. Ich wurde mit Harfe ins King David Hotel in Jerusalem bestellt, wo er logierte. Er empfing mich in seinem Hotelzimmer am Morgen in Unterhosen, das Zimmer in wüstester Unordnung. Zwar wußte ich noch von den Konzerten in Berlin, daß er schielt, aber so von der Nähe war der Blick äußerst irritierend, da man nicht wissen konnte, wohin er sah, wenn er sprach. Die Harfenliteratur kennt natürlich niemand außer den Harfenisten selber. Ich konnte also durchaus improvisieren – mit den Händen Figurationen, die ich beherrschte, mit den Pedalen raffinierte Harmonien. Er fand dieses Harfenstück schrecklich, aber technisch genügte ich den Anforderungen.

Die erste Saison des Orchesters wurde von Toscanini eröffnet. In seinem Programm waren nur Werke ohne Harfe, da mein Instrument nicht rechtzeitig eintraf. Die nächste Saison dirigierte dann William Steinberg, der auch Dirigent des jüdischen Kultur-bundorchesters in Berlin war und von dort nach Amerika auswanderte. Er bereitete das Philharmonische Orchester für Toscanini vor und dirigierte dann die nächste Programmserie. Proben und Konzerte fanden auf dem Messegelände in einer großen Messehalle statt, die als Konzertsaal eingerichtet wurde. Es waren bereits sehr heiße Sommertage, und Steinberg, der leicht ins Schwitzen geriet, triefte bei den Proben von Stirn und Nase und mußte nach jedem Stück seine Kleidung wechseln.

Noch während der heißen Jahreszeit fanden die festlichen Konzerte zur Krönung des englischen Königs Georg VI. statt. Zu diesen Konzerten wurde Sir Malcolm Sargent aus London als Dirigent eingeladen. Die Leitung des Orchesters machte alle erdenklichen Anstrengungen, um dem hohen Gast das Proben in der warmen, stickigen Halle zu erleichtern. Klima-Anlagen gab es damals noch nicht, also wurden große Ventilatoren rings um die Bühne aufgestellt und auch aufgehängt, die unter mächtigem Rauschen Winde in alle Richtungen bliesen. Die Bühne simulierte ein Hörspiel zur Hebriden-Ouvertüre. Wir saßen auf dem Podium, jedes Instrument eingestimmt und erwarteten den Dirigenten in königlichem Auftrag. Die Tür zum Künstlerzimmer öffnete sich, der Orchesterinspektor meldete den Namen Sir Malcom Sargent, wir erhoben uns von unseren Sitzen, und herein kam eine hohe Figur, vornehm und elegant gekleidet, geschniegelt und gebügelt, nach Jahren ein besonderer Anblick. Er ging in betont aufrechtem Gang zu seinem Dirigentenpult und begrüßte uns mit einfachen und herzlichen Worten. Ein kurzer Blick auf die Ventilatoren ringsherum, ein kurzes Wort zum Inspektor und alle Ventilatoren beendeten ihr Rauschen als Beitrag zur Ehrung des englischen Königs. Im Konzertsaal herrschte bald die ursprüngliche Temperatur. Während aller Proben und Konzerte in Tel Aviv, Jerusalem und Haifa habe ich nie einen Schweißtropfen auf Sargents Gesicht entdecken können, er wirkte immer, als entstiege er gerade dem letzten Modejournal.

Er hatte auch Gelegenheit, seinen englischen sense of humour während eines Konzertes in Haifa zu zeigen. Der erste Hornist des Orchesters war ein Prof. Schulz aus Warschau, ein älterer Herr, der sehr auf Respekt und Ehren bedacht war. Für seine Verdienste als Hornist und Dirigent verliehen ihm die polnische Regierung und wohl auch andere Stellen eine Reihe von Orden, mit denen er bei den Juden in Palästina sehr wenig Eindruck machen konnte. Jetzt aber gab es eine königliche Gelegenheit, die Brust wieder zu schmücken. Neben ihm saß der zweite Hornist, Horst Salomon. An allem, was äußere Form betrifft, war er das Gegenteil von Schulz. Horst Salomon kam aus Berlin, wo er die Orchesterschule, einen Zweig der Hochschule für Musik, absolvierte. Das war auch eine der großen pädagogischen Ideen Schünemanns, denn die Orchesterschule war eine Normalschule mit Musik als Hauptfach und Übergang in das Hochschulstudium. Horst Salomon hatte sich schon als Schüler dieser Orchesterschule einen Namen gemacht durch eine Aufführung von Strauß' »Till Eulenspiegel« unter Gmeindl. Horst spielte das berühmte Horn-Solo bravourös, was sicher auch dazu beitrug, daß Hubermann direkt oder indirekt auf ihn aufmerksam wurde. Horst war und ist eine unverfälschte Berliner Type und importierte in das Philharmonische Orchester waschechten Berliner Dialekt. Horst und Schulz nebeneinander bildeten das köstliche Gespann in jeder Partitur. Das eigentliche Krönungsfestkonzert fand in Jerusalem statt im »Edison«-Kino, dem damaligen Konzertsaal, der über tausend Personen fassen konnte und eine Theaterbühne hatte. Im Beisein des britischen Hochkommissars für Palästina, Sir Arthur Wauchope, ein sehr sensibler und kultivierter älterer Herr, wurden die englische und jüdische Nationalhymne gespielt. Als alle wieder saßen, konnte man die stattliche Figur von Schulz auf dem erhöhten Podest für die Blechbläser herausragen sehen, die Brust auf beiden Seiten mit Orden und Sternen aller Farben bespickt.

Unser Berliner Horst hat sich das natürlich nicht zweimal sagen lassen. Am nächsten Abend beim Konzert in Haifa veranstaltete Horst in der großen Pause im Aufenthaltsraum der Orchestermusiker eine Ordensverleihungszeremonie, direkt neben Sargents Zimmer. Die Blechbläser spielten dazu Fanfaren aller Art, so daß Sargent aus seinem Zimmer herauskam, um zu sehen, was sich da abspielte. Horst brachte einen großen Drahtring mit, an dem viel Zeug ausgeschnittener bunter Blechstücke hing, alte Münzen und was er so in seiner Rumpelkammer fand. Da er von sehr breiter Statur war, bot die Brust viel Platz für eine große Kollektion improvisierter Orden. Sargent erfaßte die Komik der Situation und amüsierte sich, schmunzelte auch distinguiert, als Horst in vollem Ornat vor ihm auf der Bühne saß. Beim nächsten Konzert verschwanden dann alle Orden.

Schon während der Proben konnte ich Sargents ruhige Art, mit Orchestermusikern umzugehen, beobachten. Mitten in einer Probe brach er plötzlich ab, wandte sich mir zu und sagte höflich, ich könne nach Hause gehen. Auf mein konsterniertes Gesicht und

187

die Frage, was ich denn falsch gemacht hätte, erwiderte er: »Gar nichts. Aber die anderen spielen so laut, daß man Sie nicht hören kann. Dazu brauchen Sie doch nicht herzukommen.« Er wiederholte die Stelle, alle horchten auf meine Partie, und die Balance war perfekt. Während dieses Jahres meiner Tätigkeit beim Philharmonischen Orchester lernte ich den musikalischen Kern der verschiedenen Dirigenten am Interpretieren der Nationalhymne erkennen. Da gab es flotte Militärmärsche, sentimentalen Melodieüberschwang, symphonische Tongemälde – alles wurde in diese hoffnungsträchtige »Hatikwah« hineingepackt. Der Höhepunkt ereignete sich auf einer Konzertreise des Orchesters in den Libanon. Einer unserer Komponisten, Marc Lavry, wurde beauftragt, die Hymne für Militärorchester zu arrangieren, denn beim festlichen Empfang für unser Orchester wollte das libanesische Militärorchester die eigene und unsere Nationalhymne spielen. Beim Absenden des Notenmaterials von Tel Aviv nach Bayreuth wurde das Paket mit den Melodiestimmen vergessen. So spielten die Libanesen die »Hatikwah« ohne Melodie und waren begeistert über diese neuartige Hymne mit ihren faszinierenden Rhythmen und Harmonien.

Bald meldeten sich in Jerusalem die ersten Klavierschüler an. Es gab auch einen ersten Ansatz für die Bildung eines Konservatoriums, sehr energisch in die Wege geleitet durch die Klavierlehrerin Jocheved Dostrowsky, Tochter eines prominenten Arztes am Hadassah Hospital. Jocheved hatte in Wien studiert und war voller Ideen für neue pädagogische Wege im Klavierunterricht. Die Kinderärztin Helene Cagan unterstützte alle diese Bemühungen, und so ging ich zu ihr, um für eine Aufnahme ins Konservatorium vorzufühlen. Ich hatte jedoch zu wenige Schüler, denn um das Konservatorium zu erhalten, mußte der Lehrer von seinem Schülerhonorar 10 % der Verwaltung abgeben. Davon wurde ein Sekretariat und die Bezahlung der Theorie-Nebenfachlehrer bestritten. Da das Institut von keiner Stelle finanziell unterstützt wurde, mußte es sich aus sich selbst erhalten. Auf diese Weise war also jeder Lehrer eine Art Mitinhaber und hatte auch das Recht, mitzubestimmen, was allerdings zu Konflikten führen mußte.

Die Radiostation PBS war nun in vollem Gange. Die tägliche Sendezeit war in die drei Programme: Englisch, Arabisch, Hebräisch aufgeteilt, alle drei unterstanden dem englischen Generaldirektor. Der Musikdirektor der hebräischen Abteilung, Karl Salomon, später hebraisiert in Carel Salmon, betreute gleichzeitig die Musik der englischen Abteilung. Er war deutscher Emigrant und prädestiniert für diesen Posten wegen seiner Beherrschung der englischen, hebräischen und deutschen Sprache und als Musiker ein erfahrener Baritonsänger, Komponist und Dirigent. Politisch war dies ein sehr heikler Posten. Einerseits war Karl Salomon englischer Regierungsbeamter, andererseits verwaltete er von der Sache her auch einen hohen jüdischen Posten. Loyalitätsschwierigkeiten blieben ihm dann später nicht erspart. Wir verstanden uns sehr gut, nachdem er sich bald damit abgefunden hatte, daß ich seinen politischen Manövern nicht folgte, sonst aber zu jeder Hilfe bereit war. Helfen mußte ich bald sehr viel.

Die Araber, aufgeschreckt durch die große deutsche Einwanderungswelle und den unmittelbar spürbaren Einfluß auf die Entwicklung des Landes in allen Sektoren, begannen, unruhig zu werden und durch zahlreiche Attentate das Land unsicher zu machen. Schon damals achtete man als Straßenpassant auf umherliegende Schachteln oder Taschen und dergleichen, aus Furcht, sie könnten Bomben mit Zeitzündern enthalten. In dieser Beziehung hat sich bis heute nichts geändert, nur, daß die Wirksamkeit der Bombenanschläge größer geworden ist. Eine Pause brachte der Zweite Weltkrieg, da die Engländer einen bewaffneten Konflikt im Lande nicht dulden konnten. Aber bis dahin war die offizielle Reaktion auf ein Attentat das sofortige Ausgehverbot, der curfew.

Die curfews wurden für mich eine wichtige Einnahmequelle. Wurde etwa nachmittags curfew verhängt, konnten Musiker außerhalb Jerusalems nicht in die Stadt. Die Folge war, daß Sendeprogramme kurzfristig geändert werden mußten, was man damals mit Grammophonplatten noch nicht machen konnte. Man brauchte einen Pianisten, dessen Repertoire ein plötzliches Einspringen ermöglichte. Nach einiger Zeit erhielt ich einen permanenten curfew-Paß, mit dem ich zu jeder Tages- und Nachtzeit auf die Straße konnte. An jeder Ecke wurde man von verängstigten Hilfspolizisten mit Gewehr und aufgepflanztem Bajonett bedroht. Auf diese Weise spielte ich oft im Radio, was wiederum den Schülerkreis schnell erweiterte.

Die Einnahmen wuchsen, so daß wir auf die Suche nach einer Wohnung gehen konnten. Es war notwendig, in der Mitte der Stadt zu wohnen, um alles schneller erreichen zu können. Wir fanden eine kleine Zweizimmerwohnung in einem arabischen Häuschen mit Garten, schräg gegenüber von Jenny Schmerzlers Wohnung. Der Hauswirt, ein christlicher Araber namens Churi, wohnte mit seiner deutschen Frau, einer ehemaligen Krankenschwester, und zwei Kindern in der Parterrewohnung, wir bekamen die Wohnung darüber, die man über eine steinerne Außentreppe erreichte. Auch dieses Haus war ganz aus Jerusalemer rötlichem Stein gebaut mit dicken Innenwänden, die sowohl gegen Hitze als auch Kälte isolierten. Die Wohnung hatte eigentlich nur Vorteile, auch wegen des sympathischen Hauswirtes.

Noch bevor wir in die neue Wohnung übersiedelten, kamen eines Tages die beiden Brüder Rotenstein aus Gesher in offiziellem Auftrag zu uns. Mit unserem Auszug aus Gesher war das Problem unserer An- oder Abwesenheit für die Chawerim des Kibbuzes noch nicht gelöst. Trotz Beschluß der Generalversammlung gelangten sie inzwischen zu einem anderen Beschluß. Man schlug uns vor zurückzukommen. Wir würden ein großes Zimmer bekommen, in dem das Klavier nur für mich persönlich stehen würde. Ich sollte mich volltägig nur meiner musikalischen Arbeit widmen, Sprachunterricht bekommen und Musiklehrer an der Schule werden. Nachdem ich meine Rührung über diese Szene überwunden hatte und tatsächlich minutenlang mit dem Gedanken an eine Rückkehr nach Gesher kämpfte, habe ich ihnen doch die negativen Folgen einer solchen Ausnahmeposition für den gesellschaftlichen Zusammenhalt des ganzen Kibbuzes so dramatisch dargestellt, daß sie die Gefahren erkennen mußten. Ich versprach ihnen, weiterhin regelmäßig zu kommen und zu spielen, und sie sollten mich unverändert als ihren Chawer betrachten, dessen Arbeitsstätte Jerusalem ist. Diese kleine Szene in unserem Bauernzimmer, auf den Betten sitzend, denn wir hatten nicht genug Stühle, war Ausdruck einer echten geistigen Aristokratie, die keinerlei äußerer Symbolik bedurfte, um einen nicht vorhandenen seelischen Adel zu übertünchen. Mein Versprechen an den Kibbuz habe ich gehalten, bis Jahre später politische Umstände einen Keil zwischen uns trieben.

Nachdem wir uns im Haus Churi ein schönes, gemütliches Heim eingerichtet hatten, und es war eine von Rosies Stärken, aus nichts und jeder Kleinigkeit ein praktisches oder auch immer wieder angenehm zu betrachtendes Requisit hervorzuzaubern, kamen wir auch mit unserer näheren Umgebung in Kontakt. Im Nachbarhaus, zur anderen Seite des Kindergartens, wohnte der Maler Jacob Steinhardt. Sein Haus war im gleichen arabischen Stil gebaut, hatte einen großen Innenhof mit herrlichen Gewächsen und im Anschluß an die Wohnräume ein sehr geräumiges Maleratelier. Steinhardt war die Güte in Person, ein fleißiger Meister des Holzschnittes und aller Maltechniken. Seine Frau Mimi sang, und dafür wurde ich bald zum Begleiterdienst gerufen. Das Haus

Steinhardts war schon ein etabliertes Künstlerzentrum, das uns gleich in seine Mitte aufnahm. Bei curfew besuchten wir uns abends über die Dächer. Die Häuser waren so ineinander verschachtelt gebaut, daß man ganze Spaziergänge von Dach zu Dach machen konnte. Dies war angenehmer, als mit curfew-Paß über die Straßen zu gehen. So bildete sich schnell ein Freundeskreis.

Rosie konnte immer noch keine richtige Beschäftigung finden. Sie lehrte zwar Gymnastikschüler und machte Heilmassagen, aber das befriedigte sie nicht. Sie begann eine große Korrespondenz mit Freunden in aller Welt. Es war so, als lebte sie physisch in Jerusalem, aber gedanklich an anderen Plätzen. Gespräche führten zu nichts, sie kapselte sich ab und mied in ihrer asketischen Lebensführung die Nähe neuer Bekanntschaften, während meine Kreise sich schnell erweiterten, sie war nicht mehr die Rosie der Danziger und frühen Berliner Jahre.

Die Schwester meines Freundes David Kaelter, Ruth, kam mit ihrem Mann nach Palästina. Dieser Franz Ollendorf war ein eminenter Wissenschaftler auf dem Gebiet der Elektrizität, spielte schon eine wichtige Rolle bei Siemens in Berlin und wurde zunächst Lehrer an einer Schule in Jerusalem, eine Aufgabe, die er mit pädagogischer Leidenschaft und Hingabe erfüllte, bis er eine Berufung an die Technische Universität in Haifa erhielt. Ruth und Franz Ollendorf gaben uns großen Beistand und Hilfe während der letzten Berliner Jahre. Ihre Wohnung in der Düsseldorfer Straße war ein Zentrum für geistige und materielle Stütze. Nun waren auch sie in Palästina, nur der Bruder Kaelter fehlte noch. Bald erreichte mich die bittere und traurige Nachricht vom Tode meiner Mutter. Für Vater war damit ein lebendiger Teil seiner selbst weggerissen. Er sollte dies auch nie überwinden. Vaters Freund, der Rabbiner Emil Levy, der zu dieser Zeit in Tel Aviv lebte und dort eine kleine Gemeinde betreute, schrieb zum Tod der Mutter an meinen Vater: ». . . Vielfach wird hier noch vermißt, was Sie, verehrter Herr Dr. Gruenthal, in so weitem Maße besitzen, eine feinere Männlichkeit, innere Vornehmheit, Herzensteilnahme.« In memoriam meiner Mutter schrieb ich damals »Drei Lieder der Ruhe«, die ich zusammen mit der hervorragenden Sopranistin Hede Türk im Radio uraufgeführt habe. Meinem Vater tat die Nachricht von der Aufführung dieser Lieder sehr gut, aber hören konnte er sie leider nicht, denn damals gab es noch keine Tonbandaufzeichnungen, die ich ihm hätte schicken können.

Das Jahr 1937 brachte große Veränderungen in meinem Beruf. Die Harfenistin Klari Szarvas löste mich ab von meiner stellvertretenden Funktion im Philharmonischen Orchester. Der Geiger Emil Hauser, weltberühmt geworden durch das Budapester Streichquartett und rechte Hand Hubermanns bei der Gründung des Philharmonischen Orchesters, kam auf die naheliegende Idee, durch Künstlerzertifikate der palästinensischen Regierung junge jüdische Musiker aus den Konzentrationslagern zu retten, was vor der »Kristallnacht« immer noch möglich war. Dazu mußte eine Musikschule gegründet werden mit professionellem Ausbildungsprogramm, die den stolzen Titel einer »Akademie« erhielt. Es gab also ein Konservatorium für die Laienausbildung und eine Akademie für die Berufsausbildung. Hauser wurde zum selbstgekrönten Direktor beider Abteilungen, was sowohl professionelle als auch gesellschaftliche Gründe hatte. Für die Akademie fand er große Unterstützung in Sir Arthur Wauchope, in dessen Palast Hauskonzerte stattfanden, die zur Bildung eines »Freundeskreises der Akademie« und damit auch zu finanzieller Unterstützung beitrugen. Ich hatte inzwischen so viel Schüler, daß die 10 % des Schülerhonorars beim Konservatorium in die Waagschale fielen. Ich wurde also als Klavierlehrer aufgenommen. Aufgrund dieser Abgabe hatte ich dann auch Mitspracherecht.

Als Rosies bedrückender Zustand sich zusehends verschlechterte, beschloß ich eines Tages, eine Trennung zu vollziehen und das Haus zu verlassen. Ich mietete mir ein kleines Zimmer, nicht weit vom Haus Churis entfernt und wollte dort die Situation abwarten. In Abwesenheit von Rosie nahm ich meinen alten Koffer, der über die vielen Reisen schon sehr lädiert war und mit einem festen Strick zugebunden werden mußte. Vom Maler Steinhardt lieh ich mir einen Strick aus, ohne zu sagen, wofür. Für Rosie hinterließ ich einen kleinen Brief, daß ich für eine Weile verschwinden werde und wir damit beide Bedenkzeit finden könnten, gab aber keine Adresse an. Rosie ging sofort zu Steinhardt, da er vielleicht Näheres wußte. Die Bestürzung war groß, lag doch die Vermutung nah, daß ich mir diesen Strick auslieh, um mich irgendwo zu erhängen. Ich blieb immerhin zehn Tage inkognito, dann kam der »erhängte Josef« mit frischen Kräften wieder zurück.

Kurz darauf trennten wir uns endgültig, doch blieben wir für immer die engsten Freunde – auch des Kindes wegen, das kein zerrissenes Elternhaus empfinden und seinen Vater weiterhin in unmittelbarer Nähe wissen sollte.

Die jüdische Erziehungsbehörde lud mich ein, den Schullehrern des Landes zweimal wöchentlich einen Vortrag über Musikpädagogik zu halten; da die Lehrer aber nicht Deutsch verstanden, mußten die Vorträge in hebräischer Sprache sein. Dieser Auftrag war sehr verlockend, aber das Sprachenproblem schien auf so kurze Sicht unüberwindbar. Es fand sich aber eine Lösung. Rosie hatte einen kränklichen jungen Mann als Patienten für Heilmassagen. Von den Ärzten war er aufgegeben, also blieb Rosies Behandlung als letzte Hoffnung. Dieser junge Mann, der an den Folgen einer Kinderlähmung litt, sprach fließend Hebräisch und Deutsch. Er kam in meine Wohnung, saß mir gegenüber an einem runden Tisch. Ich schrieb die Vorträge in deutscher Sprache, reichte ihm Seite für Seite, die er sofort ins Hebräische übersetzte. Durch das Beten in meiner Jugend konnte ich fließend Hebräisch lesen, auch die Schriftsprache, die ich bei meinem Vater erlernte. Also bereitete ich mich sorgfältig auf das Vorlesen der Vorträge vor, lernte die Bedeutung der Vokabeln, begann die Grammatik zu ahnen und nutzte diese Vorträge als meinen ersten hebräischen Sprachunterricht. Im folgenden Jahr konnte ich schon frei Sätze bilden, und nach nicht allzu langer Zeit war ich vom Manuskript unabhängig. Vor allem benutzte ich alle Vokabeln, soweit sie nicht termini technici waren, um mich mit ihnen auch im täglichen Leben zu verständigen. Vor Fehlern genierte ich mich nicht, redete frisch drauf los. Man kann das schwerlich als Methode ansehen, und doch blieb es die Grundlage, auf der ich später zahllose Vorträge an den Universitäten des Landes frei vortrug.

Dieses Problem war, zumindest temporär, gelöst. Bald kam ein zweites, ebenso schwerwiegendes, auf mich zu. Ich hatte kein Instrument zum Üben, während die Anforderungen an mich als Pianist immer größer wurden. Weder konnte ich ein Klavier mieten noch gar eines kaufen, denn ich hatte nun für zwei Haushalte zu sorgen. Über diesen aussichtslosen Zustand war ich recht verzweifelt. Unter meinen neu erworbenen Bekannten war ein emigrierter Hals-Nasen-Ohren-Arzt, der in seinem Haus Plattenkonzerte gab, in dieser Zeit noch eine Rarität. Während der Unterhaltung in einer Teepause erzählte er beiläufig von einem nagelneuen Grotrian-Steinweg-Flügel, den ein emigrierter Architekt aus Berlin verkaufen wollte. Er erwähnte auch seine Adresse, doch konnte ich so einen Kauf ohnehin nicht erwägen.

Wenige Tage später passierte ich Straße und Haus dieses Architekten, warf einen Blick auf die Eingangstür und sagte mir: »Fragen kostet doch kein Geld« und drückte entschlossen auf die Türklingel. Es öffnete ein kleiner mürrischer Mann, neben ihm eine ausgemergelte, noch mürrischere Frau. Ich stellte mich als

Pianist vor; ich hätte von dem Verkauf des Instrumentes gehört und hätte es gerne gesehen. In barschem, unfreundlichem Ton führte er mich zum Flügel. Ich klappte den Oberdeckel zurück, sah, daß ein Hupfeldt-Phonolaapparat eingebaut war und die Hammermechanik fabrikneu im Flügel schlummerte. Ich klimperte ein paar Akkorde, prüfte die Pedale – es war eben ein unberührtes Instrument. Schließlich mußte ich so tun, als sei ich am Kauf interessiert und fragte nach dem Preis. Er bellte mich an: »Fünf Pfund.« Das war ein lächerlicher Preis. Ich machte ein erstauntes Gesicht, woraufhin er sagte: »Sie müssen aber auch den Schrank mit allen Phonolarollen mitnehmen und auch den Klaviersessel. Alles im Preis inbegriffen. Das Klavier muß raus aus der Wohnung.« Etwas Fatales muß diesem Instrument passiert sein, ich traute mich aber nicht, so gradewegs danach zu fragen, sondern sagte, ich würde morgen wiederkommen. Schnurstracks ging ich zu Stefan Wolpe, der mit seiner Frau Irma Schönberg – einer außerordentlichen Pianistin – auch schon in Jerusalem lebte. Beide sollten in der Akademie die Kompositions- respektive Klavierklasse übernehmen. Ich erzählte Stefan von dem Steinweg-Flügel. Wir rüsteten uns mit etwas Handwerkzeug aus, um den Flügel von oben bis unten zu untersuchen, denn irgendwo mußte ja der Fehler stecken. Am nächsten Morgen erschienen wir gemeinsam, nahmen die ganze Mechanik heraus, was kompliziert war wegen des Phonolaapparates, prüften absolut alles auf Herz und Nieren, klopften den Resonanzboden ab, probierten jeden Hammer auf seine Repetitionsmechanik – kurz, vor uns lag in Teilen eine unberührte Jungfrau und beklagte sich bitter über ihr Schicksal. Stefan flüsterte mir leise ins Ohr: »Sofort nehmen. Gar nichts fragen. Schau dir doch den Mann an, da stimmt was nicht.« Noch am selben Nachmittag nahm ich von einer wohlhabenden Schülerin fünf Pfund Vorschuß, und bereits am nächsten Morgen stand der Flügel mit der ganzen Rollenbibliothek in meiner Wohnung.

Das wurde natürlich zum Stadtgespräch, aber niemand fand eine Erklärung. Unter den Phonolarollen war sogar eine von Busoni bespielt, aber es klang doch sehr mechanisch. Eine Rolle machte mir riesigen Spaß: »Weltkrieg 1914–1918, Original Hupfeldt Tongemälde«. Die Musik bestand aus rasenden Läufen über die Klaviatur, hintereinander und gegeneinander und plötzlich hundertarmige Akkorde, das waren wohl die einschlagenden Bomben und ähnliches mehr. Ich habe dann das rabiate Tongemälde friedlich in seinen Rollenschrank zurückgelegt. Die ganze Rollenbibliothek konnte ich kurz darauf einem reichen christli-

chen Araber verkaufen, der an die Decke sprang vor Begeisterung, denn er besaß einen Phonolaapparat. Das Rätsel dieses
Flügels wurde erst acht Jahre später auf ebenso mystische Weise
gelöst. In unserer schönen großen arabischen Wohnung hatten wir
ein Zimmer an einen jungen Mann vermietet. Er bekleidete einen
hohen Posten bei einer palästinensischen Regierungsstelle. Selten
sprachen wir ein Wort miteinander, er war ungewöhnlich still und
rücksichtsvoll. Eines Tages teilte er uns mit, daß er nach London
versetzt sei und kündigte das Zimmer. Während des kleinen Ab-
schiedsmahls berührte die Unterhaltung auch den Steinweg-Flügel, wobei sich herausstellte, daß der junge Mann der Sohn des
Architekten war, von dem ich seinerzeit den Phonola-Flügel ge-
kauft hatte. Er wußte von dem Verkauf und konnte uns alles
erklären. Sein inzwischen verstorbener Vater war ein sehr vermö-
gender Mann, der bei der Auswanderung sein Geld in baren
Tausendmarkscheinen schmuggelte. Zu diesem Zweck kaufte er
den Steinweg-Phonola-Flügel und wickelte die Geldscheine in die
Phonolarollen hinein. Die Angst während der Zolluntersuchung
in Deutschland zerrüttete seine Nerven derart, daß er in einen
ständig sich steigernden Verfolgungswahn verfiel, der schließlich
in einem unnatürlichen Tod endete.

Re'uwen kam inzwischen ins schulpflichtige Alter. Es gab eine
sehr gute Vorschule in Jerusalem, Beth Hajäläd (Haus des Kindes), mit einer hervorragenden Direktorin, Kinderpsychologin.
Auf die Nachricht von der Einschulung Re'uwens schrieb mein
Vater:». . . Wie freue ich mich, daß ich schon ein Enkelchen habe,
das zur Schule geht. Auf das Schulsystem kommt es gar nicht an.
System ist Schall und Rauch, und jedes Menschenkind entwickelt
sich nach den ihm eigenen Gesetzen . . .« Bei einem befreundeten
Tischlermeister ließ ich einen kleinen Schreibtisch für Re'uwen
bauen, mit schräger Schreibplatte, vielen Schubladen und verstell-
barer Sitzbank. Als er vom ersten Schultag nach Hause kam, stand
dieser Schreibtisch in seinem Zimmer. Sein verzückter Blick und
sein stummes Betrachten führten mich an den Tag zurück, an dem
ich von meiner Aufnahmeprüfung in die Hochschule zurückkehr-
te und einen nagelneuen Flügel zu Hause vorfand. Re'uwens Blick
beglückte mich nicht weniger als ihn der Schreibtisch. Noch einmal durfte ich in seinen Augen dieses Glück erleben. Etwa ein
Jahr später erkrankte er an einer schweren Diphtherie. Der Arzt
verordnete Serumspritzen. Rosie aber war Feind jedweder Imp-
fung. Mit aller Art Naturheilmittel hoffte sie, die Krankheit zu
überwinden, doch am Abend trat Atemnot ein. Da hielt ich es

nicht mehr aus und rannte zu unserem Freund Engel. Er brachte gleich einen Chirurgen mit, Dr. Joseph, ein Schwager von Otto Klemperer. Der Chirurg hatte ein komplettes Operationsbesteck dabei, um bei akuter Erstickungsgefahr sofort eingreifen zu können. So saßen wir die ganze Nacht bei dem armen, mühsam atmenden kleinen Kerl und hielten uns mit Kaffee und Erzählungen wach. Gegen Morgen sagte der Arzt zu Rosie, es gäbe noch eine kleine Hoffnung, ohne Operation auszukommen, wenn Re'uwen eine Schockdosis Serum eingespritzt bekäme, was aber im Spital gemacht werden sollte. Rosie gab nach, weil auch sie die Qualen des Kindes nicht mehr mitansehen konnte. Wir rasten in Engels großem Ford zum nächstliegenden Spital mit einer sehr guten Kinderabteilung. Der leitende Arzt sah die Dringlichkeit des Falles und verabfolgte das nötige Quantum Serum. Re'uwen reagierte sehr rasch. Zwei Tage später brachten wir ihn nach Hause für eine ziemlich lange Rekonvaleszenz. Ich kaufte ihm ein sehr kleines Radiomodell mit außergewöhnlich gutem Empfang und ohne Außenantenne, das eine holländische Firma damals nach Palästina exportierte, und brachte es ihm am selben Nachmittag an sein Krankenbett. Als Re'uwen mich dann zum ersten Male in seinem Radio spielen hörte, war die Begeisterung grenzenlos.

In Rosie ging unendlich viel vor in diesen Tagen. Ich besuchte beide zu jeder Gelegenheit, mindestens aber einmal am Tag. Glücklicherweise bekam Rosie mehr und mehr Schüler, von denen einige ihre sie tief verehrenden Freunde wurden. Das erleichterte auch mich. Ich wußte, daß sie nun Menschen hatte, mit denen sie ins Gespräch kam, mit denen sie Gedanken wechseln konnte.

Inzwischen stellte Emil Hauser die Akademie für Musik auf eine reale Basis. Studenten kamen hauptsächlich aus Deutschland und Österreich. Dort waren Juden inzwischen nicht nur boykottiert, Juden wurden nunmehr als minderwertige Rasse systematisch verfolgt.

Für viele dieser Verfolgten wurde die Jerusalemer Musikakademie ein Hoffnungstraum möglicher Rettung. Gemessen an der Zahl der Verfolgten, gelang es nur wenigen, diese Insel zu erreichen. Doch jeder wog eine Welt auf. Hauser und Helene Cagan spannten ihre Fäden in alle Richtungen und leisteten Großes für Menschen und Musik zugleich. Für Konservatorium und Akademie wurde in einem großen Gebäude des abessinischen Generalkonsulats eine ganze Etage im Parterre gemietet. Dadurch gab es eine Anzahl Gästezimmer, in denen die aus Europa eingetroffenen Studenten zunächst wohnen konnten.

Stefan Wolpe mit seiner Frau Irma bekamen dort eine Wohnung, in der sie auch unterrichteten. Stefan war der erste Komponist, der die Zwölftonmusik ins Land brachte. Das war nun für Palästina, mehr noch als für Europa, schwer zu verdauende Kost. Es gab auch kaum Musiker, die fähig waren, solche Musik zu spielen. Stefan hatte eine Komposition für zwei Klaviere geschrieben: Marsch und Variationen. Sie war noch nicht in orthodoxer Dodekaphonie komponiert, aber ausgesprochene Avantgarde-Musik im heutigen Sinne. Ich erklärte mich sofort bereit, dieses Werk mit seiner Frau Irma zu studieren. Wir brachten es in Jerusalem zur Uraufführung in einem Programm mit Originalmusik für zwei Klaviere. Anwesend war die Jerusalemer High-Society, die nach Stefans Komposition den Pianisten, die zu solcher Akrobatik fähig waren, turbulent applaudierte, wohingegen sie der Musik fassungslos gegenüberstanden. Danach wurde Stefan das enfant terrible extremistischer Musikideologien, verstärkt durch kompromißlose politische Anschauungen und ein äußeres ich-betontes Auftreten. Studenten strömten ihm zu, die sich bald so sehr mit ihm identifizierten, daß sie sogar seine Physiognomie annahmen. Stefan beteiligte sich mit einer Komposition an einem internationalen Kongreß in Moskau, der dem Arbeiterlied der Welt gewidmet war. Er sandte Arbeiterlieder für vierstimmigen Chor ein, die er in Palästina geschrieben hatte. Etwa ein halbes Jahr später bekam er das Notenmaterial zurückgeschickt und sah bei der Durchsicht, daß zu dissonante Akkorde in konsonanten Wohlklang verbessert worden waren. Das war für Stefan ein harter Schlag.

Das ganze Musikleben in Palästina war für ihn zu konservativ. Weder das Philharmonische Orchester noch das Radio spielten zeitgenössische Musik. So begann Stefan seine Fühler nach Amerika auszustrecken. Zu mir hatte er anfangs eine sehr reservierte Haltung. Er war nämlich der Ansicht, mit ihm könne nur jemand zusammenarbeiten, der eine psychoanalytische Behandlung durchgemacht hätte, was er auch weitgehend von seinen Schülern verlangte. Bei mir blieben diese Bemühungen erfolglos, weshalb ich intellektuell nicht für vollwertig betrachtet wurde. Für diese Aufführung seiner Variationen mußte er dennoch in den sauren Apfel beißen, denn es war kein analysierter Pianist zur Hand, der so etwas spielen konnte.

Die arabischen Unruhen wurden vehementer. In den Städten und auf dem Lande nahmen die Bombenanschläge zu. Auf Kibbuzim gab es regelrechte militärische Angriffe. Der jüdische Selbstschutz, genannt Haganah, wurde zunehmend straffer organisiert.

Der Weg zur Akademie in der Prophetenstraße in Jerusalem war oftmals Zeuge schwerer Überfälle. Durch diese Straße kehrten die Lastautos zurück, welche die jüdischen Arbeiter von den Bromwerken am Toten Meer nach Jerusalem brachten. Der Weg führte über steinige Gebirgslandschaft in steilem Anstieg langsam nach oben, ein bequemes Ziel für nicht zu erkennende Schützen hinter den Felsblöcken. Mit Grauen sah man, wie die Verwundeten in das nächste Spital gebracht wurden. Solche Bilder wurden zum täglichen Ereignis. Trotzdem oder gerade deswegen wurde der jüdische Widerstand entschlossener und härter. Schließlich wollten die Eltern ihre Kinder nicht mehr in das Konservatorium in der Prophetenstraße schicken, und die Leitung suchte nach einer anderen großen Wohnung im geschützteren Zentrum des jüdischen Teiles der Stadt.

Infolge dieser äußeren und inneren Umstände beschloß Stefan Wolpe, weiter nach Amerika auszuwandern. Die Lücke, die durch den Weggang von Stefan und Irma im Lehrerkollegium der Akademie entstand, wurde glücklicherweise schon bald durch die einwandernden Pianisten Alfred und Lisa Schroeder geschlossen. Für Stefan wählte Hauser mich als Ersatz. Ganz sicher war er meiner nicht. Aber was die Modernität meiner Kompositionen betraf, so blieb die Wahl irgendwie im Stil des Vorgängers. Auf diese Weise wurde ich Haupt- und Nebenfachlehrer in der Akademie für Komposition, Klavier und allen musiktheoretischen Fächern. Das war mehr als ein volles Amt. Zum Komponieren blieb da nicht viel Zeit. Diese vielseitige Tätigkeit war allerdings sehr wohl eine Vorbereitung für all das musikalische Denken, das ich später in meinen Kompositionen entwickelte. Das intensive Unterrichten war niemals nur in finanziellen Erwägungen begründet oder hat mir etwa die Zeit zum Komponieren weggenommen. Mit den Finanzen war es nicht so gut bestellt. Niemand wußte am Ersten des Monats, wann er sein Geld wirklich bekommt. Das geschah nicht selten erst gegen Ende des Monats. Von den Prozenten, die der Konservatoriumslehrer abgab, konnte natürlich das Lehrprogramm der Akademie nicht mitfinanziert werden. Bis Spenden und Subventionen eintrafen, vergingen oft Wochen, ja Monate. Außerdem entstand durch die Unterscheidung zwischen Konservatorium und Akademie ein Gradunterschied zwischen den Lehrern. Ein Akademielehrer war in den Augen des Publikums eo ipso der qualitativ höherstehende Musiker. Viele Eltern bemühten sich, ihre Kinder bei Akademielehrern unterzubringen. So mußten die Konservatoriumslehrer Geld bezahlen für die Akademieaktivität, die ihnen selber Konkurrenz machte. Und da sich mit jedem zusätzlichen Nebenfach der professionellen Ausbildung das Defizit der Akademie vergrößerte, ohne daß die Konservatoriumslehrer ein Mitspracherecht am Akademieprogramm hatten, begann es bald, gegen den alleinentscheidenden Direktor Hauser zu rumoren.

Reibereien und Intrigen waren die Folge solcher Verwicklungen, die noch verschärft wurden, als Hauser eine Filiale der Akademie in Tel Aviv eröffnete. Eigentlich war das wohlbegründet, denn durch das Philharmonische Orchester hatte Tel Aviv die besseren Instrumentalisten. Aber zunächst war es eine zusätzliche Belastung für die Jerusalemer Akademie. Hinter den Kulissen der Musik spielte sich also ein reges gesellschaftspolitisches Spiel ab, das viel Unruhe stiftete.

Daneben liefen die Aktivitäten für das Radio. Der musikalische Direktor Karl Salomon überzeugte die Engländer von der Notwendigkeit des Aufbaus eines eigenen Radioorchesters. Zunächst war es ein winziges Kammerorchester, das sich dann über die Jahre zu einem kleinen Symphonieorchester entwickelte und heute neben dem Israelischen Philharmonischen Orchester das zweite, vollgültige Orchester Israels ist. Dies sollte aber noch Jahrzehnte dauern. Gleich zu Beginn des Radioorchesters wirkten zwei Musiker von internationalem Rang mit: der Violinist Sascha Parness, von dem ich schon in Berlin als einem »zweiten Jascha Heifetz« gehört hatte, und der Cellist Daniel Hofmekler. Als Charaktere waren sie verschieden wie Tag und Nacht. Sascha war musikalisch ein »Zigeuner«: Nur wenn er *nicht* übte, gab es keinen Besseren in der Welt; nichts, was ihm zu schwer war und nicht beim ersten Blattspiel gemeistert wurde, ob Solokonzert oder Orchesterpartie. »Meki« Hofmekler war ein verantwortungsvoller Musiker mit profundem Wissen und vollendeter Technik. Stärkste Disziplin bändigte die Emotionen seiner slawischen Gefühlswelt. Im Rundfunk spielten sie oft zusammen Programme mit dem Allround-Pianisten Arieh Sachs, der alle Zweige der Musik, wie sie ein Radioprogramm erfordert, mit gleichem Können und gleicher Zuverlässigkeit besorgte.

Eines Abends mußte ich im Radio ein halbstündiges Programm klassischer Musik spielen. Ich kam zwanzig Minuten vor der angesetzten Sendezeit, ging in den Abhörraum des Technikers und beobachtete durch das Fenster zum Aufnahmeraum, wie das Trio Parness-Hofmekler-Sachs leichte Unterhaltungsmusik spielte. Kaum hatte mich Sascha am Fenster erspäht, begann er sogleich, eine seiner urkomischen Nummern abzuziehen. Sie spielten gerade einen Strauß-Walzer, in den Sascha alle möglichen Zitate aus der klassischen Musik hineinimprovisierte, aber so, daß sie auch von Strauß hätten komponiert sein können. Nach wenigen Minuten war Meki außer Gefecht gesetzt, konnte vor Lachtränen keine Noten mehr sehen und hörte auf zu spielen. Sascha und Arieh hielten die Fahne des Programms alleine hoch. Nunmehr spielte Sascha eine Kombination der Geigen- und Cellostimme und vermischte alles mit Figuren aus Bachs Solosonaten. Es dauerte nicht lange und Arieh schloß den Klavierdeckel und weinte seine Lachtränen in die überkreuzten Arme auf dem Deckel. Sascha spielte das ganze Programm in aller Seelenruhe zu Ende, und ich glaube nicht, daß irgendein Hörer etwas Ungewöhnliches bemerken konnte. In allen solchen Dingen war Sascha hemmungslos, auch wenn er seine Verachtung schlechten Musikern gegenüber zeigte.

Nach dem Zweiten Weltkrieg, als das Orchester schon ein richtiges Symphonieorchester war und jede Woche ein öffentliches Konzert im YMCA gab, kam einmal ein Dirigent von außerhalb, der beim Proben unentwegt abschlug und den Musikern Anweisungen gab, die jedoch zeigten, daß er nichts von den Instrumenten verstand. Im Saal saß während der Proben auch Publikum, um so mehr wollte der Dirigent seine Autorität zur Schau stellen. Alles verlief ruhig, bis er wieder einmal abschlug und Sascha zeigte, wie man bei einer Phrase den Bogen führen müsse. Daraufhin steht Sascha auf, läßt seine Hose einschließlich Unterhose herunter, dreht sich um und zeigt dem Dirigenten sein zweites Gesicht. Der englische Intendant des Radios, bei dem sich der Dirigent beschwerte, hielt es für angebracht, Sascha auch nicht mit einem halben Wort zu rügen.

Hauser hatte große Probleme mit dem Lebensunterhalt der Studenten, die über Zertifikate für Musikstudenten ins Land kamen. Unter ihnen waren auch einige, die keine Musiker waren, für die ein Zertifikat jedoch die Lebensrettung bedeutete. So kam er auf die Idee, ein Marionetten-Theater zu gründen, in dem die Studenten, die keine Musiker waren, das Führen der Puppen erlernen sollten, die Musiker dagegen, Streicher und Bläser, im Orchester spielen sollten. In Jerusalem lebte die Malerin Grete Krakauer, Frau des bekannten Architekten und Malers Leopold Krakauer. Sie erhielt von Hauser den Auftrag, das Marionetten-Theater so zu bauen, daß man damit auch in die Kibbuzim reisen können sollte. Während Frau Krakauer an diesem zusammenlegbaren Marionetten-Theater aus Holz arbeitete und auch die Pup-

200

pen entwarf, bereitete ich das Orchester für eine Aufführung von Mozarts »Bastien und Bastienne« vor, wofür wir auch die Sängerbesetzung hatten. Im Programm war noch eine der kleinen Mozart-Symphonien. Nach wochenlanger Arbeit kam es im Frühjahr 1939 in der großen Ausstellungshalle des Bezalel-Museums zur Aufführung. Der Erfolg war groß, die Vorstellung wurde wiederholt, aber eine Reise durchs Land mit diesem komplizierten Apparat mußte wegen der hohen Kosten vorläufig verschoben werden.

Hauser aber hatte noch einen anderen Plan. Er wünschte sich eine moderne Oper für dieses Marionetten-Theater. In Haifa lebte der Schriftsteller Arnold Zweig, der nach dem Krieg in die DDR zurückwanderte. Zweig sollte das Libretto schreiben, ich die Partitur. Wir trafen uns in Haifa. Bei einem Kaffee besprachen wir seinen Themenvorschlag »Jonas und der Walfisch«. Er versprach, sehr bald einen Entwurf des Librettos zu schicken. Mit großer Spannung erwartete ich das Manuskript. Es war ein virtuos ausgearbeitetes Bühnenspiel vom Umfang eines abendfüllenden Theaterstückes. Wenn ich dazu eine volle Opernpartitur für Gesang und Orchester geschrieben hätte, denn Hauser wollte ja seine Musiker beschäftigen – hätte die Marionettenoper den Umfang eines »Parsifal« angenommen. Ich schrieb ihm also höflich meine Vorschläge für einige Kürzungen. Darauf kam seine sehr unwillige Antwort, wie ich eigentlich dazu käme, einem Arnold Zweig Kürzungen vorzuschlagen. Wegen dieser denkbar schlechten Voraussetzung für die Zusammenarbeit zwischen Komponist und Librettist wurde der Plan fallengelassen. In einem der letzten Briefe meines Vaters gratulierte er mir zu dieser Oper, die ich zusammen mit Arnold Zweig geschrieben hätte. Jemand erzählte ihm von einer Nachricht im *Neuen Tage-Buch,* das damals in Paris erschien. Die längst vergessene Episode klärte sich erst dieser Tage auf: Tatsächlich findet sich im Jahrgang 1939 dieser deutschen Emigrantenzeitschrift eine Notiz unter der Rubrik »Abseits der Reichskulturkammer«: »Arnold Zweig schrieb zu Joseph Grünthals Musik den Text der Marionettenoper ›Jonas und der Walfisch‹.« Natürlich hat Arnold Zweig keinen Text zu meiner Musik geschrieben, sondern ich sollte Musik zu seinem Text schreiben.

Inzwischen gründeten wir in Jerusalem die Palästina-Sektion der International Society for Contemporary Music (ISCM). Im Komitee saß ich neben dem aus Berlin emigrierten Komponisten E. W. Sternberg und dem englischen Pianisten Sidney Seal, der in Jerusalem ein kleines Privatkonservatorium hatte.

Das erste Programm mit

H. Genzmer, Sonate für Violine solo (Sascha Parness),

P. Hindemith, Streichersuite (Akademieorchester),
J. Grünthal, Ouvertüre zu einer Marionettenoper,
wurde im großen Atelier des Malers Jacob Steinhardt veranstaltet. Es fand großen Zuspruch, regte Diskussionsabende an und wurde zu einem wichtigen Förderer der Neugier auf moderne Musik.

Die Konflikte zwischen den Lehrern und Hauser wurden unterdessen immer schärfer. Hauser verstand es nicht, mit Leuten umzugehen, die nicht seinen fliegenden Plänen nachkommen konnten. Auch sein Violinspiel wurde zunehmend unsicher: mal ausgeklügelt theoretisch, mal instinktsicher musikalisch. Einmal geschah es, daß wir nach einer Bombenexplosion in seiner Wohnung festsaßen und die Nacht mit stundenlangem Musizieren verbrachten. Er spielte hinreißend, teils mit größter Perfektion, musikalisch mit zwingendem Aufbau, langsame Sätze in konzentrierter Lyrik – ein einmaliges musikalisches Erlebnis. Am anderen Tage war alles wie weggeblasen. So war er auch im Umgang mit Menschen. Er konnte eine fröhliche Abendgesellschaft stundenlang mit seinen Erzählungen unterhalten, Balanceakte vollführen – ein Gesellschafter par excellence sein, dann wieder auf groteske Weise Menschen vor den Kopf stoßen. So bestellte er einmal einen gerade eingewanderten Violastudenten aus Wien zu sich in die Wohnung zu einem ersten Gespräch. Der Student, ein schmächtiger und schüchterner junger Mann, klopfte an die Tür. Plötzlich stand Hauser vor ihm, in der Hand einen Revolver, seine Mündung auf den Studenten gerichtet, den Finger am Trigger. Die Idee hinter diesem absurden Empfang sei es gewesen, zu prüfen, wie der junge Mann auf eine unvorhergesehene Situation reagieren würde. Mit solchen Dingen irritierte er natürlich viele Menschen. Hauser entging dem großen Krach, indem er nach Amerika ging, um dort die Gesellschaft der »Freunde der Musikakademie in Jerusalem« zu gründen; er wurde in Amerika vom Krieg überrascht, und wir blieben ohne Direktor.

Rosies berufliche Entwicklung machte gute Fortschritte. So wie schon in Berlin als Assistentin von Elsa Gindler, wurde auch bald in Jerusalem ihr Name zu einem Begriff für außergewöhnliche Physiotherapie. Sie konnte sich ganz auf die Gegebenheiten einer individuellen Physis konzentrieren, die exakte Stelle der Krankheit finden und diese wieder in den sonst gesunden Organismus einordnen. Es war immer der einmalige Mensch als Ganzes mit seinen Besonderheiten, der von ihr behandelt wurde. Im Verlauf des israelischen Krieges hat sie unter den verwundeten Soldaten wahre Wunder vollbracht. Gegen ihr eigenes depressives Verhalten konnte sie hingegen nicht angehen. Es war leicht, sie zum Lachen zu bringen, zu ganz herzhaftem Lachen, unmittelbar darauf konnte sie in Traurigkeit zurückfallen. Nur Re'uwen gegenüber machte sie jede Anstrengung, sich nichts anmerken zu lassen. Und da wir sehr oft zusammen waren, blieb Re'uwen doch ein Elternhaus erhalten. Seine Freundschaft zu Jussuf, dem Sohn des arabischen Hauswirtes, war enger als zwischen Brüdern. Jussuf, ein sehr intelligenter Junge, dem ein ehrlicher und treuer Charakter aus den großen schwarzen Augen leuchtete, spielte eine große Rolle in Re'uwens früher Jugend.

Vielleicht war es ein Erbstück meines Vaters, der so, wie seine Seele in Ruhe und Geborgenheit an Gott glaubte, auch des eigenen Liebens bedurfte, die er all seinen Waisenzöglingen und seiner eigenen Familie in breitem Strom zuführte. Vielleicht war davon etwas auf mich übergekommen und nun in mir auf- und zurückgehalten. Mein Organismus entwickelte eine Antenne, die immer empfindlicher und unermüdlich nach einem Signal suchte. Einmal mußte sie ein Zeichen auffangen: es geschah auf sehr prosaische Weise in einem Restaurant in Jerusalem, in dem ich oft zu Mittag aß.

Das Restaurant »Lebanon« bot eine gutbürgerliche, preiswerte Küche. Meist aß ich allein und hatte Lektüre dabei. Schräg gegenüber, am anderen Ende des Lokals, saß ein junges Mädchen, den Kopf in der Tageszeitung verborgen. Sie warf hie und da über den Rand der Zeitung einen Blick herüber, den meine Antenne auffing. Mehr ereignete sich nicht, aber der Blick war notiert. Am nächsten Tage setzte ich mich auf den gleichen Platz. Unsere Blicke festigten sich, und ihr Gesicht war nicht mehr hinter der Zeitung verborgen – ein slawisches Gesicht mit breiten Backenknochen, eigenwilliger Nase, blühenden Lippen, forschenden Augen. Ein Gesicht, an dem man nicht vorübergehen kann, ohne in seinen Gedanken aufgehalten zu werden. Zum ersten Mal in meinem Leben faßte ich solchen Mut und sprach sie an. Vielleicht wußte sie, wer ich bin, vielleicht hatte sie mich auch schon in einem Konzert gehört, jedenfalls kam das kurze Gespräch sogleich auf Musik. Sie zeigte daran großes Interesse, ich lud sie ein, sie kam, ich spielte ihr vor, sie war Pola, die sehr bald meine zweite Frau wurde.

Polas Eltern kamen bei der Besetzung Polens durch die Deutschen um, zwei Brüder und eine Schwester lebten entweder noch oder auch nicht, man hatte keine Nachricht darüber. Sie selbst kam schon 1935 über die zionistische Jugendbewegung nach Palästina. Zwischen dem verheirateten Mann mit Kind und der jungen Frau aus ehrbarem Haus gab es viele Gespräche und Erwägungen, gegen die Gewalt der Natur aber gibt es keine Argumente aus Gewohnheiten.

Die Enthüllung dieser Verbindung war für Rosie ein schwerer Schlag. Sie weinte nicht, aber ein feines Tongefäß bekam einen Sprung. Es klang nicht mehr.

Der anfangs langwierige Scheidungsprozeß wegen der komplizierten jüdischen Gesetze wurde später in einem einzigen Anwaltsgespräch erledigt.

Rosie lernte natürlich Pola kennen. Da entpuppte sich plötzlich wieder jene kräftige und sprühende Rosie, die einst in Danzig in meinen Lebenskreis trat. In der Zuspitzung der Krise ihres Lebens sollte ihr Pola noch eine große Hilfe werden.

Am 4. Januar 1940 haben Pola und Josef geheiratet. Am Abend unseres Hochzeitstages gab es eine kleine Feier im engsten Freundeskreis. Den ganzen Tag über strömte die Küche verheißungsvolle Düfte aus. Pola war in ihrem Element, sie phantasierte delikateste Zubereitungen. Ich mochte gar nicht helfen, saß vergrämt in einer Ecke. Pola fragte, Pola war verzweifelt – man könne sich doch nicht am Tage der Hochzeit schon wieder scheiden lassen, ich solle doch wenigstens etwas helfen. Ich wollte von nichts wissen und sah aus dem Fenster. Die Freunde kamen, es war beste Stimmung, sie delektierten sich an Polas Speisen – ich rührte nichts an. »Wenn nur alle schon wieder weg wären!« war mein sehnlichster Wunsch. Endlich gingen sie. In der Hochzeitsnacht konnte ich kein Auge zumachen. Der Körper schmerzte und eine schreckliche Übelkeit quälte. Pola bemerkte, daß unsere Katze Mungo, die liebend gern auf meinem Bett schlief, nicht in meine Nähe wollte. Früh am Morgen rief Pola unseren Arzt. Der lachte über meine Art, Hochzeitsnächte zu verleben, und fand mich inmitten einer blühenden Gelbsucht. Das mußte man durchstehen. Inzwischen amüsierte sich die ganze Stadt über die originelle Hochzeitsnacht.

Einige Wochen später fuhr das Philharmonische Orchester nach Kairo, wo ich die Harfenistin vertreten mußte. Diese Ägyptenreise war nun auch meine Hochzeitsreise – ebenso originell wie die Hochzeitsnacht, denn ich konnte Pola nicht mitnehmen. Musikalisch schenkte mir diese Ägyptenreise ein Erlebnis, das man wohl nur einmal in einem Lebensalter haben kann. Der Solist des Konzertes in Kairo war Bronislaw Hubermann. Er spielte das

Mendelssohn-Violinkonzert. Wie ich später hörte, soll es sein letztes Konzert gewesen sein. Ich habe Hubermann oft während meiner Berliner Studienzeit gehört. Der Zuhörer konnte niemals wissen, was ihm bei Hubermann bevorstand. Es konnten Gipfelpunkte musikalischer Darstellungen sein, es konnten auch uninteressante Routineaufführungen sein. Er war ein Nervenbündel, so auch in Kairo.

Zur Eröffnung des Programms spielte das Orchester eine klassische Ouvertüre, in der keine Harfe vorkam. Also waren Hubermann und ich die beiden einzigen Musiker hinter der Bühne. Es war die Bühne des alten Kairoer Opernhauses, das zur Einweihung des Suez-Kanals und zur Premiere von Verdis »Aida« gebaut wurde. Inzwischen ist es niedergebrannt. Hinter der Bühne standen noch die alten Aida-Kulissen, wir spazierten zwischen ihnen wie in einer Gespensterlandschaft. Schließlich bemerkte Hubermann, er hätte ein menschliches Rühren, ich solle doch mal sehen, wo der Ort dafür sei. Ich fand ihn und führte Hubermann dorthin. Kaum war er drin, rannte er sofort wieder raus und meinte, da ginge er nicht allein rein. Also mußte ich mit ihm gehen. Der Ort war tatsächlich eine Spelunke, schwach von einer Gaslampe mit flackerndem Licht erhellt. Dann spazierten wir weiter. Die Ouvertüre dauerte über zwanzig Minuten, während der Zeit frequentierte Hubermann den Ort noch zweimal – und immer mußte der Harfenist mit.

Dann endlich kam das Mendelssohn-Violinkonzert. Solches Spiel war die Überwindung des Körpers durch den Geist. Die Virtuosität als Schau war auf ein unmerkliches Minimum reduziert. Mit äußerster Präzision und Ausgewogenheit meisterte er die schwierigsten Passagen. Auf der Interpretation des Werkes lag die unendliche Ruhe eines Jenseits. Es kann nur wenigen Menschen vergönnt sein, daß sie in kleiner Zeitspanne Diesseits und Jenseits zusammen erleben können. Zu ihnen gehörte Hubermann. Den Bericht darüber und etwas Parfüm brachte ich meiner Pola von der Hochzeitsreise nach Ägypten zurück.

Indessen siedelten Rudi Lehmann und seine Hedwig nach Jerusalem über. Sie fanden dort in einer Nebenstraße im Zentrum der Stadt eine geräumige Wohnung in einem alten arabisch gebauten Häuschen mit Innenhof. Beide konnten dort ihre Arbeitsateliers bequem unterbringen. Im Innenhof baute Rudi einen Ofen mit Holzfeuer zum Brennen von Hedwigs Keramik. Zu Rudi als Bildhauer und zu Hedwig als Keramikerin kamen Schüler aus dem ganzen Land. Nachdem Pola Bildhauerei in Wien studiert hatte, bevor sie nach Palästina kam, und dann in Jerusalem ihre Studien bei dem Bildhauer Ben-Zwi an der Bezalelschule fortgesetzt hatte, wurde sie nun Rudis Schülerin. Rudi ging sehr selten außer Haus, saß in seinen vier Wänden und wußte absolut alles, was draußen in der nahen und weiten Welt vor sich ging. Im Reden wurde nur das Wesentliche berührt, fast in Stichworten – blumiges Reden gab es nicht. So war auch sein Unterricht.

In den großen Sommerferien fuhr Hedwig für einige Wochen weg. Da ich auf dem Gebiet der bildenden Künste niemals auch nur das Geringste geleistet hatte, beschloß Rudi, daß ich während der Ferien unter seiner Anleitung eine Katzenskulptur in Plastilin formen sollte. Ich erschien morgens zu einem Kaffee, auf meinem Platz lag ein Klumpen Plastilin. Ich wartete auf eine Anweisung, er sagte nur: »Fang schon an.« – »Ja womit?« – »Na guck dir doch 'ne Katze an.« Das Zimmer war voller Katzen. Also fing ich an, so wie ich die Katze sah und so wenig wie ich sie formen konnte. Bis zur Mittagsstunde war meine Tat vollbracht. Rudi kam herein, warf einen kurzen Blick auf mein Produkt und sagte: »Haste schon mal so 'ne Katzenbeene jesehn?«, nahm den Plastilinklumpen in seine rechte Tatze und zerquetschte ihn in seine Urform. Er hatte ja recht, die Beine waren wirklich rachitisch. Also versuchte ich es noch einmal. Jedesmal mit demselben negativen Ergebnis und jedesmal zerdrückt wegen einer anderen Einzelheit. So ging es drei Wochen lang, aber dann endlich saß doch eine Plastilinkatze auf ihren Hinterpfoten, den Schwanz elegant um sich gelegt, mit aufrechtem Kopf und gespannten Ohren, so als wartete sie auf die Antwort auf eine Frage. Ich selbst wurde zum personifizierten Stolz und Rudi schmunzelte. Zur Belohnung fertigte er einen Gipsabguß von meinem »Meisterwerk«, das auf meinen Schreibtisch kam und »Meine Katze« war. Die Wirren des Krieges von 1947/48 setzten ihr ein Ende.

Nach der Arbeit an der Katze begannen die eigentlichen Ferien. Wir spielten den ganzen Tag über Schach und lebten von Tee mit Chalwah (eine Süßspeise aus gemahlenen Sesamkörnern). Nur am Freitag gingen wir zum Mittagessen in ein nahes Restaurant. Freitag mittag ist das letzte Essen, bevor das Restaurant den Sabbat über geschlossen wird. Alle Fleisch- und Gemüsereste wurden einem riesenhaften Risotto beigemischt, und wir aßen uns den Bauch voll für die ganze Woche. Dann mußten wir wieder mit Tee und Chalwah durchhalten. Niemand machte sauber, und beiläufig mußten wir uns schon seit Tagen vor lauter Jucken kratzen. Die Mücken waren in diesem Jahr wohl besonders heftig. Eines

Tages verließen alle Katzen das Zimmer und kletterten auf den Baum im Innenhof. Das war ein alarmierendes Zeichen. Wir untersuchten den Fußboden und fanden schnell heraus, daß er übersät war mit Tausenden von Flöhen. DDT gab es damals noch nicht, also ertränkten wir die Wohnung in Petroleum, auf dessen Oberfläche die Flöhe herumsprangen, es aber doch nicht lange aushielten. Alles stank zum Gotterbarmen nach Petroleum. Erst nach Tagen waren wir gänzlich entfloht.

Mein Freund David Kaelter kam so ziemlich in letzter Minute nach Palästina. Das letzte Mal sahen wir uns 1933. Kaelter war Lehrer an einer Schule einer kleinen Ortschaft unweit Chemnitz. Er holte mich damals am Bahnhof Chemnitz ab, und wir besuchten den Rabbiner der Stadt. In der Wohnung waren viele Leute, in großer Erregung. Der Rabbiner sagte zu Kaelter, er solle sehr vorsichtig sein, denn er wüßte, daß er auf der Liste der von den Nazis Gesuchten stehe. Vielleicht wäre es besser, nicht in seinen kleinen Ort zurückzugehen. Kaelter antwortete: »Ausgeschlossen – *meine* Kinder lasse ich nicht im Stich.« »Meine«, das waren die Kinder der Nazis, jener Nazis, die ihn suchten. Wir fuhren noch mit dem Abendzug zurück. Vom Fenster seines Wohnzimmers konnte man gut die Chaussee übersehen. Jedes in den Ort einfahrende Paar Scheinwerfer war eine Gefahr. Wir saßen wach bis in die Morgenstunden und schliefen dann übermüdet auf unseren Stühlen ein. Mit dem Mittagszug fuhr ich nach Berlin zurück. Kaelter wurde erst am nächsten Tag abgeholt und beim Verhör zusammengeschlagen. Er hatte es überstanden, weil er sehr kräftig war. Dann kamen die Schulgesetze für die Juden, und Kaelter wurde Leiter der jüdischen Schule in Königsberg. Er war der Prototyp des Kapitäns, der für »seine« Kinder in Gefahr bis zur letzten Minute sorgt. Unter größten Schwierigkeiten gelang es ihm, noch kurz vor Ausbruch des Weltkrieges mit seiner Familie nach Palästina auszuwandern.

Das Radioorchester entwickelte sich inzwischen zu einem Symphonieorchester, mit dem die Hauptwerke der klassischen und romantischen Literatur aufgeführt werden konnten. Es gab einen Hausdirigenten, Haman Schlesinger, mit dem mich eine langjährige Freundschaft verband. Er kam aus Saarbrücken, wo er erster Kapellmeister an der Oper war. Auch hatte er viele Platten in Berlin aufgenommen. Schlesinger war ein ausgezeichneter Musiker, überempfindlich reagierend auf alles, was man ihm sagte und überrücksichtsvoll im Umgang mit Musikern. Pola hatte eine schwarz-weiße Lieblingskatze, die sie »Mungo« nannte. Da Schle-

singer immer im Frack dirigieren mußte, also schwarz-weiß gekleidet war, hieß er einfach Mungo. Mit Mungo bin ich oft als Solist
aufgetreten. Er hatte es sehr schwer mit den Orchestermusikern,
die seine Schwächen sehr bald herausfanden und ihm buchstäblich
auf der Nase herumtanzten. Aber so sind Orchestermusiker,
selbst wenn sie den klaren musikalischen Willen eines Dirigenten
erkennen, dieser aber als Mensch schwach ist, richten sie ihn
rücksichtslos zugrunde. Als Komponist habe ich seinen kritischen
Anmerkungen zu meinen Partituren wichtigste Hinweise zu verdanken. Es gab keine Partitur, die ich nicht von Mungo bestätigen
ließ. Oft bekam er es mit der Angst, wenn ich ihm zu modern
wurde.

Der andere Dirigent des Radioorchesters war Karl Salomon.
Unter ihm hatte Mungo besonders zu leiden. Salomon als Abtei-
lungsleiter mußte noch andere Interessen vertreten, und dadurch
entstand, wie bei allen solchen Institutionen, ein Intrigenspiel,
dem Mungo in keiner Weise gewachsen war. Salomon war ein
sattelfester Komponist und ein intelligenter Sänger mit einer um-
fangreichen Baritonstimme. Das Dirigieren war seine Passion,
aber es war auch seine Schwäche. Da Salomon am Gesang sehr
interessiert war, entstand auch bald ein Radiochor, mit dem er
mehrere Male Händels »Messias« und Beethovens »Chorfanta-
sie« mit mir als Solisten aufführte. Zusammen spielten wir auch
das d-Moll-Klavierkonzert von Brahms. Solch eine Partitur war
eigentlich zu schwer für ihn. Wir probten sehr oft an zwei Klavieren, damit er Tempoverschiebungen und wichtige Einsätze gut in
den Griff bekam. Trotzdem passierte es bei der Aufführung, daß
an einer Stelle, an der die Klarinette die Melodie des Themas
spielte und das Klavier die Begleitfiguren dazu, der Klarinettist
nicht einsetzte, denn er bekam vom Dirigenten kein Zeichen. Das
war natürlich auch für den Klarinettisten ein Armutszeugnis. So
blieb ich allein auf weiter Flur, und die Hörer hätten denken
können, daß ich meinen Part vergessen habe. Doch nach einem
Takt habe ich eine Bearbeitung der Klarinettenmelodie mit der
Klavierbegleitung improvisiert, und niemand hat etwas bemerkt.
Es war die Rettung der Erstaufführung des Ersten Klavierkonzertes von Brahms in Palästina. Salomons Dank für dieses Brahms-
Abenteuer drückte sich auch in einem Vertrauen zu mir als Komponisten aus. Er war inmitten einer großen Opernkomposition,
als er an einem schweren Nierenleiden erkrankte. Er mußte ope-
riert werden, sein Zustand war kritisch. Vor der Operation rief er
mich ins Spital, und an seinem Krankenbett erklärte er feierlich in

Gegenwart seiner Frau, daß, sollte er diese Operation nicht überleben, ich seine Partitur zu Ende komponieren solle. Dazu ist es glücklicherweise nicht gekommen.

Es war wichtig für die jungen eingewanderten Studenten, mehr vom jüdischen Palästina zu sehen, als nur von den arabischen Unruhen im Lande zu hören und den täglichen Gefahren in Jerusalem ausgesetzt zu sein. Da kam ich auf die Idee, mit dem Akademieorchester ein schönes Programm vorzubereiten und eine Konzertreise in die Kibbuzim des Landes zu organisieren. Das war kein leichtes Unterfangen, denn Geld war dafür überhaupt nicht zu bekommen, und was die Kibbuzim bezahlen konnten, deckte knapp die Transportkosten. Von Ort zu Ort mußten wir einen Autobus mieten, der Fahrpreis richtete sich nach der Entfernung zwischen zwei Kibbuzim. Für eine Woche waren wir vollständig ausgebucht, bis auf einen freien Abend in der Mitte der Tour. Das war gefährlich, denn an diesem Tage lagen wir dann sozusagen auf der Straße. Wir mußten es trotzdem wagen oder das Ganze aufgeben.

Der erste Abend war im Kibbuz Kiriath Anawim nahe Jerusalem. Ein solches Orchesterkonzert war für jeden Kibbuz eine Sensation. Wir haben große Anstrengungen gemacht, um für das Orchester entsprechende Podien oder Bühnen aufzubauen und auch für das Publikum aus den angrenzenden Ortschaften Platz zu schaffen. Der Kibbuz Kiriath Anawim baute ein Orchesterpodium aus aufeinandergestapelten Strohbündeln, auf die man auch Stühle stellen konnte und die irgendwie mit Brettern zusammengehalten wurden. Im Orchester spielten zwei Hornisten mit. Der eine war Wolfgang Levy, Sohn der großen Sängerin Lotte Leonard, der andere hieß Holzer. Levy besaß einen überaus trockenen, zielsicheren Humor. Holzer war ein Musiker ersten Ranges, hatte aber gewisse mentale Schwierigkeiten. Wenn am Ende der gedruckten Seite soundsoviel Takte Pausen notiert waren, konnte er nicht umblättern, bis er die Pausen bis ganz zum Schluß ausgezählt hatte. Der folgende Takt kam immer etwas zu spät. Levy wußte das schon und sprang ein. Wir begannen das Konzert mit einer kleinen Mozartsymphonie für Oboen, Hörner und Streicher. Trotz der Übermüdung waren wir alle in großer Erregung und Anspannung und gaben unser Bestes. Im zweiten Satz wollte ich dem Hornisten einen Einsatz geben, sah aber zu meinem Schrecken, daß Holzer nicht da war, der ja vor wenigen Sekunden noch auf seinem Platz saß. Levy sah mein suchendes Auge und bedeutete mir mit unmißverständlicher Handbewegung, daß Holzer mitsamt seinem Stuhl zwischen zwei Strohbündel gefallen sei. Die trockene Geste von Levy, ohne mit der Miene zu zucken, und die Vorstellung des Gesichtes von Holzer, irgendwo zwischen Strohbündeln vergraben, verursachte bei mir, wahrscheinlich auch wegen der nervlichen Überanspannung, einen Lachkrampf auf offener Bühne. Das Publikum lachte aus Nervosität mit, ohne zu wissen warum – bis ich mich schließlich faßte und einen Chawer rief, der zunächst die Bühne in Ordnung brachte und Holzer an die Oberfläche zog. Dann begannen wir das Konzert aufs neue, diesmal ohne jede Störung.

Da es in einem Kibbuz weder Straßenschilder noch Hausnummern gab, weil in so einer kleinen Siedlung jedes Häuschen bekannt war, verirrte sich Holzer regelmäßig; andere Erkennungszeichen konnte er sich einfach nicht merken. In die Duschräume, in denen man sich natürlich nackt duschte, ging er im vollen Ornat eines Badeanzugs. Die Duschräume waren überall aufgeteilt für Männer und Frauen, mit zwei separaten Eingängen. Die Aufschriften hierfür an den Türen konnte er sich auch nicht merken, stolzierte also eines Morgens prompt in die Frauendusche, in der er mit vielen nackten Damen konfrontiert wurde. Er erstarrte zur Salzsäule und wurde von einem nackten Mädchen wieder an die Luft gesetzt. Mit solchen Erzählungen von Holzers Abenteuern überbrückten wir alle schwierigen Momente der Reise. Kritisch wurde es an dem Tage, für den wir noch keine Einladung hatten. Weder besaßen wir das Geld für eine Rückfahrt, noch konnten wir die Verpflichtungen für die anderen Konzerte einfach ignorieren. Wir saßen in einer Falle. Mit uns war ein Klarinettist, der schon länger im Lande lebte, perfekt hebräisch sprach und sich im Kibbuzleben sehr gut auskannte. Ich befreite ihn von der Mitwirkung am Konzert vor dem kritischen Tag, indem ich das Programm leicht änderte. Dafür mußte er in den Abendstunden telefonisch Verhandlungen führen. In kurzer Entfernung lagen zwei Kibbuzim dicht beieinander, die in allen Kulturangelegenheiten starke Rivalen waren. Dies nutzte er aus, indem er allen beiden erzählte, daß der jeweils andere uns eingeladen hätte, daß wir aber lieber zu ihnen kommen würden. Jeder dieser Gesprächspartner mußte sich aber erst mit seinem Komitee beraten und konnte dann erst die Antwort zurücktelefonieren. Zu dem, der als erster anbiß, sind wir dann unter großem Jubel gefahren, und die Situation war gerettet.

Im Programm war eine Hindemith-Komposition, die das Orchester nur widerwillig spielte. Ich bestand darauf, daß gerade dieses Stück in keinem Konzert ausgewechselt wurde. Es erntete auch überall den kleinsten Beifall – inzwischen klatschte man schon im Kibbuz. Viele Orchestermitglieder beschwerten sich über meinen Starrsinn, ich gab aber nicht nach. Vor dem letzten Konzert im großen Kibbuz Deganiah am Kinneret See berief ich nachmittags eine kleine Versammlung mit allen Mitwirkenden auf dem grünen Rasen dieses herrlichen Platzes. Ich bedankte mich bei ihnen für ihre Zuverlässigkeit im Musizieren und ihr kamerad-schaftliches Verhalten untereinander. Zur Belohnung beschloß ich, an diesem Abend die Hindemith-Komposition nicht zu spie-len. Die Freude darüber war sehr lahm. Vor dem Konzert ruhte ich ein wenig auf der Terrasse meines Zimmers und konnte eine Unterhaltung auf der unteren Terrasse mithören. Zwei Orchester-spieler sprachen miteinander: »Ich kann den Grünthal nicht ver-stehen. Gerade am letzten Abend will er die einzige interessante Komposition im Programm nicht spielen. Was soll das nur bedeu-ten?« Das Konzert hatte eine sehr feierliche Atmosphäre. Unser Erfolg hatte sich natürlich längst herumgesprochen, und Dega-niah empfing uns fürstlich. Am Ende wurde mit solch anhaltender Begeisterung geklatscht, daß wir eine Zugabe spielen mußten. Da holte ich den Hindemith heraus, den diesmal das Orchester mit Feuer und Hingabe spielte. Der Applaus war doppelt so stark und nahm kein Ende. Da wiederholte ich den Hindemith, und die Begeisterung bei Orchester und Publikum war überwältigend. So traten wir am nächsten Morgen die Rückreise nach Jerusalem an, voller Glück und Stolz über das gelungene Abenteuer und voll schönster Erlebnisse mit Mensch und Natur dieses Landes.

In Jerusalem lebte Alfred Marcus, der der Vorsteher der jüdi-schen Gemeinde in meiner Geburtsstadt Pinne bei Posen war. Mit ihm korrespondierte Vater bis zu seinem Abtransport nach Auschwitz. Eines Tages brachte mir Marcus einen der vielen Brie-fe meines Vaters, aus dem ich folgende Zeilen zitieren möchte:

». . . wenn man aber an die vielen Menschen denkt, die immer noch in Deutschland wie unter einem gewitterschwangeren Himmel leben müssen oder an die Ausgewanderten, die in den fremden Ländern zugrunde gehen, oder gar an jene Unglücklichen, die an der Küste Palästinas landen, um aber, statt den Boden des erreich-ten Landes zu betreten, sofort in die Gefängnisse zu wandern, so möchte man doch einen Blick nach oben wenden und sprechen: Was tust du da, Hüter Israels, von dem wir immer gehört und gelernt haben, daß du nicht schlummerst?! . . . Ist es zu verwun-dern, mein lieber Herr Marcus, wenn selbst gläubige Menschen, zu

denen auch ich mich rechne, in diesen Zeiten von inneren Zweifeln
geplagt werden . . . und das ist es, was bei Schiller in der ›Braut von
Messina‹ zu lesen ist: Die Welt ist vollkommen überall, wo der
Mensch nicht hinkommt mit seiner Qual. (Thema meines Abituri-
entenaufsatzes vor 45 Jahren!)« Die Bemerkung über die Gefängnisse für Auswanderer nach Palästina bezieht sich auf die großen
militärischen Lager, die in Zypern errichtet wurden für die Flücht-
linge, die auf hoher See oder an der Küste Palästinas von den
Engländern abgefangen wurden. Mitunter kam es bei diesen Ak-
tionen auch zu Widerstand, der natürlich zwischen so ungleichen
Kräften hoffnungslos endete. Dieser Brief meines Vaters erreichte mich in Tagen schwerer arabischer Unruhen.

Belagerung der Platten

Der Weltkrieg hatte innenpolitische Veränderungen in Palästina zur Folge. Die arabischen Unruhen brachen ab, denn die Engländer brauchten ein ruhiges Hinterland für die Mittelmeerfront. Die von der englischen Regierung eingesetzte Peel-Kommission, die eine Teilung des Landes vorschlug, war am Tage des Ausbruchs des Weltkriegs historische Vergangenheit geworden. Die Einwanderung der deutschen Juden bis 1939 und zu einem kleinen Teil nach 1940 hatten dem jüdischen Teil Palästinas seine deutliche Prägung verliehen. Von den Witzen über die deutschen Juden führten die Cabarets jahrelang ein lukratives Leben. Aus dieser Anekdotenliteratur stammt eine Geschichte über die zahlreichen deutschen Akademiker, die als Ärzte, Rechtsanwälte, Wissenschaftler usw. einwanderten, sich aber sofort als Landarbeiter, Straßenarbeiter oder Bauarbeiter Beschäftigung suchten. Beim Bau gab es damals noch keine Kräne, also bildeten die Arbeiter eine Kette und warfen einer dem andern die Bausteine zu. Dabei hörte man sie sagen: »Bitte schön, Herr Doktor«, »Danke schön, Herr Doktor«. Die Würde des akademischen Status blieb gewahrt, aber der sofortige Einsatz für die neue Aufgabe wurde ebenso eindeutig entschieden. Aus diesen Karikaturen eines assimilierten preußischen Formalismus sprach der Wille zu positiver Aufbauarbeit.

Im Kibbuz Yagour lernte ich einen Chawer kennen, der aus diesem Milieu stammte. Er hieß Herbert und hebraisierte sich in Nehemiah. Sein Vater besaß eine Apotheke in Berlin. Nehemiah zeigte früh Interesse am Theater. Er wurde einer der Direktoren des großen Konzerns Rotter Bühnen. Seine tägliche Kleidung war Smoking, schwarzes Umhängecape, Zylinderhut und weiße Glacéhandschuhe. Von Zionismus wußte er soviel wie vom Mann im Mond. Die Brüder Rotter wurden sofort von den Nazis verfolgt, auf der Flucht gefaßt und liquidiert. Nehemiah gelang es knapp zu entkommen. Vollkommen mittellos in Haifa vom Schiff gestiegen, machte er einen scharfen Schnitt durch sein Leben. Er ging geradewegs vom Hafen zum Kibbuz Yagour, wo er als deutscher Einwanderer aufgenommen wurde. Er erhielt ein kleines Zimmerchen und lebte in völliger Isolation, da er entweder hebräisch oder gar nicht sprechen wollte. Man gab ihm die primitivste Arbeit auf dem Felde, abends unterrichtete er sich selbst in der hebräischen Sprache. Im Kibbuz war er bekannt als einer dieser skurrilen Jekkes, die einfach unveränderbar sind.

Nach einem Jahr erschien Nehemiah plötzlich auf einer Generalversammlung des Kibbuzes, meldete sich unter großem Gelächter der Chawerim zu Wort und sprach zu einem Punkt der Tagesordnung in so hohem klassischen Hebräisch, daß nur die besten Kenner der Sprache ihn verstehen konnten. Die Folge war, daß er an der Schule Hebräisch und auch Mathematik unterrichtete, da er diese ebenfalls beherrschte. Danach kam eine Blitzkarriere, er wurde zu Fortbildungskursen an die Universität Jerusalem geschickt und schließlich Direktor eines Gymnasiums. Bis zu seinem Tode verfolgte Nehemiah mit größtem Interesse den Werdegang meiner Kompositionen. Ihn interessierten die Gemeinsamkeiten mathematischer und musikalischer Abstraktionen. In Jerusalem lebte eine Pianistin russischer Abstammung, Elishewa Kaplan. Sie war eine Musikerin, die sich nicht einreihen ließ in Methoden und proklamierte Ideale und sich daher auch keiner Schule anschloß. Sie animierte mich, gemeinsam ein Rezital für zwei Klaviere zu geben, ähnlich wie seinerzeit mit Irma Schoenberg. Für dieses Rezital schrieb ich eine Komposition »Thema mit Variationen für zwei Klaviere und Schlagzeug«. Wegen der Kriegslage fehlte jede Orientierung über die musikalischen Geschehnisse in der Außenwelt, so daß ich von Bartóks Komposition für zwei Klaviere und Schlagzeug nichts wußte, sonst wäre mir der Lapsus einer Duplizität solcher Besetzung nicht widerfahren. So aber erfreuten wir uns an den Konstellationen dieser klanglichen Neuheit. Mein Kompositionsschüler Robert Starer, der heute Professor für Komposition an der Brooklyn University in New York ist, gab der Verwirrung und Bestürzung des Publikums nach Anhören meiner Komposition treffenden Ausdruck, indem er sie mit »Der Untergang des Grafen Spee« betitelte. Damit war meine Reputation als Komponist ebenfalls besiegelt. Man wußte, was von mir zu erwarten sei.

Beliebter war ich als Pianist. Das englische Militär organisierte musikalische Aktivitäten unter dem Namen »Music Calling«, an dessen Spitze Major Link stand. Er vermittelte mir viele Engagements. Für eine militärische Konferenz befanden sich in Jerusalem Generäle der Luft-, See- und Landstreitkräfte. Major Link wollte ihnen ein Klavier-Rezital bieten. Ich kam auf die Bühne und sah die vorderen Reihen voll besetzt mit würdigen Erscheinungen in farbenprächtigen Uniformen, dazu ihre Damen in hoher Eleganz. Es war ein kalter, nasser Winterabend, daher kamen die Damen in Pelzmänteln und Lederstiefeln nach neuester Mode. Während ich mich verbeugte, fühlte ich mich für eine kurze Weile als Zuschauer und nicht als Darsteller und hatte mein Vergnügen daran. In der Pause gingen die hohen Herrschaften in die Kantine, die im Nebengebäude lag. Die Pause dauerte etwa eine Viertelstunde, und Major Link rief mich wieder auf die Bühne. Beim Herauskommen bemerkte ich eine geisterhafte Verwandlung der ganzen Szene. Die Menschen der ersten zwei Reihen waren verschwunden, statt dessen standen vor jedem zweiten Sitz ein paar leere Überschuhe und auf dem Sitz ein paar leere langmanschettige Handschuhe. Es sah aus, als seien die Körper aus den Kleidern gefahren. Ich verbeugte mich vor den Phantomen der Generalität und spielte weiter. Was war geschehen? Die Herren und Damen hatten die Entfernung der Kantine vom Konzertsaal unterschätzt und kamen erst zurück, als ich schon auf der Bühne stand und mich verbeugte. Sie blieben alle mit ihren Damen hinten an den Wänden stehen und warteten bis zum Ende des ersten Stückes. Als ich dann wieder herauskam, steckten die Körper in ihren Hüllen auf den Plätzen – echte, im Gegensatz zu angenommener Kultur.

Die jüdische Bevölkerung wurde aufgerufen zur Verteidigung der Stadt im Falle eines Angriffs. Die Gefahr bestand eigentlich nur in Luftangriffen. Brandbomben alleine konnten katastrophale Folgen haben für eine Stadt wie Jerusalem, die an keinem natürlichen Gewässer liegt. So wurde ich Feuerwehrmann und erlernte Chemie und Bekämpfung der Brandbomben mit besonderer Berücksichtigung der Wasserverhältnisse Jerusalems. Zugunsten dieser Feuerwehrbrigade gab ich ein Konzert im »Music Calling«. Am nächsten Tag stand in der englischen Presse folgende Notiz über dieses Konzert: »Das Konzert zugunsten des Jüdischen Brandschutzdienstes wurde eingeführt vom Bezirkskommissar, Mr. Keith-Roach, der dem ›Feuerwehrmann‹ Mr. Gruenthal dankte«. Der Fotograf als Pianist, der Feuerwehrmann als Pianist – und einmal wurde ich gefragt: »Sind Sie eigentlich ein Komponist oder ein Pianist?« – worauf ich antwortete: »Die Komponisten sagen, ich sei ein Pianist, und die Pianisten meinen, ich sei ein Komponist.« Thema mit Variationen spielte immer eine große Rolle in meinem Leben.

In Hausers Abwesenheit wurde die Akademie von dem Triumvirat Alfred Schröder, Heinrich Jacoby (Bratschist und Komponist) und mir geleitet. Helene Cagan war Stellvertreterin von Hauser, pro forma nur für geschäftliche und organisatorische Angelegenheiten, die aber oft sehr fließend in pädagogische und künstlerische Entscheidungen übergingen. Für eine echte und große Sache ging Helene Cagan durchs Feuer, im Bösen war nicht gut Kirschenessen mit ihr. Sie war von mütterlicher Sorge um jedes kranke Kind, und sie war ein harter Kämpfer im Durchsetzen ihres Willens.

In dieser Zeit begann die Tel Aviver Akademiefiliale zu meutern. Man wollte unabhängig werden, was für Jerusalem, das kein Hinterland hatte, eine große Gefahr bedeuten konnte. Helene Cagan sah das alles sehr deutlich und kämpfte wie ein Löwe. Schließlich setzten die Tel Aviver ein schweres Geschütz ein und schickten Kestenberg zu Verhandlungen nach Jerusalem. An einem Spätnachmittag saß das Jerusalemer Triumvirat mit Helene Cagan und Kestenberg am Verhandlungstisch im Zimmer des Direktors. Wegen Kestenbergs schwerem Augenleiden wurde noch eine besonders helle Schreibtischlampe auf den Tisch gestellt. An Cagans süßer Freundlichkeit erkannte ich sofort ihre Kampfstimmung, die auch schnell offen zutage trat. Kestenberg aber war ein routinierter Partner. Je schärfer Cagan schoß, um so überlegener lächelnd warf er jeden Angriff zurück. Das Triumvirat war bloßer Zuschauer, es wurde überhaupt nicht gefragt. Mit einem so starken Gegner hatte Cagan nicht gerechnet. Er drückte sie mit harten Argumenten an die Wand und fast sah es so aus, als müßte sie klein beigeben. Aber da prallten nun West und Ost aufeinander. Cagan wollte wütend auf etwas antworten, riß mit dramatischer Geste am Kabel der Schreibtischlampe, verursachte Kurzschluß, und aus war es mit der Verhandlung. Bis dann Kerzen gebracht wurden und kleine Taschenlampen zu Hilfe kamen, verrauchte alle Aufregung. Die Verhandlung wurde auf ein späteres Datum verschoben. Es verging noch geraume Zeit, bis dieses Problem seine Lösung fand.

Die vollkommene Isolierung des Landes von der Außenwelt zwang uns alle, mit doppeltem Eifer an unserer eigenen Entwicklung zu arbeiten. Der Unterricht litt unter dem Mangel an Fachliteratur. Partituren konnten nicht bestellt werden. Modernere Werke, von denen höchstens *ein* Exemplar aufzutreiben war, habe ich Seite für Seite fotografiert und mit Diapositiven an die Wand projiziert. Durch einen englischen Offizier kam ich in den Besitz eines kleinen Kodak-Projektors, den man in eine Aktentasche stecken konnte. Für unzählige Vorträge hat er mir beste Dienste geleistet. Nach Vorträgen über Musik dürstete einen ebenso wie nach Konzerten. Das Verständnis für Musik – Music Appreciation – bekam sprunghaft die zentrale Bedeutung in der Musikerziehung im Lande.

Auch versuchte ich, das Tätigkeitsfeld des Akademieorchesters zu erweitern. Einer meiner Kompositionsschüler erhielt den Auftrag, Händels »Perseus und Andromeda« für unser Ensemble zu bearbeiten. Mit einer szenischen Aufführung wollten wir auf eine zweite Kibbuztour gehen. Alle Bühneneinrichtungen wurden aus eigenen Kräften hergestellt. Unser Tenor war auch Elektriker, er sorgte für die Bühnenbeleuchtung. Die Regie führte ein Arzt. Die Sänger kamen aus unseren beiden Gesangsklassen. Die weibliche Hauptrolle sang unsere beste Sopranistin, Hilde Zadek, die wenige Jahre später Primadonna an der Wiener Staatsoper wurde. Hilde, eine imposante Bühnenerscheinung, war wie geschaffen für die Rolle der Andromeda. Von allen Sängern war sie natürlich die in jeder Hinsicht hervorragendste Kraft, um sie drehte sich das Drama.

Nach der Generalprobe in der Stadt war die erste Aufführung im Kibbuz Kinnereth. Wegen des großen Interesses entschieden wir uns für eine Freilichtaufführung; die Tischlerei des Kibbuzes baute eine breite, feste Bühne aus schweren Holzlatten. Die Natur umgab uns mit einer fast subtropisch heißen Sommernacht voll herrlicher Düfte von überallher, die Luft war entsprechend angefüllt mit schwirrenden Insekten in allen Größen und Farben. Unter ihnen gab es eine Spezie mit einem langen, dicken und hochroten Hinterleib, bevorzugtes Jagdziel großer Ameisen, die sich in den Leib verbissen, mit dem Insekt zusammen in die Luft flogen; bald fiel das Insekt herunter und wurde dann Beute der Ameisen. Die hellen Bühnenlampen lockten natürlich zahllose dieser Insekten an, die in den Hals, in die Ärmel, an den Beinen entlangkrabbelten, so daß jeder von uns mehr mit Kratzen und Totschlagen als mit Spielen beschäftigt war. Vor lauter toten Insekten waren die Noten kaum mehr erkennbar. Kritisch wurde es am dramatischen Höhepunkt der Oper. Hilde als Andromeda war angebunden an ein als Felsen geformtes Pappstück, nicht viel größer als sie selbst. Perseus, der Held, näherte sich ihr in schmetternder Arie, um sie mit dem Speer vom Strick zu befreien. Aus voller Kraft sang er das hohe F mit weit aufgesperrtem Mund, in den auch prompt eines dieser roten großen Insekten hineinflog. Er würgte, schluckte – und sang weiter, eine wahre Heldentat. Allerdings schüttelte sich der Felsen mit seiner angebundenen Andromeda vor Lachen. Ich blieb ernst und wollte um jeden Preis eine Lachszene, wie damals in Kiviat Anawim, vermeiden. Dann haben wir entschieden, in den anderen Kibbuzim die Oper konzertant aufzuführen. Es war zu riskant.

Nur einmal wurde der Krieg gefährlich für uns, als Rommels Armee bis nach Tobruk vorgestoßen war. Von dort nach Ägypten wäre es ein Katzensprung für eine motorisierte Armee gewesen, und von Ägypten nach Palästina hätten sie mehr oder weniger freie Fahrt gehabt. Was dann mit uns allen geschehen wäre? Dieser schwarze Tag ist jedem von uns unvergeßlich geblieben. Nur die englischen Offiziere, unter denen ich Privatschüler hatte, ließen sich nichts anmerken. Sie lächelten und betrieben todernst harmonische Analysen von Bachchorälen. Gegen Ende des Krieges fesselte mich für kurze Momente eine Erscheinung, die kam und verschwand. In einer der Hauptstraßen Jerusalems lebte der aus Deutschland emigrierte Caféhausbesitzer Sichel. Hatte man Hunger und kein Geld zum Bezahlen, dann bekam man immer noch bei Sichel einen Kaffee mit Brötchen. Engelsgeduldig wartete er, bis die angewachsenen Schulden langsam abgestottert wurden. Dort saß ich an einem Tisch, trank meinen Kaffee und las ein Buch. Eine alte Frau kam herein, ganz in schwarz gekleidet, sehr unordentlich, als hätte sie nur Lumpen an. Sie suchte einen Platz. Viele Tische waren leer, aber sie kam zu meinem Tisch und fragte auf deutsch, ob sie sich zu mir setzen dürfe. Natürlich lud ich sie ein. Sie bestellte nichts, aber fixierte mich mit durchbohrendem Blick aus zwei großen Augen. Ich las weiter und wollte sie ignorieren. Schließlich stand ich auf, grüßte sie, was sie mit einem Nicken beantwortete, bezahlte und ging weg. Am anderen Morgen um dieselbe Zeit wiederholte sich das gleiche Spiel. Das Café war ganz leer, aber die Frau setzte sich wieder zu mir und beobachtete mich so intensiv, als wollte sie mich hypnotisieren. Es wurde mir peinlich, und ich stand auf. Beim Weggehen fragte ich Sichel, ob er wüßte, wer diese Frau sei. »Ja natürlich, das ist Else Lasker-Schüler.« Sie kam nicht mehr und verstarb bald darauf. Später habe ich über sie eine »Cantate Else« geschrieben.

Bald verschwand auch Sichel. Niemand wußte von ihm. Ende der fünfziger Jahre traf ich ihn auf einer Straße in New York. Er sah alt aus, zusammengefallen und krank. Er wollte nicht reden und ging schnell weiter.

Schon geraume Zeit lebten Pola und ich in einer großen Wohnung, in einem gut gebauten arabischen Haus, dessen Erbauer wohl sehr reich gewesen sein muß, denn das Wohnzimmer war in seiner ganzen Länge und Breite mit weißem Marmor ausgelegt, schwarz geädert. An den heißen Sommertagen war es ein herrliches Gefühl, auf diesem Fußboden barfuß zu gehen. In diesem und im angrenzenden Zimmer konnten wir an die hundert Zuhörer unterbringen. Mit Dr. Schiff, dem Co-Direktor des Bezalel Museums, haben wir oft gemeinsame Vorträge über Querverbindungen zwischen den Künsten veranstaltet, mit musikalischen Beispielen, von den Studenten ausgeführt.

Während eines solchen Vortrages hat unsere berühmte Katze Mungo in der Küche sechs Junge geworfen. Pola fand die Bescherung. Das Publikum klatschte großen Beifall. Wir haben aber niemanden an das Wochenbett herangelassen. Aus diesem Wurf gingen noch weitere bedeutsame Katzen hervor, besonders ein pechschwarzer Kater mit grünen Augen, namens Bambo. Er erkrankte frühzeitig an einer schweren Lungenentzündung, spuckte Blut und war schon aufgegeben. Ein Apotheker mit guten Beziehungen zum Militär verschaffte mir zwei Penicillintabletten. Bambo war bereits so apathisch, daß er sich zwei Tabletten zerbröckelt tief in den Rachen stecken ließ und herunterwürgte. Die Nacht über schlief er fest, am Morgen war er gesund und vergnügt.

Die jüdischen Behörden hatten schon seit einiger Zeit Listen ausgelegt, auf denen man nach vermißten Angehörigen suchen konnte. Ich ging regelmäßig zu dieser Stelle und fahndete nach meinem Vater und der Familie meiner Schwester. Ende Juni 1945 fand ich Vor- und Nachname eines Kindes, das auch dem Alter nach der Sohn meiner Schwester Grete hätte sein können. Ich begann zu recherchieren. Noch bevor eine Antwort kam, erhielt ich einen Brief von meiner Schwester, geschrieben in Eindhoven, dem Ort in Holland, in dem die Familie vor Ausbruch des Krieges lebte. Der Brief in seinem Tatsachenstil und doch mit einer bewahrten Menschlichkeit bedarf keines Kommentars:

»Eindhoven, den 24. 6. 1945
Mein guter Seppel!
Noch jemals etwas von mir zu hören hast Du nicht gedacht, was? An mir hat sich wirklich ein Wunder vollzogen. Zwei Jahre habe ich alle Mißhandlungen, Entbehrungen etc. eines deutschen Konzentrationslagers mitgemacht, zwei Jahre lang, getrennt von Mann und Kind, ohne zu wissen, wo sie waren (auch verschleppt ins KZ) und alle drei wie durch ein Wunder gerettet. Seit acht Tagen bin ich hier zurück. Heini war schon 14 Tage eher hier (er ist durch Freunde gerettet worden, eben bevor man das Kind erschießen wollte und per Schiff über Odessa zurückgebracht). Fritz lebt auch und ver-

sucht über Prag zurückzukommen. Wir gehören zu den ganz weni-
gen wunderlichen kompletten Familien. Du kannst Dir nicht vor-
stellen, was ich gelitten habe. Ich war bis zum Skelett abgemagert,
und es war nur eine Frage von wenigen Tagen bis zu meinem Ende.
Ich wurde durch die Amerikaner am 26. 4. befreit und habe es dann
sehr gut gehabt. In meiner Leidenszeit habe ich oft an Dich denken
müssen. Wie glücklich kannst Du sein, daß all diese Schrecknisse an
Dir vorübergegangen sind! Der Vater hat ein furchtbares Ende
erlitten. Vergast – verbrannt. Man hat ihn nach einem der schlimm-
sten Vernichtungslager transportiert. Nach Auschwitz. Uns drei
auch. Aber mit alten Menschen wurde kurzer Prozeß gemacht.
Welch eine gütige Vorsehung, daß unser Mutterchen normal in
ihrem Bett sterben durfte. Materiell und finanziell haben wir alles
verloren. Keinen Stuhl, um darauf zu sitzen, keinen Löffel, um zu
essen, kein Hemd auf dem Leib etc. Ich hoffe, da Fritz gleich wieder
arbeiten wird, aber trotzdem sind wir arm wie eine Kirchenmaus.
Bist Du imstande und in der Lage, mir ein bißchen auf die Beine zu
helfen? Soviel Jahre habe ich Dich nicht gesehen und doch bist Du
für mich der alte Seppel geblieben.
Schreibe mir bitte bald und schreibe viel – viel – noch mehr.
Allerallerherzlichst und einen dicken Kuß
Deine Grete«

Ihrem Manne Fritz gelang es tatsächlich, in einem gestohlenen
Autobus den Nazis zu entkommen und nach Eindhoven zurückzu-
kehren. Aber die Firma Philips wollte ihn nicht wieder einstellen,
denn er war ein Deutscher und mußte erst »entnazifiziert« werden. Bei erster Gelegenheit wanderte die Familie weiter nach
Amerika.

Nun wußte ich also vom Ende meines Vaters. Man darf wohl
über diesen unfaßbaren Wahnsinn trauern, aber man darf sich
nicht der Trauer hingeben. Man muß ihr widerstehen, um sie ganz
erleben zu können. Aus »Bilder einer Ausstellung« von Mussorg-
ski wählte ich den kurzen Teil »Cum mortuum in lingua mortuis«
(Mit den Toten in der Sprache der Toten) und schrieb darüber eine
Klavierkomposition. Es waren wieder Variationen.

Mein häufiges Hinwenden zu dieser musikalischen Technik war
keine Äußerlichkeit. Es war strenge Selbsterziehung zu musikalischem Denken, das sich nicht in Floskeln und Figurationen an der
Oberfläche verliert, sondern ganz bewußt nach den wesentlichen
kleinsten Teilen forscht, um aus ihnen neues Wachstum zu för-
dern. Jede Variation ist eine Entdeckung und führt zu neuem
Suchen. Während der vierziger Jahre schuf ich mir langsam eine
Grundlage für kompositorische Sicherheit.

Der Tanz begann mich wieder zu beschäftigen. In Tel Aviv lebte die Tänzerin Deborah Bertonoff, Frau des Schriftstellers Emanuel Bin Gorion und Tochter des verstorbenen Habimah-Schauspielers Jehoshua Bertonoff. Deborah war über ihre tänzerischen Fähigkeiten hinaus eine phantasievolle Pantomime. So war ihre Kunst eine Mischung von Tanz und Schauspiel und verlangte von der Musik einen entsprechenden Zugang. Ihr erstes mehrteiliges Tanzwerk dieser Art basierte auf der biblischen Geschichte vom »Auszug der Kinder Israels aus Ägypten«. Selbstverständlich identifizierte sie dieses Thema mit dem Auszug der Juden aus Deutschland – zurück nach Israel. Ich schrieb die Musik für Klavier, Schlagzeug und einen Sprecher, der vor jedem Tanz die relevanten Bibelpassagen, mitunter melodramatisch, rezitierte. Später, als der Staat Israel schon bestand, schuf sie ein zweites Werk dieser Art: »Der Pilger nach Jerusalem«, welches dann, über den Auszug hinaus, den Aufbau des Landes zur Darstellung brachte. Deborah hat inzwischen grundlegende Schriften über die Philosophie des Tanzes geschrieben.

Der Weltkrieg war nun vorüber, und Rosie traf eine einschneidende Entscheidung. Sie beschloß, nach England zu gehen. Da sie gebürtige Engländerin war, erhielt sie ohne Schwierigkeit die notwendigen Papiere. Für Reu'wen war dies ein harter Schlag, denn es riß ihn aus seinem Nest von Freunden, dem über alles geliebten Hund und auch von mir. Ich begleitete beide zum Autobus, der sie zum Hafen nach Haifa brachte. Die tränengefüllten Augen Re'uwens beim Abschied schmerzten. Vater lehrte mich, in solchen Momenten zu denken: vielleicht hat das sein Gutes – und es hatte sein Gutes.

Es begannen die antienglischen Unruhen als Vorspiel zum Unabhängigkeitskrieg 1947/48. Unsere Wohnung lag in unmittelbarer Nähe von Regierungsgebäuden, die das Ziel von Sprengstoffattentaten waren. Wand an Wand lag das Einwanderungsbüro, in dem eines Tages die erste Ladung hochging. Natürlich kam englische Polizei in unsere Wohnung, um eine eventuelle Verbindung zu finden und auch unseren Schaden zu begutachten, denn keine Fensterscheibe blieb heil. Wir haben später nicht mehr gezählt, wie oft die Scheiben unserer Wohnung vom Luftdruck der Bomben zerplatzten. Solange nicht Menschen dabei verletzt wurden, blieb es beim Schrecken. Eines Nachts erschien das englische Militär, um eine Hausdurchsuchung nach Waffen durchzuführen. Jemand muß uns verdächtigt haben. Es kamen einige Soldaten mit ihrem Offizier. Der Offizier entschuldigte sich zunächst für die

Störung der Nachtruhe und fragte dann nach dem Wäsche-schrank. Die Wäsche lag in einem eingebauten Schrank im Korridor. Die Soldaten wurden entlang der Wand postiert. Der Offizier rührte nichts an, bat mich nur, diesen oder jenen Haufen Wäsche oder Kleidungsstücke hochzuheben oder beiseite zu schieben, und dann warf er einen Blick hinein. Es war ihm sichtlich peinlich, seine Nase in unsere privaten Sachen stecken zu müssen. Mit Entschuldigungen verließ das Militär die Wohnung so leise wie es gekommen war. Das ganze Unternehmen dauerte fünf Minuten.

Es blieb nicht bei minuziös organisierten Attentaten, die Menschenleben forderten, man lieferte sich auch Straßengefechte zwischen Juden und Polizisten. Von unserer Wohnung zur Musikakademie waren es nur wenige hundert Meter weit. Man mußte auf dem Weg die Hauptstraße Jerusalems, die Jaffa-Straße, überqueren. Hier entspann sich in den frühen Abendstunden eine wilde Schießerei. Pola wußte, daß ich in der Akademie unterrichtete, mich also inmitten dieses Gefechtes befand. Sie wollte unbedingt zu mir, da ja ganz sicher der Ausnahmezustand die unmittelbare Folge sein würde. Wegen der Kälte zog sie sich ihren weißen Schafspelzmantel an und rannte in Richtung der Akademie. Eben als sie die Jaffa-Straße überqueren wollte, rannte ein Polizist auf sie zu, zog sich seinen blauen Uniformmantel aus und legte ihn um ihren weißen Pelzmantel, der natürlich eine ideale Zielscheibe war. Daß auch er, als Polizist, ein gutes Ziel abgab, bekümmerte ihn nicht. Er brachte Pola in Sicherheit. Tatsächlich wurde in dieser Nacht die Neustadt in zwei Teile geteilt, und ich konnte mein Haus nicht mehr erreichen. In einem vornehmen Hotel, dessen Besitzer der Vater einer meiner Studentinnen war, fand ich Unterkunft. Das Hotel war zwar überfüllt, aber er gab mir die Privatsuite von Schocken, der mir die Fotografenausbildung in Berlin ermöglichte. In dessen Bett überschlief ich nun die unruhige Nacht in Jerusalem. Pola wußte nicht, wo ich war, denn es gab keine telefonische Verbindung.

Hauser kam zurück aus Amerika und fand eine intakte Musikakademie vor. Er war voll neuer organisatorischer Ideen, die er von jenseits des großen Ozeans mitbrachte. Er machte denselben Fehler, den später so viele offizielle amerikanische Berater der israelischen Regierung machten: ihre Maßstäbe waren die des großen Kontinents Amerika, die sie automatisch auf das kleine Israel übertrugen. Hauser begann mit kleinen Modernisierungen: jeder Lehrer mußte ein Bankkonto eröffnen, über das er sein Geld bekam. Die Gelder aber läpperten sich immer in kleinen Summen zusammen, und niemand konnte kontrollieren, wofür er genau sein Geld bekam. Auf unsere Sekretärin, Lisel Kassewitz, ergoß sich all der Ärger. Sie war loyal, mußte jedoch auch loyal gegenüber ihrem Direktor sein. Ihre Position verlangte politische Akrobatik.

Tatsächlich begann schon jetzt Staatspolitik im jüdischen Sektor eine Rolle zu spielen. Helene Cagan und Emil Hauser und ihre gesellschaftlichen Kreise gehörten der liberalen Partei an, während die Mehrzahl der Lehrer des Konservatoriums zur sozialistischen Arbeiterpartei tendierten. Die Sprecherin der Lehrer war vornehmlich Jocheved Dostrowsky. Sie verfügte über eine große rhetorische Begabung, stand fest mit beiden Füßen auf dem Boden der Realitäten und war als solche ein Antipode zum künstlerisch-abenteuerlichen Emil Hauser. Hinter ihr stand die Arbeiterpartei, und sie wußte diese Karte meisterhaft auszuspielen. Da ich mich nie um Politik gekümmert hatte, wußte ich auch nicht das Mindeste von diesen Hintergründen. Mich interessierten lediglich Hausers neue musikalische Pläne, die allerdings nicht immer mit den Lehrern konform gingen. Mehr und mehr wurden Akademie und Konservatorium zu zwei sich gegenseitig störenden Instituten. Während dieser innenpolitischen Querelen in der Akademie blühten im ganzen Lande musikalische Aktivitäten. Es kamen wieder Solisten und Dirigenten aus dem Ausland, man war nicht mehr isoliert. Wie ein trockener Schwamm sog man schnell die neuen Informationen über musikalische Entwicklungen in der Welt auf. Man konnte wieder Noten bestellen, soweit das Geld dazu reichte. Überaus hilfreich dabei war der emigrierte Berliner Musikalienhändler und Verleger Benno Balan, dessen Berliner Geschäft sich in der Mommsen- Ecke Dahlmannstraße befand. In der Musikgeschichte spielte er insofern eine Rolle, als er einer der ersten Verleger Arnold Schoenbergs war, also musikalischer Verstand und geschäftlicher Mut waren gepaart. Nun hatte er sein Geschäft in den Räumen der Jerusalemer Akademie und bemühte sich, nebst Notverkauf, auch den Komponisten in bescheidenem Rahmen durch Publikation zu helfen. Notendruck gab es damals nicht, aber Benno Balan beschaffte sich metallene Notentypen, mit denen er auf liniertem Glaspapier Note für Note setzte und dann durch Lichtpausen vervielfältigte.

Musiktheoretische Lehrbücher in hebräischer Sprache erschienen allmählich in Tel Aviv. Meist waren es Übersetzungen altmodischer europäischer Schriften. Benno Balan beauftragte mich, eine originale Elementarlehre der Musiktheorie zu schreiben. Ich schrieb dieses Büchlein in deutscher Sprache, das von einem jungen Mann namens Marcuse ins Hebräische übersetzt wurde. Marcuse avancierte in der Regierungszeit von Helmut Schmidt zum israelischen Gesandten in Bonn. Er heißt heute Jochanan Meroz.

Die hohen Anforderungen des Unterrichtsprogrammes der Akademie, die guten, auch persönlichen Beziehungen zwischen den Lehrern und ihren Studenten, machten die Jerusalemer Musikakademie zu einem Mittelpunkt der Musikerziehung auf professioneller Stufe. Als Mitglied der Leitung des Institutes habe ich allerdings niemals das Konservatorium, also die Laienausbildung, vernachlässigt. Es war mir klar, daß von hier die Akademie ihren organischen Nachwuchs erhalten mußte. Indessen kamen die Studenten aus dem ganzen Lande, den Städten, den Kibbuzim, den Dörfern.

Die ersten Nachkriegsjahre waren musikpädagogisch die Blütejahre der Akademie. Auch Jehudah Sharett kam nach Jerusalem, um ein für allemal eine handwerkliche Grundlage für Komposition zu erwerben. Er wohnte bei seinem Bruder Moshe in einem modernen Viertel der Neustadt. (Wie modernistisch die Architekten auch bauen wollten, das englische Gesetz zwang sie, in Jerusalem mit Stein zu bauen. Das bewahrte Jerusalem sein einzigartiges Stadtbild).

Jehudah wurde sehr schnell zu einer zentralen Figur bei den Studenten aller Jahrgänge. Das Niveau eines Kurses wurde bestimmt durch die studentische Anwesenheit Jehudahs. Er inspirierte Lehrer und Schüler. Seine Fragen führten oft in solche Tiefen, daß die Studenten nicht mehr mitkamen und sich ein Privatdialog zwischen Lehrer und Jehudah entspann. Ich achtete darauf, daß er sich nicht in Grübeleien verlor.

In den Tagen sehr gespannter Beziehungen zwischen Juden und Engländern und einer Zeit, in der die Engländer in Jehudahs Kibbuz Yagour ein ganzes Waffenarsenal ausgehoben hatten, geschah es, daß Jehudah für eine ganze Woche verschwand. Ich nahm an, daß er für irgendeine wichtige Aufgabe nach Hause gerufen wurde. Eines Nachts klopfte es an der Eingangstür zu unserer Wohnung, die parterre lag. Wir vermuteten, daß entweder das englische Militär jemanden suchte oder einer von unseren Leuten Unterschlupf brauchte. Um diese Zeit ging sonst niemand auf die Straße, das war lebensgefährlich. In jedem Fall mußten wir öffnen. Ich hörte eine leise, weinerliche Stimme. Offenbar ein Verwundeter. Ich öffnete einen Spalt und sah Jehudahs Gesicht. »Entschuldige, Josef, aber ich konnte es nicht mehr aushalten.

Bitte laß mich herein, du mußt mir helfen.« Er zog ein Notizheft aus seiner dicken Aktentasche. Wir setzten uns in die Küche. Er erzählte, daß er seit einer Woche nicht schlafen und nicht essen könne, denn ich hätte den Studenten eine vierstimmige Modulation aufgegeben, und er könne die richtige Lösung nicht finden. Dann zeigte er mir sein Notenheft, voll mit verschiedenen Lösungsmöglichkeiten und an den Rand geschriebener Analysen, die Beziehungen zwischen den vier Stimmen mit verschiedenfarbigen Stiften angedeutet, überall Fragezeichen – und schließlich der letzte Versuch – ein Fragment. Ich nahm das Notenheft und schrieb auf eine der leergebliebenen Seiten mit Bleistift die Modulation. Er las sich das durch und blickte mir entgeistert in die Augen: »Das hast du nun in fünf Minuten aufgeschrieben, und alles ist völlig klar. Was bin ich nur für ein Mensch? Seit einer Woche quäle ich mich Tag und Nacht und stoße immer wieder auf eine Wand. Was soll ich nur tun?« Ich zeigte ihm, daß alle Fragezeichen nur Barrieren waren, die ihn zwangen, sie zu überwinden, und dann war die organische Verbindung abgerissen. Sein Denken und das Abhören des Willens der Akkorde waren nicht koordiniert, jedes blieb ein Vergnügen für sich selbst, alleine komme eben keiner zum Ziel. So saßen wir bis in die frühen Morgenstunden.

Jehudah geschah ein furchtbares Unglück. Seine Frau kam bei einem Autounglück ums Leben. Seine Trauer war abgrundtief und grenzenlos . . . Morgen für Morgen nahm er seine Kinder bei der Hand und besuchte mit ihnen das Grab der Mutter. Wochen und Monate hing über allem ein schwerer Trauerschleier. Der Kibbuz machte jede Anstrengung, um ihn von dieser Todesstarre zu erlösen. Er bekam Aufgaben in anderer Umgebung, man versuchte, wieder die Musik zu aktivieren – es half alles nur sehr wenig. In diesem Zustand kam er einmal wieder nach Jerusalem – tatsächlich mit einer musikalischen Frage. Aber kaum begann ich seine vielen umfassenden Fragen zu diskutieren und anhand von Notenbeispielen, die ich aus dem Nebenzimmer herbeischaffte, zu belegen, da verfiel er in die tiefe Melancholie, die uns alle zur Verzweiflung brachte. Mit halb geöffneten Augen ging er im Zimmer auf und ab, wie ein Löwe im Käfig. Er war keinem Argument mehr zugänglich, stöhnte leise und blickte ohne zu sehen. Mich überkam eine Wut. Etwas wollte mich hinabreißen in Schluchten und Höhlen und Labyrinthe, aus denen es keinen Ausweg gab. Man mußte zupacken, um sich selbst zu retten: »Jehudah, es ist ein schreckliches Unglück über dich gekommen, es hat dich in Abgründe geworfen, aus denen du nicht herauskommst. Du hast kein Recht, deine Kinder, deine Freunde, deine ganze Umgebung mit in diesen Schlund zu ziehen. Wenn du keine Kraft hast, dieses Unglück zu überwinden, dann mußt du den Mut aufbringen und dir das Leben nehmen.« ––– Polas Nähmaschine im Nachbarraum schwieg. Die Luft im Zimmer stand still und übertrug keinen Laut mehr. Jehudah machte seine Augen weit auf, sah mich an und setzte sich zu mir an den Tisch. Es schien, als stünde der Anflug eines Lächelns auf seinem Gesicht. Jehudahs Melancholie war vorüber, ausgelöscht. Pola kam ins Zimmer und schüttelte wortlos ihren Kopf. Bei mir kam der Schreck erst hinterher.

Die politischen Kämpfe in Konservatorium und Akademie verschärften sich. Unendlich viele nächtliche Lehrerkonferenzen in Jocheved Dostrowskys Wohnung, Bemühungen meinerseits, Hauser von manch verfrühter Idee zurückzuhalten – nichts half, das Schiff lief schnurstracks auf die Klippen. Eines Tages sah man an der Hausmauer des Institutes rote Plakate mit schwarzen Blockbuchstaben: »Streik«. Gegen wen streiken Juden? Juden gegen Juden? Unfaßbar. Die Eltern der Kinder mischten sich ein, es kam zu einer Versammlung mit Eltern, Lehrern, Studenten und der Leitung des Instituts. Jocheved brachte Verstärkung von der jüdischen Lehrergewerkschaft, der wir zwar noch nicht angehörten, die uns aber bereits ihre volle Hilfe zur Verfügung stellte. Zum ersten Male vernahm ich den Gewerkschaftsjargon, wenn er sich nicht auf die Sache bezog, sondern auf Personen zielte. Von Musik sprach niemand. Die Spaltung ließ sich nicht mehr aufhalten, besonders da Hauser dieser Situation in keiner Weise gewachsen war und wieder nach Amerika ging. Helene Cagan und ihre Anhänger kämpften gegen Jocheved und ihre Anhänger, und schließlich kam es zu einer Teilung des Instituts. Alle Lehrer des Konservatoriums und auch ein Teil der Akademielehrer standen hinter Jocheved. Wir zogen dann in ein Schulgebäude, in dem uns Räume vermietet wurden. Die Gewerkschaft unterstützte uns organisatorisch, was auch einer finanziellen Hilfe gleichkam. Helene Cagan führte die alte Akademie weiter mit dem Rest der verbliebenen Lehrer. So gab es in Jerusalem zwei Akademien, natürlich ein ungesunder Zustand. Ich war wieder ein Mitglied der Leitung des neuen Instituts. Auch wurden wir nun alle Mitglieder der Lehrergewerkschaft. Die Turbulenz nahm mir viel Zeit von der eigentlichen Beschäftigung mit Musik, obgleich ich gestehen muß, daß dank Jocheveds brillanter Führung mir das ganz neue Kapitel »Politik« eröffnet wurde. Allerdings war es »ein garstig Ding«.

Parallel zu diesen Ereignissen gab es auch musikalische Entwicklungen. Zum Philharmonischen Orchester kam der italienische Dirigent Bernandino Molinari. Als Zeitgenosse Toscaninis forderte er das Publikum zum Vergleich heraus. Das war irreführend, denn Molinari war nicht besser und nicht schlechter, sondern anders. Das Orchester fürchtete ihn ebenso, wie es ihn liebte. In dieser Spannung gibt ein Orchester sein Bestes. Für Molinari gab es keine begrenzten Proben, es wurde so lange geprobt, bis er zufrieden war. Es mußte absolut alles nach seinem Willen geschehen. Als während einer Probe eine administrative Forderung nicht erfüllt war, verließ er das Orchester, fuhr ins Hotel, nahm seine Sachen und fuhr zum Flugplatz für die Rückfahrt. Der Vorstand des Orchesters mußte hinterherfahren und ihn schließlich wieder zur Probe zurückbringen. Widerspruch existierte nicht für ihn. Er kam immer mit seiner Nichte Beatrice, die wie eine Mutter für ihn sorgte und vor allem darauf achtete, daß niemand auch nur versuchte, ihm in irgend etwas zu widersprechen. In Jerusalem war Molinari meist Gast bei Leo Picard und dessen Frau Ahuvah. In dieser hochkultivierten Atmosphäre fühlte er sich besonders wohl. Picard war Professor der Geologie an der Hebrew University, Ahuvah eine Weberin. In ihrem Hause lernte ich Molinari kennen, und es ergab sich in losem Gespräch, daß er an einer Orchesterkomposition von mir interessiert wäre. Ich nahm das als freundliche Geste entgegen. Ahuvah dagegen überzeugte mich, daß er das ernst gemeint hätte, und ich solle beim Orchester eine Partitur für die nächste Saison einreichen. Aus der Komposition für die Tänzerin Deborah Bertonoff entnahm ich thematisches Material und entwickelte daraus ein Symphonisches Poem »Exodus« für großes Orchester und Bariton-Solo.

Während der Arbeit an dieser Komposition spitzte sich die politische Lage im Lande zu, und es begannen die historisch berühmten Sitzungen der UNO, auf denen über das Schicksal eines jüdischen Staates entschieden werden sollte. Im September 1947 brachte das Philharmonische Orchester das Programm der folgenden Saison heraus, und ich traute meinen Augen nicht, als ich meine »Exodus-Symphonie« angezeigt sah, unter der Leitung Molinaris. Beim Durchsehen meiner Partitur fand ich unendlich viele Schreibfehler und wußte auch, wie wütend Molinari auf unsauberes und fehlerhaftes Notenmaterial reagierte. Bei den Postverhältnissen der Nachkriegszeit blieb keine Zeit mehr, bis zu seinem Kommen eine korrigierte Partitur anzufertigen. Ich fuhr nach Tel Aviv zur Leitung des Orchesters und sagte ihnen, sie sollten diese Exodus-Aufführung vergessen.

Im November kam eines Morgens ein Expreßbote aus einem Tel Aviver Hotel. Molinari verlangte mich umgehend zu sprechen. Ich wußte, was mir blühte und fuhr gefaßt. Beatrice empfing mich am Eingang des Hotels, ihr Gesicht weiß und ernst, woraus für mich alles zu entnehmen war. In seinem Zimmer saß Molinari an einem Tisch, begrüßte mich kaum und forderte mich auf, mich zu ihm zu setzen. Dann gab er mir die Partitur meines »Exodus« und begann mit klarer Stimme, auswendig den Part jedes einzelnen Instrumentes zu singen und dabei zu dirigieren. Kam er dabei an einen vermeintlichen Schreibfehler, so ließ er ihn von mir bestätigen und strich ihn ab von seiner Liste, die voll war mit notierten Fehlern, in kalligraphischer Schrift übersichtlich geordnet. Wenn ich bestätigte, freute er sich wie ein kleines Kind. Nur einmal fluchte er auf italienisch, weil ich als Tempovorschrift M.M. ♩ =66 geschrieben hatte und er ♩ =63 dirigierte, wobei ich ihn nicht sofort korrigiert hatte. Beatrice saß in einer Ecke des Zimmers, sorgfältig beobachtend, denn ich könnte ja eine Bemerkung machen, so daß er kehrtmacht zum Flugplatz. Aber dazu kam es nicht. Aus meinem Mund war wenig zu vernehmen.

Nach dieser stundenlangen Probe verlangte er, daß ich bei jeder Orchesterprobe dabei sein müßte, um alle eventuellen Fragen an Ort und Stelle zu beantworten. Beim Weggehen warnte mich Beatrice, zu den Proben nicht zu spät zu kommen, denn ich wüßte ja, wozu er fähig sei. Bis zur ersten Probe vergingen noch über zwei Wochen. Ich fuhr mit dem Orchestermaterial zurück nach Jerusalem, korrigierte alle Fehler und schickte die Noten per Taxi an das Orchester nach Tel Aviv.

Während dieser Tage wurde bei der UNO die Gründung des Staates Israel beschlossen. In der Stadt brach großer Jubel aus. Vom Balkon unserer Wohnung sahen wir an der Straßenecke einen englischen Panzerwagen stehen. Die Soldaten stiegen herunter und tanzten mit Jungs und Mädels von der Straße den Nationaltanz Horra, rund um den Panzerwagen. Sehr schnell kamen Meldungen vom arabischen Widerstand. Die arabische Altstadt Jerusalems wurde wieder heißes Pflaster.

Die Proben zu Molinaris Konzert rückten heran – in ihrer Art auch heißes Pflaster für mich, denn ich wußte, wie ungern das Orchester zeitgenössische Musik spielte. Also kam die Einladung zur ersten Probe in Tel Aviv, im Konzertsaal Ohel Shem. Die Bergstraße von Jerusalem nach Tel Aviv war bereits unsicher, man fuhr nicht mehr in einzelnen Autos, sondern im Konvoi.

Acht Uhr morgens verließ ein großer Konvoi der Autobusgesellschaft »Egged« die Jerusalemer Zentralstation. Zwischen den Autobussen fuhren kleine Fünfsitzer mit bewaffneten jungen Männern, um eventuelle Angriffe erwidern zu können. Alle Autobusse wurden mit Steinen beladen, damit auch die Passagiere bei Steinbeschuß zurückwerfen konnten. In dieser nicht gerade gemütlichen Art fuhren Pola und ich zur ersten Probe meines »Exodus« nach Tel Aviv. Die Fahrt verlief ruhig, bis wir die arabische Stadt Ramleh in der Ebene erreichten. Schon von weitem sahen wir zu beiden Seiten der Landstraße dichte Reihen von Arabern, die auf unseren Konvoi warteten, um ihn im Spalier zu steinigen. Wir erreichten die Stelle, Frauen und Kinder legten sich auf den Gang, die Männer waren bereit, Steine zurückzuwerfen. In vollem Tempo fuhren wir durch einen Hagel von Steinen bis zur Größe von richtigen Quadersteinen, die Scheiben klirrten, vereinzelte Schreie, auch Schüsse knallten, aber wir blieben nicht stecken und kamen auf der anderen Seite der Stadt wieder hinaus. Irgendwo hielten wir, damit einige Verwundete verbunden werden konnten, und dabei bemerkten wir, daß unser Autobus kein Dach mehr hatte. Es war einfach von den großen Steinen weggeschlagen. Noch eine halbe Stunde Fahrt und wir kamen in Tel Aviv an, halb elend, halb betäubt.

Jetzt zu einer Orchesterprobe zu gehen, schien höchst deplaziert. Dennoch gingen wir zum Konzertsaal, setzten uns im Dunkeln in die letzte Reihe, um nicht bemerkt zu werden. Mein »Exodus« wurde geprobt. Jemand erspähte meine Silhouette gegen ein Rücklicht. Molinari unterbrach sofort und beorderte mich in die erste Reihe. Keine Begrüßung, kein Wort, gleich weiter. Er probte die Streicher, jedes Pult einzeln, dann die Bläser, jede Stimme einzeln. Ich versank unter die Erde, denn ich konnte des Orchesters Gedanken lesen. In der Pause sagte ich zu Molinari, er brauche doch nicht jedes Pult einzeln zu proben, schließlich sei dies doch kein Schülerorchester. Darauf antwortete er: »Mein Lieber, wenn ich Beethoven schlecht aufführe, dann sagt das Publikum: ›Was für ein schlechtes Orchester und was für ein schlechter Dirigent‹; aber wenn ich das Werk eines unbekannten Komponisten schlecht aufführe, dann sagt das Publikum: ›Was für eine scheußliche Komposition.‹« Da war ich geschlagen. Ich blieb zu den weiteren Proben in Tel Aviv, wo wir bei der Familie von Deborah Bertonoff wohnten.

Wegen dringender Arbeit in Jerusalem fuhr Pola mit einem Konvoi am nächsten Morgen zurück. Mittags erfuhren wir über Radio, daß dieser Konvoi beschossen worden war, es gab einige

Tote. Keine Namen, keine Einzelheiten. Da saß ich in Tel Aviv und grübelte. Verbindung gab es nicht. Gegen fünf Uhr nachmittags kam ein Laufbote von der Tel Aviver Relaisstation und brachte mir ein Telegramm, daß Pola wohlbehalten zu Hause angekommen sei. Welch eine Erlösung für uns alle! Wer immer dieses Telegramm in diesen schweren Stunden expediert hat, es war ein Engel Gottes.

Das Bariton-Solo in meiner Komposition sollte Karl Salomon singen. Da er als Musikdirektor des Jerusalemer Radios höherer Regierungsbeamter war, forderte er, daß ihn ein englischer Patrouillen-Panzerwagen nach Tel Aviv bringen solle, was aber nicht bewilligt wurde. Die Verbindungsstraße von Jerusalem nach Tel Aviv wurde täglich gefährlicher, so sagte er ab. Drei Tage später sollte die Premiere sein. Für den Perfektionisten Molinari konnte das nur die Absage meiner Komposition bedeuten, denn einen anderen Sänger zu suchen, dafür war keine Zeit mehr. Am nächsten Tag wurde ich von Molinari ins Hotel bestellt. Krieg ist Krieg, und damit mußte ich mich abfinden. Mit Beatrice stieg ich die Treppe hinauf zu seinem Zimmer. Dort saß Molinari an seinem Tisch, vor sich die Partitur und eine Batterie feinst gespitzter Bleistifte. Die Orchesterstimmen lagen verstreut auf Bett, Sofa, Stühlen und Fußboden. Er wollte um jeden Preis die Aufführung retten und beschloß, den Baritonpart von einem guten Streicher im Rhythmus der Musik rezitieren zu lassen. Die Töne der Gesangspartitur instrumentierte er in die Partitur hinein, damit auch kein Ton verlorenginge. An dieser Arbeit hatte er die ganze Nacht gesessen und wollte nun meine Einwilligung. Auf meinen Einwand, ich hätte das selber machen können, antwortete er mir: »Oh nein! Nicht genug, daß ich deine Partitur verstümmeln muß, soll ich auch noch von dir verlangen, daß du dich selber verstümmelst?« Ich fiel ihm um den Hals. Er wollte keine Sentimentalitäten, nur daß ich alles überprüfte, bestätigte oder verbesserte.

So kam der Abend des Konzertes, der 15. 12. 1947. Der Saal war überfüllt, die Stimmung aufs höchste gespannt von den Geschehnissen draußen und in Erwartung des Themas »Exodus«, diese historischen Tage reflektierend. Molinari verlangte von mir, hinter den Kontrabässen zu stehen, damit ich mit dem letzten Schlag sofort zum Verbeugen nach vorne kommen könne, während er selbst sich nicht verbeugen wolle, denn das sei meine und nicht seine Aufführung. Beatrices Blicke warnten mich vor jedem Einwand. Molinari kam auf die Bühne und wurde mit großen Ovationen empfangen. Hinter den Kontrabässen war eine Tür, hinter der ich mich verstecken konnte, um nicht vom Publikum gesehen zu werden.

230

Meine Komposition war so perfekt einstudiert, daß das Orchester sie praktisch auswendig spielte. Nach dem letzten Ton entlud sich ein Beifallsorkan, der Molinari zwang, sich kurz zu verbeugen, nicht ohne bereits nach mir zu spähen. Kaum kam ich ihm entgegen, da rannte er schon an mir vorbei – der Erfolg sollte ganz mein Erfolg sein, das war es, was er wollte. Der Applaus war überwältigend. Ich ging zurück zu Molinaris Zimmer, um mit ihm gemeinsam noch einmal auf die Bühne zu gehen. Er weigerte sich und gab Beatrice ein Zeichen, mich auf die Bühne zurückzubringen. Ich nahm einen Stuhl und setzte mich darauf und sagte, daß ich nur mit ihm zusammen hinausginge. Beatrice wurde bleich. Er steckte den Kopf in die Schultern – eine bekannte Bewegung, bevor er wütend wurde. Ich saß völlig unbeteiligt auf meinem Stuhl. Draußen tobten die Leute. Da stand er auf, ging mit mir hinaus, ließ das Orchester sich erheben und stieß mich nach vorne neben die ersten Geigen. Ich wollte ihm danken, fand ihn aber nicht, denn er stellte sich hinten zwischen den Musikern auf. Ich ging ab, er war schon in seinem Zimmer. Beifall, Getrampel, Rufe – wir mußten wieder raus. Diesmal ging er ohne Widerstand mit, nur mit einem merkwürdigen Flackern in seinen Augen. Er ging mit mir zum Dirigentenpodium, verlangte, daß ich draufsteige und mich von oben verbeuge. Das kam gar nicht in Frage, ich erklärte ihm, daß das sein Podium sei und nicht mein Platz, doch er bestand darauf. Das Publikum amüsierte sich, denn aus der Mimik war leicht zu verstehen, was zwischen uns vor sich ging, und ehe ich mich versah, packte er mich mit seinem linken Arm und hob mich wie ein Kran auf das Podium. Da stand ich nun. Die Freude über die gelungene List blitzte aus seinen Augen.

Die folgende Aufführung war in Haifa mit Karl Salomon als Solist. Während des Konzertes fielen Schüsse rings um das Theater. Beim Hinausgehen mußte man vor Scharfschützen auf der Hut sein. Bald kamen wir aber heil nach Jerusalem zurück, obgleich die Engländer den Geleitzug auf Waffen untersucht hatten. Es gab da viele »schwangere« Mädchen und Frauen unter uns. Die haben die Engländer aber nicht berührt. Nur eine Schrecksekunde lang stockte uns der Atem, als aus Ahuvas Bauch der Teil eines Sten-Gun herausfiel. Der junge Soldat drehte sich um und sah nichts.

Nach Jerusalem kam das Orchester nicht mehr. Es begann der Belagerungszustand der Stadt. Sie war umzingelt von jordanischen, ägyptischen, syrischen und irakischen Streitkräften, die sich alle langsam zum Angriff auf die Stadt vorbereiteten. Noch saßen die Engländer im Zentrum, unmittelbar neben unserer Wohnung. Das hielt die Araber vorläufig noch zurück. Verpflegung wurde knapp, viele Geschäfte waren leer und verschlossen. Nur die Kaufmannsläden mußten offen halten, um die rationierten Eßwaren verteilen zu können. In einer der Hauptstraßen unweit unserer Wohnung war ein Büro der Haganah. Auf dieses Haus wurde um Mitternacht ein Sprengstoffattentat verübt, welches das ganze mehrstöckige Haus in die Luft sprengte und alle Häuser entlang der Straße beschädigte. Im Nachbarhaus hatte Else Lasker-Schüler gelebt, der wenigstens diese Katastrophe erspart blieb. Ich wurde noch in der Nacht als Helfer für die Aufräumungsarbeiten mobilisiert. Es war eine kalte, windige Nacht, die gruselige Szene mit Hilfsscheinwerfern beleuchtet. Das Haus war zusammengebrochen bis in die Keller. In den Ruinen mußten wir nach Toten und Verwundeten suchen. Bei dieser gespenstischen Arbeit ertappte ich mich, mit der rechten Hand ein Marmeladenbrot essend und mit der linken Hand eingeklemmte Menschenteile aus den Trümmern ziehend. In solchen Situationen gibt es nur Funktionieren, aber keine Empfindsamkeit. Im Morgengrauen stießen wir zu einem Wirtschaftswarengeschäft an der Straßenseite vor. Teller, Gläser, Kochtöpfe, alles war pulverisiert oder noch in kleinen Scherben erkennbar. Doch ragte aus dem Trümmerhaufen ein komplettes unversehrtes Tischservice aus Rosenthaler Porzellan für 12 Personen hervor, ohne eine einzige Schramme. Zum Nachdenken blieb keine Zeit.

Die jüdische Bevölkerung wurde auf Abwehr organisiert. Jeder Zivilist war gleichzeitig Soldat. Uniformen gab es nicht. Den Unterschied zwischen Offizier und Soldat entnahm man der Sicherheit des Befehls. Auch dies führte zu grotesken Situationen. So war ich einer Gruppe zugeordnet, die erste Exerzierübungen lernte. In dieser Gruppe war ein kleiner Jemenite, der keinesfalls Soldat werden wollte. Er boykottierte auf seine Art. Beim Befehl »Rechtsum« drehte er sich linksrum und umgekehrt und brachte damit alle anderen zum Lachen, die Disziplin war weg. Der arme Offizier schnauzte, was er konnte; es half nichts. Er drohte, er werde ihn die Toiletten saubermachen lassen, aber das war ja, was der Jemenite wollte – nur nicht schießen. Er bedrohte ihn mit einem Revolver, aber dazu lachte der Jemenite nur, denn der Offizier durfte ja nicht auf ihn schießen. Am nächsten Tage rief ihn der Offizier in sein Zimmer. Nach einer Weile kam der Jemenite heraus in Khakihosen, Khakihemd und einem schwarzen Barett. Woher der Offizier diese Sachen hatte, wußte niemand. Nun steckte der Jemenite in einer Uniform, sah ungeheuer überlegen aus und war plötzlich der diszipliertarste Soldat.

Trotz alldem ging die Musik weiter. Proben und Konzerte des Radioorchesters fanden aus Sicherheitsgründen in einem kleinen Saal im jüdischen Sektor statt. Von hier wurden weiter Musikprogramme gesendet. Sogar eine Uraufführung spielte ich: ein Klavierkonzert mit vollem Symphonieorchester von Karl Salomon. Die improvisierten Sendeapparate waren im Keller untergebracht. Dort saßen natürlich die Techniker. Rotes Ruhelicht oder grünes Endlicht gab es nicht. Salomons Frau rannte in den Keller und rannte wieder zurück, um uns das Anfangszeichen zu geben. Das Studio war ein kleiner Saal für etwa 200 Personen, der bis unter die Decke mit Zuhörern besetzt war. Alle Fenster und Türen waren mit großen Sandsäcken verbaut. Das Konzert wurde im Land gehört, ein Lebenszeichen aus Jerusalem.

Pola war schwanger, unsere Nahrung völlig unzureichend. Zu Beginn der Belagerung kaufte ich aus unerfindlichem Grund in der Apotheke ein großes Glas mit Vitamintabletten, damals noch selten zu haben. Jetzt leisteten sie beste Dienste. Eines Morgens erfuhr ich, daß in einem Milchgeschäft kleine Butterrationen für schwangere Frauen verteilt wurden. Sofort lief ich hin, hörte auf dem Weg eine Detonation und fand dann im Geschäft tote und verwundete Frauen. Eine Granate fiel in den Laden und explodierte. Draußen raste ein Jeep davon mit einer blutüberströmten Frau. Auf dem Gehsteig lag ein Arm, ich hob ihn schnell auf und rief dem Fahrer nach, daß er den Arm vergessen hätte, aber er bog schon um die Ecke. Da habe ich den Arm wieder vorsichtig zurückgelegt. Von Butter war auch keine Rede mehr. Leicht verstört ging ich nach Hause. Vor den Unruhen unterrichtete ich eine halberwachsene Klavierschülerin, Tochter eines reichen christlich-arabischen Antiquitätenhändlers in der Altstadt. Das junge Mädchen war begabt und kam so weit, daß sie im Radio ein Konzertprogramm geben konnte. Entsprechend wurde ich in ihrer Familie mit größtem Respekt behandelt. Die Verbindung war nun abgebrochen. Weder konnten sie zu mir noch ich zu ihnen kommen. Als sich der Ring der Araber immer enger schloß, kam der Vater im Schutze einer dicht bewölkten, dunklen Nacht zu uns, fiel buchstäblich auf die Knie und beschwor uns, wir sollten sofort mit ihm in seine Wohnung kommen, Tausende von Arabern warteten nur auf das Zeichen, in die jüdische Stadt zu stürmen, und wir würden alle wie Hunde abgeschlachtet; er würde uns aufnehmen, in seinen großen Kellerräumen verstecken, und wenn alles nach ein paar Tagen vorbei wäre, wüßte er Wege und Mittel, um uns weiterzutransportieren; wir müßten um jeden Preis gerettet werden. Unser Bemühen, ihm zu erklären, daß wir unsere Freunde nicht im Stich lassen könnten, fruchtete wenig. Er ließ sich zunächst durch nichts von seinem Entschluß abbringen, mußte aber doch ohne uns wieder weggehen.

Der Ring der Araber um die Stadt wurde immer enger gezogen. In verschiedenen Teilen der Neustadt waren heftige Gefechte im Gange. Die Rolle der Engländer war undurchschaubar. Es mußte auch viel Spionage in der Stadt gegeben haben. Sie war besonders spürbar bei der Wasserversorgung. Wasser war streng rationiert, alle Zisternen notiert und kontrolliert. Einige dienten als Benzinreservoir. Damit wurden sie als Wasserzisterne für immer unbrauchbar. Das Wasser wurde zu bestimmten Zeiten an bestimmten Stellen verteilt. Die langen Reihen der Frauen, die mit ihren Kübeln, Wannen und anderen Behältern kamen, waren ein beliebtes Beschußziel der arabischen Kanonen in den Bergen rings um die Stadt. Nur durch Spionage war es möglich, daß die daher bewußt unregelmäßigen Wasserverteilungen den Arabern bekannt wurden. Die Aufsicht über solch eine Verteilungsstelle war ein besonders anstrengender und nervenaufreibender Dienst.

Nach einem solchen Dienst wurde ich einmal direkt zu einer anderen Stelle geschickt, für eine andere Aufgabe. Inmitten der Stadt lag ein großer Park, der das Zentrum von der Ostseite trennte. Dieser Park war äußerst wichtiges strategisches Gelände. Das irakische Militär hatte das Dach eines großen Hotels besetzt, das auf der anderen Seite des Parks lag. Für den Fall eines Angriffs wurde ein Maschinengewehr eingesetzt und meine Aufgabe war, die Maschine mit den ablaufenden Patronengurten zu füttern. Nach der kurzen Dämmerung wurde es stockdunkel, nichts war mehr erkennbar. Den ganzen Tag und die vorige Nacht war ich bereits auf den Beinen, also fielen mir ständig die Augen zu. Mein Kollege meinte, ich solle ruhig schlafen, wenn es los ginge, würden er und der Krach mich schon wecken. Das ließ ich mir nicht zweimal sagen und schlief fest auf meiner Munitionskiste ein. Mitten in der Nacht kam der Offizier dieses Abschnitts und fand mich in seligem Schlummer.

Am anderen Morgen wurde ich zu ihm beordert, um meine Strafversetzung entgegenzunehmen. In Jerusalem kann sich auch militärische Bestrafung in Mystik verwandeln. Mitten in der Stadt, unweit des großen Parks, Schauplatz meines Delikts, lag das jüdische Regierungsgebäude. Sowohl wegen seiner geographischen

Lage als auch der Zentrale politisch-militärischer Operationen war es von besonderer strategischer Bedeutung. An dieser Stelle hatte die Haganah eine große, dicke Betonmauer quer über die breite Straße gezogen, um jeden Durchbruch zumindest aufhalten zu können. Nicht weit von dieser Stelle lag ein lang ausgedehntes arabisches Villenviertel namens Katamon. Der Besitz dieses Viertels war entscheidend für das Schicksal des jüdischen Jerusalem. Für die folgende Nacht war ein Großangriff auf dieses Viertel geplant. Die Engländer müssen davon Wind bekommen haben, sie brachten hinter der Betonmauer einen Sherman-Tank in Stellung, um notfalls durchbrechen zu können. Diese Mauer sollte in der Nacht des Angriffs von zwei Leuten bewacht werden; einer davon war ich. Darin bestand meine Strafversetzung. Ich wurde bewaffnet mit einer Rauchbombe, über die der Tank wohl nur gelacht hätte, mein Kollege immerhin mit einem Sten-Gun, was dem Tank auch nicht mehr als ein paar Kratzer zugefügt hätte. Er stand mit seiner Waffe an einer Ecke der Mauer, ich – mit meiner Räucherkerze – an der gegenüberliegenden Ecke.

Wir wußten, was uns erwartete. Die Mauer hatte ein winziges Guckloch, das die Engländer eifrig benutzten. Es kam eine klare Mondnacht mit frischer Brise. Plötzlich, gegen Mitternacht, brach ein Höllenlärm los. Es war der Angriff auf Katamon. In der Luft sausten, pfiffen, knallten Tausende von Kugeln mit ihren kleinen Feuerschwänzen, rot-blau-grün, je nach Art der abgefeuerten Munition. Aus allen Richtungen füllten sie den Himmel und brausten in allen Frequenzen eine wahre Orgelmusik. Wir beide drückten uns in unsere Ecke, um uns vor Querschlägern zu schützen. Man verlor jeden Zeitbegriff, man war aufs höchste angespannt, überrascht sah ich am Ende der langen geraden Straße eine hohe Figur auf uns zukommen. Sie ging in der Mitte des breiten Fahrdamms und war in der Silhouette als Mann erkennbar. Englische Offiziere machten manchmal solch tollkühne Streiche, und mein erster Gedanke war, daß die Engländer uns in die Zange genommen hätten. Bald aber sah ich, daß der Mann einen langen Bart hatte, einen langen Kaftan trug, auf dem Kopf einen hohen schwarzen Hut mit breiter Krempe, die typische Tracht des ultraorthodoxen Juden. Er ging seelenruhig Schritt für Schritt, als promenierte er auf einem Sommernachtsspaziergang, unbekümmert der Kugeln, die von allen Seiten flogen. Wie er sich uns so näherte, kam er geradewegs auf mich zu, legte seine Hände auf meinen Kopf und sprach Segenssprüche. Dann zog er ein Blatt aus seiner Tasche, faltete es zusammen und steckte es in meine Manteltasche. Dazu sagte er, daß mir kein Unglück geschehen werde, weder mir noch meiner Familie, denn Gottes Schutz sei über mir. Ohne meinen Kollegen zu grüßen, drehte er sich um und ging den selben Weg so ruhig zurück, wie er gekommen war.

Der Angriff auf Katamon war gelungen, der Sherman Tank drehte und fuhr zurück, die Engländer räumten Jerusalem; nun standen sich nur noch Juden und Araber gegenüber. Danach hatte ich einen wohlverdienten freien Tag voll tiefen Schlafes.

Das Blatt vergaß ich völlig. Erst im nächsten Winter, als Pola die Winterkleidung wieder aus dem Schrank holte, erinnerte ich mich wieder daran und sah, daß darauf kabbalistische Zeichen und Sprüche gedruckt waren, die mir ein Kabbalist von der Universität übersetzen mußte. Bis heute begleitet mich dieses Blatt auf meinen Reisen.

Mein nächster Dienst war in Katamon. Die Araber flohen Hals über Kopf aus ihren Villen und haben alles, wie es war, stehen- und liegenlassen. Gegen Plünderung wurde sofort vorgegangen. Ich bekam ein deutsches Mausergewehr mit dem ausdrücklichen Befehl, jedem, den ich mit Eßwaren aus einem Haus laufen sah, in die Beine zu schießen. Ich habe es bei dieser Gebrauchsanweisung bewenden lassen. Aber eines Abends hörte ich in einer Villa Schüsse. Ich ging vorsichtig hinein und überraschte einen jungen Soldaten auf einem Flügel sitzend und aus purem Vergnügen in ihn hineinschießend. Den Flügel konnte ich nicht mehr retten. Der Soldat verschwand schnell. Während einer Inspektion des Hauses fand ich den Keller bis an die Decke vollgestopft mit Hunderten und Aberhunderten von nagelneuen Schallplatten. An einer Seite standen viele tragbare Grammophone, die man noch mit der Hand aufziehen mußte. Auch Trageköfferchen für die Platten, Grammophonnadeln, Plattensäuberer, kurz, alles was dazugehörte. Bald stellte sich der Raum als das Lager des Generalvertreters für Decca und His Masters Voice heraus. Dieser Schatz mußte gerettet werden, bevor wieder jemand aus Vergnügen hineinschoß. Die ganze Nacht machte ich Pläne.

Am anderen Tag ging ich, uniformiert mit scharf geplätteter Khakihose, Khakihemd und Schirmmütze, zum Kommandanten, zu dem ich anders nicht vorgedrungen wäre. Er empfing mich höchst erstaunt. Ich berichtete über meinen Fund in Katamon und entwickelte meinen Plan: alle Einheiten rund um Jerusalem, auch Spitäler, sollen mit Plattenkonzerten und Programmerklärungen versorgt werden, damit alle, besonders auch am Vorabend des Sabbat, eine festliche Musikstunde gemeinsam verbringen könnten; da jede Einheit einen Kulturoffizier hatte, würde ich ihn, je nach seiner Gruppe, mit Programmvorschlägen beraten; da wir mit den transportablen Grammophonapparaten unabhängig von Elektrizität wären, könnten wir jede Feldstelle besuchen und immer bereit sein. Ich selber stellte mich für solche Musikabende zur Verfügung. Der Gedanke schlug ein.

Ein requiriertes Haus wurde zur Verfügung gestellt, ein Lastwagen, um alles dorthin zu bringen, eine militärische Telefonverbindung und sogar eine Sekretärin mit Schreibmaschine. Wir bauten eine Plattenbibliothek auf, katalogisierten sie und verliehen Programme mit Erklärungen. Ich selbst war ständig mit solchen Plattenkonzerten unterwegs. Einmal hätte es mich fast das Leben gekostet. Nahe der Mauer um die Altstadt stand die am weitesten vorgeschobene kleine Einheit. Sie hatte keinen Kulturoffizier, man wollte aber gerne ein solches Konzert. Um zu ihnen zu gelangen, mußte man einen Hügel auf den Zionsberg hinaufklettern. Die Schützen der arabischen Legion sichteten mich in den Schießscharten der Mauer. Sie sahen einen Mann, in jeder Hand einen Koffer. Das konnte nur Nachschub mit Explosivstoffen bedeuten. Also nahmen sie mich aufs Korn. Ich fand eine Mulde, in die ich hineinkroch und wie ein Maulwurf in Windeseile Sand herauswarf, um das Loch zu vergrößern. Darin versteckte ich mich bis zur völligen Dunkelheit und zog mich dann vorsichtig zurück. Auf dem Rückweg durch die Stadt begannen die Ägypter ein schweres Bombardement. Ich mußte in ein verlassenes Haus flüchten, das besonders stark beschossen wurde, und brachte mich unter einem Bett vor Granat- und Glassplittern in Sicherheit. Unter dem Bett stieß ich an etwas Kühles. Es war ein herrlicher toskanischer Weinkrug in schönster farbig glasierter Keramik. Den Krug nahm ich mit, nachdem es wieder still geworden war. Am Ende des Krieges fand ich heraus, daß diese Wohnung der Inhaberin eines führenden Antiquitätengeschäftes in Jerusalem gehörte, Frau Charlotte. Ich brachte ihr diesen Krug zusammen mit meiner Geschichte. Sie fiel mir um den Hals, küßte mich und schenkte mir den Krug, an dem wir uns bis heute erfreuen.

Dann kam der große Tag, an dem die Straße Jerusalem – Tel Aviv befreit wurde. In der Stadt wurde zwar noch geschossen, aber Lastwagen aus dem Kibbuzim kamen herangefahren, beladen mit Säcken voller Eßwaren, jeder Sack an einen Bekannten adressiert. Die Säcke wurden auf die Landstraße geworfen, am Eingang der Stadt. Ein Adressat benachrichtigte den anderen. Bald erschienen in meiner Plattenbibliothek zwei hohe Offiziere aus Tel Aviv mit oberstem Befehl, die ganze Bibliothek nach Tel Aviv zu befördern. Im Lande gebe es keine Platten, und Jerusalem sei überschwemmt damit. Ich wußte, daß damit mein schöner Plan vernichtet werden würde, denn in kürzester Zeit würden die Platten in den Militärkantinen zerkratzt und abgespielt sein. Also brachte ich die hohen Herren erst einmal in das große Jerusalemer Militärcamp, führte sie in die große Kantine, entschuldigte mich, daß ich sie nicht zu einer Tasse Kaffee oder Tee oder Bier oder Saft einladen könne und wies auf die leeren verstaubten Regale ringsum. Nicht eine Zigarette, nicht ein Biskuit, nicht ein Stück Schokolade, nicht ein Bonbon, nichts von all den Herrlichkeiten, mit denen Tel Aviv überschwemmt ist. Mein Vorschlag: sie sollten einen großen Lastwagen schicken, bis oben angefüllt mit all den paradiesischen Leckerbissen, an die wir Jerusalemer uns nur noch im Traum erinnerten. Dann würde ich ihnen denselben Lastwagen, angefüllt mit den Hunderten von Doubletten aller Platten, wieder zurückschicken. Gleichzeitig pflanzte ich die Idee, im größten, von den Engländern übernommenen Militärcamp des Landes, Sarafand, ein vierwöchentliches Seminar für Kulturoffiziere zu organisieren, die in ihren Einheiten auch später Musikprogramme mit Erklärungen veranstalten wollten. Diesem Seminar sollte dann die Plattenbibliothek dienen, die in der Nähe von Sarafand untergebracht werden müßte. Das alles hatten die hohen Herren nicht erwartet. Sie dachten wohl anfangs: Befehl ist Befehl – und damit basta. Zu ihrem großen Lob muß ich hinzufügen, daß der ganze Plan von Anfang bis Ende durchgeführt wurde. Ein Riesenlastwagen erschien in Jerusalem, voller lukullischer Dinge. Die Platten kamen in ein Haus in Ramleh, demselben Städtchen, in dem wir auf dem Weg zur ersten »Exodus«-Probe gesteinigt worden waren. Das Seminar in Sarafand hatte großen Zulauf von Studenten, von denen manche noch bis heute als Schulmusiklehrer dieses Gebiet der Musikerklärung unterrichten. Selbst Kestenberg war eingeladen, an diesem Seminar Vorträge zu halten.

So ging der Krieg 47/48 seinem Ende entgegen, in dessen Verlauf die erste israelische Regierung proklamiert wurde und in dessen Finale der Hymnus über die glückliche Geburt unseres Sohnes Etan am 18. August 1948 ertönte.

Der Schuh auf dem Flügel

Während Polas Wochenbett gab es noch hie und da Schießereien in Jerusalem, aber es beruhigte, daß Pola im Krankenhaus kugelsicher untergebracht war – im ältesten Spital Jerusalems, noch in der Türkenzeit begründet von dem deutschen Arzt Dr. Wallach, einem streng gläubigen orthodoxen Juden. Das Spital, für damalige Verhältnisse ein Riesenbau, in schweren Steinblöcken gemauert, erhielt den Namen »Sha'are Zädäk« (Die Tore der Gerechtigkeit); damit wollte man zum Ausdruck bringen, daß das Krankenhaus jedem Kranken offensteht, ganz unabhängig von konfessioneller Zugehörigkeit. Zur Zeit des Krieges 47/48 war Wallach schon ein sehr alter Mann und praktizierte kaum mehr. Acht Tage nach Etans Geburt vollzog er selbst die Beschneidung, was einer Ehrung unserer kleinen Familie gleichkam. Die weit über Jerusalem hinaus bekannte amtierende Oberschwester Selma starb vor wenigen Jahren über hundertjährig. Noch kurz vor ihrem Tode sagte sie lächelnd zu einem Besucher: »Gott hat mich wohl vergessen.«

Die Stadt Jerusalem kehrte langsam zum normalen Leben zurück. Als Ergebnis des Krieges war sie nun in zwei Teile geteilt. Die Altstadt war von der jordanisch-arabischen Legion militärisch eingenommen, der jüdische Teil der Altstadt zerstört, die jüdische Bevölkerung während der Kämpfe unter großen Opfern in die jüdische Neustadt herübergebracht. Viele fanden Unterkunft in den Häusern Katamons. Israel öffnete sich den großen Einwanderungswellen aus den östlichen Ländern, es war der Beginn einer stetigen, allmählichen Bevölkerungsveränderung. Für die sehr bald auftretenden Kulturprobleme mag das folgende Beispiel stehen: Das israelische Militär war von Beginn an von größter Bedeutung für die Verschmelzung all der verschiedenen Immigrationsgruppen. Alle lernten die Sprache, lernten Lesen und Schreiben, doch bezeichnenderweise war es die Musik, die unüberwindliche Schwierigkeiten bot. Man bestellte einige Komponisten zu einer Besprechung mit den verantwortlichen Offizieren für Kultur und Erziehung. Das Problem wurde uns folgendermaßen dargestellt: Nach dem Abendessen sitzen die Soldaten in Gruppen zusammen und wollen auch gemeinsam Lieder singen. Es ist aber kein Lied zu finden, das Europäern, Marokkanern, Jemeniten, Persern, Irakern und anderen Gruppen gemeinsam ist. Die Melodien sind in ihrem »Dialekt« alle so verschieden voneinander, daß keiner seinen Nachbarn verstehen kann. Ein musikalisches Babel ist die Folge. Nun sollten die Komponisten Melodien schreiben, die von allen verstanden und gesungen werden könnten. Meinem spontanen Einwand, daß das Resultat zu einem musikalischen Esperanto führen müsse, zu einer Nivellierung der musikalischen Ausdruckswelt, und nur die allgemeine Musikerziehung für die nächsten Generationen ein gemeinsames musikalisches Sprachgut schaffen könne, wurde nicht akzeptiert wegen des zu langfristigen Prozesses. Es mußte gehandelt werden, also wurden wir unter Druck gesetzt. Und wie vorauszusehen war, hat niemand die Lösung dieses Problems gefunden. Heute, fast vierzig Jahre später, ist allen gemeinsam die Pop-Musik aus dem Fernsehen.

Sogleich meldeten sich auch die Beauftragten des Kulturministeriums, die in langen Diskussionen die akute Notwendigkeit zur Bildung eines israelischen Stiles in der Kunstmusik erörterten. Kaum zu glauben, mit welcher Naivität an dieses Problem herangegangen wurde. Dur-Moll-Tonalität mußte vermieden werden, denn sie repräsentierte West- und Osteuropa in der Musik. Also griff man zurück auf die prätonalen Kirchentonarten, längst vergessen in der Folge der modernen Dur-Moll-Harmonik der letzten Jahrhunderte. Mit dorischem oder phrygischem Modus wurde das Aroma einer neuen Mittelmeermusik zubereitet, der symmetrische Periodenablauf europäischer Liedform asymmetrisch verschoben und in diesem Sinne auch mit anderen Parametern verfahren. Alle Prozeduren mußten eine Art exotische Tonalität wahren, um jedenfalls den östlichen Typ herauszuarbeiten und nicht gar in atonale oder dodecaphonische Musik des modernen Westens zu verfallen. Solche Mittelmeermusik war zu Beginn des Staates Israel die temporäre Lösung zur Schaffung israelischer Kunstmusik. Es soll niemand darüber lächeln, denn in der Mitte des zwanzigsten Jahrhunderts tritt das gleiche Phänomen in der westlichen Zivilisation auf mit der Wiederbelebung der Barockmusik und der Neugier auf den authentischen Klang alter Instrumente. Man hört Neues, aber doch das Alte, und die Gewohnheit bleibt erhalten. Was geschieht aber, sobald nächste Generationen heranwachsen? Das Interesse am dialektischen Manövrieren zwischen Gestern und Heute nimmt ab. Das Alte interessiert nur so weit, wie es elementar und unvergänglich ist. So ist Mittelmeermusik in Israel bereits ein historisches Kapitel in der Musikgeschichte dieses Staates.

240

Nicht, daß ich das Kommende klar voraussehen konnte, doch das Künstliche der Prozedur, das zum Teil auch auf Unwissenheit beruhte, widersprach mir gänzlich. Keinesfalls aber wollte ich mich davor drücken. In Idelsohns »Thesaurus« fand ich einen solch unermeßlichen Schatz an melodischen Erfindungen orientalischer Juden, daß ich nur zugreifen brauchte, um Motive zu finden, die auf weit höherem Niveau standen als das bloß Volksliedhafte. Die Motive verarbeitete ich, meine Erfahrungen aus der Variationstechnik nutzend, entweder in freier atonaler oder in gebundener serieller Harmonik, die durch mehrstimmige Textur entstand. Meine Erste Symphonie oder mein Zweites Klavierkonzert und andere Kompositionen aus dieser Zeit stehen wie Stationen auf dem Wege.

Immer riefen meine Kompositionen Kontroversen hervor. Nach einer Aufführung fand ich am nächsten Tag in der Presse zwei Kritiken. Der eine schrieb, daß diese Musik in London oder Paris oder New York hätte geschrieben sein können; jedenfalls habe sie nichts mit Israel zu tun. Der andere schrieb in pathetisch biblischem Stile: »Kommet und sehet. Dies ist die Musik Israels!« Auf welchen Stuhl sollte ich mich nun setzen?

Im April 1949 wurde mir der Engel-Preis der Stadt Tel Aviv verliehen für die »Exodus«-Komposition. Bis auf den heutigen Tag kann ich diese Linie nachziehen: Preise-Schimpfen-Preise-Schimpfen. Dabei geschahen auch Kuriositäten. Das Israel Philharmonic Orchestra (IPO) engagierte mich als Solist in meinem Ersten Klavierkonzert. Georg Singer, ein inspirierter Dirigent aus Prag, begann um zehn Uhr morgens die erste Probe in Tel Aviv. Singer probte zunächst die schwierigen Orchesterstellen, dann andere Details und so verging die Probe in guter Arbeit bis zur Pause. Als ich nach der Pause auf die Bühne zurückging, stand neben meinem Notenpult auf dem Flügel ein offener Herrenschuh, mit lang herunterhängenden Schnürsenkeln. Ich begriff sofort die zarte Andeutung. »Da jehn ein'm ja die Schuhbänder uff«, sagt der Berliner, wenn ihn das Entsetzen packt. Der Orchesterinspektor, ein Geiger aus Polen namens Surrowicz, rannte auf den Flügel zu, um den Schuh herunterzunehmen, denn es war auch Publikum im Saal. Doch ich bestand darauf, daß der Schuh bis zum Ende der Probe auf dem Flügel stehenbleiben sollte, um ihn anschließend persönlich dem armen Orchestermitglied zurückzuerstatten. Es war auch wirklich ein Geiger aus Berlin.

Mit Rosie hatte ich während ihrer Jahre in England einen regen Briefwechsel. Sie hatte es dort nicht leicht. Re'uwen entwickelte sich sehr gut, hatte natürlich Sprachschwierigkeiten in der englischen Schule, die aber kompensiert wurden durch seinen kameradschaftlichen Umgang mit Menschen, seine vorzüglichen sportlichen Leistungen und seine Musikalität, die sich im Violinspiel ausdrückte und ihn zum ersten Geiger des Schulorchesters machte. Aber seine Sehnsucht nach Israel muß so groß gewesen sein, daß Rosie sich schließlich zur Rückkehr entschied. Doch glücklicherweise war ihnen damit die Kriegszeit in Jerusalem erspart geblieben; sie hätten unsäglich darunter gelitten. Der letzte Schulreport spricht für die pädagogische Einstellung der englischen Schulleitung: gerade angesichts seiner besonderen Schwierigkeiten attestierte man ihm seine besonderen Fähigkeiten.

Die alte Wohnung im Haus Churi in Jerusalem war noch frei. Churi hatte mit seiner Familie Jerusalem verlassen. Alle waren spurlos verschwunden. Die verlassenen Häuser aus arabischem Besitz wurden von einer Regierungsbehörde verwaltet und die Wohnungen zu billigen Mietpreisen vergeben. Die obere Wohnung stand wieder Rosie und Re'uwen zur Verfügung. Mit frischem Elan ging er in sein früheres Gymnasium zurück. Die Verschiedenheit der Lehrpläne, der Akzent auf judaistische Fächer, in denen er natürlich große Lücken aufwies, machten ihm den Übergang ins neue Leben nicht leicht. Die Schule war eine Art Elitegymnasium, für dessen Direktor nur Spitzenleistungen etwas galten. Individuelle Rücksichtnahme auf äußere Umstände waren ihm gleich weichlicher Verzogenheit. Im Sport dagegen errang Re'uwen unmittelbar große Erfolge. Nach einem nationalen Langstreckenlauf, den er als Sieger beendete, erschien ein Foto in der ganzen Sportpresse, und seitdem zeigte man auf der Straße auf mich: »Das ist der Vater von Re'uwen.« Unter den Schwerkriegsverletzten gab es manche medizinisch aufgegebene Fälle, mit denen Rosie noch große Erfolge zu verzeichnen hatte. Über ihre Arbeit brachten die illustrierten Zeitschriften mehrseitige Reportagen. Mutter und Sohn erlangten, jeder auf seine Weise, Berühmtheit. Inzwischen arbeiteten beide Musikakademien in Jerusalem: die von Helene Cagan geleitete »Israel Academy of Music« (das Konservatorium bestand nicht mehr) und die von uns geleitete »Jerusalem Academy and Conservatoire of Music«. Beide Schulen wurden vom Erziehungsministerium anerkannt. Nach außen hin haben die offiziellen Stellen Neutralität bewahrt, aber in der Praxis Mittel und Wege gefunden, außermusikalische Interessen einwirken zu lassen. Die Spaltung hat die finanziellen Schwierigkeiten nur noch erhöht. Die alten Antipathien der Konservatoriumslehrer gegen die Akademie kamen nun, ermutigt durch die neue Konstellation, verstärkt an die Oberfläche. Die Lehrerversammlungen wurden stürmischer als zuvor, die Tendenz zur Kürzung des Akademiebudgets trat zunehmend klarer hervor. Das mußte das Niveau der allgemeinen musikalischen Ausbildung senken.

Inmitten dieser Situation erhielt ich eine Einladung nach London zu einem Festkonzert des London Philharmonic Orchestra unter Eduard van Beinum in der Royal Albert Hall. Das Programm bestand nur aus israelischer Musik: eine Suite von Uri Boscowicz, Klavierkonzert von Paul Ben Chaim (Solist: Frank Pelleg) und mein »Exodus«. Seit der Auswanderung aus Deutschland war dies meine erste Auslandsreise, es war auch mein erster Flug mit einer großen viermotorigen Maschine der BOAC. Meine kindliche Freude am Reisen, meine Neugier, blühte momentan auf wie eine japanische Papierblume im Wasser. Die Lebensgewohnheiten im Flugzeug standen im scharfen Kontrast zu den Lebensgewohnheiten des israelischen Alltags. Die gesellschaftlichen Umgangsformen der Stewards, der Luxus in der Verpflegung, die ständige Nachfrage nach individuellen Wünschen – meine Erinnerung sprang zurück an das elegante Abendessen mit meinem Lehrer Max Saal im Hotel Reichshof in Berlin. Draußen überflog die Maschine gerade die Alpen. Auf dem sonnenbeleuchteten Schnee waren deutlich Menschen zu erkennen, dazwischen die Schatten sich ständig verändernder Wolkenballen in Farbe und Form; und wieder sprang die Erinnerung zurück an die Sommerwanderung mit Rosie, in der Hand einen Fotoapparat, der lehrte zu sehen, was unter den Füßen davonläuft. Während die Gedanken durch die Zeiten kreisten, lag schon die Stadt London unter uns. Der erste Abend im Hause meines Vetters Friedel, des Modedesigners, der zu den frühen Beschützern meiner ersten musikalischen Begegnungen gehörte, zog sich bis tief in die Nacht hinein mit Erzählen, Fragen und Erinnern, aber dennoch nur eine dünne Schicht von allem, was auf der Seele lag.

Zwei Tage später war die erste Probe in der Royal Albert Hall, in diesem riesigen Konzertsaal, ursprünglich ein Circus, dessen Arena nun als Theaterparkett ausgebaut war. Der Volksmund sagt, daß dies der einzige Konzertsaal sei, in dem ein modernes Werk zweimal zu Gehör gebracht werde – wegen des starken Echos. Inzwischen ist dieser Fehler durch eine akustische Bühne behoben. Friedel erklärte mir genau den Weg mit der Untergrundbahn zur Station Piccadilly Circus, und dann noch ein Stück zu

Fuß. Am Piccadilly kam ich auch gut an, aber oben gingen vom Kreis des Platzes viele Straßen strahlenförmig ab, und ich wußte nicht, welche zum Konzertsaal führte. Ich mußte also fragen. Wenn auch meine halb englische, halb deutsche Konversation mit den englischen Offizieren in Jerusalem halbwegs ausreichte, so war ich hier doch in London und konnte nicht so ein gebrochenes Englisch sprechen. Ich besah mir die Auslagen eines sehr eleganten Herrenmodegeschäftes, aber in Wirklichkeit studierte ich mir einen Satz ein, mit der Frage nach dem richtigen Weg. Als ich glaubte, das müsse nun verständlich sein, sah ich mir die vielen Straßenpassanten an, um einen auszuwählen, der mir intelligent genug erschien, um trotz meiner Fehler den richtigen Sinn zu verstehen. Es näherte sich ein eleganter hochgewachsener Herr mit schwarzer steifer Melone, auf dem rechten Arm einen schwarzen Regenschirm eingehängt, unter dem linken Arm eine feine hellbraune Ledermappe. Er konnte nicht englischer sein. Ich zog meinen Hut und sagte meinen frisch einstudierten Satz auf. Er schaute von oben auf mich herunter und sagte mit dem Anflug eines gütigen Lächelns: »Oh, you speak marvellous English.« Er bat um die Erlaubnis, mich zur Albert Hall begleiten zu dürfen, und wir hatten ein angeregtes Gespräch – in Basic English.

Kein besserer Übergang zur Begegnung mit Eduard van Beinum hätte erfunden werden können. Man begegnete der gleichen edlen Menschlichkeit und wurde sogleich gefordert vom Beherrscher der Materie. Immer tolerant und immer unerbittlich. Außerhalb der Proben und des Konzertes führten wir manches Gespräch über Gesellschaft und Musik, besprachen sogar den Entwurf einer nächsten Komposition für Orchester und Solisten, die ich wenig später geschrieben habe, die aber van Beinum nicht mehr erleben sollte.

Das Konzert fand im April 1950 statt, es öffnete mir die Tore nach Europa. Während dieser Londoner Tage entstand auch ein enger Kontakt zu dem Solisten des Abends, Frank Pelleg. Das Phänomen seiner künstlerisch-slawischen Sensibilität aktivierte ihn auf breiter musikalischer Basis. Er war gleichermaßen brillant als Pianist, Cembalist, Komponist, Dirigent, Lehrer, Orator, Diplomat, alles mit feinem Fingerspitzengefühl für Qualität. Wir wurden bald gute Freunde. Mit ihm habe ich später Schönbergs Klavierkonzert in der Steuermannschen Fassung für zwei Klaviere in Jerusalem aufgeführt. Er wurde der Musikreferent am Kultusministerium in Jerusalem und erfüllte eine ähnliche Aufgabe wie Kestenberg in der Weimarer Republik.

Anfang der sechziger Jahre trafen wir uns eines Abends im strömenden Regen auf der Kärtnerstraße in Wien. Keiner wußte vom Aufenthalt des anderen in der Stadt. Pelleg hatte immer eine gut gefüllte Geldtasche bei sich, folglich suchten wir schnell Unterschlupf in einem der molligen Kellerrestaurants, die er alle genau kannte. Es wurde ein denkwürdiger Abend, denn der starke tiefrote Wein und das scharfe ungarische Essen lösten meinem Freund Pelleg die Zunge, gesäubert von Diplomatie. Irgend etwas muß ihm geschehen sein an diesem Tage, denn plötzlich verfiel er in eine Selbstanalyse und breitete sie vor mir aus, als warnendes Beispiel. Er war sich durchaus seiner vielfachen Begabung bewußt und empfand sie als einen Fluch und als Hindernis zugleich, um auf wenigstens einem Gebiet Vollkommenheit zu erreichen. Mit allem erzielte er unmittelbaren Erfolg, aber zum Letzten stieß er nie vor. Den harten Kampf um das Letzte wurde er verführt zu vermeiden, denn schon winkte von anderer Seite leichter und glitzernder Erfolg. Ich saß ihm wie ein Beichtvater gegenüber und hütete mich, ihn zu unterbrechen. Schließlich fragte er: »Wie siehst du so einen Menschen?« Ich sagte: »Wenn dir das alles so bewußt ist, warum kannst du nicht die schwachen Stellen stärken?« – »Niemand kann aus seiner Haut heraus.« – »Auch das ist nur eine Ausrede. Denn mehr als zur Hälfte bist du immer aus deiner Haut heraus, statt einmal ganz in sie hineinzuleben.« – »Dann müßte ich auf vieles verzichten.« – »Das ist wahr.« Bei seiner Beerdigung durfte ich an seiner Bahre Ehrenwache halten. Da haben wir noch einmal im tiefen Keller miteinander gesprochen.

Die Komposition, die ich mit van Beinum besprochen hatte, war eine symphonische Kantate »The mother rejoices« für Orchester, Chor, Sopran, Solo und Piano. Die Uraufführung fand 1952 im »Haus der Nation« in Jerusalem statt, unter der Leitung von Heinz Freudenthal und meinem ehemaligen Schüler Meir Harnik als Solisten.

Von Heinz Freudenthal erhielt ich jede musikalische Unterstützung, die ein Komponist sich nur wünschen kann. Meine Erste Symphonie, mein Drittes Klavierkonzert, zwei Kurzopern »Saul in En Dor« und »Amnon und Tamar« sowie andere Kompositionen hat er mit größter Sorgfalt und Hingabe entweder uraufgeführt oder wiedergespielt.

In Jerusalem fand ich meine Akademie in sehr schlechtem Zustand vor. Einige der Akademielehrer, die mit mir zusammen in das neue Institut gegangen waren, zeigten sich nun tief enttäuscht über den großen Einfluß der Interessen kleiner Geister, die trotz aller hochtönenden nationalen Phrasen nur den eigenen unmittelbaren Nutzen suchten. Es kam zu einer sehr stürmischen Lehrerversammlung, die mich vor klare Alternativen stellte: entweder klein beigeben und damit mein Auskommen sichern oder aber Konsequenzen ziehen.

Kurz entschlossen nahm ich Abschied. Damit war über Nacht eine Phalanx von Feinden geschaffen, nicht nur unter Kollegen, auch innerhalb der Lehrer-Gewerkschaft. Ohne Polas uneingeschränkte Unterstützung hätte ich nicht die Kraft und den nötigen Mut für diesen Kampf aufgebracht.

Die alte »Israel Academy of Music« ließ nicht lange auf sich warten, man bot mir die Leitung des Instituts an. Hier konnte ich wieder richtige Aufbauarbeit leisten, begünstigt durch Helene Cagans finanzielle Hilfe und auch unterstützt von wichtigen Hauptfachlehrern, die zunehmend in die alte Akademie zurückkamen.

Der große Sturm zog auch schon bald auf: Die Gewerkschaft trat in den Kampf ein und brandmarkte mich als Verräter, denn ich handelte ohne ihre Einwilligung. Versuche, über einflußreiche Leute der regierenden Partei eine Intervention zum Guten der professionellen Entwicklung zu bewirken, blieben völlig ergebnislos. Die Gewerkschaft machte mir einen Prozeß, ich wurde zu ihrem Schiedsgericht gerufen. Da saß ich nun auf dem Anklagestuhl, vor mir die illustre Reihe der Ankläger: die Leiterin des neuen Instituts, neben ihr ein Anwalt (dessen Tochter, heute eine prominente Pianistin, ich jahrelang unterrichtet habe), die Vertreter der Gewerkschaft und drei ältere Gymnasiallehrer als Schiedsrichter. Ich kam ohne Anwalt – auf allen Gesichtern ein mitleidiges Lächeln. Dann fiel der erste Schuß. Der Sprecher der Gewerkschaft erhob sich und verlas einen Brief, den ich geschrieben haben sollte. Der Brief war wirklich peinlich, denn er zeigte, was ich doch für ein charakterloses und käufliches Geschöpf sei. Ich bat, den Brief einsehen zu dürfen, was mir aber nicht genehmigt wurde. Daraufhin bat ich um eine Vertagung der Verhandlung, damit ich nach einer eventuellen Kopie dieses Briefes zu Hause nachsehen könne, denn es erschien mir unwahrscheinlich, jemals einen solchen Brief geschrieben zu haben. Nach einer Beratungspause bewilligten die Schiedsrichter meine Bitte um Vertagung. Das nächste Datum würde mir mitgeteilt werden, was bis heute nicht geschehen ist. Diese Episode ist wohl inzwischen als verjährt zu betrachten. Aber weit über meine Person hinaus ist sie ein historisches Dokument. Denn bei aller Winzigkeit des Themas im großen staatspolitischen Rahmen, war es doch ein Zeichen für die Gefahr zunehmender ideologischer Spaltungen.

Da die Israel Akademie wieder zu ihrem alten Standard zurückfand, mußte auch die Academy konkurrenzfähig bleiben. Ganz prosaisch bedeutete das einen Kampf um die Finanzen. Es war ein Kampf mit ungleichen Kräften. Wir hofften, durch Qualität die Regierung von unserer Arbeit zu überzeugen. Wir fanden auch bei manchen einflußreichen Stellen Verständnis. Aber gegen uns hatten wir die großen Organisationen mit ihrem starken Einfluß auf die Regierungsstellen, die mit tausend Schikanen und Querelen das Leben verbitterten und von der eigentlichen Arbeit ablenkten. Drei lange Jahre habe ich unter ständigem Ansporn von Helene Cagan diesen Kampf gefochten, schließlich waren wir davon überzeugt, daß der größere Teil unserer Energie statt in die Musik in die Politik investiert wurde. 1953 haben wir die Israel Akademie in Jerusalem geschlossen, und danach gab es sie unter diesem Namen nur noch als selbständiges Institut in Tel Aviv.

Bis dahin fehlte es nicht an neuen Ereignissen, ja sogar Verführungen. 1952 bekam ich ein Angebot nach Südafrika, als Leiter der Klavierklasse am Konservatorium in Johannesburg. Zu den märchenhaften Bedingungen gehörten ein hohes Gehalt mit Erlaubnis für Privateinnahmen, eine Villa mit zwei Bediensteten, freie Möglichkeit für Auslandsreisen. Das Angebot kam auf dem Höhepunkt der Streitigkeiten der Akademie an und hätte mich mit einem Griff aus der Misere herausgezogen. Und doch hatte ich das Gefühl, daß man mich in einen goldenen Käfig lockte. Ich lehnte ab und weiß heute, daß ich richtig getan habe. Aber gestärkt hat mich dieses Angebot trotzdem. Es zeigte mir, daß nicht nur die Lehrergewerkschaft in Jerusalem auf ihre Art von mir wußte. Aus Gründen der nun kommenden Auslandsbeziehungen beschloß ich meinen Namen zu hebraisieren und zugleich zu vereinfachen. Außer den Deutschen konnte niemand den Namen Grünthal richtig aussprechen. U-Umlaut wurde im Hebräischen, Englischen, Französischen jeweils verschieden prononciert. Also habe ich das »Grün« fallen lassen, und es blieb »Tal«, ein hebräisches Wort, welches Tau (= Morgentau) bedeutet.

Im Zuge der Natur fand Re'uwen eine Freundin, sie hieß Irit; geboren in Paris war sie früh mit den Eltern nach Jerusalem gekommen. Irit gehörte zur Bewegung »Schomer Hatzair« (Der junge Wächter) des linken Flügels der Arbeiterpartei. Zu dieser Bewegung gehörten viele Künstler und Intellektuelle. Ideologische Konflikte führten zu einer Spaltung in der Partei, und es entstanden »Mapai« und der linkere Flügel »Mapam«. »Schomer Hatzair« gehörte zur »Mapam«. Die Teilung der Partei führte auch zur Spaltung in den Kibbuzim. Mein alter Kibbuz Gesher, der inzwischen auf seinen neuen Boden übersiedelte und »Ashdoth Jaacov« hieß, spaltete sich ebenfalls. Der Kampf in der Partei war so hart, daß Familien auseinandergerissen wurden, nicht selten standen Mann gegen Frau, Kinder gegen Eltern. Nach der Spaltung von Ashdoth Jaacov mußte ich meine Beziehungen zu ihnen abbrechen, denn wenn ich bei dem einen spielte, war der andere böse. Heute sind diese Wunden vernarbt, und die neue Generation hat eine andere Einstellung zu solchem Streit. Gemeinsam tendierten Irit und Re'uwen zur Kibbuzbewegung des Schomer Hatzair und gehörten zur Gruppe, die sich im Kibbuz Megdo ansiedelte, ein schon in biblischen Zeiten berühmter Knotenpunkt, auf halbem Wege zwischen Haifa und der heutigen Westbank. Re'uwens großes Interesse für Sport und Musik, seine zukünftigen gemeinsamen Kibbuzpläne mit Irit, dazu die Schwierigkeiten, die ihm die Schule bereitete, brachten ihn zur Entscheidung, auf das Abitur zu verzichten und den Militärdienst zu beginnen.

Rosie war nun ganz alleine. Das Kind war flügge. Die Krise kam bald. Man fand sie unweit ihres Hauses unter einem Baum, betäubt von einer Überdosis Schlafmittel. Nur dem schnellen Eingreifen unseres unvergeßlichen Hausarztes Dr. Spighel war es zu verdanken, daß sie durch seine unsägliche Mühe und menschliche Sorgfalt wieder zum Leben zurückkam. Man konnte sie nicht allein lassen. Pola beschloß, sie zu pflegen. Und Pola tat es auf ihre Art, die keine halben Taten kennt, immer noch etwas über das Ganze hinaus gibt. Rosie wurde gesund und konnte wieder arbeiten. Bei guten Freunden im Kibbuz Na'an im Süden des Landes wurde sie aufgenommen, bekam ein Zimmer und hatte ein reiches Arbeitsfeld. Ich besuchte sie oft, gab auch ein Konzert im Kibbuz und lernte ihre Freunde kennen. So vergingen Monate. Grund zur Beunruhigung gab es nicht; wir glaubten Rosie in Sicherheit. Eines Tages wurde Rosie vermißt. Die Polizei war alarmiert, und nach Tagen fand man sie in einem dicht bepflanzten Orangenhain. Diesmal war es zu spät. Kein Dr. Spighel konnte sie noch einmal retten. Als ich Re'uwen vom Camp zur Beerdigung seiner Mutter abholte, hatte ich den Eindruck, daß er mehr um mich besorgt war als ich um ihn. Wir fuhren in den Kibbuz zur Beerdigung. Eine kleine Gruppe von Rosies Freunden versammelte sich um das Grab. Und nun geschah etwas Fürchterliches, jenseits von allem rationalen Denken. Rosie hatte eine starke Bindung zu einer hochintellektuellen, sehr belesenen alten Dame, die ebenfalls ohne Verwandte im Kibbuz lebte. Sie hatte die seltene Gabe, dem Gesprächspartner in voller Ruhe zuzuhören, doch machte sie dann eine einzige Bemerkung, so traf sie damit immer den Kern; war es eine Voraussicht, so traf sie auch ein. Für Rosie war sie gleichsam eine Orakelpriesterin. Diese Frau bat mich, am Grabe ein paar Worte sagen zu dürfen. Sie sprach ein sehr fehlerhaftes Hebräisch und hatte große Mühe, ihre Gedanken zu formulieren. Langsam und leise, aber fest begann sie zu sprechen, und sie sagte, sie hoffe, daß Re'uwen bald seiner Mutter folgen werde. Das Herz blieb mir stehen, was noch kam, habe ich schon nicht mehr gehört. Natürlich wollte sie sagen, daß Re'uwen den Spuren seiner Mutter folgen möge, aber so, wie es in der Ruhe des Grabes klang, war es gleich einem Richterspruch, unabänderlich. Als die Bahre in das Grab gesenkt wurde, sah ich zwei Hände, die Re'uwen mit hinunterziehen wollten. Damals konnte ich nicht wissen, daß der Satz der alten Dame sich erfüllen würde. Aber ich habe es nicht über mich bringen können, das Grab von Rosie je wieder zu besuchen. Es hat einen Ring um sich, den ich nicht übertreten darf.

Beruflich begann eine entscheidende neue Entwicklung. Ich wurde als Musikdozent an die Hebrew University in Jerusalem berufen. Der neue Dekan der Fakultät für Geisteswissenschaften, Prof. Dushkin aus den USA, führte den B. A.-Grad ein, in dessen Programm entweder Musik oder Bildende Kunst Pflichtfach war. Musik bedeutete Music Appreciation, ein einjähriger Kurs mit schriftlicher Abschlußprüfung. Der Kurs verlangte keinerlei Vorkenntnisse, war ausdrücklich für Nichtmusiker gedacht, obwohl in der Praxis viele Musikstudenten in die Vorlesungen kamen. Ein kleines Kuriosum ist erwähnenswert. Wenn ich eine Vorlesung über Wagner ansetzte, konnte ich sicher sein, daß die Stühle im großen Vorlesungssaal nicht ausreichten. Ganz besonderes Interesse an Wagner hatten die meist sehr orthodoxen Professoren für Judaistik. Das kannte ich auch von meinem Vater, der glücklich war, wenn ich im Nebenzimmer mit meinen Sängern Wagner korrepetierte. Ich habe noch mit Gershom Scholem, kurz vor dessen Tode, die Verbindung zwischen der Kabbalah und Wagner diskutiert, ein Gedanke, der nicht so grotesk ist, wie er zunächst anmuten mag.

1952 kam eine Einladung zu den Salzburger Festspielen der International Society for Contemporary Music (ISCM). Auf dem

Programm stand eine Sonate für Violine. Violine und Piano, gespielt von Walter Schneiderhahn und Lola Granetman. Israel war inzwischen Mitglied der internationalen Organisation geworden und sandte mich offiziell als Delegierten. Als solcher mußte ich auch an den Konferenzen teilnehmen und bei Abstimmungen meine Stimme abgeben, die dann für Israel verpflichtend war.

Man gab mir eine Schiffskarte bis Genua, ein Eisenbahnbillett bis Salzburg und fünf Dollar in bar. Etwas beschämt muß ich eingestehen, daß ich vom Kaufwert von fünf Dollar keine Ahnung hatte, aber annahm, daß es eine große Menge Geld sein müsse. Am Bahnhof Salzburg erwartete mich ein Vertreter der ISCM, der mich in ein Taxi zum Hotel setzte. Die lange Fahrt verschlang fast völlig die fünf Dollar. Es blieb gerade noch genug, um mit der Straßenbahn ins Büro der ISCM zu fahren, um Eßcoupons, Einladungen und Eintrittskarten in Empfang zu nehmen. Zurück ins Hotel mußte ich schon zu Fuß gehen. Bei der Durchsicht aller Papiere vermißte ich die Eßcoupons. Mit meinen Komplexen genierte ich mich, diese Coupons im Büro zu mahnen, wollte ich doch nicht als Schnorrer erscheinen, vielmehr als stolzer israelischer Delegierter. Also verbiß ich mir das Essen und lebte einige Tage nur vom Frühstück, das im Hotelpreis miteinbegriffen war, und von den kleinen Aufwartungen bei den offiziellen Empfängen. Mein leerer Bauch war voller Zorn.

Nach etwa drei Tagen hörte ich meinen Namen quer über die Straße rufen. Auf der anderen Seite saßen in einem Café die Pianistin Lola Granetman und ihr Gemahl, ferner der israelische Gesandte Eschel und noch andere Beamte der Gesandtschaft aus Wien, die alle zu meinem Konzert gekommen waren. Ich kam gerade von einer Konferenz. Der Gesandte lud mich zu Kaffee und Kuchen ein, falls ich Appetit haben sollte, und dieser Appetit inspirierte mich zu einem gepfefferten Report über die fünf Dollar seines Außenministeriums. Herr Eschel schämte sich unendlich und versorgte mich sofort mit so viel Geldscheinen, daß ich binnen fünf Minuten in einen Krösus verwandelt wurde. Herr Eschel vereinigte in einer Person das Muster eines Gesandten und eines Kulturattachés. Im Vollzug einer solchen Mission war er beispielhaft.

Das Hauptthema der Konferenzen beschäftigte sich mit der Frage, ob offiziell atonale oder Zwölftonmusik gefördert werden sollte. Es bildeten sich tatsächlich zwei Parteien, die beim Frühstück in den Hotels und in den Caféhäusern die Frage auf das heftigste diskutierten. Vertreter beider Ideologien wurden herumgeschickt, um für die eine oder andere Partei zu werben. Ich mußte lebhaft an den Parteienstreit zu Hause denken. Man brauchte nur die Schilder »Mapai« und »Mapam« in »Atonal« und »Zwölftonmusik« auszuwechseln. Es kam zur letzten Sitzung, auf der abgestimmt werden mußte. Die Brandung der emotionellen Wortfluten sprühte und zischte gewaltig über den Verhandlungstisch, aber der Präsident, der Engländer Clark, selber ein überzeugter Anhänger Schönbergs, verteidigte fest und standhaft die Zwölftonmusik. Ein italienischer Delegierter rückte seinen Stuhl zurück, ging zu Clark und versetzte ihm eine schallende Ohrfeige. Atemlose Stille, niemand rührte sich. Clark blieb seelenruhig und sagte lächelnd zu dem Italiener: »Oh, I am so sorry for you.« Damit war die Luft aus diesem aufgeblasenen Ballon entwichen, und man ging friedlich auseinander.

Von Salzburg fuhr ich nach Wien. Der Wiener Rundfunk hatte mich eingeladen, mein Erstes Klavierkonzert mit dem Radioorchester unter Georg Singer zu spielen. Am Tage einer der Proben verließ ich früh das Hotel und mußte eine breite Straße mit Verkehrsampeln überqueren. Weit und breit war kein Auto zu sehen, ich ging also bei Rot und lief einem Polizisten direkt in die Arme. Er schimpfte in seinem Wiener Dialekt und zog schon sein Reportbuch heraus. Das konnte eine Meldung auf dem nächsten Polizeirevier, endlose Formulare und Protokolle und Geldstrafe zur Folge haben, zum Schluß käme ich zu spät zur Probe. So sprach ich zu ihm in fließendem Hebräisch und mit großem Wortschwall und nannte häufig »Israel«. Das war dann auch das einzige Wort, das er verstehen konnte, und daraus entnahm er offenbar, daß ich ein ferner Wüstenbewohner sei, dem man eine Elementarlehre geben müsse. In sehr gebrochenem Englisch erklärte er mir den Unterschied zwischen Rot, Gelb und Grün. Ich hörte aufmerksam zu, bedankte mich in noch gebrochenerem Englisch, aber nicht ohne ihn zum Schluß mit »Mr. Oberwachtmeister« zu titulieren, was ihm sichtlich guttat. Da hatte ich Glück.

Kurze Zeit später in London, wo ich zu einer Besprechung bei der BBC eingeladen war, spürte ich, wie klein die Welt geworden war: zuerst traf ich Crawford Mc. Nair, der jahrelang Direktor des Palestine Broadcasting Service in Jerusalem gewesen war und unter dessen Dirigentenstab ich als Solist manches Klavierkonzert gespielt hatte. Typisch für die höheren englischen Kolonialbeamten, die lange in Jerusalem gelebt hatten, wollte er Berichte über alles und jeden und zeigte seine Sehnsucht nach dieser schönen Stadt. Wir verabschiedeten uns schon, und kaum öffnete sich die

Fahrstuhltür, da standen zwei Araber vor mir, die bis 1947 die arabische Musikabteilung im PBS geleitet hatten. Sie fielen mir um den Hals und küßten mich und wußten nicht wohin vor Freude. Ich mußte mit ihnen noch einen Kaffee trinken, der allerdings in der Jerusalemer Altstadt weit besser schmeckt. Schließlich war ich wieder auf der Oxford Street, im Trubel der Menschen und im Trubel meiner Gedanken. Ich fuhr mit der Untergrundbahn zum Bush House, wo eine Sendung für die Hebrew Section aufgenommen werden sollte. In meinem hochgeschlossenen blauen Regenmantel erschien ich am Empfang. Bevor der Pförtner den Hörer abnahm, um mich im Büro zu melden, musterte er mich, grübelte über die Erscheinung, die er da vor sich hatte – hochgeschlossener Mantel, Hebrew Section, das mußte etwas Heiliges sein – und meldete mich als »Father Tal«. Oben wurde ich mit großem Gelächter von zwei meiner ehemaligen Studenten empfangen.

Von nun an reiste ich sehr häufig ins Ausland, aber trotz aller äußeren Erfolge blieben die Lebensbedingungen sehr karg. Viel Zeitkapital hatte ich investieren müssen, und obwohl nunmehr von Musikpolitik hinlänglich gesättigt, waren es wichtige Erfahrungen – auch für meine musikalische Entwicklung.

Bald konnte ich auch einer Einladung zu Radio Beromünster in Zürich Folge leisten. Weil ich wieder einmal das Fahrgeld nach Europa alleine aufbringen mußte, kaufte ich ein billiges Schiffsbillett »Dormitory-Class retour« auf dem Schiff »Arza« der israelischen Zim-Linie. Es war, wie der Berliner sagen würde, ein »Äppelkahn«, aber es fuhr. Als der Kapitän meinen Namen auf der Passagierliste sah, bekam ich sofort eine Oberdeck-Kabine für mich allein – er war ein russischer Jude und kannte mich von früheren Kibbuzkonzerten. So bat er um ein Konzert on the captains evening im Salon Erster Klasse – Programm: Chopin und Rachmaninow. Das war also ein guter Beginn der Reise. Als ich noch von Bord des Schiffes das Tun und Treiben im Hafen Haifas beobachtete, sah ich auch, wie ein Passagier seiner Familie, die ihm von unten zuwinkte, einen roten Apfel über Bord warf – eine damals seltene Delikatesse; sofort konfiszierte ein Polizist diesen Apfel, der Mann an Bord mußte sich einer Leibesvisitation unterziehen, und sein ganzes Gepäck wurde auf Spionage und Schmuggelware untersucht. Das ging alles blitzschnell und sehr ruhig vor sich. Am Ende blieb es bei einem harmlosen Apfel.

Gleich nach der Abfahrt wurde die See sehr stürmisch und der Magen auch. Mit einem Beruhigungsmittel verbrachte ich die Reise bis Neapel schlafend und hungernd. Von Neapel unter blauem Himmel ging die Reise weiter nach Marseille. Nachts wurde das Meer noch stürmischer als zuvor. Die Schlafmedizin wirkte immer noch nach, und ich war beunruhigt wegen des versprochenen Konzerts am Abend. Unaufhaltsam rückte die Stunde heran. Mit größter Mühe, von einer Wand der Kabine zur anderen torkelnd, kleidete ich mich in meinen blauen Abendanzug. Dann zog ich mich die Schiffstreppe zum Eßsaal hinauf, roch schon die Düfte der Braten, was mir das Wenige, das mein Magen enthielt, wieder hochkommen ließ. Für mich war ein Platz am Tisch einer älteren, sehr distinguierten englischen Lady reserviert. Der Kapitän grüßte von ferne. Zu einer Unterhaltung der Lady war ich nicht in der Lage. Ich muß wie ein verschimmelter Käse ausgesehen haben. Zwei weißbemützte Köche kamen herein, auf ihren Schultern ein braungebranntes Vieh. Ich schloß die Augen. Ein Kellner kam an unseren Tisch, nahm erst die Bestellung der Lady auf und dann meine. Ich bestellte einen Haferbrei. Der Kellner sah mich entgeistert an, wußte er doch, daß all diese Dinge, die hier in Hülle und Fülle auf dem Tablett serviert wurden, in Israel nicht zu haben waren. Aber der Brei kam. Ich habe ihn nicht angerührt, habe mich nach einigen Minuten bei der Lady entschuldigt und kletterte eine Etage höher zum Salon, in dem das Konzert stattfinden sollte. Dort waren schon alle Plätze hergerichtet, ganz vorne zwei reservierte Klubsessel für den Kapitän und mich.

An einer Wand stand ein braunes Klavier. Etwa fünfzig Stühle waren aufgestellt. Ich wartete in Ruhe und versuchte, mich mit Atemübungen in diesem auf und ab, nach rechts und links schaukelnden Raum im Gleichgewicht zu halten. Endlich hatte man sich unten vollgegessen, und alle kamen herauf zum Konzert. Ich setzte mich ans Klavier. Während des ersten Stückes, ein Nocturne von Chopin, wurde der Sturm immer heftiger. Das Klavier begann zu rollen. Bald hatte ich den Diskant, bald den Baß unter den Fingern. Doch bemerkenswert, daß mit dem ersten gespielten Ton meine Seekrankheit verschwand, ich fühlte mich immer besser. Der Kapitän grinste die ganze Zeit und applaudierte schließlich aus Leibeskräften mit seinen großen knolligen Händen. Er konnte nicht genug haben – noch eine Zugabe und noch eine Zugabe, bis ich im Stile Rachmaninows zu improvisieren begann, denn ich wußte nichts mehr auswendig. Dann mußte ich aber statt des reservierten Klubsessels sofort meine Kabine aufsuchen. Schon der Weg dorthin war eine Tortur, mein ganzer Körper war ein einziger riesiger Muskelkater. Festlich gekleidet blieb ich bis zur Landung in Marseille auf dem Bett rücklings liegen. Dann war alles wie weggeblasen.

Mit dem Nachtzug fuhr ich nach Zürich. Dort war ich Gast der Musikerfamilie Benda, Nachkommen des Geigers und Komponisten Frantisek Benda aus der Ära Friedrichs des Großen. Und zum ersten Mal traf ich mit Rolf Liebermann zusammen, der die Musikabteilung von Radio Beromünster leitete. Dort spielte ich mein Zweites Klavierkonzert unter der Leitung des Dirigenten und Komponisten Arthur Gelbrun, heute einer der ersten Musiker Israels, einer, der nicht jedem modischen Experiment hinterherläuft.

In Israel wurde die Verbindung zu den internationalen Musikzentren zunehmend lebendiger. So fanden 1954 die Festspiele der International Society for Contemporary Music (ISCM) in Haifa statt, ein waghalsiges Unternehmen, denn eigentlich waren wir nicht genügend ausgestattet, um kongeniale Aufführungen moderner Werke garantieren zu können. Es ging auch manches schief, alles in allem sind wir mit einem blauen Auge davongekommen. Mit dem offiziellen Erscheinen des deutschen Delegierten, dem Musikkritiker Joachim, gab es auch ein politisch delikates Moment; kein populäres Unternehmen bei noch nicht etablierten diplomatischen Beziehungen mit Deutschland. Sowohl für ihn als auch für uns war es ein Eiertanz. Meine besondere Obhut sollte ihn vor peinlichen Situationen beschützen. Eines konnte man ihm nicht ersparen: er bekam Tag und Nacht einen Polizisten als Leibwächter. Selbst wenn er eine Toilette benötigte, war sie nur unter polizeilichem Schutz zu betreten. Letztlich wurde er jedoch zur Persona grata mit speziellen Privilegien der israelischen Regierung. Er selbst meinte, daß er noch nie zuvor von seiner Bedeutung so überzeugt wurde wie in Israel.

Für mein Bratschenkonzert in der vorzüglichen Interpretation von Gideon Roehr, Viola, und Heinz Freudenthal, Dirigent, erhielt ich den ISCM-Preis. Während der Uraufführung saß Edward Steuermann vor uns; sein zustimmendes Kopfnicken zu seiner Frau an den wesentlichen Stellen meiner Komposition notierte ich als meinen eigentlichen Erfolg.

Schon auf meinen frühen Reisen habe ich Material gesammelt zum Stand der Elektronenmusik nach dem Zweiten Weltkrieg. Die fehlenden Kenntnisse aber waren nicht ohne längeren Aufenthalt in Europa aufzuholen. Doch wer sollte das finanzieren? Man informierte mich, daß die UNESCO Fellowships für Forschungszwecke vergibt. Israel als Mitglied der UNESCO konnte

Forschungsprojekte einreichen. Also mußte das israelische Komitee davon überzeugt werden, daß ein UNESCO-Fellowship für Elektronenmusik im nationalen Interesse Israels läge. Trotz ziemlicher Aussichtslosigkeit reichte ich ein Memorandum ein. Der Vorsitzende des Komitees, ein Physiker der Hebrew University, bestellte mich zu einer Besprechung. Sein erster Einwand war, daß ich doch bewiesen hätte, für Orchester schreiben zu können, also wozu bräuchte ich solch schlechte Surrogate. Der zweite Einwand war, daß für das Wohl des Staates weit dringendere Projekte vorlägen – was solle also dieser ganze Unsinn. Die Reaktion hatte ich erwartet. Ich mußte das Thema auf eine wissenschaftliche Basis bringen, auf einer künstlerischen war keine Hoffnung. Ich verwies auf theoretische Literatur und bot ihm an, eine kleine internationale Bibliographie zusammenzustellen, aus der er sich über die Vielseitigkeit und Bedeutung des Themas orientieren könne. Dem stimmte er zu, ich habe es getan, und darüber vergingen Monate.

Wieder wurde ich vorbestellt. Nun waren die harten, vorgefaßten Meinungen schon gelockerter. Man merkte, daß mein Vorschlag nicht nur eine Musikerlaune ist, sondern die Welt daran Interesse nimmt. Man streckte Fühler aus zum Komitee der UNESCO in Paris. Es stellte sich schnell heraus, daß die Herren in Paris über dieses Thema keinerlei Kenntnisse hatten, infolgedessen gab es auch kein Forschungsprogramm, nach welchem der Fellow zu arbeiten hätte. Hilfe kam von anderer Seite.

Um dieselbe Zeit lernte ich in Jerusalem Recha Freier kennen, die Begründerin der organisierten Jugendemigration nach Israel. Recha Freier wird von nun an wie ein Planet am Himmel meines Lebens stehen. Dieser Planet brachte große Bereicherung, brachte Konflikte, kreiste und schuf immer neue Konstellationen, bis er von Gott ins All zurückgerufen wurde. Ich aber spüre ihn auch weiterhin um mich kreisen, denn er mißt nicht nah und fern. Ein Sohn von Recha, Shalhevet, leitete ein Büro der israelischen Regierung in Paris. Ich erzählte ihm von meinen Schwierigkeiten mit dem Studium der Elektronenmusik. Selber Physiker, Amateurviolinist, bewandert in den Künsten und den zeitgenössischen Stilwandlungen, stellte er gezielte Fragen, die bald ein komplettes Bild der Problemstellung ergaben. Er sprach leise, formulierte bedachtsam, immer Ungewöhnliches statt der Schablonen setzend. Er bat um ein detaillierteres Memorandum, besonders im Hinblick auf den Dialog zwischen Elektronik und Musik. Dieses Memorandum wollte er nach Paris mitnehmen und persönlich bei der UNESCO vorsprechen. Es verfloß noch viel Zeit, bis Frage und Antwort beider Seiten koordiniert werden konnten.

Während dieser Wartemonate schrieb ich auf Bestellung des Kammerorchesters Ramat Gan (Vorort Tel Avivs) eine halbstündige konzertante Oper »Saul in En Dor«. Dieses Kammerorchester wurde dirigiert von Michael Taube, der mir noch aus meiner Berliner Zeit durch seine Kammerorchesterkonzerte in der Singakademie in ehrfürchtiger Erinnerung war. Zusammen mit Kurt Singer, dem ehemaligen Generalintendanten der »Städtischen Oper« in Berlin-Charlottenburg (der heutigen »Deutschen Oper«) und Leonid Kreutzer gehörte er 1933 zu den Begründern des »Jüdischen Kulturbundes«. Taube war ein äußerst feinnerviger Musiker, dem es mehr um die Details als um den großen dramatischen Aufbau ging, das Gegenteil eines Schauvirtuosen, folglich mehr ein Genuß für Feinschmecker. Auch war er ein vorzüglicher Liedbegleiter. Mit ihm und seiner Frau, der damals in Berlin sehr bekannten Sängerin Else Jülich, haben Pola und ich viele Stunden schöner Gespräche verbracht. Heute schauen sie beide vom Himmel herunter und wundern sich, was da für große musikalische Wandlungen geschehen.

Taube dirigierte die Uraufführung dieser kleinen Oper. Meine ehemalige Schülerin Michal Smora machte mich auf diesen Stoff aufmerksam. Es ist ein Bibelabschnitt, der in Dialogform erzählt ist, so daß ich das Kapitel mit Ausnahme kleiner Kürzungen unverändert als Libretto benutzen konnte. Die Bibel als Opernlibretto war für unsere Judaisten wegen der Gefahr weltlicher Profanierung ein riskantes Unternehmen. Das Gegenteil aber stellte sich heraus: zu hören war jüdische Musik ohne jedes Melodiezitat aus traditioneller Liturgie, israelische Musik ohne nationale Symbole und obendrein in modernistischer Atonalität. Es ist heute zu einem Stück geworden, das in der Schulmusik eine ähnliche Rolle spielt wie »Peter und der Wolf« von Prokowjew.

Von »Saul in En Dor« erfuhr auch Leonard Isaacs vom BBC-London, den ich bereits beim ISCM-Festspiel in Haifa kennengelernt hatte. Die BBC ließ sich eine Tonbandaufzeichnung kommen, und der Chef der Opernabteilung, der Ethnomusikologe Crossley Holland, lud mich ein, dieses Werk in einer öffentlichen Studioaufführung in London zu dirigieren. Der Text wurde dazu ins Englische übersetzt. Zwei Tage vor der Aufführung rief mich Hollands Sekretärin an und fragte, ob der israelische Gesandte zu dem Konzert käme, denn für diesen Fall erforderten die Vorschriften zusätzliche Sicherheitsmaßnahmen. Mein Botschafter

256

aber ließ sich wegen diplomatischer Verpflichtungen entschuldigen, was auch eine diplomatische Art gewesen sein mag, sich vor Tals moderner Musik zu drücken.

Die Proben zu diesem Konzert verliefen voller Abenteuer. Zunächst wollte ich die Sänger alleine hören und, falls notwendig, zuerst mit ihnen proben, um mich bei der Orchesterprobe ganz auf das Orchester konzentrieren zu können. Man versicherte mir, die Sänger seien vertraglich verpflichtet, zur ersten Orchesterprobe voll studiert zu erscheinen. Ich war skeptisch: was auf ein Repertoirestück zutreffen mag, dürfte auf ein neues, ganz unbekanntes Stück nicht so leicht übertragbar sein.

Meine Skepsis bestätigte sich mit einer Episode der Sängerin, welche die Rolle der Wahrsagerin übernommen hatte. Sie lebte in einem Badeort an der Küste Englands, wo ihr Mann Trompete in einer Jazzband spielte. Ich bat darum, sie wenigstens einen Tag früher kommen zu lassen. Indessen begann ich, mit den anderen Sängern und dem Sprecher der Sprechpartie zu arbeiten. Sie waren wirklich sehr gut vorbereitet. Dennoch blieb noch vieles zu sagen, was uns dann in den Orchesterproben beträchtlich aufgehalten hätte. Nur die Sängerin fehlte noch. Am nächsten Morgen, ein Tag vor der Orchesterprobe, sollte sie in einem der BBC-Studioräume erscheinen. Ich spielte gerade ein bißchen am Klavier vor mich hin, als es klopfte. Eine hochgewachsene, junge Sängerin, pechschwarzes langes Haar, große dunkle Augen, stand in der Tür, mit einem Reisekoffer in der Hand. Sie blickte sehr irritiert, war atemlos und abgehetzt; sie käme direkt vom Viktoria-Bahnhof und habe sich einige Minuten verspätet. Ich nahm ihr den Koffer ab, bot ihr einen Tee an, aber sie lehnte ab, wir müßten sofort anfangen zu arbeiten. Ich witterte Probleme, denn sie war in all ihren Bewegungen sehr nervös. Wir begannen und gingen die ganze Rolle durch. Musikalisch war ihr Vortrag völlig indifferent, aber in Intonation und Rhythmus genau und zuverlässig. Darüber war ich schon sehr froh, zur Musik würde ich sie noch hinführen. Meinen Dank nahm sie mit einem ungläubigen, eigentlich verzweifelten Gesichtsausdruck entgegen. »Meinen Sie das ernst?« fragte sie mit hochgezogenen Augenbrauen. »Was ist denn geschehen?« Und da erzählte sie folgende Geschichte. Die Bibliothek der BBC schickte ihr die Noten in den Kurort. Sie las sich alles durch und konnte mit der Musik überhaupt nichts anfangen. Sie verstand kein Wort. Ihr Mann empfahl ihr einen guten Klavierlehrer im Konservatorium, der vielleicht dieses Stück mit ihr erarbeiten könnte. Sie ging also ins Konservatorium. Der Pianist

las sich die Noten durch und sagte, jede Seite sei voll von Druck-
fehlern; sie solle erst einmal ein korrigiertes Werk verlangen, so
könne man gar nicht wissen, was der Komponist eigentlich meine;
aber der Direktor des Konservatoriums habe große Kenntnisse in
solcher Musik, der könne vielleicht helfen. Der Direktor, ein
ergrauter vornehmer Herr, blätterte in den Noten, schaute über
seine Brillenränder, schüttelte den Kopf und sagte, nur der Musik-
theorielehrer könne sich da zurechtfinden und ihr sagen, was da
richtig und was da wohl falsch ist. So kam sie zum Theorielehrer,
der auch komponierte. Zitternd und bebend schaute sie auf sein
Gesicht, während er las, denn der Tag der ersten Orchesterprobe
kam immer näher. Der Theorielehrer sagte, das sei eine heutige
Musik, bei der es weder falsche noch richtige Noten gäbe; es sei
ganz egal, was sie sänge, der Komponist selber wüßte auch nicht,
wie es eigentlich klingen solle; das Ganze sei ein scheußliches
Durcheinander. Die arme Sängerin war völlig verzweifelt, denn
wer sollte in diesem Kurort die Partie mit ihr vorbereiten? Ihr
Mann meinte lakonisch, sie solle als letzten Versuch den Pianisten
seiner Jazzband fragen. Aber die Sängerin erwiderte, das sei doch
lächerlich, wenn die professionellen Musiker vom Konservatorium diese Musik nicht verstehen könnten, was solle dann der
Jazzpianist damit machen. Doch blieb keine Zeit mehr. Auch an
den letzten Strohhalm mußte sie sich klammern. Der Jazzpianist
stellte die Noten auf das Klavierpult, spielte fließend Seite für
Seite, begeisterte sich an Rhythmus und Harmonien; er arbeitete
mit ihr jede freie Stunde, auch die anderen Partien sollte sie
kennenlernen, er war wie gebannt von dieser Musik. Nun war sie
doch skeptisch, ob der Jazzpianist wohl wirklich alles richtig verstanden habe. Ich bestätigte es ihr, und Zentnerlasten von Steinen
fielen von ihrem Herzen.

Am nächsten Tag begann die erste Orchesterprobe. Der Inspektor machte darauf aufmerksam, daß ich Probendauer und Proben-
pausen genau einhalten müsse. Zu diesem Zweck hing über dem
Dirigentenpult eine wandgroße Uhr mit Sekundenzeiger, an der
ich mich orientieren sollte. Es kam der große Moment, ich stieg
auf das Pult, begrüßte die Damen und Herren des Orchesters und
die Solisten und gab den ersten Auftakt. Zu meiner Freude waren
sie alle gute Blattspieler, die Arbeit ging voran. Nur war ich nicht
gewohnt, daß Orchesterspieler während der Probe rauchten. Ein
Gastdirigent bei einem fremden Orchester sollte nun nicht gleich
bei der ersten Probe mit erzieherischer Arbeit anfangen, auch war
mein Englisch nicht gut genug dafür. Doch saß mir schräg gegen-

über ein Bratscher, der während des Spiels Pfeife rauchte, wobei die leicht geschwungene Tabakspfeife mit dem Geigenbogen kollidierte und dabei jedesmal eine Rauchwolke in den Himmel stieß. Ich mußte an Karl Valentin denken, der daraus eine herrliche Szene gemacht hätte, und bei dieser Vorstellung mußte ich herzhaft lachen. Alle sahen mich erstaunt an, und es blieb mir nichts anderes übrig, als mein Lachen zu erklären. Wegen meines dürftigen Englisch habe ich sehr wenig gesagt, dafür den Bratscher und den Kampf zwischen Pfeife und Bogen imitiert. Mit ihrem kultivierten Sinn für Humor haben alle sofort verstanden und ebenso herzhaft mitgelacht. Zigaretten und Pfeifen verschwanden lautlos und kehrten nie wieder zurück.

Die Teepause habe ich genau eingehalten und mitten in der Phrase mit Hinweis auf den Sekundenzeiger abgeschlagen. Wieder großes Gelächter und die Bitte, diesen Teil zu Ende zu proben. Die Zeit, die sie mir geschenkt haben, fügte ich zur Teepause wieder hinzu. Die Vormittagsprobe ging in bester Stimmung vorüber. Bis zur Nachmittagsprobe waren noch anderthalb Stunden. Eines der Orchestermitglieder lud mich zum Lunch in ein Pub ein. Dort gab es warmes hellbraunes Bier zu trinken, was mächtig in die Knie ging. Fünfzehn Minuten vor Beginn der Probe waren wir zur Stelle. Zehn Minuten vor Beginn mußten alle Musiker mit gestimmten Instrumenten auf ihren Plätzen sein, damit dem Dirigenten keine seiner Proben verlorengeht. Mit dem Sekundenzeiger auf zwei Uhr, stand ich am Dirigentenpult und wollte mit der Partie des Sprechers beginnen, der seine Sätze in vorgeschriebenem Rhythmus zusammen mit Orchester sprechen mußte. Der junge Mann, der diese Rolle auszuführen hatte, war aber noch nicht da. Sich zu einer Probe zu verspäten, das ist eine unverzeihliche Unhöflichkeit dem Dirigenten und allen Kollegen gegenüber, abgesehen von den daraus entstehenden Gewerkschaftsproblemen. Ich war solche Verspätungen von zu Hause gewohnt und nahm es mit Gelassenheit. Durch das große Fenster des Tonmeisterraumes sah ich den Inspektor erregt telefonieren. Auch das Orchester wurde nervös, dem jungen Mann mußte wohl etwas passiert sein. Ich beschloß kurzerhand eine andere Stelle zu probieren. Es vergingen wenige Minuten, ich spürte den Inspektor neben mir stehen, auf einen Moment wartend, etwas sagen zu dürfen. Ich unterbrach und wurde zaghaft informiert, daß der Sprecher draußen stände und um Erlaubnis bäte, hereinzukommen. Das Orchester saß mäuschenstill, alle blickten auf den jungen Mann, der fast auf Zehenspitzen zu mir kam und ganz leise berichtete, daß seine Frau in der Mittagspause einen Sohn geboren hätte. Wegen der Formalitäten im Spital habe er den Autobus versäumt, der ihn noch pünktlich zur Probe gebracht hätte, und so blieb ihm nur, sich sehr zu entschuldigen. Ich drückte ihm beide Hände, gratulierte herzlichst und teilte dem Orchester die frohe Botschaft mit; alle applaudierten. Der junge Mann bat um eine Mitteilung an das Orchester. Ich ließ ihn auf das Dirigentenpodium steigen, und nun berichtete er dem Orchester von der glücklichen Geburt seines Sohnes; er habe seiner Frau auch über die Vormittagsprobe und die Komposition erzählt, und beide hätten beschlossen, den Sohn »Saul« zu nennen. Darauf erhob sich eine sehr bewegte Beifallsszene. Die kommenden Proben und auch die Aufführung verliefen in fast religiöser Atmosphäre. Es war die letzte meiner Kompositionen, die mein Vetter Friedel miterleben durfte.

Nach Hause zurückgekehrt, erwarteten mich Nachrichten von Shalhevet Freier aus Paris: die verantwortlichen Herren der UNESCO wollten noch mehr Informationen zum Thema »Elektronenmusik«; auf mein eigenes Risiko sollte ich nach Paris kommen, da mündliche Verhandlungen die Herren schneller überzeugen würden; im positiven Falle würde ich ja das Fahrgeld zurückbekommen. Voller Optimismus borgte ich mir das Geld, diesmal auch für Pola. In Paris ging ich mit Shalhevet in das schöne UNESCO-Gebäude, wurde den Herren vorgestellt, beantwortete ihre Fragen; sie erbaten noch ein weiteres Memorandum, was ich mit Hilfe von Shalhevets Sekretärin noch am selben Tag ins UNESCO-Büro expedierte – und 24 Stunden später war das Stipendium bewilligt. Es galt für eine Studienzeit von sechs Monaten, in der ich jedes Elektronenmusikstudio in Europa, selbst Industriefirmen, die spezielles Instrumentarium entwickelten, besuchen konnte und mich von kompetenten Vertretern hinsichtlich musikalischer oder auch technischer Teile des Themas beraten lassen konnte – kurz, für die Zusammenstellung meines Studienprogramms war ich selbst verantwortlich. Solch ideale Bedingungen für ein Studium habe ich weidlich genutzt und meine großen Lücken auf diesem Gebiet nach besten Kräften geschlossen. Für das große Verständnis und den persönlichen Einsatz bei der UNESCO habe ich den Herren Jack Bornoff, Ignazio Dandolo, C. H. Correa de Azevedo und John Evarts zu danken.

Es wurde mir bald klar, daß bei all dem technischen Fortschritt seit den zwanziger Jahren, die tonerzeugenden Instrumente und die Möglichkeiten der Tonkombinationen sowie ihr Einbau in rhythmische Abläufe in keinem Verhältnis zur Vorstellungswelt eines Komponisten standen. Eine elektronische Komposition von einer Minute Dauer mit detailliertem und kombinativem Inhalt war eine langwierige wochenlange Arbeit und das Resultat am Ende doch recht dürftig. Sehr bald wurden um die Mängel Theorien und Philosophien gewoben, und das Schrifttum über Elektronenmusik war größer als die musikalische Produktion selbst.

Während dieser Monate kam ich auch in engen Kontakt mit dem Dirigenten Hermann Scherchen, dem Leiter des berühmten Gravesaner Elektronenmusikstudios in der italienischen Schweiz. In musikalischen Dingen war er der Referent der UNESCO. Er wollte wissen, was ich mir unter Elektronenmusik vorstellte. Gegen meine Auffassung hatte er verschiedene Einwände, aber wie mir schien, mehr um der Provokation willen. Ich widersprach jedem Einwand. Nach einer Weile wurde er ganz still, bedankte sich sehr kurz und erklärte, daß er das Gespräch in der kommenden Woche in Berlin fortsetzen wolle, wo er ein Konzert mit dem Berliner Philharmonischen Orchester dirigieren werde. Ich solle am Vormittag zur Probe kommen – damit wurde ich verabschiedet.

Am verabredeten Tag landeten Pola und ich auf dem Flughafen Tempelhof. Es war mein erster Besuch in Berlin seit meiner Auswanderung. Der Flugplatz war mir sehr vertraut, denn an seinem Neuköllner Rand lag die Neubausiedlung, in der ich mit Rosie und Re'uwen eine kurze Zeit gewohnt hatte. Wir nahmen ein Taxi. Ich sperrte meine Augen weit auf – es wurde eine Geisterfahrt. Nach kurzer Zeit sagte ich zu Pola auf hebräisch: »Du, der fährt uns spazieren, um eine größere Zeche rauszukriegen. Den Weg kenne ich genau, aber der fährt ganz woanders lang.« Schließlich fragte ich den Chauffeur doch nach der Gegend. Da zeigte er auf eine Ruine aus Ziegelsteinen und sagte: »Das da war mal der Anhalter Bahnhof.« Da wußte ich, daß er richtig fuhr. Von hier ging mein Emigrantenzug nach Triest. Kein Wort mehr, nur noch geschaut, rechts und links und rechts und links.

Das Hotelzimmer war in einer Pension im zweiten Stock eines einsam stehenden Hauses in der Nähe der Budapester Straße, also nicht weit von der Hochschule für Musik, wo die Konzertprobe stattfinden sollte. Auch hier kannte ich jedes Haus, da viele meiner Lehrer in dieser Gegend gewohnt hatten. Überall war nur grüner Rasen und Schilder »Vorsicht Bombenlöcher«. Oben öffnete eine weißhaarige Dame, ganz in schwarz gekleidet, mit weißem Spitzenbesatz um den hochgeschlossenen Hals und an den

Ärmeln. Es konnte eine Generalswitwe gewesen sein. Sie war überaus freundlich und führte uns in den Salon einer weiträumigen Berliner Wohnung. Der Salon war unser Schlafzimmer mit zwei Riesenbetten und Daunendecken und -kissen aus Großvaters Zeiten. Alles blühend weiß und sauber. Wir bekamen sofort ein zweites Frühstück, serviert auf schwerem Silbergeschirr, an dessen Emblemen die wilhelminische Herkunft zweifelsfrei erkennbar war.

Wir gingen wenig später zu Fuß in die Hochschule, ein Weg aus einem Film des Grauens und der Zerstörung. Da stieg ein groteskes Schuldgefühl auf: ich hätte die Stadt verlassen, und nun sei sie dafür bestraft worden.

In der Hochschule war Scherchens Probe in vollem Gang. Man führte uns zu einem kleinen Wartezimmer. Als endlich die Probe beendet war, erschien Scherchen in weiße Frottierhandtücher gehüllt und außer Atem. Nachdem er sich umgezogen hatte, fuhren wir gemeinsam in einem Taxi zum Café Bristol am Kurfürstendamm. Dort warteten schon andere auf ihn. Wir saßen alle an einem langen Tisch, der Meister umringt von seinen Jüngern. Man sprach über Musikphilosophie, Orchestertechnik von heute und dergleichen mehr. Nach etwa einer Stunde, in der sich viele Worte in die Luft verflüchteten, erhob man sich wieder, und beiläufig bemerkte Scherchen, daß er uns für vierzehn Tage nach Gravesano einladen würde. Zwar gäbe es dort kein Kino, aber er würde uns ein Zimmer in einem hübschen Bauernhaus in der Nähe des Studios mieten. Das war alles, was er uns zu sagen hatte, und dazu mußten wir von London nach Berlin fliegen. Es war inzwischen Nachmittag, es regnete stark, wir gingen zurück zu unserer stolzen Witwe, krochen unter die molligen Daunendecken und schliefen ein.

In London hatte ich dann die einzigen wirklich interessanten Gespräche über mein Thema mit dem Chef-Techniker der BBC, Dr. Alexander. Er hatte ein offenes Ohr für meine musikalischen Argumente und meine Kritik an der enormen Diskrepanz zwischen Technik und dem Willen des Komponisten. Von ihm erfuhr ich, daß an Teillösungen meiner Probleme in Amerika gearbeitet wird. Er gab wertvolle Informationen, denen ich sofort nachging.

Gravesano war eher landschaftlich als musikalisch interessant. Scherchen lud uns oft zu Mahlzeiten ein. Ganz Patriarch saß er an der Stirnseite der großen Tafel, vor sich die vielen Kinder aus mehreren Ehen. Pola plazierte er sich gegenüber am anderen Ende des Tisches. Er begann, die israelische Politik zu kritisieren

262

mit einer Mixtur aus marxistischem, religionsphilosophischem und nationalem Disput. Er begriff nicht, daß er in Pola eine Polin vor sich hatte. Polen werden mit Nationalstolz geboren. Das überträgt sich auch auf jeden Wechsel der Nationalität, sollte das Leben es so mit sich bringen. Daher prallten Scherchens Kritiken an Pola wie Meeresspritzer an eines Seemanns Ölhautmantel ab. Danach wurde er betont liebenswürdig.

Auch der italienische Komponist Evangelisti kam in diesen Tagen auf Einladung Scherchens nach Gravesano. Er spielte uns ein elektronisches Werk auf Band vor. Scherchen entdeckte Quinten und war so erbost darüber, daß er den Komponisten hinauswarf, so daß Evangelisti noch am selben Abend mit dem Zug nach Rom zurückfahren mußte. Pola und ich haben ihn zum Postauto begleitet, das ihn zum Bahnhof Lugano brachte.

Im Gravesaner Studio gab es einige interessante Entwicklungen, die aber alle längst vergessen sind und auch nicht die Punkte berührten, an denen ich interessiert war. Das beste, was von dem nicht mehr existierenden Gravesaner Studio geblieben ist, sind die »Gravesaner Blätter«, in denen auch heute noch wertvolle Beiträge zu finden sind.

Es gelang, die UNESCO-Autoritäten davon zu überzeugen, daß ich nach drei Monaten Europa nicht das gefunden hatte, wonach ich suchte. Dagegen gäbe es vielversprechende neue Ansätze in Amerika, und so beantragte ich, das Stipendium in zwei Hälften zu teilen, von denen die zweite für Amerika bestimmt war. Die zusätzlichen Reisespesen wurden bewilligt.

Bis zu dieser zweiten Studienreise bereitete ich in Jerusalem den Boden für die israelische Zukunft der Elektronenmusik vor. Ich produzierte meine erste Komposition auf diesem Gebiet. Die einzige Stelle, die über Oszillatoren und Tonbandmaschinen verfügte, war die Radiostation. Direktor Zinder und auch der Leiter der Technik Rubin zeigten Interesse, wenn auch große Skepsis. Es war eine Komposition von etwa sechs bis sieben Minuten Dauer zu entwerfen. Um die Fertigstellung zu beschleunigen und dem breiten Publikum das Verständnis zu erleichtern, führte ich eine menschliche Stimme mit Text ein, die nur geringfügig elektronisch modifiziert wurde. Ich griff wieder auf das »Exodus«-Thema zurück, um den zwei vorigen Versionen eine dritte, diesmal elektronische, hinzuzufügen. Unter den Technikern fanden sich zwei junge Herren, die sich aus purem Interesse an der Sache zur Verfügung stellten – Abraham Gat und Avner Lev. Die Arbeit konnte nur während der späten Abendstunden ausgeführt werden, nur kleine Prozeduren waren auch am Tage fertigzustellen. Es war eine harte Arbeit, die große Konzentration erforderte, aber mit gemeinsamen Kräften haben wir die Komposition auf die Beine gestellt. Die Leitung des Radios hat dann ein öffentliches Konzert im Saal des YMCA veranstaltet, in dem ich so oft während des Zweiten Weltkrieges und auch später als Pianist auftrat. Diesmal aber spielte ich nicht, sondern gab dem Publikum eine verbale Einführung in die Elektronenmusik und ließ meinen »Exodus« als Beispiel folgen. Damit begann diese Art Musik in das Konzertleben Israels einzusickern. Sie verursachte ebensoviel Widerstand wie Interesse und Neugier beim Publikum.

Ein Jahr später erschien ich in New York beim Institute of International Education, welches die UNESCO-Stipendiaten betreute und ihre Arbeitspläne organisieren half. Dieses Büro wurde geleitet von Anita Warburg, Mitglied der großen Bankfamilie und Schwester des Direktors der Warburg-Bank in Hamburg, Eric Warburg. Anita nahm mich unter ihre Fittiche, und da war ich wohlgeborgen bei meinem ersten Besuch in dieser überwältigenden Stadt. Als UNESCO-fellowshipholder empfingen mich Universitäten, Industrieunternehmen, Komponisten mit offenen Armen. Amerika zeigte sich von seiner besten Seite. All das hatte ich auch Anita zu verdanken, die mir zu einer zweiten Schwester wurde.

Professionell war für mich das größte Ereignis der RCA-Syntheziser an der Columbia University. Er war der erste seiner Art, ein technologisches Wunderwerk, auch von imposanten Ausmaßen. Er arbeitete mit einem Lochkartensystem, der damaligen Lösung für das Speichern von Informationen. Milton Babbitt führte mich in diese Welt ein. Aus der Gruppe der Columbia-Komponisten, die mit dem elektronischen Instrumentarium arbeiteten, seien daneben noch Ussachewsky, Luening und Davidovsky genannt. Gleich ihren Kollegen in Europa entwickelten sie ästhetische Richtlinien als Unterbau methodischer Ordnung in der neuen Klangwelt. Den einen faszinierte die Komplexität des Klanges als solchen, den anderen die bisher nicht erreichbare Präzision in der Verwendung aller Parameter. Die Verbindung des Synthezisers mit der Tonbandtechnik erlaubte musikalische Formulierungen, die von menschlichen Interpreten nicht mehr ausgeführt, vom Hörer aber doch erfaßt werden können. Die Grenzen des Gewohnten sind um ein gewaltiges Stück ins Ungewohnte verschoben worden. Die unmittelbaren Folgen waren und sind noch heute Turbulenzen der Meinungen, der Theorien, aber auch der Bemühungen, gezielte Wege in diesem endlos erscheinenden Raum zu finden. Bei all dieser hochentwickelten Technologie blieb doch noch immer die zeitliche Diskrepanz zwischen der Erfindung des Komponisten und ihrer Realisierung. Das Mißverhältnis von aufgewandter Arbeitsenergie zum simplifizierten Resultat war frustrierend.

Keines dieser Instrumente war aus einer musikalischen Notwendigkeit heraus gebaut worden. Der Komponist adaptierte dem Instrumentarium eine Philosophie. Ich versuchte, Kontakte zu Ingenieuren der Elektronik aufzunehmen, die bereit wären, das Instrumentarium von der Musik her zu entwickeln und mit einem musikalischen Willen zu koordinieren. Ich reiste quer durch das ganze Land, hatte lange Gespräche mit Prof. M. Clark Jr. vom Massachusetts Institute of Technology in Boston, Otto Popelka von der Magna-Tech Electronic-Comp. N. Y., lernte auch Mr. Moog kennen, dessen Syntheziser bereits Musik atmete, wenngleich er auch bald, wohl aus kommerziellen Gründen, zur live electronic für Pop-Musik degradiert wurde. Eine Orgelbaufirma, etwa eine Flugstunde von Washington DC entfernt, spezialisierte sich auf elektronische Orgeln und erzielte erstaunliche Erfolge in der Entwicklung von Transistoren-Oszillatoren. In Illinois kam ich erstmalig in Kontakt mit der Computermusik. Dort komponierte Lejaren Hiller seine Illiac-Suite mit dem großen Illiac-Computer der Universität Illinois-Urbana. Im Gespräch stellte ich das Verhältnis des Rechenaufwandes zu Qualität der musikalischen Information zur Diskussion. Bei aller Kritik bleibt der Illiac-Suite das Verdienst einer großen Pioniertat. Danach kam ich nach Kalifornien, einem Paradies der Elektronik. Aufgrund meiner UNESCO-Papiere empfing man mich überall sehr freundlich, aber nirgends wurde ich ohne beobachtende Begleitung gelassen; für die Industrie war jeder Besucher ein potentieller Spion.

Kalifornien aber wurde noch zu einem anderen Erlebnis. In San Francisco lebte meine Schwester Grete. Ich sollte sie zum ersten Mal wiedersehen, nach fast dreißig Jahren. Grete war inzwischen ganz weißhaarig geworden, hatte aber immer noch ihre roten Bäckchen und kullergroßen Augen. Die Tage vergingen mit Erzählungen ohne Ende. Gruselig wurde es, wenn ich über Gretes Lager-Berichte lachen mußte. In den unmenschlichen Situationen kamen immer noch die kleinen Schwächen der Menschen zutage. Und Grete fügte dem Horror noch einen Tropfen ungewollten Humors hinzu, aus der Ambivalenz des scheußlich-grotesken Geschehens. Es war ihr Geheimnis, daß man sie trotz aller gräßlichen

Mißhandlungen immer noch am Leben ließ, denn sie behielt ein Lächeln und einen Anflug von Freude am Leben in ihren Augen. Das animierte selbst die Bestien unter den professionellen Quälern. Nur die Episode vom Ende des Konzentrationslagers, das gleichzeitig das Kriegsende bedeutete, sei hier wiedergegeben: Man hörte schon die Kanonen der Amerikaner, Schüsse, die immer näher kamen. Da wurde der Befehl ausgegeben, daß alle Insassen des Lagers auf einem Gewaltmarsch dem Feinde entfliehen mußten. Wer nicht laufen konnte, wurde auf der Stelle von den Begleitsoldaten erschossen. Da die meisten bis zum Skelett abgemagert waren, keine Kraft mehr zum Laufen hatten, verringerte sich schnell die Zahl der Übriggebliebenen. Meine Schwester hatte eine ältere Lagerkameradin, deren Füße schon zu bluten begannen. Beide zogen sich Kleidungsstücke aus und wickelten sie um die Füße, denn Schuhe hatten sie nicht; aber die Schmerzen wurden unerträglich. Sie beschlossen, daß ein Gewehrschuß nur eine Erlösung aus diesen Qualen sei, zumal der Tod keinen Schrecken mehr haben konnte. Also setzten sie sich auf einen Baumstumpf am Waldrand und erwarteten den nächsten Soldaten der Mannschaft. Der kam auch bald, aber statt auf sie zu schießen, warf er sein Gewehr ins Gebüsch, zog sich splitternackt aus und entfloh in den Wald, um den schon nahen Amerikanern zu entkommen. Diese erreichten sehr bald die Frauen, und Grete und ihre Kameradin wurden in ein Spital transportiert. Hier endete für Grete der Krieg.

Die Tage in San Francisco gehörten zu den Unwahrscheinlichkeiten im Leben, die man im Wachen träumt, die unwahrscheinlich bleiben, obgleich jede Minute die reale Tatsache beweist.

Ich setzte meine Elektronenmusikstudien fort und erfuhr von einem Ingenieur in Ottawa/Kanada namens Hugh Le Caine, der eine Kombination von Syntheziser und Multitrack-Recorder entwickelt hätte, die meinen Vorstellungen von Musik-Technologie am nächsten käme. Hugh Le Caine arbeitete am National Research Council, wo ich offiziell bei ihm angemeldet wurde. Auf dem Wege zum Institut bereitete mich ein Assistent darauf vor, daß Le Caine hauptsächlich nachts zu arbeiten pflege und am Tage schlafe. Es könne durchaus sein, daß man ihn zu der angesetzten Besprechung nicht finden wird. Am Eingang zum Council wurden alle Sicherheitsformalitäten erledigt, und der Assistent brachte mich in ein riesiges Laboratorium, in dem Le Caine seine Experimente mit elektronischen Musikinstrumenten entwarf. Er war tatsächlich nicht da, und man begann nach ihm zu suchen. Es dauerte etwa eine Stunde, und herein kam ein großer Mann mit dichtem, schneeweißem Haarwuchs, einem zarten Babygesicht, den gütigsten Augen, die man sich vorstellen kann, verlegen in seinen Bewegungen und sehr schwer zu verstehen, weil er beim Sprechen die Zähne nicht auseinander brachte. Wir setzten uns in eine Ecke und begannen eine musiktheoretische Diskussion über Zwölftonmusik. Zu meiner Freude bemerkte ich, daß ich einen Ingenieur vor mir hatte, der in der Musik sehr beschlagen war. Er hatte an der Universität Toronto Musik studiert und komponierte auch. Nun wollte er noch vieles hören über die Manipulation der Reihentechnik in der Dodecaphonie und hatte tausend Fragen. Die Zeit verging, ich kam nicht zu meinem eigentlichen Thema. Es war bereits Mittagszeit. Der Magen knurrte, aber Le Caine hatte noch einen Sack voller musiktheoretischer Fragen, die alle einen sehr selbständigen Denker bewiesen.

Mein Hotel war nur für eine Nacht bestellt, ich mußte also am selben Tage zu irgendeinem Ergebnis gelangen. An einem Punkt konnte ich endlich an die Elektronenmusik anknüpfen und meine Fragen über das relevante Instrumentarium stellen; denn ich wollte doch unbedingt seinen Apparat sehen, von dem man mir berichtet hatte. Da wurde er ganz abweisend, alles sei noch im Stadium des Versuchens; er zeigte auf ein Stahlgerippe in einer Ecke des Labors, es gäbe da nichts zu sehen. Ich glaubte zunächst, er wolle mir seine Arbeit aus Sicherheitsgründen nicht zeigen und machte ihm klar, daß ich der UNESCO einen Report schuldig sei, der nur die musikalischen Fragen betreffe, nicht die technologischen, wofür ich ohnehin nicht kompetent sei. Diesmal ließ ich nicht locker, so daß er mich schließlich sehr zögernd zu dem Stahlgerippe in der Ecke führte. Es war wirklich ein Modell, noch im Bau, aber alle wesentlichen Teile klar erkennbar und auch funktionierend, so daß eine Demonstration gut möglich war. Das Neue an diesem Instrument war sein vereinfachter technischer Zugang; der Komponist sollte sich im Umgang mit der Technik weniger behindert fühlen, was ihm die bislang große Zeitspanne zwischen Denken und Tun beträchtlich zu verkürzen versprach. Vor mir stand ein Instrument, dessen Geist so dachte, daß er mir als Komponist sehr entgegenkam. Mit meiner Begeisterung habe ich nicht zurückgehalten und gleich an Ort und Stelle kompositorische Prozesse entworfen, neue Möglichkeiten vorausgesehen – ich war bereits mitten in der Arbeit. Le Caine stand daneben und sprach kein einziges Wort. Zu sieben Uhr abends verabredeten wir uns in einem französischen Restaurant. In der Zwischenzeit zerbrach ich mir den Kopf, wie ich zu einem solchen Instrument gelangen könnte, das notwendigerweise sehr kostspielig sein müßte. Als ich in dem Seitenzimmer des Restaurants ankam, war Le Caine schon da. Erst eine Vorspeise, dann eine Suppe – Le Caine war stumm wie ein Fisch. Ich unterhielt mich mit seinem Assistenten. Plötzlich weinte Le Caine. Der Assistent blinzelte mir zu, ich sollte es nicht beachten. So beendeten wir das vorzügliche Essen. Endlich murmelte Le Caine zwischen seinen Zähnen, er könne jetzt nicht schlafen gehen; er lud uns zu irgendeiner Vorstellung in Ottawa ein. Viel war nicht los in der Stadt, lediglich in einem Kino lief Chaplins »Diktator«. Den Film hatte ich zwar schon mehrmals gesehen, aber er gab mir noch Zeit, ein eventuelles Gespräch auf den Erwerb des Instruments zu bringen. Wir gingen also ins Kino, und mit Chaplin vor den Augen zerbrach ich mir weiter den Kopf. Nach dem Kino auf der Straße meinte Le Caine, er könne jetzt immer noch nicht schlafen gehen; er lud uns zu einem Drink ein. Mir war es nur recht. So saßen wir wieder an einem kleinen runden Tisch, und der Alkohol animierte die Zunge. Ich erzählte den romantischen Traum eines Komponisten, der Le Caines Instrument besitzt. Le Caine schaute mich unverwandt mit seinen lieben Augen an und sagte: »Willst du wirklich so etwas haben?« Ich lächelte nur als Antwort. Dann beschrieb er einen großen Regenbogen in der Luft und sagte: »Was für eine herrliche Idee. An diesem Punkt liegt Ottawa« – er führte den Finger im Bogen an die andere Seite – »und hier liegt Jerusalem. Ja natürlich, du mußt das Instrument haben. Laß mich das nur in die Wege leiten, ich werde dir in den nächsten Tagen nach New York darüber schreiben.« Spätnachts brachte mich der Assistent in mein Hotel zurück. Ich fragte noch, warum Le Caine beim Essen geweint hätte. Er antwortete nur, Le Caine habe schon jahrelang an diesem Instrument gearbeitet, und ich sei der erste Komponist gewesen, der sich begeistert darüber aussprach. Es hat ihn tief bewegt.

In meinem Hotelzimmer schlief ich wie auf himmlischen Wolken. »Briefträger« war alles, woran ich in New York dachte, und worauf ich wartete. Um mich etwas abzulenken, besuchte ich Edgar Varèse in seiner Wohnung in Greenwich Village. Wir hatten uns schon in Holland kennengelernt, als er bei Philips in Eindhoven die Elektronenmusik für einen Pavillon der Brüsseler Weltausstellung komponierte. Seine Wohnung war vollgestellt mit neuen Instrumenten aller Art, die er mir alle vorführte. Ich verlebte einen herrlichen halben Tag mit ihm, voll neuer Ideen und Perspektiven.

Endlich kam der Briefträger mit einem Schreiben des Direktors des National Research Councils in Ottawa. Mit vielen Komplimenten und Elogen über meine Wertschätzung von Le Caines Arbeit, aber..., aber... Alles war sehr diplomatisch und überaus freundlich formuliert; doch ich verstand, daß sie mir ein solches Instrument nicht verschaffen konnten. Was nun? Mit dem Brief ging ich zu meinem Generalkonsul in New York und erklärte ihm, daß ich Politik in der Angelegenheit vermutete; wahrscheinlich meinte man in Ottawa, daß ein solches Instrument dann auch an die Araber gegeben werden müßte, aber dort wäre wohl niemand daran interessiert. Der Konsul stimmte mir zu, wußte aber keinen Ausweg. Kurzerhand ließ ich mich beim Direktor in Ottawa anmelden und flog zwei Tage später wieder hin. Der Direktor empfing mich mit größter Liebenswürdigkeit. Ohne ein Wort über die vermuteten politischen Hintergründe schlug ich vor, daß das Instrument an die UNESCO im Rahmen meines Fellowship gehen solle, zweckbestimmt für die Hebrew University in Jerusalem, an der ich als Resultat des UNESCO-Stipendiums ein Zentrum für Elektronenmusik gründen wolle. Dieser Gedanke war vorbehaltlos akzeptabel. Es dauerte noch über ein Jahr, bis das Instrument in Jerusalem eintraf. Erst Jahre später erfuhr ich, daß Louis Rasminsky aus Ottawa die finanzielle Grundlage zum Bau des Instruments gespendet hat. Ich bin ziemlich sicher, daß bei dieser Aktion auch Antika ihre Hände im Spiel hatte.

Reich beladen mit neuen Eindrücken und vielen Kontakten zu neuen Freunden kehrte ich nach Jerusalem zurück. Nun war es wieder Shalhevet Freier, ohne dessen tatkräftige Hilfe es mir nie gelungen wäre, die Universität mit dem Thema Elektronenmusik zu befreunden. Shalhevet gründete ein Komitee mit klingendem Namen und berief eine Sitzung im Büro des damaligen Generalsekretärs von Premierminister Ben Gurion ein; es war Teddy Kollek, der heutige Bürgermeister von Jerusalem. Dieser verfügte über einen Fond für außergewöhnliche Projekte, die im üblichen Rahmen der anderen Ministerialbüros keinen Platz fanden. Es hieß also, Teddy Kollek von der Wichtigkeit der Elektronenmusik zu überzeugen. Shalhevet hielt eine Rede und betonte dabei die in viele Richtungen weisende Bedeutung des Projektes. Teddy Kolleks Reaktion kam in der für ihn typisch heftigen Weise: böse und zornig schlug er mit der Faust auf den Tisch, weil man ihm offenbar zumute, für solch eine überflüssige und sinnlose Sache Geld auszugeben, wo es dem Staat an allen Ecken und Enden am Notwendigsten mangle, stand auf, ging hinaus und schlug mit lautem Knall die Tür hinter sich zu. Da saßen wir nun alle, verstummt und ratlos – nur Shalhevet zeigte ein zufriedenes Schmunzeln. Und er sollte Recht behalten, denn am nächsten Morgen kam ein Scheck mit einer sehr beträchtlichen Summe von Teddy Kollek.

Nun konnte ich einiges Instrumentarium kaufen und mich mit einfachen Mitteln weiter in das Gebiet einarbeiten. Monate später traf Le Caines Multitrack-Recorder in Jerusalem ein, eine große komplizierte Maschine, die noch mit Röhren arbeitete. Sie wurde aus ihrer Riesenverpackung gehoben und in meinem Zimmer in der Universität aufgestellt. Wir organisierten eine kleine Feier, zu der auch die damalige Botschafterin Kanadas erschien.

Schlimm war nur, daß die Maschine nicht arbeitete. Wir waren verzweifelt. Man erzählte mir von einem jungen, hochbegabten Ingenieur in Tel Aviv, der sich durch Lösungen schon aufgegebener technischer Probleme in der Industrie einen Namen gemacht hatte. Wir lernten uns kennen und fanden schnell eine gemeinsame Sprache. Usi Sharon, heute eine internationale Kapazität durch seine Erfindungen auf dem Gebiet medizinischer Laserapparate, schaute sich Le Caines Recorder an und erkannte sogleich, daß das Ganze schichtweise neu gebaut werden müsse. Ohne Zögern begann er mit der Arbeit, opferte jede freie Stunde, auch ganze Nächte – nur aus Interesse an der Sache. Als Le Caine über die Lage informiert war, wurde er von seinem Institut nach Jerusalem geschickt. Er kam mit seiner Frau, der Tochter von Dr. Arnold, Dekan der Musikfakultät der Universität Toronto. Mit großer Furcht sah ich der Begegnung zwischen Le Caine und Usi Sharon entgegen, denn beide waren äußerst empfindsame und leicht verletzliche Menschen. Die Furcht war begründet, denn der sonst sehr schweigsame Le Caine wandte sich in scharfem Ton an Usi mit der Frage, mit welchem Recht er inzwischen an der Maschine Veränderungen vorgenommen habe. Das war genug, um Usi sofort eine Kehrtwendung drehen zu lassen. Ich versuchte zu vermitteln: Da nun schon lange Wochen mit der Maschine nicht gearbeitet werden konnte, hatte ich Usi um Hilfe gerufen. Da erwiderte Le Caine: »Wenn Tal nicht arbeiten konnte, ändert das natürlich die ganze Situation.« Er bat Usi um technische Erklärungen; dieser ging an die Tafel, zeichnete andere Schaltungen, auch Verbesserungen auf. Le Caine nahm seinen Zeichenblock, notierte sich jeden Strich und jedes Wort. Auf dem Weg zum Mittagessen gratulierte mir Le Caine. »Wofür?« – »Daß Sie so einen Mitarbeiter gefunden haben.« Danach hockten beide über den

270

Schaltplänen wie siamesische Zwillinge. Das war das letzte Mal, daß ich Le Caine sah. Usi aber investierte weitere unzählige Arbeitsstunden, währenddessen ich wieder meine musikalische Fantasie der Unvollkommenheit der Technologie anpassen mußte.

Mit Vetter Leo in Antwerpen führte ich regen Briefwechsel über meine Studien in der Elektronenmusik. Einerseits der Tradition eng verhaftet, andererseits mit dem Spürsinn eines kreativen Menschen ausgestattet, beobachtete er meine musikalische Entwicklung mit Angst und Stolz zugleich. Und er schrieb mir: ». . . Ich liebe Dich – aber geheimnisvoll und fürchterlich.« Mit diesem Satz stieg ich in die sechziger Jahre dieses Jahrhunderts.

Furor und Furore

Die Erinnerungen an das Vergangene offenbaren, daß mit den sechziger Jahren das Schaffen eigentlich erst begann. Bis dahin waren es Vorbereitungen, die sich selber weiterhin auf Unbekanntes vorbereiteten.

Das »Zentrum für elektronische Musik in Israel« etablierte sich in einem der Physikgebäude der Universität Jerusalem. Seitdem betrachtete mich manch einer als einen schizophrenen Komponisten. Das Attribut »elektronisch« war zu furchterregend. Niemand wollte einsehen, daß ein Synthesizer nur ein Musikinstrument anderer Art ist. Und so blieb bis heute die verbale Teilung zwischen »konventionellen« und »elektronischen« Musikinstrumenten. Als ob ein Klavier ein »mechanisches« Instrument genannt werden könnte, nur weil es gegenüber der Violine so viel mehr mechanische Teile hat. Der Mensch des industriellen Zeitalters kann die *kreative* Tätigkeit der Technik nicht mehr erkennen. Der Mensch entwickelt eine tiefe Angst, daß er zum Sklaven einer nicht mehr faßbaren und beherrschbaren Technik wird. In der Hochschule für Musik in Berlin lehrte mich Charlotte Pfeffer, daß musikalisches Hören nicht nur Intervallhören oder Auszählen rhythmischer Einheiten ist, sondern beziehungsvolles Hören den Gesamtkomplex aller Parameter ausschöpft. Einiges davon spiegelt sich in der Dalcroze-Methode wieder, doch ließ sich Charlotte Pfeffer immer wieder von den Reaktionen der Studenten zu neuen Erkenntnissen führen, ohne einem starren System zu folgen. Anfang der fünfziger Jahre, als ich Direktor der Israel Musikakademie war, wurde Charlotte Pfeffer als Gastprofessorin nach Jerusalem eingeladen. Da ich in Berlin einer von vielen in ihren Studentengruppen war, konnte sie sich natürlich nicht an mich erinnern. Am ersten Abend hielt sie unseren Studenten einen Vortrag und erzählte von ihrem musikalischen Weg. Lotte wurde durch unsere Rhythmuslehrerin eingeführt. Da ich mich um einige Minuten verspätet hatte, setzte ich mich ganz hinten zwischen unsere Studenten, um nicht zu stören. Quicklebendig, wie Lotte immer war, erwartete sie auch spontane Reaktionen von ihren Hörern. Aber die Studenten waren etwas schüchtern, zögernd und auch sprachlich unsicher, so sprang ich schnell ein und antwortete. Da ich nun immer die richtigen Antworten gab, blickte sie etwas verwundert und fragte nach meinem Hauptfach. Mein Hauptfach sei Musik, und außerdem sei ich auch ihr Schüler in Berlin gewesen. Da mußte ich nach vorne kommen, und wir fielen uns um den Hals. Später habe ich sie oft in Europa besucht. In einem ihrer Briefe aus dem Jahre 1958 schrieb sie mir: »Und ich wiederum denke nicht: Musik als Technik oder als Kunst, sondern Musik als Anteil des menschlichen Wesens und Seins, nicht als ein mehr oder weniger fragwürdiger ›Fortschritt‹, sondern als eine Entwicklungshilfe auf eine Zukunft hin, die ohne jeden Zweifel zum Geistigen hinstreben wird, wie alle Erkenntnisse auf wissenschaftlichen Gebieten erkennen lassen. Vor allem ändert sich auf allen Gebieten das Menschenbild in einer so auffallenden Weise zum Geistigen hin, daß die Musik zweifellos auch einen Hauch davon verspüren wird und ihr augenblickliches mechanisches Getue bald ablegen wird.«

Zusammen mit dem Solobratscher des IPO, Oedoen Partos, einem der größten Bratschenvirtuosen dieses Jahrhunderts und einer der führenden Komponisten Israels, folgte ich im April 1960 einer Einladung der polnischen Regierung zu einer Konzertreise nach Polen. Außer Bach, Hindemith und Milhaud hatten wir Werke von Rudzinski, Partos und Tal auf dem Programm. Nicht immer erlebt man auf der Bühne, daß das hörende Publikum zum integralen Bestandteil der Interpretation wird. So war es an unserem ersten Abend in der Warschauer Philharmonie, und so war es auch bei einem Konzert am Musikgymnasium in Bydgoszcz (dem früheren Bromberg). Dieses Publikum genoß nicht nur passiv, es folgte mit äußerster Konzentration dem Geschehen in der Musik. Und das spürten wir Spieler in jedem Nerv. Aber diese Nerven wurden auch strapaziert, denn die Einladung war verbunden mit einer Gedenkfeier zum Aufstand im Warschauer Ghetto. Da sahen wir manches, das uns bisher nur aus Berichten bekannt war. Nun stand es vor unseren Augen, auch ein großer aufgeworfener Hügel, unter dem Schreckliches in Trümmern lag, aber darauf entstand eine moderne Neubausiedlung. Welch schauriger Gedanke!

Später im Sommer wurde ich eingeladen zur Composers Conference in Stratford Canada. Ursprünglich wollte ich bei dieser Gelegenheit mein Viertes Klavierkonzert aufführen. Diese Komposition entwarf ich gleich nach meinem Besuch bei Le Caine in Ottawa. Noch konnte ich nicht das Maß der technischen Schwierigkeiten beim Umbau des Instrumentes bedenken. So mußte ich leider mit leeren Händen nach Stratford fahren. Das Zwölfton-Thema bewegte immer noch die Gemüter, entsprechend war Elektronenmusik ein heißes Eisen. Trotzdem wurden die elektronischen Kompositionen »Omaggio a Joyce« von Luciano Berios, gesungen von der unvergeßlichen Cathy Berberian, und Edgar Varèses »Deserts« mit großer Begeisterung aufgenommen. Nach Varèses Komposition gab es eine Diskussion mit einigen professionellen Musikern, die ein historisches Dokument wurde, zeigte sie doch deutlich die fatale Wirkung von Musikerziehung, die nicht zum aktiven Hören führt, sondern ästhetischen Gewohnheiten folgt. Einer bis zur Lächerlichkeit ähnelnden Diskussion war ich zwei Jahre zuvor schon einmal in San Francisco ausgesetzt.

Als Teilnehmer einer Round-table-Konferenz zum Thema »Elektronenmusik« saß ich einem Dirigenten, einem Komponisten, einem Pianisten und einem Musikologen gegenüber. Zuerst wurden die Angriffe »sachlich« geführt, dann wurde mit Spott attackiert, und als das nichts nützte, bezichtigte man mich der Programm-Musik – wegen elektronischer Geräuscheffekte. Auch damals zeigte sich die Abhängigkeit der Gesprächsteilnehmer von teils empirischer Gewohnheit, teils methodischer Erziehung. Als erster bekräftigte mich Prof. Alexander Ringer, der Musikologe in der Gruppe. Mit seinen brillanten Formulierungen bewirkte er, daß ein Argument nach dem anderen kläglich zusammenbrach.

Auch Edgar Varèse parierte die Angriffe der Diskutanten durch Worte, die aus dem kreativen Akt kamen. Zufällig wohnte ich in Stratford mit Varèse gemeinsam in einer Villa. Nach seinem Konzert kamen viele Freunde in unser Haus, den Meister zu feiern. Alle saßen im großen Kreis auf dem Teppich des Salons, und Varèse forderte mich auf, über die Musik in Israel zu erzählen, die Geschichte der Aufführung von »Saul in En Dor« im BBC, meine Bemühungen um die Elektronenmusik und die Begegnung mit Hugh Le Caine. Viele kanadische Musiker waren anwesend, die dadurch wohl zum ersten Mal etwas über Hugh Le Caine gehört hatten. Es war die Perle einer Nacht.

Zum Lunch lud er mich anderntags in ein italienisches Restaurant ein. Beim Verlassen des Hauses bemerkte ich, daß er weder Wohnungs- noch Haustür verschloß – für New York und besonders für dieses Wohnviertel eine erstaunliche Sorglosigkeit. Auf dem Weg zum Restaurant erklärte er mir, daß er gute Kontakte zur Unterwelt dieser Gegend habe, die an seinen musikalischen Experimenten sehr interessiert sei; in ihrer Gesellschaft spiele er die Rolle einer Persona grata. Mit den Schlüsselmännern habe er ein mündliches Abkommen auf Handschlag; danach würde er niemals um polizeilichen Schutz für sein Hab und Gut bitten, sie garantierten ihm volle Verantwortung für seine Sicherheit. Könnte er sich einen besseren Schutz erträumen?

Als ich 1955 mit Nicolas »Niki« Nabokov in Kontakt kam, war dieser gerade Generalsekretär des »Kongresses für Kulturelle Freiheit«. In dieser Funktion lud er mich unter anderem zu einem Kongreß nach Tokio ein, wo die zeitgenössische Musik einschließlich der elektronischen auf dem Programm stand. Wir hörten erstaunliche Konzertprogramme japanischer Orchester und Solisten, die eine ans Unbegreifliche grenzende Fähigkeit der Angleichung an westliche Musik zeigten und oft das Original noch übertrafen. Auch in der Elektronenmusik hörten wir technische Spitzenleistungen, musikalisch aber Nachahmungen des Gewohnten.

Vor der verschlossenen Tür eines Restaurants in Tokio lernte ich Borris Blacher, Präsident der Akademie der Künste in Berlin und Direktor der Hochschule für Musik, und seine Gemahlin, die Pianistin Gerty Herzog-Blacher, kennen. Gemeinsam entschloß man sich, in ein nahegelegenes China-Restaurant zu gehen. Bald kam auch Niki dazu. Während des vorzüglichen Essens, bei dem auch reichlich Reisschnaps konsumiert wurde, erzählte Blacher, daß sie auf dem Rückweg von Tokio nach Jerusalem kämen, wo die Radiostation »Kol Israel« (Stimme Israels) Gerty Herzog als Solistin in seinem Klavierkonzert für eine Aufnahme eingeladen hatte. Man konnte es damals noch nicht wagen, eine deutsche Solistin für ein öffentliches Konzert einzuladen, wollte aber offenbar mit einer Bandaufnahme guten Willen demonstrieren. Blacher wollte ein wenig vorfühlen, was ich darüber dachte. Nun lebten beide während der Nazizeit im Untergrund, waren also persönlich unanfechtbar. Angesichts der großen Aversion gegen Deutsche in Israel war Besorgnis dennoch angebracht. So versprach ich beiden, bei den Proben gegenwärtig zu sein und notfalls hilfreich einzugreifen. Sie zeigten sich beruhigt, zumal sie sehr an einer Verbesserung der deutsch-israelischen Beziehungen interessiert waren.

In Jerusalem kam ich kurz vor Gerty Herzogs erster Probe an. Das Orchester saß schon auf der Bühne, der Dirigent Shalom Ronly-Rikles führte Gerty herein und stellte sie dem Orchester vor. Gerty, wie üblich, reichte dem Ersten Geiger die Hand zur Begrüßung, aber der Geiger zog seine Hand zurück. Mir stockte der Atem. Gerty wandte sich ohne jede äußere Reaktion ab, setzte sich ans Klavier und spielte großartig und überlegen das

Blacher-Konzert. Danach großer Beifall des Orchesters, der Erste Geiger ging zu ihr, reichte ihr die Hand und gratulierte herzlich. Solch kleine Heldentaten waren charakteristisch für Gertys innere Kraft. Nicht zuletzt dadurch bekam ich zu allen Blachers das Gefühl einer persönlichen Bindung. Musikgespräche, die ich über die Jahre als Gast im Blacherschen Hause führen durfte, haben auch nach Blachers Tod nichts an Unmittelbarkeit verloren. Sie sind mein Nachschlagebuch, aus dem ich Rat bei schweren Fragen finde.

Zurück nach Tokio. Dort lebte ein ehemaliger Schüler, dem ich zu einem Stipendium für das Studium der japanischen Musik verholfen habe, Uri Epstein, der heute dieses Thema an den israelischen Universitäten doziert. Uri organisierte für mich eine Reihe von Vorträgen an japanischen Universitäten in Tokio und Koto. Dadurch lernte ich unter vielen anderen Baron Mitsuhito Fujita, ein Mitglied der königlichen Familie und Rebell, kennen, den ich zuvor schon im Fernsehen sah, wie er das Verzehren lebender Schmetterlinge demonstrierte, sowie Prof. Takahashi, der in Tokio Philosophie durch Flötenspiel und Zeichnen lehrte – ein Zugang, den ein Westeuropäer nur schwer nachvollziehen kann, dennoch tiefe Spuren in mir hinterließ.

Ungewöhnliches war in Japan noch häufig anzutreffen. So konnte ich das unerbittliche Verfolgen einer Absicht erfahren, als am Tage nach einem Vortrag Stöße von Partituren in meinem Hotelzimmer mit der Bitte um schriftliche Anmerkungen abgegeben wurden. Sie gehörten Kompositionsstudenten, die mich schon nach meinem Vortrag mit Fragen über Zwölfton-Technik und Elektronenmusik bombardiert hatten. Und ich erlebte Beispiele ungewöhnlicher Rücksichtnahme, wie etwa bei einem Vortrag in einer großen Musikschule. Dort wurde ich erst nach großem Empfang, Tee und Gebäck in die Aula der Schule geführt, in der mehrere hundert Schüler und Schülerinnen im Alter von etwa fünfzehn bis zwanzig Jahren auf mich warteten. Im Moment, da ich als erster den großen Raum betrat, erhoben sich alle wie auf ein Zeichen und völlig lautlos. Mein Dolmetscher führte mich zum Katheder, und das Lehrerkollegium nahm auf einer seitlichen Reihe Platz. Ich mußte deutsch sprechen, weil der Dolmetscher in Kiel Musikologie studiert hatte. Es wurde angesagt, daß der Vortrag eine Stunde und fünfzehn Minuten dauern werde. So beschloß ich, einige Minuten früher zu enden, damit die Schüler auch Fragen stellen könnten. Nach genau einer Stunde bat ich den Dolmetscher, die Schüler zum Fragen zu veranlassen. Er zögerte

einen kurzen Moment, doch dann übersetzte er meine Bitte. Alle
Schüler senkten die Augen. Ich hielt das für jugendliche Unsicher-
heit und ließ den Dolmetscher die Lehrer um eine Frage bitten. Es
geschah das gleiche, alle Lehrer senkten die Augen zu Boden. Ich
hatte wohl einen Fehler begangen und gab meinem Vortrag noch
einen kurzen Abschluß. Auf dem Weg ins Hotel fragte ich den
Dolmetscher, was ich denn falsch gemacht hätte. Er antwortete:
»Einem fremden Menschen und dazu einem Gast kann man doch
nicht eine Frage stellen. Vielleicht weiß er nicht die Antwort
darauf und würde dann in großer Verlegenheit sein. Das wäre eine
nicht wiedergutzumachende Unhöflichkeit.« Beide Erfahrungen
blieben zwei Seiten derselben Medaille.

Im Spätherbst dieses Jahres benachrichtigte mich das Außenmi-
nisterium, daß ein japanischer Professor der Philosophie Gastvor-
lesungen in Israel halten werde. Man bat mich, mich um den Gast
zu kümmern. Als er einige Tage später am Flughafen Ben-Gurion
ankam, holte ihn eine Sekretärin des Ministeriums ab und brachte
ihn in sein Hotel in Jerusalem. Bald rief sie mich in großer Panik
ins Hotel, weil der japanische Gast völlig reglos in seinem Hotelzimmer liege und man nicht wisse, ob er lebe; nicht einmal die
leiseste Atembewegung sei zu erkennen, und seine Augen seien
immer geschlossen. Ich rief sofort unseren Arzt Dr. Spighel an,
der auch der offizielle Arzt des Außenministeriums war, und fuhr
ins Hotel.

Unten erwartete mich schon die Sekretärin, kreidebleich. Wir
gingen hinauf in das Zimmer. Dort lag der Professor bewegungs-
los auf dem Rücken, das Gesicht quittegelb. Ich konnte von sehr
nah ganz leichtes Ein- und Ausatmen beobachten, beugte mich
über sein Gesicht und flüsterte seinen Namen – es war der Philoso-
phieprofessor Takahashi von der Tokioer Universität. Kaum hatte
ich seinen Namen ausgesprochen, öffnete er einen winzigen Spalt
seine Augenlider, sprang vom Bett, verbeugte sich tief, nahm
meine Hände und rief überglücklich meinen Namen aus. Die
Sekretärin traute ihren Augen nicht. Da kam auch schon Dr.
Spighel. Seine Diagnose: der gute, hochbetagte Professor hatte
aus Sorge um seine Verpflegung getrocknete Fische mitgenom-
men, die aber inzwischen verdorben waren und so eine regelrechte
Vergiftung bewirkten. Tatsächlich stank es fürchterlich aus seinem
Koffer. Bis die ärztliche Hilfe erschien, bestand seine Kur darin,
»in sich zu gehen«; er hatte sich vollkommen von der Außenwelt
abgeschlossen. Für sie war er tot. Dr. Spighel brachte ihn schnell
wieder auf die Beine. Den Geruch seines Koffers habe ich noch
heute in der Nase.

Nun ging ich intensiv an die Arbeit des Vierten Klavierkonzertes. Wie hatte mich doch Vetter Leo dazu ermutigt, als er schrieb: »Sei treu, fang das Klavierkonzert an. Laß Dich nicht kleinkriegen. Und die Welt ist Dein. Ich schaue zu – und freue mich.« Für den elektronischen Teil der Komposition mußte ich mich auf die begrenzten Möglichkeiten von Le Caines Multitrack-Recorder beschränken. Der unerwünschte Nebengeräuschpegel konnte durch die inzwischen von Usi Sharon transistorierten Amplifier wesentlich reduziert werden.

Den Klavierpart schrieb ich in traditioneller Notation, darüber deutete ich den elektronischen Part durch vielerlei graphische Zeichen an, so daß eine Partitur entstand, an der der Pianist sich hinreichend orientieren konnte. Es war mein erster, noch unvollkommener Versuch, elektronische Musik aufzuzeichnen. Trotz aller technischer Schwierigkeiten war die Arbeit doch wesentlich effektiver als seinerzeit 1956 in Köln oder Mailand oder anderen Studios dieser Art, auch den amerikanischen.

Die Uraufführung dieser Komposition erfolgte auf Einladung der Israel-Festspiele 1962 im großen Mann-Auditorium des IPO in Tel Aviv. Das Programm dieses Konzertes bestand aus zwei Orchesterwerken mit Chor und Solisten, »Job« von Dallapiccola und »The Vision of a Prophet« von Paul Ben-Chaim, dazwischen kam mein Klavierkonzert mit Tonband. Unter den Orchesterspielern waren viele, die über die Tatsache, daß auf ihrer Bühne eine elektronische Komposition aufgeführt wird, in laute Wut ausbrachen. Einige sprachen sogar von einer Entweihung des Konzertsaals. Shalhevet Freier war auch hier die bewegende Kraft, die die Festspielleitung von der Wichtigkeit gerade dieser Komposition überzeugt hatte. Der Abend wurde mit viel Spannung erwartet. Vorgefaßte Meinungen beherrschten einen beträchtlichen Teil des Saales. Hunderte von Mitwirkenden füllten zunächst die tiefe Bühne bis auf den letzten Platz. Nach dem lang anhaltenden Applaus für das dramatische Werk von Dallapiccola leerte sich die Bühne vollständig, nur die größeren Instrumente blieben zurück auf ihren Plätzen. Statt dessen war die Bühne von zwei Lautsprechern flankiert. Sie waren das Orchester des Klavierkonzertes. Herein kam der Pianist von nicht großer Statur und setzte sich an seinen Flügel. Ein größerer optischer Kontrast war kaum denkbar; so provozierte er gar durch die scheinbare Überflüssigkeit des Orchesters amüsiertes Gerede. Nachdem ich mit Applaus begrüßt wurde, wollte das Gerede gar nicht aufhören. Schließlich wurde es ruhig, und ich konnte beginnen. Ich spielte von Noten, falls eine technische Störung des Tonbandes auftreten sollte. Alles funktionierte störungsfrei. In der ersten Reihe saß der japanische Botschafter, der meine Noten mit einem Fernglas mitlas. Am Ende des Stückes erhob sich ein großes Getöse, Beifall, Pfeifen, Rufe, man rannte nach vorne zur Bühne, obgleich es gar nichts zu sehen gab, der ganze Saal war in Bewegung. Dann war Pause, und die Autogrammjäger ließen mich nicht zu Atem kommen. Im Publikum saß auch Yehudah Sharett aus Yagour. Er stand vor mir mit weit geöffneten Augen und sagte mehrere Bibelzitate auf, die alle vom »Herrn, der mit Josef war« handelten. Seiner Bewunderung wie auch Verwunderung konnte er in weltlicher Sprache keinen Ausdruck geben. Aber am nächsten Morgen schlug der Hammer der Tagespresse mit aller Wucht zu. In der großen Mittagszeitung »Letzte Nachrichten« erschien die Musikkritik unter der in fetten Blockbuchstaben gedruckten Überschrift »TERROR«, entsprechend war auch die Kritik. Es gab auch lobende Berichte, aber diese waren in der Minderheit. Es waren jedoch gerade die schlechten Kritiken, die bösartigen, attackierenden Hiebe, die das Publikum neugierig gemacht hatten.

Dieses Phänomen der Musikkritik habe ich oft beobachten können. Das Publikum hat eine Nase dafür, ob die schlechte Kritik nur ein schneller emotionaler Angriff ist oder ob die Kritik auf einem profunden Erkennen der Zusammenhänge beruht. Das gilt auch für die gute Kritik.

Briefe erreichten mich aus dem ganzen Lande, denn das Konzert wurde auch im Radio übertragen. Darunter ein Brief der Tänzerin Debora Bertonoff: »Talent haben – ist Mut haben! Und Sein ist Tun! Das kam mir in den Sinn, als ich Ihrem neuen Werk zuhörte. . . . Bravo, Josef, wie Sie Ihren eigenen trotzigen Weg gehen! . . . Übrigens reizend fand ich, wie Sie zum Schluß lächelten, die Noten nahmen und langsam aufstanden. Dann begriff das Publikum.«

Wenige Monate später bekam ich den Preis des Künstler- und Schriftstellerclubs »Milo« für dieses Vierte Klavierkonzert. Durch eine Indiskretion erfuhr ich, daß ein Mitglied der Jury – ein Komponist – schärfstens protestierte, einer elektronischen Komposition einen Preis zu verleihen. Er sah darin eine Entweihung des Preises.

Debora Bertonoff wählte ich 1965 als Tänzerin für meine elektronische Komposition für Choreographie »Ranges of Energy«, die ich für einen Kongreß von Choreographen und Komponisten geschaffen hatte. Der Kongreß fand in dem kleinen holländischen

Städtchen Breukelen statt, dem Ausgangsort vieler Juden, die nach Amerika auswanderten und bei ihrer Ansiedlung den Namen »Breukelen« in »Brooklyn« verwandelten. In Breukelen war auch die Eduard-van-Beinum-Stiftung unter der Leitung der großen Harfenistin Phia Berghout, mit der mich bereits seit Jahren enge musikalische Kontakte verbanden. Mit meiner elektronischen Komposition »Ranges of Energy« erweiterte ich das Konsonanz-Dissonanz-Verhältnis auf eine Skala von Energiesteigerungen innerhalb harmonischer Komplexe, die in musikalisch sinnvolle Beziehungen gesetzt wurden. Debora Bertonoffs Aufgabe bestand darin, eine entsprechende Bewegungskomposition zu finden. Nach Erhalt des Tonbandes schrieb sie mir: »Das Stück ist 21. Jahrhundert. Und zugleich erweist es viel mehr den Zusammenhang zwischen klassischer und moderner Musik, als die angenommene Meinung vom diametralen Gegensatz beider. So auch vom Tänzer aus gesehen: solche Musik erklärt ihm, was einmal geschichtlich war, und was morgen erfordert wird.«

Elektronenmusik war inzwischen ein Begriff im Staate Israel. Sie erhielt eine zweifelhafte Berühmtheit. An einem sehr heißen Tage fuhr ich von Tel Aviv nach Jerusalem in einem der Überland-Autobusse der Gesellschaft »Egged«. Ich hatte einen Platz auf der vordersten Sitzbank hinter dem Chauffeur, der ununterbrochen Musik aus seinem Transistorradio hörte. Auf den ansteigenden Bergwegen lief der Motor heiß, machte immer stärkere Geräusche, und der Chauffeur drehte sein Radio immer lauter auf. Musik und Motor machten gemeinsamen Krach. Schließlich sagte ich dem Fahrer, daß man doch nur noch Geräusche hören würde, aber keine Musik. Da schaute er nach oben in den Rückspiegel auf mich und sagte: »Ausgerechnet du mit deiner Elektronenmusik mußt dich über Geräusche beklagen.« »Eins zu Null«, und ich war still.

Trotzdem wuchs im breiten Publikum die Neugier auf diese ungewöhnliche Elektronenmusik mehr und mehr. Das Kulturamt der Stadtverwaltung Haifa lud zu einem Vortrag über meine elektronische Komposition »Exodus«. Einer solchen Einladung folgte ich gerne, denn ich wußte, daß am Ende heiße Diskussionen niederprasseln würden. Solche Reaktion ist wichtig. Also nahm ich mein Tonbandgerät und fuhr nach Haifa. Eine halbe Stunde vor Beginn des Vortrages meldete ich mich im Büro des Kulturhauses und wurde ins dritte Stockwerk in einen größeren Raum für etwa hundert Personen gewiesen. Drinnen saßen auf einer Seite etwa ein Dutzend Greise mit langen weißen Bärten, gekleidet in bucha-

rischer Tracht, die mit Stickereien reich besetzt und silberver-
brämt ist. Auf der anderen Seite saßen die Frauen in ihren feierlichen Kleidern. Ich mußte mich wohl in der Zimmernummer geirrt
haben und rannte hinunter ins Büro, um die richtige Nummer zu
erfahren. Es stellte sich heraus, daß die alten Bucharen tatsächlich
mein Publikum waren. Was konnte ich denn diesen Männern und
Frauen über elektronische Musik erzählen? Während ich die drei
Stockwerke wieder langsam hinaufstieg, beschloß ich, die Geschichte vom Auszug der Kinder Israel aus Ägypten lang und
breit, möglichst farbig und märchenhaft zu erzählen und über die
elektronische Musik nur einige romantische Randbemerkungen
zu machen. So habe ich sie darauf vorbereitet, daß sie keine
bucharisch-jüdische Folklore erwarten sollten, sondern bisher
ganz unbekannte Klänge. Ich stellte das Tonbandgerät mit seinen
Lautsprechern aufs Katheder, begrüßte das Publikum mit tiefem
Respekt und begann meine lange Erzählung, die sich – mit vielen
eingeflochtenen Kommentaren aus der jüdischen Geschichte unserer Tage –, auf eine halbe Stunde hinzog. Dann spielte ich das
Band mit meiner Komposition ab und fügte noch ein paar Schluß-
worte hinzu. – Alle saßen still und gespannt auf ihren Stühlen.
Wohl der Älteste unter ihnen erhob sich, kam langsam auf mich zu
und sagte: »Diese Töne aus himmlischen Sphären hat Gott durch
dich zu uns gesandt.« Dann legte er seine beiden Hände auf
meinen Kopf und segnete mich. Danach verließen die Männer und
Frauen langsam und ergriffen den Raum.

Sowohl die »Ranges of Energy« als auch das Vierte Klavierkonzert habe ich inzwischen aus dem Verkehr gezogen. Das elektronische Instrumentarium, das mir zur Verfügung stand, war dem, was
ich eigentlich tun wollte, nicht gewachsen, und infolgedessen blieb
das Resultat zu weit von meiner Vorstellung entfernt. So sehr ich
auch Hugh Le Caine für seinen Multitrack-Recorder dankbar war,
mußte ich doch die Augen offenhalten für neue technologische
Entwicklungen. Das Problem lag natürlich in der Finanzierung
jeglichen Ankaufs. Seit einiger Zeit trug sich die Hebrew University in Jerusalem mit dem Gedanken der Gründung einer Abteilung für Musikologie. Den Anstoß dazu gab eine Spende des
Pianisten Arthur Rubinstein. Die Verhandlungen darüber, an
denen der damalige akademische Sekretär der Universität Pos-
nanzki und Prof. Ringer aus Illinois-Urbana beteiligt waren, erstreckten sich auf Jahre. Zusammen mit Shalhevet Freiers Bemühungen, dessen uneingeschränkte Hilfe immer im entscheidenden
Moment kam, konnte ich schließlich den Ankauf des damals

fortgeschrittensten Moog-Synthesizers tätigen. Diese Apparatur ermöglichte eine qualitativ weitaus bessere Arbeit und eröffnete neue musikalische Perspektiven. Bis heute bildet dieser Synthesizer den Kern des Jerusalemer Studios, obgleich er technologisch schon als ein Museumsstück anzusehen ist.

1964 plante das Israelische Philharmonische Orchester seine erste große Weltreise. Für das Programm bestellte man Orchesterwerke bei zehn israelischen Komponisten, von denen nach einem Wettbewerb die ersten drei Werke ins Programm zur Weltreise aufgenommen werden sollten. Die Jury erhielt nicht wie üblich die Partituren zur Durchsicht, sondern saß mit den Partituren im Auditorium und ließ sich alle zehn Werke vom Orchester vorspielen – mit Dirigenten, die der Komponist auswählen konnte. Es war eine sehr kluge Maßnahme. Ich schrieb meine Zweite Symphonie und wählte als Dirigenten Shalom Ronly-Rikles aus, der auch das Blacher-Klavierkonzert mit Gerty Herzog dirigiert hatte. Während des Vorspiels war ich anwesend, saß natürlich in weitem Abstand von der Jury entfernt. Das Orchester amüsierte sich über meine Katzenmusik, da sie aber sehr gute Spieler waren und Rikles die Partitur beherrschte, sind sie doch bis zum letzten Takt vorgedrungen.

Inzwischen schickte mir die Jury einen Zettel mit der Frage, was an dem Stück eine »Symphonie« sei; wohl konnten sie Exposition, Entwicklung und Reprise nicht erkennen, und da war es eben keine Symphonie für sie. So erhielt sie auch den Platz Nr. 10 und war eigentlich nur noch für den Papierkorb gut. Die Partitur blieb aber in der Orchester-Bibliothek. Rikles beschloß, diese Symphonie mit dem Radioorchester aufzuführen. Mit vielen Proben, die er auf Wochen verteilte, brachte er eine sehr respektable Aufführung zustande. Im internationalen Austausch mit Radiostationen wurde dieses Band auch von anderen Dirigenten gehört, die als Gastdirigenten vom Philharmonischen Orchester eingeladen wurden und diese Symphonie dirigieren wollten.

Jahre später wurde Zubin Mehta der Künstlerische Leiter des Philharmonischen Orchesters und studierte methodisch die Partituren israelischer Komponisten. Da fand er meine Partitur, vergraben in den Regalen der Orchester-Bibliothek. Seitdem hat er diese Symphonie so oft dirigiert, daß das Orchester das Stück fast auswendig beherrscht. Man muß eben Geduld haben und lange genug leben.

Stets zwischen höchstem Lob und heftigster Ablehnung schwebten meine Kompositionen mit Elektronenmusik. »Furor und Furore« hätte mein Konzert für Cembalo und Tonband gemacht, schrieb mir Frank Pelleg nach einem Konzert in Florenz, nachdem er es bereits zuvor uraufgeführt hatte.

Zu meiner größten Verwunderung hörte ich nach meinem Fünften Klavierkonzert mit Tonband im großen Saal des Lincoln Center in New York sogar Bravorufe. Zurück lag bereits Gerty Herzogs aufopfernde unvergeßliche Leistung, als sie dasselbe Konzert im Programm der Berliner Festspiele 1964 in der Akademie der Künste vortrug. Das Echo des Publikums war sehr zurückhaltend. Doch in New York folgte den Bravorufen tags darauf die vernichtende Pressekritik. In langen Spalten verglichen die Kritiker mein Konzert mit ihrer Kaffeemaschine oder Waschmaschine oder Mixer und dergleichen mehr. Einer von ihnen kam zu dem Schlußwort: »A terrific pianist, Tal may also be the Beethoven of the tape. Who can tell?« In der folgenden Nacht klingelte neben meinem Hotelbett das Telefon. Eine tiefe Frauenstimme stellte sich als Impresario vor. Sie lud mich ein, mein Fünftes Klavierkonzert in San Francisco zu spielen. Ich fragte, woher sie denn davon wisse. Sie antwortete, sie habe alle Morgenblätter von New York gelesen. Und auf diese Kritiken hin wolle sie mich nach San Francisco einladen? – »Don't be silly. You don't know how to read the papers. Your piece was the only one, they wrote at lenght about. That must be a fascinating piece.« Das Flugbillett nach San Francisco war am nächsten Tag im Hotel, das Konzert fand zwei Tage später statt. Die Bedingung war, daß ich es zweimal am Abend spielen mußte und dazwischen dem Publikum über diese Komposition etwas erzählen sollte. Der Abend schlug hohe Wellen des Beifalls, die Presse begeisterte sich in höchsten Tönen. Es folgten viele Einladungen an Universitäten in Kalifornien, aber auch in New York, wo man inzwischen die Presse aus San Francisco gelesen hatte. Kritiken müssen also richtig gelesen werden.

An der Universität Jerusalem wurde nun die Abteilung Musikologie im Rahmen der Fakultät für Geisteswissenschaften etabliert. Das Fach mußte streng wissenschaftlich gelehrt werden und durfte keinesfalls Kompetenzen der Musikakademie überschreiten. Kunst und Wissenschaft mußten getrennt bleiben. Der Vorschlag, mich zum Ordinarius zu ernennen, erregte Proteste: Man wollte einen Musikologen, aber doch keinen Komponisten, denn was hat das Komponieren mit der Musikologie zu tun? Über diesem Streit wäre fast der ganze Plan gescheitert. Am Ende aber stand die neue Musikologie-Abteilung der Universität, die ich über die doppelte Amtszeit hinaus leitete. Das Elektronenmusikzentrum wurde zu einem integralen Teil der Abteilung und auch im Lehrplan berücksichtigt, womit von vornherein die hermetische Trennung zwischen Kunst und Wissenschaft durchbrochen war. Langsam aber systematisch wurde immer mehr praktisches Musizieren an die Studenten herangebracht, so daß wir sehr bald für die Aufnahmeprüfung Instrumentalspiel und musiktheoretische Vorkenntnisse verlangten. Heute ist die enge Zusammenarbeit zwischen Universität und Akademie eine Selbstverständlichkeit geworden.

In jenem Jahr begannen die diplomatischen Beziehungen zwischen Israel und Deutschland, und allmählich wurden besonders auf kulturellen Gebieten Kontakte aufgenommen. Wirtschaftlich gab es schon Beziehungen infolge der Wiedergutmachungszahlungen. Einer der ersten Emissäre Deutschlands war Dietrich Fleischhauer vom NDR-Hamburg. Einen sensibleren und verständnisvolleren Vertreter konnte die deutsche Regierung nicht gefunden haben.

An einem betörend duftenden Frühlingstag erreichte mich die kategorische Mitteilung eines Büros des Außenministeriums, daß tags darauf Rolf Liebermann mit einem TV-Team mein Elektronenmusikstudio besuchen werde, um Interview- und Filmaufnahmen zu machen. Für alle technischen Vorkehrungen hätte ich selber zu sorgen. Schnell beschaffte ich mir einen Techniker, denn bis der Moog-Synthesizer ankam, arbeitete ich immer noch mit der Maschine Le Caines, die unvorhersehbare Kurzschlüsse oder durchgebrannte Relais oder Unregelmäßigkeiten im Bandmotor verursachte, wofür der Techniker schnelle Hilfe leisten mußte. Acht Uhr früh auf die Minute fuhr eine Autokolonne vor. Liebermann, der Produzent, eine junge Dame mit Mikrofon und Recorder über der Schulter, Filmleute mit Lampen, Kabeln, ein Kameramann, alle stürmten in mein kleines Zimmer, das ohnehin von der Maschine Le Caines fast ausgefüllt war. In eine Ecke setzte sich eine stattliche Dame, die mir Liebermann als seine Frau vorstellte. Jeder wußte, was er zu tun hatte, arbeitete schnell, präzise, alles lief wie geölt. Der Produzent verschwand wieder. Ohne viel Formalitäten setzte sich Liebermann zu mir an die Maschine, ein permanent pendelndes Mikrofon vor unserer beider Nasen. Seine intelligenten Fragen, wie aus der Pistole geschossen, druckreif formuliert, aber einfach und klar, enthielten meist auch schon die Antwort, ich fühlte mich animiert und gar nicht bedrängt von oberflächlicher Neugierde. Immer wieder galt Liebermanns Interesse den empfindsamen und kritischen Punkten des Komponierens mit elektronischen Mitteln.

An provokativen Fragen fehlte es nicht, wie etwa zum Verhältnis von elektronischer Musik zu israelischer Musik, worauf ich die Probleme und Kämpfe offen benannte. In einer kleinen Pause zwischendurch fragte er mich, ob ich nicht Lust hätte, eine Oper für sein Hamburger Opernhaus zu schreiben, was ich natürlich für freundliches Gerede hielt, um die Pause auszufüllen. Es ging auch sowieso gleich weiter.

Dann erschienen sie wieder anderentags genau auf die Minute, bauten dasselbe Szenarium auf, auch Frau Liebermann wieder in ihrer Ecke sitzend. Es ging weiter an der gleichen Stelle, an der wir aufgehört hatten, es kam wieder zur Pause, um Aufnahmematerial aufzufüllen und den Durst zu stillen. Da fragte Liebermann schon dringlicher, ob ich mir inzwischen ein Thema für eine Oper ausgedacht hätte. Ich wurde unsicher, und in meiner Verlegenheit wandte ich mich an Frau Liebermann und fragte sie, ob ich dieses Angebot ernst nehmen solle, worauf sie etwas befremdet antwortete: »Wenn mein Mann so etwas sagt, dann meint er es auch.« Kurz entschlossen sagte ich zu Liebermann: »Von Herzen gerne.« Da ich einige Wochen später zu einem Musikkongreß nach Caracas in Venezuela fahren mußte, verabredeten wir eine Begegnung in Hamburg auf dem Weg nach Südamerika.

Ohne jede Erfahrung im Verhandeln über ein solches Projekt mit einem Opernintendanten sah ich dieser Zusammenkunft mit großer Besorgnis entgegen. Einen erfahrenen Berater fand ich in meinem Freund Alfred Kalmus in London, der vor seiner Emigration Direktor der Universal Edition in Wien war. Jetzt leitete er die englische Niederlassung dieses Verlages in London. Liebermann kannte er natürlich sehr gut, und Opernverhandlungen zwischen Komponisten und Intendanten waren sein täglich Brot. Also erzählte ich ihm den ganzen Vorgang und bat um seinen Rat. Vorläufig solle ich nicht zu viel erwarten, meinte er; die Prozedur müßte folgendermaßen verlaufen: Wenn ich nach Hamburg komme, solle ich gleich Liebermanns Sekretärin anrufen und um einen Termin bitten; bestellte sie mich zu neun Uhr morgens, und empfinge er mich dann in seinem Bürozimmer, dann würde es nur freundliches Geplauder werden mit Hoffnung auf die Zukunft, aber ohne wirklichen Ernst; bestellte sie mich aber zum Lunch in ein Restaurant, dann ginge das Ganze sehr schnell vor sich, mit präzisen Daten und auch finanzieller Verpflichtung.

Mit dieser Belehrung fuhr ich nach Hamburg, stieg in einem Hotel gegenüber dem Opernhaus ab und telefonierte mit Liebermanns Sekretärin. Sie bestellte mich in sehr freundlichem Ton für elf Uhr morgens. Das war nun weder neun Uhr noch war es Lunch-Zeit – ich war ratlos. Punkt elf Uhr meldete ich mich zur Stelle. Im Büro war große Aufregung, weil die Sängerin, die die Senta in Wagners ›Fliegender Holländer‹ am Abend singen sollte, plötzlich erkrankt war, und alle Telefone suchten in Europa eine äquivalente Senta. Ich mußte warten, zwischendurch erschien Liebermann und entschuldigte sich mit force majeure etc., ich war jedoch ganz zufrieden mit dieser Verzögerung, denn sie brachte mich näher zum Lunch. Es dauerte tatsächlich über eine Stunde, in der ich mich über diese kleine Oper in der Oper amüsierte. Dann öffnete sich die Tür zum Generalintendanten, und ich wurde sehr liebenswürdig mit Whisky und kleinen Zigarren bewirtet, war aber viel mehr am Lunch interessiert. Plötzlich sagte Liebermann, er sei hungrig, ob er mich wohl zu einem kleinen Mittagessen einladen dürfte. Ich war ja nicht nur hungrig, sondern absolut verhungert und nahm die Einladung mit Freuden an. Die Unterhaltung verlief sachlich, kein überflüssiges Geschmuse, er ließ mir völlige Freiheit in der Auswahl des Themas, es sollte nur irgendwie eine Verbindung zu Israel erkennbar sein, und das Libretto hätte er gerne gelesen, bevor ich mit der Komposition beginnen würde. Nach dem Essen gingen wir zurück ins Büro, und ich unterschrieb den Vertrag. Dies ist der Bericht von der Erschaffung meiner Oper »Ashmedai«, die dann 1971 in Hamburg ihre Premiere hatte.

Unser Sohn Etan war inzwischen ein erwachsener Herr geworden. Seine Barmizwah mit dreizehn Jahren feierten wir in einer Jerusalemer Synagoge, weit bescheidener als mein eigenes religiöses Programm einst war, aber die Verantwortung durch die erreichte Mannbarkeit ist ihm ebenso bewußt geworden. Nun absolvierte er schon sein Abitur und begann den obligaten Militärdienst.

Re'uwen, der Erstgeborene, hat nach absolviertem Militärdienst seine Irit geheiratet, und sie wurden Mitglieder des nördlich von Haifa gelegenen Kibbuzes Megiddo. Drei Säulen der Gesellschaft, gesunde und aufgeweckte Söhne, kamen aus dieser Ehe: Nir, Gali und Adi. Auch Nir war inzwischen zur Mannbarkeit herangewachsen, und die Barmizwah wurde im Kibbuz gefeiert. Das geschah, als ich von Caracas nach Hause kam. Entsprechend der linksgerichteten Ideologie des Kibbuzes war die Feier bewußt antitraditionell, was ich aber unterscheiden möchte von antireligiös, denn dann gäbe es auch keine Barmizwah. Spät am Abend, in einer klaren Sternennacht, fuhren die Mitglieder des Kibbuzes auf zwei großen Lastautos an den Strand der Acco-Bucht. Im Schein des Lagerfeuers saß man am Meer im großen Kreis, festlich bewirtet. Nir mußte Jung und Alt die Bedeutung dieser Nacht in Wort und auch in Tat durch Führung dieser Feier demonstrieren. Mit seinem eigens dafür entwickelten Programm, also durchaus ein Ritus, aber stark mit der Natur verbunden, steht dieser Abend noch ganz lebendig vor mir. Jeder Vergleich mit meiner eigenen Barmizwah müßte eo ipso falsch sein. Beide Feiern zielten auf die gleiche Erkenntnis des Jünglings: Er wurde reif und der Notwendigkeit eigener Entscheidungen bewußt.

In seinem Vater Re'uwen hatte Nir ein großes Vorbild für einen zielbewußten Menschen, der die Schwierigkeiten anderer respektiert, Führung notfalls straff in die Hand nimmt, aber niemals sich selber als Führerfigur postuliert. Darauf beruhte die große Achtung, die man Re'uwen entgegenbrachte, ein Respekt aus Liebe und Vertrauen. Da Re'uwen sich ganz dem Sport widmete und ein begehrter Sportlehrer war, entwickelten diese Eigenschaften ein Sportideal, das nicht den Rekord zum Ziel hatte, sondern eine Menschenerziehung durch Training von Körper und Geist. Unvergeßlich bleibt eine Geburtstagsfeier für Re'uwen in seinem Kibbuz. In dieser Zeit war er auch der Kapitän einer Fußballmannschaft eines nahe gelegenen Städtchens. Seine Mannschaft bestand aus wilden, rohen, ungestümen jungen Kerlen, die von Re'uwen durch das Fußballspiel zu zivilisierten, disziplinierten und doch schnell reagierenden Menschen erzogen wurden. Sie lernten das Denken und Planen im Fußballspiel, sie lernten den Intellekt in diesem Sport genießen und impulsive Roheit zu verabscheuen. Zum Geburtstag kam die ganze Mannschaft nach Megiddo, brachte als Geburtstagsgeschenk eine überaus kitschige elektrische Stehlampe, und alle saßen im Zimmer wie kleine, gut erzogene brave Kinder mit unsicheren Bewegungen auf niedrigen Stühlen und dem Fußboden. Sie wußten auch von Re'uwens Vater und behandelten mich wie einen archaischen Urvater aus biblischen Zeiten, obgleich mich mit einem solchen keinerlei äußerliche Ähnlichkeit verband. Aber der Vater ihres Mannschaftsführers mußte ein Patriarch sein. Diese Szene symbolisierte Re'uwens Lehrtätigkeit.

Das Glück war uns nicht lange beschieden. Noch wußten wir nicht, was uns bevorstehen wird. Komponieren und Musikologie waren für mich das Wichtigste im Leben, und ich habe alle meine Kraft darin investiert. Aber die politische Lage im Lande spitzte sich zu. Eine eminente Gefahr schwebte in der Luft. Man wußte nicht, woher sie kommt und wann sie ausbrechen wird. Wir wechselten inzwischen die Wohnung und fanden ein altes, aber wunderschönes Häuschen, unweit unserer vorigen Wohnung, einen kleinen Jerusalemer Steinbau im arabischen Stil, mit Innenhof und großem, in Felsen eingebautem Keller. Pola mit ihrer Spürnase hatte dieses Häuschen gefunden, Eigentum der äthiopischen Regierung und von dieser vermietet. In diesen unheilschwangeren Tagen beschlossen wir, den Keller einigermaßen bombensicher zu machen und mit Eßproviant für wenigstens zwei Wochen zu versehen.

Es war Juni 1967, ich hatte in Tel Aviv zu tun und fuhr morgens in meinem VW-Käfer zurück nach Jerusalem. Unterwegs waren die Straßen voller Soldaten, auf dem Weg nach Jerusalem nahm ich so viele Soldaten mit, wie sich in den Wagen reinzwängen ließen. Jeder wollte zu seiner Meldestelle, und ich habe sie alle an ihre Plätze gebracht. Nun war es klar, daß Krieg ausgebrochen war. Um elf Uhr vormittags kam ich zu unserem Häuschen, fuhr den Wagen in den kleinen Vorgarten, schloß die eiserne Gartentür – und in diesem Moment explodierte die erste Granate auf der anderen Straßenseite. Dort war über Nacht eine leichte Artilleriestellung in Position gebracht worden, wovon das jordanische Militär offenbar wußte, denn sie schossen sich auf diese Stellung ein. Jede Granate, die etwas zu weit gezielt war, fiel auf unser Haus, der Wassertank und das Dach waren schon zerschossen. Aber wir hatten für Wasservorrat im Keller gesorgt. Der erste Angriff der Jordanier kam überraschend und forderte viele Opfer. Von verschiedenen Stellen wurden unsere Leute zurückgezogen, etwa 30 Mann flüchteten in unseren Keller. Die Nervenanspannung war zerreißend. Pola beruhigte alle mit Tee und reichte kleinen Kuchen. Im Keller waren wir vorerst gut geborgen. Unter den Soldaten war ein marokkanischer Koch, der uns komische Geschichten in Form von Kochrezepten erzählte. Während seiner Geschichten wurde ich von einem Offizier herausgeholt. Er erklärte, daß vor unserer Tür ein Lastwagen mit Munition stehe, alle Reifen seien zerschossen, er könne nicht wegfahren. Für den Fall, daß er hochginge, habe man in einem Garten hinter unserem Haus einen transportablen Operationsraum aufgestellt. Verwundete sollten dorthin gebracht werden. Ich dürfte aber nicht darüber sprechen, denn die Angst könnte Panik verbreiten und die Gefahr noch vergrößern.

Nach etwa einer Stunde entfernte sich das Schießen deutlich in andere Gegenden der Stadt. Die Leute im Keller wurden zu ihren

Meldestellen herausgerufen, der Lastwagen war inzwischen abgeschleppt worden. Alle gingen – bis auf einen jungen Burschen, der kreidebleich an der Wand saß und sich nicht wegbewegen wollte. Ich wußte, in welch schwierige Situation ihn das bringen würde, versuchte ihn zu überreden, aber er reagierte auf nichts. Da nahm ich ihn bei der Hand wie ein Kind, ging mit ihm zusammen hinaus und brachte ihn ein Stück des Weges zu seiner Stelle. Dann ging er schon allein. Kaum war ich zurück und wollte den Schaden in unserem Hause besehen, da klingelte das Telefon, das offenbar funktionierte. Ein Mitglied vom Kibbuz Megiddo informierte mich, daß Re'uwen sehr schwer verwundet sei, ich solle so schnell wie möglich ins Spital nach Haifa kommen. Mein Käfer hatte noch genug Benzin, ich fuhr allein. Noch in der Stadt mußte ich meine Lampen blau bemalen, denn bis zu meiner Ankunft in Haifa würde schon alles verdunkelt sein. Die Hauptchaussee konnte nicht benutzt werden, da sie wegen Kampfhandlungen gesperrt war. Ich fuhr durch die Berge auf schmalen Nebenwegen, stieß oft auf Tanks, die die ganze Breite des Weges einnahmen – pausenloses Hupen, so daß die Tankfahrer annehmen mußten, ich transportierte einen Verwundeten. Sie fuhren sofort auf die äußerste Seite, ich schob mich vorbei, hart am Abgrund. Im Flachland geriet ich in ein Kampfgebiet, das sich nicht umfahren ließ. Erst hielt man mich an, ich erklärte meine Situation, da ließ man mich passieren. Durch all diese Behinderungen kam ich erst in der Abenddämmerung an. Aus dem Gesicht der Oberschwester und eines hinzugekommenen jungen Arztes war schon das Schlimmste abzulesen. Dann kam ein älterer Arzt und versuchte, mich zu überreden, nicht an Re'uwens Bett zu gehen. Er bat um Vertrauen; Re'uwen sei nicht bei vollem Bewußtsein, aber meine Stimme würde er vielleicht erkennen, die Erregung könnte für uns beide von Gefahr sein, ich solle mir eine Übernachtung verschaffen und ganz früh am Morgen wiederkommen. So fuhr ich zu meinem Freund David Kaelter, der mittlerweile Schuldirektor in Haifa war.

Am nächsten Morgen war es schon zu spät. Re'uwen starb während der Nacht. Die Beerdigung fand im Kibbuz Megiddo statt, für dessen Verteidigung Re'uwen fiel. Sein Tod erschütterte zutiefst weite Kreise in Israel. In mir stieg eine irrationale Vorstellung von seinem Tod auf, von der ich nie wieder loskam: Am Fuße des Hügels, auf dem der Kibbuz Megiddo liegt, war eine Fliegerabwehrstellung, die mit Re'uwen und seiner Gruppe besetzt war. Ein irakisches Flugzeug griff den Kibbuz an. Es wurde abgeschossen und stürzte brennend auf die Abwehrstellung. Re'uwen verbrannte. In meiner Vision sehe ich als Piloten der irakischen Maschine Re'uwens Kinderfreund Jussuf Churi, der Sohn des lieben arabischen Hauswirts in Jerusalem, in dessen Haus Re'uwen und Jussuf wie Brüder aufwuchsen. Nun sind sie im Jenseits wieder zusammen. Ein Bildhauer im Kibbuz Megiddo hat aus den Trümmern des Flugzeugs ein Denkmal für Re'uwen gebaut. Es überschaut das weite Tal am Fuße Megiddos. Diese Worte schreibt die Hand mit nicht zu linderndem Schmerz.

Eine kurze Zeit vor dem Sechstage-Krieg hatte ich mit Re'uwen eine Unterhaltung über das Brahms-Requiem, das ihn besonders bewegte. Die Tatsache, daß der Text nicht der traditionellen Liturgie folgt, sondern eine persönliche Wahl des Komponisten ist, interessierte ihn besonders. Ich schrieb ein Requiem über den Tod Moses, der mit Gott haderte, weil er noch nicht sterben wollte, da sein Ziel noch nicht erreicht war. Weder die Engel Gottes, ja selbst der Tod hätten keine Macht über ihn; da stieg Gott herab von den höchsten Höhen und nahm Moses mit einem Kuß. Der Jerusalemer Dichter Yehudah Ya'ari schrieb mir das Textbuch zu dieser herrlichen Legende, die ich dann als Requiem ›Der Tod Moses‹ in memoriam Re'uwen vertonte. Für diese Komposition wurde mir 1971 der Staatspreis verliehen. Er weint eine ewige Träne.

Die Oper für Hamburg mußte energisch in Arbeit genommen werden. In Jerusalem fand ich den hochbegabten jungen Schriftsteller Israel Eliraz; seine Bühnenerfahrungen kamen meiner Betonung der gleichwertigen Behandlung von Oper und Theater sehr entgegen. Er war ein fleißiger Arbeiter, der weder auf eine Eingebung des heiligen Geistes wartete, noch seine geschriebenen Worte für Ewigkeitswerte hielt, der feilte und kürzte und ergänzte je nach Notwendigkeit. Die talmudische Legende vom Teufel Ashmedai, dem es gelingt, das gute Volk des guten Königs zu zerstören, hatte natürlich eine starke Reminiszenz an die jüngste deutsche Geschichte, ohne die geringste aktuelle Anspielung im Libretto zu benötigen. Von seiten der Intendantur wurden keinerlei Bedenken dagegen erhoben.

Bei einem meiner Berlin-Besuche, mehr als ein Jahr vor der »Ashmedai«-Premiere, begegnete ich wieder Nicolas Nabokoff. In seinem Hotelzimmer in der Meinekestraße kamen wir schnell auf »Ashmedai« zu sprechen, und Niki meinte, man müsse dafür rechtzeitig große Propaganda machen. Unvermittelt entwickelte er fantastische Pläne: So müsse Picasso der Bühnenmaler sein, und dessen Entwürfe müßten ein halbes Jahr vor der Premiere in einem Album erscheinen, das auch ein oder zwei Platten mit Auszügen aus der Oper enthalten sollte; dann könnte ich ruhig schlafen, der Erfolg sei mir gewiß. »Wie schön«, sagte ich grinsend. Aber Niki runzelte die Stirn, griff nach dem Telefonhörer und bestellte ein Gespräch mit Picasso in dessen Wohnort in Südfrankreich. Mir blieb der Mund offenstehen. Eine Dame antwortete – längeres Gespräch. Picasso war schon so krank, daß sein Arzt keine Unterhaltung erlaubte, Niki mußte seinen Plan fallenlassen. An diesem Nachmittag lernte ich wieder die russische Seele in ihrer unendlichen Steppenweite kennen, so wie ich es bei den russischen Kibbuzmitgliedern erfahren hatte und so wie Helene Cagan über alle Grenzen hinweg handeln konnte.

In die Zeit der »Ashmedai«-Partitur fiel ein persönlicher Auftrag, der mich tief berührte. Der große Dirigent William Steinberg bestellte eine Komposition in memoriam seiner Frau, der vorzüglichen Bratschen-Virtuosin. Steinberg hatte seinerzeit das Eröffnungskonzert des Philharmonischen Orchesters im Jahre 1936 für Toscanini vorbereitet und war inzwischen Musikdirektor beim Pittsburg Symphony Orchestra. Bis auf eine kleine Begegnung, als er noch vor dem Zweiten Weltkrieg als Gastdirigent nach Jerusalem kam und sich eine Partitur von mir vorlegen ließ, hatte ich nie wieder Kontakt mit ihm. So schrieb ich für ihn nach diesen langen Jahren der geistigen Verbundenheit ein Doppelkonzert für Violine, Cello und Kammerorchester, welches unter Gary Bertini und den Solisten Pinkas Zuckermann und Usi Wiesel uraufgeführt wurde.

Bald gab es auch schon ein erstes Vorgespräch zu »Ashmedai« mit dem Regisseur Leopold Lindberg, dem Bühnenmaler Zbynek Kolar, dem Tonmeister Eckhard Maronn und Rolf Liebermann. Bei Maronn fand ich das vollste Verständnis für meine elektronischen Partien in der Partitur; seitdem ist es mir gelungen, auch meine späteren Opern an anderen Theatern mit Maronn an der Tonregie aufzuführen. Bei Lindberg fand ich das seltene Glück, mit einem Regisseur zusammenzuarbeiten, der eine Partitur lesen konnte und folglich die Musik zur Basis seiner Regie machte. Nie gab es auch nur das geringste Mißverständnis.

Zu Beginn der Bühnenproben, zu denen ich rechtzeitig nach Hamburg kam, wußte ich natürlich, daß Regisseure die Anwesenheit von Komponisten bei Proben nicht besonders schätzen – sie haben da so ihre Erfahrungen. Ohne wegzugehen, verdrückte ich mich daher in einer dunklen Ecke der Bühne neben dem begleitenden Pianisten. Mein Angebot an ihn, ihm umzublättern, wies er allerdings zurück, davon wollte er nichts wissen. Am Rande der Bühne saß »Lindi« mit seinem Stab, in der Mitte ein Hilfsdirigent und vor ihnen die Sänger mit ihren Noten. Es war eine erste Sitzprobe, in der schon Regieanordnungen festgelegt wurden. Mittendrin erschien eine aufgeregte Sekretärin mit tausend Entschuldigungen und in höchstem Auftrag, den Hilfsdirigenten für eine dringende andere Tätigkeit zu befreien. Lindi reagierte empfindlich gegen Störungen seiner Arbeit, und ohne den Dirigenten waren die Sänger hilflos. Die Stimmung war gespannt, so etwas konnte sehr schlechte Folgen für die Arbeit haben. Also bot ich Lindi ganz vorsichtig an, das Dirigieren zu übernehmen, da ich das Stück ja ganz gut kannte; widerwillig, aber von der Not getrieben, stimmte Lindi zu, und die Probe ging störungsfrei und erfolgreich zu Ende. Seitdem erschien mein Name jeden Morgen auf dem Probenplan, als gehörte ich zur Belegschaft der Hamburger Staatsoper.

Während einer Besprechung mit Liebermann, Lindi und Kolar über Bühnenbilder und Kostüme hatte Lindi Einwände, ich hatte Einwände, Kolar hatte Einwände zu unseren Einwänden – wir konnten uns nicht einigen. Bezeichnend für Liebermann, daß er sich in keiner Weise einmischte, aber die ganze Zeit über aufmerksam zuhörte. Erst als die Besprechung ohne Entscheid in die Brüche zu gehen drohte, brachte er zu den umstrittenen Punkten knappe, aber um so treffendere Bemerkungen, womit alle Fragen beantwortet waren und die Arbeiten in diesem Sinne ausgeführt werden konnten. Das war ein ganz typisches Verhalten für Liebermann, das ich im Verlaufe der Probenwochen noch oft beobachten konnte.

Die Uraufführung fand im November 1971 statt, unter der brillanten Leitung von Gary Bertini, dem ich unendlich viele Geburtshilfen zu verdanken habe, so daß ich die Häupter meiner Lieben nicht mehr zählen kann. Die Sängerbesetzung war von Liebermann sehr weise gewählt, obenan die Rolle der »Königin«, gesungen und gespielt von Inge Borkh; sie meisterte die Gleichwertigkeit von Oper und Theater.

Unter dem großen Regisseur der Broadway Musicals, Hal Prince, wurde »Ashmedai« 1976 an der New York City Opera und danach in Los Angeles nachgespielt. Und wenn ich nun gefragt werden würde, welche Regie die bessere war, so müßte ich die Frage als eine falsch gestellte zurückweisen. Opernregie habe ich als Mosaik erfahren, das sich für mich aus Steinchen einzelner Erlebnisse zusammensetzte.

Einmal erschien ich mit Pola verspätet in Hamburg zu einer Probe, es war eine Einzelprobe mit der Sängerin Inge Borkh. Wir versteckten uns im Dunkel eines Vorhangs, konnten aber sehen und hören, wie Lindi der Sängerin perfekt das Spiel demonstrierte. Aber an einer Stelle konnte sie Singen und Spielen nicht zusammenbringen. Lindi versuchte es auf andere Weise – ohne Erfolg. Er pausierte, rang mit sich, schließlich fragte er zögernd und stockend, fast mit einem schlechten Gewissen Inge Borkh, ob man nicht den Tal bitten sollte, diese Stelle etwas zu ändern, damit sie es leichter hätte. Die sensible Inge Borkh spürte wohl Lindis Aversion gegen seinen eigenen Vorschlag: »Der Tal weiß ganz genau, was er will. Wenn er es so geschrieben hat, ist es meine Sache, das richtig zu machen. Lassen Sie mich das überschlafen und probieren wir die Stelle morgen noch einmal.« Lindi war glücklich, und am anderen Morgen spielte und sang Inge Borkh perfekt – ein Beispiel, das für beide spricht. Ein mittelmäßiger Regisseur hätte kurzerhand die Stelle gestrichen. Als Korrepetitor habe ich in meiner Studentenzeit solche Szenen oft erlebt. Während der amerikanischen Inszenierung von »Ashmedai« unter Hal Prince verlangte er einmal in einer Chorprobe sehr lebhaftes Agieren des Chores. Hal war nicht zufrieden. Er versuchte andere Lösungen. Es war alles nicht nach seinem Sinn. Fast verzweifelt rief er dem Chor zu: »Hat nicht einer von euch eine Idee?« Es meldete sich eine Choristin, sie spielte ihren Vorschlag, Hal war begeistert, er klatschte, der ganze Chor klatschte – eine gemeinsame Arbeit in gemeinsamer Sache.

Und Hal tat noch etwas, das mir zuerst großen Schrecken einjagte. In das Spiel der Figuren träufelte er komische Situationen hinein; man mußte lachen, ganz im Gegensatz zur Handlung auf der Bühne. Dadurch aber wurde die Wirklichkeit der Tragik nur noch verstärkt. Als Pola und ich während einer der Aufführungen mitten im Publikum saßen, wurden wir in der Pause Zeugen einer Unterhaltung; sie sagte zu ihm: »Darling, you know, it isn't funny at all.« Hal hatte recht. Ich mußte mich an die schaurigen Erzählungen meiner Schwester Grete aus dem Konzentrationslager erinnern, die mich zum Lachen brachten. Lindis und Hals Interpretationen komplettierten einander, die Musik gab gleiche Nahrung für verschiedene Auslegungen.

Die Regie zu meiner nächsten Oper »Die Versuchung«, ein Auftragswerk der Münchner Staatsoper für die Münchner Festspiele 1976, führte Götz Friedrich. Den Auftrag erhielt ich von Günther Rennert – nach dreiminütiger Verhandlung, so als hätten wir schon wochenlang darüber diskutiert und er nur noch das Schlußwort sagen wollte. Während mancher Abenteuer in den Proben verhielt er sich immer in der gleichen Weise: seelenruhig, schnell und präzise entscheidend, großzügig und voller Einsicht. Bei Götz Friedrich nun durfte ich von vornherein mithelfen. Seine Regietechnik war von bestechender Sauberkeit. Mit somnambuler Sicherheit meisterte er die waghalsigsten Stellen. Voller Fantasie vermied er jeden abgedroschenen Effekt. Vom vorliegenden Material, sei es das Libretto von Israel Eliraz, sei es die Musik, ließ er sich inspirieren und schuf die Einheit in der komplexen Opernsprache. Mit der glücklichen Besetzung, darunter Catherine Gayer, Thomas Thomaschke, Wolfgang Schöne, das Münchner Philharmonische Orchester unter Gary Bertini und Eckhard Maronn an der Tonregie, war alles auf das Maximum einer hervorragenden Aufführung ausgerichtet. Zur Premiere kamen viele Freunde aus der ganzen Welt angereist. Neben allem Für und Wider der Nachwehen einer solchen Aufführung überdauerte den Trubel der Reaktionen die freundschaftliche Menschlichkeit mit und zu Götz Friedrich, die uns weit über diese Inszenierung verbinden sollte; diese Gewißheit vermag den Glauben an sich selbst zu stärken, der notwendigerweise bis zum letzten Atemzug Zweifel erheben muß.

Ich hatte großes Glück mit meinen Regisseuren. Obschon der Komponist die Regie der Oper in seine Partitur hineinkomponieren muß, weil sich sonst die Dramaturgie der Musik nie über den programmatischen Wortinhalt des Textes hinausheben kann, ist es doch der Regisseur, welcher – ebenso wie der Dirigent, jeder mit seinen Mitteln – die inneren Zusammenhänge und Beziehungen auch zwischen den entferntesten Punkten des Gesamtkomplexes auf die Bühne bringt. Beim Aufdecken der zwischen den Zeilen verschwiegenen und im stillen mitwirkenden Geheimnisse entstehen unendlich viele Varianten in der Produktion. Professionelle Begabung und Charakter eines Interpreten sind auseinanderzuhalten, weil die eine das andere zum Guten oder zum Bösen beeinflussen kann. Mehr noch als der Dirigent, der bei aller freien Interpretation doch an den Notentext gebunden ist, kann sich der Regisseur unter dem Deckmantel der Intuition über alles Geschriebene mit großer Geste hinwegsetzen. Immer ist es dann ein neues Ich, das sich vorschiebt, dem sich alles Geschriebene in Wort und Musik unterordnen muß. Jeder, der von der Bühne aus ein Publikum mit dem Wort eines Dichters oder der Musik eines Komponisten angesprochen hat, kennt diesen Kampf des Ich mit seinem Ethos. Der Regisseur, der ja nie auf der Bühne steht, hat freie Bewegung, sein eventuell ungezügeltes Ich durch andere demonstrieren zu lassen. Oder aber er spendet aus dem Füllhorn seiner Einfälle, die aus dem Geiste des Werkes geboren sind. Dann ist er selbst im Überfluß seiner Ideen genau kalkulierend. Für das Publikum bleibt er der unsichtbare Zauberer, der entweder mit virtuosem Bluff betört oder der eine in die Seele des Publikums dringende Botschaft schenkt.

Es bliebe noch eine nicht-professionelle Begegnung mit Hal Prince nachzutragen. Im Laufe der Vorbereitungen zur New Yorker Aufführung von »Ashmedai« bestellte mich Hal zur Klärung einiger Fragen auf seinen Sommersitz nach Mallorca. Am Flugplatz wartete ein Taxi auf mich, das sich auf berückend schönen und waghalsigen Serpentinen mit keuchendem Motor zur Spitze des Berges quälte. Unten das blaue Meer, vor mir eine märchenhafte spanische Villa, kein Mensch weit und breit. Ich trat in eine kleine Vorhalle mit alten exklusiven Möbeln, ich rief, es blieb still – niemand da. An einer Seite der Vorhalle klopfte ich an eine Doppeltür und vernahm ein »Herein!« Nun trieb wieder die Irratio ihr Spiel mit mir. Ich öffnete die Tür und sah Hal Prince, seine Frau, Tochter, Sohn und eine Hausdame um einen Tisch sitzen, in der Mitte ein aufgeschlagenes Buch, aus dem sie gemeinsam lasen. Sie starrten mit aufgesperrten, erschrockenen Augen und konnten der Wirklichkeit nicht trauen. Ich wollte mich wieder zurückziehen, aber Hal brach plötzlich in lautes Lachen aus, und dann wurde bei Tee und Kuchen der Grund für den merkwürdigen Empfang erzählt: Weil gerade Yehudi Menuhins Autobiographie erschienen war und der Sohn des Hauses als passionierter Violinspieler den Meister als Idol verehrte, hatte die Familie beschlossen, das neue Buch gemeinsam zu lesen. Und gerade in dem Moment, als sie jene Stelle des Buches verschlangen, wo vom »saintly man« Josef Tal die Rede ist, stand der »Heilige« leibhaftig vor ihnen.

Nun war ich ihnen aber die Erklärung der Ursache für dieses Menuhinsche Pathos schuldig. Als Präsident der Sektion Israel des International Music Council, einer an die UNESCO angegliederten Organisation, war ich 1974 Delegierter der Generalversammlung des IMC in Toronto/Kanada. Menuhin schreibt darüber in seiner Biographie, denn er war der Präsident der Gesamtorganisation IMC. Meine Mission war sehr unangenehm, weil sie sich als hochpolitisch herausstellte. Entsprechend eisig war der Empfang für die israelische Delegation. Der Ostblock, der arabische Block und die dritte Welt ignorierten uns. Nur Menuhin machte äußerste Anstrengungen, uns durch persönliche Einladungen mit den anderen Vertretern ins Gespräch zu bringen. Aber es fruchtete nicht. In einer der letzten Konferenzen wurden Maßnahmen gegen diejenigen Länder beschlossen, die schon geraume Zeit ihren finanziellen Verpflichtungen nicht nachgekommen waren. Die Strafen, die bis zum Ausschluß aus der Gesellschaft reichten, wurden von einem Komitee zur Abstimmung in der Vollversammlung vorgelegt. Die Abstimmung war mehr oder weniger automatisch, denn die Vorschläge des Komitees waren gut begründet. Als es zur Abstimmung über Libanon kam, stimmten alle für zeitweiligen Ausschluß – nur eine Stimme war dagegen, und das war meine erhobene israelische Hand. Große Verblüffung bei allen, besonders den arabischen Delegationen. Menuhin war der erste, der verstand und mir herzlich zuwinkte; inzwischen verstanden auch die anderen, daß man einen Staat, der sich seit langem im Kriegszustand befindet, nicht noch mit Ausschluß bestrafen dürfe, besonders nicht durch eine Gesellschaft, die humane und künstlerische Bestrebungen auf ihrer Fahne trägt. Ein Delegierter nach dem anderen erhob sich, jeder wechselte seine negative in eine positive Stimme. Menuhin war natürlich sehr glücklich darüber, denn es entsprach seinem starken Engagement für Frieden und Menschenrechte. Im Überschwang der Gefühle zollte er mir das etwas zu hochgegriffene Attribut.

Offener Kreis

Stationen

Stationen im Leben des Menschen sind keine Ruhepunkte. Sie sind Beobachtungsposten in einer geistigen Landschaft, die über Jahrzehnte durchwandert wurde, in der sich Erlebnisse und Erfahrungen zu Erkenntnissen kristallisiert haben.

Eine solche Station ist meine Oper »Massada«, geschrieben für die Israel-Festspiele 1973 zum 25jährigen Bestehen unseres Staates. Inhaltlich sollte sie sich auf das geschichtliche Ereignis beziehen und mit den bestehenden sehr begrenzten Mitteln in Jerusalem aufgeführt werden können. Die Idee für das Massada-Thema gab mir Recha Freier, Israel Eliraz schrieb das Libretto. Keinesfalls lag mir eine Heldenallegorie im Sinn, weder für die nach ihrem Selbstmord »besiegten« jüdischen Kämpfer noch für den römischen Sieger. Die Handlung beginnt nach der Einnahme der Festung; im Rückblick einzelner Szenen wird der Bogen gespannt von der Vergangenheit zur Zukunft, denn am Ende sieht der römische Feldherr einige gerettete Kinder aus der Festung auf einem Felsplateau spielen und begreift auf diese Weise seine eigentliche Niederlage als historischen Neuaufbau des jüdischen Volkes. Gebrochen verläßt er die Bühne, nicht als Besiegter durch Gewalt, sondern als Besiegter einer Idee. Doch der Einsatz üblicher Orchesterinstrumente hätte dabei anachronistisch wirken können. Nur eine radikale Entscheidung konnte irreführende Assoziationen vermeiden: Die Orchesterfunktion wurde durch ein Tonband mit aufgezeichneter Elektronenmusik ausgeführt. Gary Bertini dirigierte Tonband und Bühne mit äußerster Präzision, unterstützt in der Tonregie durch Eckhard Maronn. Wieder hatte ich das Glück, die Hauptrolle des römischen Feldherrn Sylva mit dem überragenden Sänger und Schauspieler Günter Reich besetzen zu können. Die Regie besorgte Leonard Schach. Es schien, daß er mit der Musik, besonders dem elektronischen Teil, wenig anfangen konnte. Manchmal spielte er sich in einer Probenpause Teile aus Mozarts »Figaro« am Klavier vor, als sehne er sich in himmlische Gefilde zurück. Dennoch packte ihn die Gesamtpartitur, und mit dem schwierigen Stoff setzte er sich in großer Intensität und künstlerischer Disziplin auseinander. Seitdem blieb er ein Freund, dessen Beziehung zu meinen Kompositionen wohl meines Vetters Leo Wort entsprechen mag – »geheimnisvoll und fürchterlich.«

Die Arbeit an dieser Partitur festigte den schon lange gehegten Gedanken, eine elektronische Notation für Elektronenmusik zu verwirklichen. Notation ermöglicht nicht nur Orientierung für den Interpreten gleich dem gedruckten Text für den Schauspieler, sie ist vor allem Referenz und Kontrolle für den Komponisten, um die Fülle der Informationen im musikalischen Fluß stationär zu bändigen. Dieses Projekt schien mir unerläßlich, um die Komposition für elektronische Instrumente aus ihrer einseitigen effekt- und affektbeladenen Klangwelt einem musikalischen Konzept wiederzugewinnen. Für das Leben des Werkes erfüllt sie die Funktion der Beständigkeit, ermöglicht stetes Entdecken verborgener Inhalte und Beziehungen. Goethe sagte: »Doch hat das Geschriebene den Vorteil, daß es dauert und die Zeit abwarten kann, wo ihm zu wirken gegönnt ist.«

Zu dieser »Massada«-Station gehört auch ein Harfenkonzert mit Tonband, welches der spanische Harfenvirtuose Nicanor Zabaleta 1970 bestellt hatte. Als Konsequenz der »Massada«-Partitur habe ich eine zweite Version des Harfenkonzerts geschrieben, die 1982 auf dem 8. Internationalen Harfenwettbewerb in Jerusalem uraufgeführt wurde.

Auch das Sechste Klavierkonzert gehört zu dieser Gruppe. Bei der Uraufführung im großen Konzertsaal im »Haus der Nation« in Jerusalem kam nach meinem Auftritt die amerikanische Sängerin Jennie Tourell hinter die Bühne, um mir zu gratulieren. Sie war in Begleitung eines älteren, sehr vornehm gekleideten Amerikaners, der etwas verlegen war, ein passendes Kompliment zu finden. Schließlich sagte er recht freundlich: »Well, Sir, I must admit that was above my head.« Blitzschnell antwortete die Sängerin: »So is the moon, Sir.«

Auch Preise, früher im Gefolge heftiger Angriffe und Kontroversen, werden nun zu Stationen, die nach langer Reise zum Überdenken laden. Der Kunstpreis der Stadt Berlin, den mir die Akademie der Künste 1975 verlieh, war für mich eine Anerkennung, in der für mich alle Kreise meines Lebens nachgezeichnet und wiederauffindbar wurden.

Die Freude über diesen Preis wurde schnell getrübt durch den Tod von Boris Blacher. Über die Jahre hat uns viel gemeinsames Denken eng verbunden. Sein Lob und Tadel waren kurz und präzis. Als ich einmal eines Abends einer Einladung in sein Haus gefolgt war, diskutierten wir bei einem guten Trunk über Musik unserer Tage. Zufällig hatte ich die Partitur meines Zweiten Streichquartetts bei mir und demonstrierte daran einige meiner Behauptungen. Es wurde schon sehr spät, und Borris bat um die Partitur, um sie vor dem Einschlafen durchzulesen. Am anderen Morgen kam er hinunter zum Frühstück, gab mir die Partitur und sagte in seiner sparsamen Verwendung der Worte und artikuliert im Ton: »Ich danke dir sehr dafür.« Mehr konnte ich nicht aus ihm herausbekommen; nur auf mein Drängen fügte er hinzu: »Was gibt's da zu reden?« Bei dieser eigentlich schönsten Preisverteilung hat Borris keine Rede gehalten, aber alles gesagt – mein kostbarster Besitz.

Zwei Jahre später erreichte ich die nächste Station, saß im Vortragssaal des Museums von Tel Aviv, nahm die Laudatio des Bürgermeisters Lahat entgegen, der mir den Preis für mein »Lebenswerk« verlieh. In meinen Dankesworten warnte ich aber davor, mit diesem Lebenswerk-Preis sagen zu wollen, »nun ist's aber genug«, zumal er eher dazu angetan sei, mein Feuer kräftig zu nähren. Und so versprach ich dem anwesenden Publikum, mit frischer Kraft die Arbeit fortzusetzen. Noch in der Nacht begann ich mit meiner Dritten Symphonie, mit der Zubin Mehta und das Philharmonische Orchester die Israel-Festspiele 1979 eröffnete und welche Zubin mit den New Yorker Philharmonikern als amerikanische Erstaufführung in voller Identifizierung mit dem Werk dirigierte.

So blieben die Reisen von Station zu Station das Wesen allen Lernens. Die nie versiegenden Variationen menschlichen Verhaltens, das immer wieder neue Inbeziehungsetzen und Überschneiden realer und abstrahierter Gedanken, Trivialitäten, Absurditäten, Schönheiten und Gräßlichkeiten – alle formen sie die Szenen des täglichen Theaters, alle nähren sie den Prozeß des Imago.

Eine Vortrags- und Konzertreise nach Amerika im Jahre 1981 gab Gelegenheit für eine Fülle von Beobachtungen, die ich bald darauf in meiner Oper »Der Turm« kompositorisch umsetzen konnte. Der amerikanische Komponist Norman Dinerstein organisierte als Dekan der Musikfakultät der Universität Cincinnati meine Tournee. Sie führte mich quer durch das ganze Land und bescherte mir eine Fülle auch außermusikalischer Eindrücke. Immer wieder erlebte ich von neuem die gleiche Menschlichkeit, die noch lange vor der Professionalität entgegenströmte. Alle besuchten Universitäten veranstalteten ein Konzert meiner Kompositionen, gespielt von Lehrern und Studenten oder auch von mir selbst. Die sorgfältigste Vorbereitung, das vitale Interesse an Neuem und der uneingeschränkte Einsatz für die Sache waren charakteristisch für den Zugang der Ausführenden zum Werk. Soweit ich Vorträge halten mußte, waren sie meist mit Diskussionen verbunden, aus denen ich die Problematik des Komponierens für die heutige Generation klar erkennen konnte. Einmal kam es zu einem regelrechten Zusammenstoß mit einem Professor der Kompositionsklasse. Die Studenten beobachteten atemlos einen Hahnenkampf. Er endete damit, daß der Professor mich hinterher zum Lunch einlud und mich am liebsten nur mit Honig bewirtet hätte. Zuletzt am Queens College betreute mich der Dekan Saul Novack; mit ihm und seiner Frau Phyllis sind Pola und ich gleichsam in eine Wahlverwandtschaft eingetreten. Vor einer der Abendveranstaltungen am Queens College fand ein festlicher Lunch in der American Academy and Institute of Arts and Letters in New York statt, welche mich zu ihrem Ehrenmitglied ernannt hatte. An der Festtafel wurde ich zutiefst gerührt über die menschliche Geste, Dominique Nabokoff, die Gattin meines verstorbenen Freundes Niki, als Tischdame begrüßen zu dürfen. Das war Amerika von seiner besten Seite.

Eine Station kann natürlich auch eine menschliche Begegnung sein, die weit über das Kennenlernen hinaus neue Wege mit neuen Initiativen eröffnet. So wirkte die Bekanntschaft mit Hellmut Becker und seiner Frau Antoinette. Becker, der eine bedeutende Rolle in den Nürnberger Prozessen spielte und als Direktor des Max-Planck-Instituts für Bildungsforschung in Berlin innerhalb der Pädagogik Meilensteine setzte, weit über die Grenzen seines Landes hinaus, verfehlte auch nicht seinen Einfluß auf mich. Ich glaube wohl, daß ich ohne ihn die Station am Wissenschaftskolleg in Berlin, welches mich für das Studienjahr 1982/83 als Fellow einlud, nicht erreicht hätte. Dort schrieb ich die Partitur meiner Oper »Der Turm«. Die Großzügigkeit der Einladung erstreckte sich auch auf meinen Librettisten, Hans Keller aus London, so daß wir als Wohnnachbarn eng miteinander zusammenarbeiten konnten. Es ist schwer zu sagen, in welcher seiner Eigenschaften mich Keller mehr inspirierte: Keller als Musikologe, als Musiker, als messerscharfer Verbalist, als Bühnenkenner, als unermüdlicher Arbeiter, auch als Fußballfan und nicht zuletzt Keller, der, wenn nötig, jedem unverblümt seine Meinung sagt.

Das »Turm«-Thema erweckt bewußt Assoziationen an den »Turm zu Babel«, obgleich keine historische Auslegung in der Oper erfolgt. Es gibt ja nicht nur Sprachenverwirrung, es gibt auch Ideenverwirrung, Fehlen der empfindsamen Mitteilbarkeit, Monologe statt Dialoge – dies sind die Komponenten des Libretto, dies sind auch die Komponenten der Partitur, denn die Musik von heute zappelt im selben Netz verwirrten Denkens. Die Partitur habe ich dem Wissenschaftskolleg Berlin und seinem Rektor Peter Wapnewski gewidmet, als Dankeszeichen für die idealen Bedingungen, unter denen ich diese große Arbeit in sorgloser Ruhe und unter liebevoller Betreuung ausführen konnte.

Inmitten dieses Studienjahres in Berlin wurde in Jerusalem der Preis der Wolf-Foundation an drei Musiker vergeben: Olivier Messiaen, Wladimir Horowitz und Josef Tal. Die feierliche Verleihung des Preises fand im großen Festsaal des israelischen Parlamentsgebäudes statt. Mir fiel die Aufgabe zu, im Namen der drei Preisträger für die verliehene Ehre zu danken. An der großen Wand hinter meinem Rednerpult hing ein mächtiger Gobelin von Chagall mit biblischem Motiv. Über meinem Kopf stieg Moses vom Berge Sinai, im Begriffe, erzürnt die Gesetzestafeln auf meinem Kopf zu zertrümmern. Die Diskrepanz zwischen Moses Urteil und dem der Wolf-Preis-Jury war eklatant.

Der letzte Kreis öffnet sich zu einer Spirale. Auf ihren Umläufen stehen schon neue Werke wie Stationen, und Neues bereitet sich vor. Denn:

So sah ich, daß es nichts Besseres gibt,
als daß der Mensch sich freue an seinen Werken,
denn das ist sein Anteil.

Prediger 3,22

וראיתי כי טוב אין
מאשר ישמח האדם במעשיו
כי־הוא חלקו

קהלת ג-כב

CIP-Kurztitelaufnahme der Deutschen Bibliothek

Tal, Josef:
Der Sohn des Rabbiners: e. Weg von Berlin
nach Jerusalem / Josef Tal. – Berlin:
Quadriga-Verlag Severin, 1985.
ISBN 3-88679-123-8

© 1985 by Quadriga Verlag J. Severin
Verlagsbuchhandlung KG
Redaktion: Harro Schweizer
Satz: Utesch Satztechnik, Hamburg
Gesamtherstellung: May & Co, Darmstadt
ISBN 3-88679-123-8
Printed in Germany